高等职业教育经济与管理类专业系

市场营销策划项目化教程

主　编　王水清　李　立
副主编　刘　博　王　磐　张志强
参　编　蔡金伟　杨　颖

南京大学出版社

内容简介

  本书按市场营销策划职前准备、市场调研策划专员岗位实务、企业形象策划专员岗位实务、市场运营策划专员岗位实务、网络营销策划专员岗位实务等六个项目十四项任务进行课程内容安排,选择具有代表性的案例进行辅助讲解,加深课程内容的理解。根据技能培养与训练要求以及可持续发展的需要,安排了必要的专业理论知识与能力训练项目。

  本书可作为高职高专市场营销专业、工商企业管理专业和其他经济管理类专业教材,也可作为市场营销从业人员的自学与培训用书。

图书在版编目(CIP)数据

  市场营销策划项目化教程 / 王水清,李立主编. ——
南京 : 南京大学出版社,2016.7(2021.7 重印)
  ISBN 978 - 7 - 305 - 16586 - 3

  Ⅰ. ①市… Ⅱ. ①王… ②李… Ⅲ. ①市场营销—营销策划—高等职业教育—教材 Ⅳ. ①F713.50

  中国版本图书馆 CIP 数据核字(2016)第 050574 号

出版发行 南京大学出版社
社　　址 南京市汉口路 22 号   邮编 210093
出 版 人 金鑫荣
书　　名 **市场营销策划项目化教程**
主　　编 王水清 李 立
责任编辑 尤 佳 王抗战   编辑热线 025 - 83597087
照　　排 南京开卷文化传媒有限公司
印　　刷 广东虎彩云印刷有限公司
开　　本 787×1092 1/16 印张 19.5 字数 487 千
版　　次 2016 年 7 月第 1 版   2021 年 7 月第 4 次印刷
ISBN 978 - 7 - 305 - 16586 - 3
定　　价 49.00 元

网　　址:http://www.njupco.com
微信服务号:njuyuexue
官方微信号:njupress
销售咨询热线:(025)83594756

前　言

　　《市场营销策划》自 2011 年 9 月出版以来,深受广大读者的欢迎。四年来,国际国内经济以及人们的思想和观念都发生了重大的变化。作为市场经济活动重要内容之一的市场营销策划不仅在理论上有了很大的发展,而且在策划策略、技巧上也有了很大的创新。再者,随着我国经济社会的迅速发展,企业营销策划人员的队伍也在不断壮大,如何使自己成为一名合格适用的市场营销策划人员,是众多高职学生梦寐以求的梦想。而要想成为一名合格适用市场营销策划人员,就必须不断地学习和创新。正是为了适应这些变化以及广大营销策划人员的需求,对《市场营销策划》一书进行了修订再版。

　　这次修订主要做了以下工作:

　　1. 进一步明确岗位与课程内容对应,按照职业岗位实务来设计教材框架和组织教材内容。本教材在修订之前,特邀湖北劲牌有限公司市场营销部部长付海涛经理进行审阅,并按该公司营销策划部相关岗位管理实务提出了宝贵的修订建议。

　　2. 为了确保教材内容的先进性,根据"多元整合型一体化"最新课程理念设计,紧紧围绕21 世纪高职高专教育培养新型人才的目标,依照"原理先行、实务跟进、案例同步、实训到位"的原则,全面把握市场营销策划课程的内涵,体现先进高职教育教学理念,紧跟市场营销策划研究的最新进展成果,及时吸收教材使用过程中学生的反馈意见,保持了教材内容的先进性。

　　3. 为了确保教材内容的先进性,根据需要增加网络营销策划等内容。根据高职生的学习特征,新版增加许多小案例,因此,在举例和案例选择上考虑涵盖更多的行业,体现市场营销策划运用的广泛性。

　　经修订,本书具有以下特点:

　　1. 与时俱进,深化工学结合。再版教材是在充分贯彻和落实教高[2006]16 号文件和教职成[2011]12 号文件精神的基础上,力求体现最新的市场营销策划理论、策略和技巧的研究成果,同时又根据高职高专市场营销专业学生毕业后就业岗位群的实际需要来安排教学内容,使学生毕业与就业相融合。

　　2. 注重岗位技能,兼顾考证。以营销职业岗位知识、能力来选取教材内容,着重理论的应用,不强调理论的系统和完整,既细化关键营销职业能力和课程实训,同时又兼顾营销职业资格的考证,并通过大量案例体现书本知识与实际业务之间的融合,从而实现高职高专以培养应用性技能型人才的根本任务和以就业为导向的办学宗旨。

　　3. 形式新颖,师生互动。再版教材采用一体化的格式撰写,每一任务开头都给出学习要点;每一任务的开头都穿插有"任务导入"和"任务分析",为了巩固学生知识运用,以任务为单位安排有重点知识项目检测、案例和实训操作题,帮助学生理解学习内容。更为重要的是要求将实训操作内容制作成 PPT 进行展示,用新的形式衬托教材的创新,便于师生互动,从而达到提高学习效果的目的。

　　本书由武汉城市职业学院王水清、重庆工业职业技术学院李立担任主编,河南财政税务高等专科学校刘博、江西制造职业技术学院王磬、郑州信息科技职业学院张志强担任副主编、南阳医学高等专科学校蔡金伟、河南机电高等专科学校杨颖参与编写工作。具体章节分工如下:王水清负责编写项目一和项目二,李立负责编写项目六,刘博负责编写项目三和项目四,王磬负责编写项目五中任务九和任务十,张志强负责编写项目五中任务十一和任务十二,蔡金伟、杨颖为本书编写提供部分资料。

　　编者将家电企业营销工作经验和近几年市场营销策划课程教学改革的思考相结合,并邀请湖北劲牌有限公司营销策划部长付海涛对本书的编写提出了宝贵意见,希望借此书的编写,为高职高专院校市场营销策划课程的教学改革和研究贡献微薄的力量。

　　对于本版存在的不足和差错,敬请读者批评指正。对使用本书、关注本书以及提出修改意见的同行们表示深深的感谢。

编　者

2016 年 3 月

目　录

项目一 市场营销策划职前准备

在提倡发挥市场在经济资源配置中的决定性作用的政策环境下,企业已经认识到了市场营销的重要性,更是认识到了市场营销策划的重要性,可以这样讲,市场营销策划已经成为市场营销活动的先导,并吸引了许多企业和个人参与到营销策划活动中,形成了广阔的职业发展前景,为个人和企业进行创业提供了商机。可以这么讲,只要存在营销活动的地方,就可以进行策划活动。因此,营销策划成为了商务人士必修的一门课程。

本项目包括认识市场营销策划、设置市场营销策划组织等两个任务,通过具体任务的学习,培养学生树立市场营销策划的基本意识,养成营销策划师的基本素质,掌握市场营销策划的基本职能和任务。

任务一 认识市场营销策划

知识目标

1. 了解市场营销策划的前期准备工作。
2. 理解市场营销策划的含义、特点及重要性。
3. 掌握市场营销策划的内容及其一般流程。

技能目标

1. 能对市场营销策划内容进行分析。
2. 在接受营销策划任务时,能根据市场营销策划的一般流程,安排工作计划。

任务导入

小王是武汉某学院大三的学生,在大学读了这三年,觉得只学不用,学习没有价值,总想自己实实在在干点想干的事情。他想到大三的学生最关心的是就业,但根据同班那些去寻找工作的同学反映,根据网上平台和线下报刊等的招聘信息投放的简历后,很少有直接与用人单位进行面对面沟通的机会。于是,他就想如何通过在应聘者和用人单位之间建立桥梁,让更多的应聘者有更多的机会直接与用人单位进行面对面的交流,争取更大的就业机会。他把这个想法跟班级导师沟通后,班级导师建议他首先把自己的想法撰写成一份策划文案,让专家来分析方案的可行性。可是,小王听了一愣,自己大学就是混过来的,不知道如何下手来撰写营销策划方案。如果你是小王，你该怎么办呢？

 **任务分析**

对于一个从来没有做过策划的人来讲，要做好营销策划方案，首先还是应该从最基本的概念着手，弄清楚什么是市场营销及营销策划。按照中国人的为学惯例，即做任何事情，首先要弄明白其指导思想是什么。因此，要做好认识市场营销策划的真面目这项任务，小王可以从如下三个方面展开，一是了解市场营销策划及其特征，重点是从众说纷纭的营销策划概念中选出自己认同的概念，并分析其要点等；二是要在市场营销策划概念的基础上，形成市场营销策划的轮廓，并分析其本质；三是能在市场营销策划概念的基础上，比较其与市场营销的异同点。

在这三个任务内容中，市场营销策划概念是基础，是开启营销策划之门的钥匙。市场营销策划是对各种市场营销活动及其策略的认识和选择。区分市场营销与市场营销策划，是为了更好发展市场营销策划活动，使各种营销活动和手段得到和谐发展，形成整体合力与竞争力。

 **知识精讲**

一、认识市场营销策划及重要性

（一）策划的定义

策划一词最早出现在《后汉书·隗嚣传》中"是以功名终申，策画复得"之句。其中"画"与"划"相通互代，"策画"即"策划"，意思是计划、打算。"策"最本质的内涵是指计谋，如决策、献策、下策、束手无策等；"划"最本质的内涵是指设计，如工作计划、筹划、谋划等。

因此，策划就是一种策略、筹划、谋划，它是为个人或组织机构为了达到一定的目的，在充分调查市场营销环境及其发展的趋势的基础之上，遵循一定的程序或方法，对未来发生的活动，进行系统、周密、科学地预测并设计各种科学的可行方案，同时在发展中不断地加以调整，以适应环境的变化，从而制定与评价切合实际情况的方案。

日本策划家和田创认为，策划是通过实践活动获取更佳效果的智慧，它是一种智慧创造行为；美国哈佛企业管理丛书认为，策划是一种程序，"在本质上是一种运用脑力的理性行为"；更多人说策划是一种对未来采取的行为做出抉择的准备过程，是一种构思或理性思维程序。

孙武在《孙子兵法》中有一句名言就用到了"奇"——"凡战者，以正和，以奇胜"，"正"就是艰苦奋斗，"奇"就是锐意创新。根据中文构词法分析，"奇"字上面一个"大"字，就是要超出常人的想象；底下一个"可"字，就是要在常人的情理之中。

从上述策划的定义，我们可以发现其具有以下几个主要的特点：

第一，策划的本质是一种思维智慧的结晶。策划不是胡思乱想，而是一种策划者的一种理性思维行为。

第二，策划具有目的性。不论是营销战略策划，还是营销战术策划，都是有一定的目的，否则策划就没意义了。

第三，策划具有前瞻性。策划是人们在一定思考以及调查的基础之上进行的科学的预测、因此,具有一定的前瞻性。

第四,策划具有一定的不确定性。策划既然是根据现有状况及其发展趋势的一种预测或者筹划,就一定具有不确定性或者风险。

第五,策划具有一定的科学性。策划是人们在对策划环境进行调查研究的基础之上所进行的总结和科学的预测,策划不是一种凭空的设想或者突发奇想的方法,它是建立在科学的基础之上进行的预测、筹划。

第六,策划具有创意性。策划是人们思维智慧的结晶,策划是一种思维的革新,与众不同的设计,可以这样讲,没有创意的策划就不是一个很好的策划,创意就是策划的灵魂。

第七,策划具有可行性。这是策划方案的前提,如果一个策划连最基本的可操作性都没有,那么这个策划方案,即使具有更好的创意,也是一个失败的策划方案。

☞ **小贴士**

众说纷纭的策划

策划就是想到常人所不能想的地方,说出来的道理又能让常人理解;

策划是通过精心安排的宣传和手段,对事件的发生、发展进行操作;

策划就是有效地组织各种策略方法来实现战略的一种系统工程;

策划是一种从无到有的精神活动;

策划是一种程序,在本质上是一种运用脑力的理性行为;

策划是一种设计,一种安排,一种选择,或是一种决定,不如说是一张改变现状的规划蓝图;

策划是用你有的去寻找你没有的;

策划是在特定头脑状态下把角度和程序高度统一在特定的头脑状态下,角度是指看问题多角度,程序是指做事情讲程序;

策划是指人们为了达成某种特定的目标,借助一定的科学方法和艺术,为决策、计划而构思、设计、制作策划方案的过程。

(二) 市场营销策划的含义与构成要素

市场营销策划是指根据企业的营销目标,借助科学方法与创新思维,立足于企业现有营销状况和消费者需求,运用智慧与策略,分析、研究、创新、设计企业产品和创意,对价格、渠道、促销等做出战略性的决策和指导,从而实现个人和组织交换的活动过程。从市场营销策划的定义,可以看出策划的构成要素为:

1. 市场营销策划的目标

市场营销策划是围绕解决某一营销难题,实现某一目标而进行的策划活动,因此,它具有较强的方向性和目的性。为了使目标切实可行,要做到以下几点:一是目标要具体化与数量化,如市场占有率提高 2%,切不可模棱两可,含糊不清;二是对长期目标进行分解,制定出阶段性的短期目标,保持长期目标与短期目标之间的平衡;三是在一定的时间和空间内,目标不能太多,太多的目标会使策划方案成为折中方案。

2. 市场营销策划的主体

市场营销策划的主体是指进行策划的策划者,策划者可以是个人,也可以是组织机构。就企业策划活动而言,其主体可以是企业内部人员,也可以是企业外部人员。由于策划是一种知识密集型的创造性活动,因而对策划主体有着特殊的知识、能力与素质方面的要求。现代市场营销策划主体多由专业性较强的咨询策划公司或有关科研机构或高中级专业研究人员担任。

3. 市场营销策划的创意

创意是与众不同、新奇而又富有魅力的构思和设想,策划的灵魂就是创意,可以这样说,创意是市场营销策划的最为核心的要素。创意不是高深莫测的,而是通过长期的思维训练和积累才获得。只有通过长期地积累有关实务的信息,并重视对其中重要信息的加工,才有火花的碰撞,灵感的闪现和创意的获得。除此之外,策划者的想象力、创造力和多样化的思维方式也是必不可少的。

小案例

雨伞——请自由取用

日本大阪新电日本桥分店有一个独特的广告妙术——每逢暴雨骤至之时,店员们马上把雨伞架放置在商店门口,每个伞架有三十把雨伞,伞架上写着"亲爱的顾客,请自由取用,并请下次来店时带来,以利其他顾客。"未带雨伞的顾客顿时愁眉舒展,欣然取伞而去。当有人问及,如顾客不将雨伞送回,怎么办?经理回答:"这些雨伞都是廉价的,而且伞上都印有新电机的商标。因此,即使顾客不送也没关系,就是当作广告也是值得的。这对商店来说,是惠而不费的美事。"

4. 市场营销策划物质技术手段

市场营销策划主要是一种理性思维活动,但又不能离开必要的物质技术手段。市场营销策划过程需要计算、筛选、绘制图表等,有的还要进行必要的模拟,因此,策划离不开一定的物质技术设备。

(三)市场营销策划的重要性

市场营销策划是市场经济发展的产物,是现代企业开展市场竞争的需要,其重要性主要表现在如下几个方面:

1. 增强企业营销竞争实力

市场营销策划融合了多学科的知识,通过使用现代多维的创造性营销思维打破了传统思维的禁锢,敢于超越时间和空间进行创新思维。用崭新的营销观念和经营哲学指导企业进行营销制度创新、营销组织创新、营销战略与战术创新,用营销创新去创造需求、引导需求和满足需求,从而有利于提高企业的市场竞争实力。

2. 提高企业营销管理水平

现阶段,我国许多企业虽然接受了市场营销的观念和方法,但更多的是按惯例和经验来进行市场营销活动,缺乏科学的理论指导和系统的营销管理基础。随着市场环境由"卖方市场"转变为"买方市场",不少企业面临着一个共同的难题——产品积压、滞销,这就要求企业必须

建立以需求管理为核心的企业经营体制来适应变幻莫测的市场环境。市场营销策划以多学科知识的综合运用为基础,以市场营销理论为指导,创造需求,引导消费,为企业的发展创造了更加广阔的市场空间,把商品、顾客的需求与市场环境之间的沟通、资源合理配置等有机地联系起来,有效地解决企业的市场营销难题。同时,市场营销策划的应用,有利于消除传统体制下的"三拍"现象,即决策时拍脑袋,执行时拍胸脯,总结时拍屁股开溜,促进企业营销决策的科学化、民主化和高度的市场可操作性。

3. 促进企业营销资源的高效配置

市场营销策划是对未来的一种谋划,是需要投入大量的人力、物力和财力,如果策划不能创造出资源,不能得到收益,这种策划必然会死亡。因此,市场营销策划是通过多学科知识的集合、碰撞,打破常规和习惯的束缚,用超常的思维、创新的思维和系统的思维,创造性地把企业可利用的人才、资金、技术、物质、信息、市场优势和外界有利环境因素等资源重新整合配置,创造出了营销策划的高效益。

小思考

你真的认识了营销策划吗?

1. 市场营销策划与点子的区别

点子主要是出主意,提供一种观点。策划需要点子,但把策划仅仅看作是出点子是不对的。策划是一个系统工程,而不是一时思想火花的点子。因而它们在规定性、规范化程度上是不同的。

2. 营销策划与营销计划的区别

计划是具体的实施细则,任何策划都必须有计划,但不是所有的计划都有策划;计划是常规的工作流程,不具有创新性;计划是被动的,策划是主动性的。

3. 营销策划与营销决策的区别

决策就是做决定,即在管理过程中,为达到某一目标,运用现代决策原理、技术与方法,对几个可能达到目标的方案进行综合分析比较,选择其中一个最为满意的方案为执行方案的过程,重在选优,需要论证;而策划强调创意、创新。因而在性质、任务、程序等方面是不同的。

二、掌握市场营销策划的内容和原则

(一)市场营销策划的内容

市场营销策划是营销活动的系统化运作、战略性与战术性运用以及不断创新的过程,其策划的内容可以从不同角度分为多种类型。根据经典的市场营销4p组合理论,以及近年来出现的一系列营销新概念和21世纪营销活动呈现出的新的发展趋势和特点,把市场营销策划的内容分成市场营销基础策划和市场营销运行策划。

1. 市场营销基础策划

(1)市场调研策划。市场调研策划主要包括三个两方面的内容,一是宏观环境调研,包括政治经济环境调研、科学技术环境调研、社会文化环境调研、人口自然环境调研等;二是中观环境调研,包括企业所在行业的现状、发展趋势、竞争对手等环境调研;三是微观环境调研,包括对企业自身状况的调研、对营销中间商的调研、对消费者的调研、对营销中介的调研和对公众的调研。

(2)市场营销战略策划。"战略"一词源于军事领域,意为"将军的艺术",原指军事作战的谋略,即为了战争的目的而对军事手段加以运用的科学和艺术。将战略的思想运用于企业经营管理中,便产生了企业战略。市场营销战略是企业战略体系中最为核心的一个职能战略,它是依据企业战略的要求与规范制定市场营销的目标、途径与手段,并通过市场营销目标的实现支持和服务于企业战略。市场营销策划的主要内容是策划人员通过了解现状、分析趋势、寻求和评价市场机会,对所显现的市场机会进行细分,并对各个细分市场进行评选以决定目标市场,同时制定市场定位战略、市场竞争战略和企业形象策划等。其内容主要包括:① 市场定位策划。市场定位策划是指企业在进行市场细分与选定目标市场后,在目标市场消费者心目中树立某一特定位置及形象的行为方案。例如,比亚迪公司通过对中国轿车市场进行有效的市场细分,选择了低端家用轿车作为自己的目标市场,并进行了准确的市场定位策划,获得国产轿车的排行老大。② 市场竞争策划。市场竞争策划是企业在市场竞争中为了保持其实力和发展其地位而进行的、基于长期考虑和具有长远意义的总体性营销谋略,主要包括企业竞争力分析、竞争对手分析以及竞争策略确定。③ 企业形象策划。企业形象策划是指企业用于市场竞争的一切设计,都采取一贯性和统一性的视觉形象,并通过广告以及其他媒体加以传播,有意识地制造个性化的视觉效果,以便唤起公众的注意,使企业知名度不断提高。主要包括企业理念识别、企业行为识别和企业视觉识别。

2. 市场营销运行策划

一般来说,战略策划具有长期、广阔、综合、连续等特征,而战术策划则具有短期、局部、个别、具体等特征。战术策划有两个重点,一是根据市场定位战略的要求,对各种市场营销手段进行融合,形成浑然一体的市场营销组合;二是依据市场营销组合的要求,对各种市场营销手段进行策划,使之能适应目标市场。

(1)产品策划。企业要靠产品去满足客户的需要和欲望,占领市场。产品是企业市场营销组合中最重要的一种手段,是企业决定其价格、分销渠道和促销手段的基础。产品策划是指企业从产品开发、上市、销售至退出市场的全过程的活动及方案。从类型上说,产品策划包括新产品开发、旧产品的改良和新用途的拓展等三方面的内容。但产品是一个整体概念,因此,产品策划还应包括品牌策划和包装策划。品牌策划包括品牌设计策划、品牌策略策划、品牌形象策划等;包装策划包括包装设计策划、包装策略策划等。

(2)价格策划。价格是市场营销组合中最重要的要素之一,是企业完成其市场营销目标的有效工具。价格策划就是企业产品在进入市场过程中,如何利用价格因素来进入目标市场,应对价格变动,为达到营销目标而制定相应的价格策略的一系列活动方案。在产品生命周期的不同阶段应采用不同的价格策略。企业能否正确地运用价格策划与实施有效的价格策略,关系到企业营销的成败及其经济效益。

(3)分销渠道策划。产品要经过一定的方式、方法和路径才能进入客户手中,分销渠道便是使其产品由制造商向客户转移的过程。在这个过程中,企业要进行一系列活动策划。营销之父菲利普.科特勒感叹说:"分销渠道决策是公司所面临的最复杂和最有挑战性的决策之一。"企业分销策划要根据自身的实力以及所处环境来决定。

（4）促销策划。促销策划是市场营销战术策划中不可或缺的一环，是企业完成其营销目标的必备工具，目的是通过一定的促销手段促进产品销售。促销策划就是把人员推销、广告、公共关系和营业推广等形式有机结合，综合运用，最终形成一种整体促销的活动方案。促销策划，一般要经过制定一个具体明确的促销活动纲要、确定促销活动形式和确定促销活动的具体行动计划三个阶段。

3. 市场营销创新策划

企业的营销战略与战术的策划不是一次性行为的结果，而是一个连续不断地创新过程。

市场营销创新策划是指企业用新理念、新技术、新方法对市场营销活动的战略与策略组合进行重新设计、选择、实施与评价，以促进企业市场竞争能力不断提高的方案。随着国际营销理论与实践的不断深入，出现了大市场营销、关系营销、知识营销、关系营销、服务营销、绿色营销、网络营销、整合营销等新概念。这里对其中的知识营销策划、关系营销策划、网络营销策划和整合营销策划进行介绍。

（1）知识营销策划。知识营销策划是指以创新产品为对象，以知识、技术为媒体的营销理念和方式，以产品的科技创新和创新产品的知识促销、知识服务为突破口，从而培养和创造出一个崭新的生产体系的全过程及其活动。

（2）关系营销策划。关系营销是把营销活动看成是一个企业与顾客，即消费者、供应商、经销商、竞争者、政府机构、社区及其他公众发生互动作用的过程，其核心是建立并发展与这些公众的良好关系。在这一过程中，营销人员对顾客所做的分析、判断、构思、设计、安排、部署等工作，便是关系营销策划。

（3）网络营销策划。网络营销策划是指企业以电子通讯信息技术为基础，以计算机网络为媒介手段，通过网络营销调研、网络产品开发、网络分销、网络促销、网络服务等，向顾客提供产品及服务的营销方案。

（4）整合营销策划。整合营销策划是指企业对与消费者沟通中的传播行为进行超前规划和设计，以提供一套统一的有关企业传播的未来方案，这套方案是把公关、促销、广告、直销等集于一身的具体行动措施。

（二）市场营销策划的原则

企业在开展营销策划活动过程中会遇到诸多矛盾、诸多问题，这需要处理好方方面面的关系。在处理这些问题、矛盾、关系时，应遵循一定的原则。

1. 统筹规划原则

在市场营销活动中，企业会遇到更多的新问题与新矛盾，如营销各环节的分工协作关系、局部利益与整体利益的关系等。同时，营销策划工作的完成需要其他相关部门的支持和合作，并非营销一个部门所能解决的，如产品质量、产品款式、货款回收等，就分别需要生产部门、设计部门、财务部门的工作配合。因此，营销策划必须遵循统筹规划的原则，顾全大局安排部署企业的营销工作，策划时要从整体上考虑和解决问题，既要注重整体效应，又要注意抓住主要矛盾。

2. 可行性原则

市场营销策划要用于指导营销活动，其指导性涉及营销活动中的许多环节，因此其可行性非常重要。不能执行的方案,即使创意再好也没有任何价值。不易于执行也必然会耗费大量人力、财力、物力,管理复杂,效果差。这就要求营销方案的策划不能纸上谈兵,要充分考虑外部环境的接受能力和企业内部条件的承受能力,要在追求创意的艺术的基础上与高度可行性进行完美的融合。

小案例

"寻人启事"的启示

台湾有家新光人寿保险公司,初创时,因为企业没有知名度,所以生意难做。当时,电视台作一则广告,起码要一万元台币。公司刚创办,资金紧缺,拿不出这笔广告费。公司经理吴家录挖空心思,想出一招,每天晚上,他都到各家卖座好的电影院去发"寻人启事",通过银幕"找新光人寿保险公司的某人"。每次只需花零点几台币,就能让上千人知道新光人寿保险公司的存在。渐渐地,新光人寿保险公司的牌子通过"寻人启事"在台湾城乡传开,生意也兴隆起来。

3. 适时调整原则

任何策划方案都不是一成不变的,而应该是具有一定的弹性、灵活机动、随机制宜和能够不断调适的。这种调适表现为两个方面,一是在策划之初,就要考虑未来环境的变化趋势,让方案能随时适应变化的环境;二是任何方案都不是僵化不变的,在方案执行过程中,要根据所追求目标及环境的变化,对方案进行不断调节控制,修正完善。

市场营销环境的多变性与复杂性决定了营销策划必须坚持适时调整原则。实践表明,在策划的设计和实施过程中,有可能遇上一些对策划产生巨大影响的突变事件和风险因素,如政府政策的变动、法律的制约、竞争对手的反击等等,这就增加了策划的难度与风险性。突发事件与风险一旦发生而无应对措施,很有可能导致策划的失败。

4. 成本效益原则

市场营销策划必须以最小的投入使企业获得最大的收益。营销策划所要投入的成本是相当高的,公司管理者在审批营销策划方案时会相当谨慎,如果执行的策划方案不能取得良好的经济效益,那就是失败的营销策划。因此,效益的高低,就成为检验营销策划方案优劣的最直观的标准。即使是参加公益慈善活动,也要能提高企业知名度与美誉度,提高企业形象,增加品牌资产。效益性不仅要求营销策划人员要善于利用企业自身的资源,还要善于利用社会上的各种资源。同时,也要合理节约,减少不必要的开支,科学进行营销策划预算。

5. 超前创新原则

市场营销策划的对象是未来的某项营销工作,因此,营销策划必须具有相对的前瞻性与超前性。同时,市场营销策划要求策划的创意新、内容新、表现手法新,给人以全新的感受。新颖的创意是策划的核心内容。乐百氏为其纯净水推出"27 层净化"这一理性诉求经典广告就给消费者一种"很纯净,可以信赖"的印象。"27 层净化"不是其他纯净水厂家达不到的工艺,而是营销理念的创新。

小思考

市场营销与营销策划的关系

一般而言,市场营销泛指通过各种手段将商品销售给需要的群体及个人。营销策划是指一种运用智慧与策略的营销活动与理性行为。营销策划是为了改变企业现状,达到理想目标,借助科学方法与创新思维,分析研究创新设计并制订营销方案的理性思维活动。这是为实现营销目标而对营销策略进行实际运用的活动,是营销管理全过程的重要组成部分。

市场营销中的"营"是指经营,"销"是指销售。学营销、谈营销、做营销者甚众,但销售高手并不多,既懂销售又懂经营者更不多。市场营销是一个融合了诸多元素的系统工程。

营销策划中的"策"是指计策、谋略,"划"是指计划、安排,综合起来就是有计划地实施谋略。通常需组织者因时、因地制宜,集天时、地利、人和,整合各种资源而进行的一种安排周密的活动。好的策划,能环环相扣、前后呼应。策划可大可小,时间可长可短。

三、掌握市场营销策划的一般流程

一般来说,市场营销策划的程序可以分为明确策划问题、调查与分析,营销战略策划、营销战术策划、营销策划书提交、营销策划实施、评估与修正等七大环节。

(一)明确市场营销策划问题

1. 策划问题的界定

所谓问题,是预期与实际满足状态之间的差距。通过界定问题,了解营销活动中期望状态与现实状态的偏差,明确企业希望通过营销策划活动的开展,要解决的问题是什么或要实现的目标是什么。所以,整个营销策划活动的第一步,就是要对营销策划问题进行准确、清晰的界定。

所谓界定问题,就是灵活运用各种调研、分析方法,对委托方的需求进行逐项发掘,将其心里模糊的认识以精确的方式描述并展示出来。

2. 筛选策划主题

在界定问题后,就要根据企业实际情况,筛选策划主题,策划主题应与委托者的策划动机相吻合。一般来说,筛选策划主题要经过挖掘、提炼、选择和确定等四个阶段。

(1)挖掘主题。策划所面对的主题可能很多,但策划者不可能将所有可能的主题都纳入到策划作业中。但是,从营销问题中挖掘出的策划主题却是越多越好,这样有利于策划者更全面地认识企业的营销问题,抓住企业迫切要解决的问题进行重点策划。

(2)提炼主题。在营销策划中,要尽可能明确有关这个策划对象的各种问题。例如,此次策划对象有哪些问题?解决这些问题有什么意义?它是企业面临的主要问题吗?问题的根源是什么?通过了解这些问题,策划者去掉那些相对不重要的策划主题,专注于解决那些至关重要的问题。

(3)选择主题。策划者可以根据委托方的意见,制定选择策划主题的工作程序及标准。比如,分析大多数管理人员投票支持的主题是什么,董事长认为必须做的主题是什么等。在实际工作中,策划主题要经过策划者与委托方的充分沟通与交流才能得出。

(4)确定主题。为了保证策划主题与策划动机相吻合,与委托方的意图相吻合。策划者在选定策划主题后，一定要征求委托方的意见。只有当委托方与被委托方对策划主题达成了共识，才能进行下一步的工作。

小案例

借晃播誉

法国白兰地一直以来享有盛誉。白兰地公司把名酒白兰地打入美国市场时，他们没有采用常规的推销宣传手段进行宣传，而是策划了在美国总统艾森豪威尔 67 岁寿辰之际，赠送窖藏 69 年之久的白兰地酒作为贺礼，并特邀法国著名艺术家设计制作专用酒桶。届时，派专机送往美国，在总统寿辰之日举行隆重的赠酒仪式，他们将这一消息通过各种新闻媒介传播给美国大众进行了连续报道，这些报道吸引了千百万人，成了华盛顿市民的热门话题。当贺礼由专机送到美国时，华盛顿竟出现了万人围观的罕见现象。关于名酒驾到的新闻报道、专题特写、新闻照片挤满了当天各报版面。法国白兰地就在这种氛围中昂首阔步走上了美国国宴和市民餐桌。

（二）策划环境调查与分析

进行策划环境调查与分析的目的在于了解影响市场营销策划的因素，为市场营销策划提供真实可靠的信息。

1. 营销策划的外部环境分析

市场营销策划的外部环境分为宏观环境、行业环境和经营环境三个层次。宏观环境一般分为政治经济环境、社会文化环境、科学技术环境和人口自然环境；行业环境主要指影响企业应变能力的五种力量，即新的潜在进入者、替代者、供应者、顾客与行业竞争者；经营环境是指直接影响营销活动的环境因素，如供应链、竞争者、消费者、供应者等。

对于上述三大环境因素的调查与分析，从影响范围上讲，应该由大到小，即先宏观环境因素，再行业环境因素，最后经营关系因素。但从关注的程度和花费的精力上讲，应该重小轻大，即最重要的是经营环境因素，其次行业环境因素，最后是宏观环境因素。

2. 营销策划的内部环境分析

市场营销策划的内部环境，是指企业内部所有对营销活动会产生直接与间接影响的因素，比如公司资源、公司目标、公司总体战略、公司组织结构、公司文化、营销部门在公司的地位、各战略业务单位的竞争战略等。

3. SWOT 分析

通过外部环境分析，得出企业营销活动所面临的机会与威胁，通过内部环境分析，得出企业自身所拥有的优势与劣势。再将机会、威胁、优势与劣势放在一个矩阵框架内，就形成了 SWOT 分析逻辑。SWOT 分析有利于指导企业制定出符合自身条件的发展战略、竞争战略和营销战略。SWOT 分析还有利于对企业内外部环境分析要点进行一个归纳总结，使分析内容被条理化，这使得市场营销策划变得比较容易。

（三）市场营销战略策划

市场营销战略策划主要包括营销目标设定和STP策划两部分。

1. 营销目标设定

营销目标就是市场营销策划所要实现的期望值。比如,降低营销成本5％,提高流通效率10％等。目标不明确,策划对象就会很模糊,就不易产生策划构想。在设定营销目标时必须注意几点,第一,策划目标往往具有多样性,应对目标进行层次划分,既要有高级目标,又要有次级目标,同时目标应有主次之分。为确保目标切实可行,应注意各种目标之间的协调关系,分清主要矛盾和次要矛盾,以避免顾此失彼;第二,策划目标要适当,既要切实可行,又应具有一定的挑战性;第三,策划目标应明确而具体,既要有详细内容,又要有时间界限。

2. STP策划

STP(Segmenttargetposition)策划,就是在市场调查和分析的基础上,根据企业的实际情况,对企业产品的市场进行细分,确定企业的目标市场和为企业或产品确定市场地位。

（四）市场营销战术策划

市场营销战术策划是指企业根据已经确定的营销目标和市场定位,对企业可以运用的各种各样的营销手段进行综合考虑和整体优化,以求达到理想的效果。具体内容主要包括产品策划、价格策划、分销渠道策划、促销策划等。

（五）撰写营销策划书

市场营销策划书是表现和传播营销策划内容的载体,一方面是市场营销策划活动的主要成果,是对委托方的一个交代;另一方面能使策划方案的执行人员有一个统一的行动依据。因此,在撰写营销策划书的过程中,还必须保持条理清楚、规范严谨。在向委托方递交营销策划书时,还需要进行真诚的讲解和说明,以便策划书能被接受,使之能付诸实施。

（六）市场营销策划实施

市场营销策划完成以后,就需要通过企业的市场营销管理部门组织的实施。市场营销策划实施是指对实施市场营销策划方案进行组织、指挥、控制与协调,把营销策划方案转化为具体行动的过程。因此,市场营销管理部门必须根据方案的要求,分配人、财、物等各种营销资源、处理好营销部门内外的各种关系,加强领导力,提高执行力,把市场营销策划的内容落到实处。

一般来说,市场营销策划方案的实施可以分为沟通模拟布局阶段和分工实施两个阶段。

1. 沟通模拟布局阶段

要成功地实施策划方案,良好的沟通是前提。在方案实施之前,应确保执行者已真正明确了策划的内容,理解了策划意图,把握住了策划要点。如果沟通不充分的话,那么费尽心力完成的策划方案,很可能在实施中变相,甚至会带来许多副作用。为了"和谐"这种敏感的排斥性,使组织的成员协助策划方案的推行,就不得不对实施策划方案的相关人员进行培训并与其沟通,对策划的评估背景、策划的本意与宗旨、策划目标、实施内容、实施步骤、实施技巧、实施中应注意的重点问题等，进行准确明了的阐述，将策划意图渗透到全体执行成员脑海中，将未来可能的发展，一幕一幕地呈现在执行者眼前，使其可以预测营销方案实施的过程、进度以及方案实施后的效果。引起执行者的支持、协助与共鸣，以防事后分歧和执行当中的争执。

2. 分工实施阶段

进入分工实施阶段，营销策划者的思想才能得到真正的体现。这一阶段，营销管理者应根据严格按照营销策划书的进度计划，把各部门的任务详加分配、分头实施。同时，也应按照预算表，努力组织、指挥与协调企业的各种资源和力量，使实施方案得以顺利，尽最大的努力达到和完成策划书规定的营销目标和营销任务。

（七）市场营销策划的评估与修正

营销策划活动都是有明确的目标的。目标是否实现，就需要通过评估来验证。

1. 策划效果评估的内容与原则

营销策划的目的有经济目的和非经济目的之分。对于非经济目的实施效果的评估，如社会效果、政治效果、文化效果、法律效果等，可以用定性方法来进行评估；而对经济目的效果的评估主要采用定量测评方法，如市场占有率、实际销售（量或额）占整个行业的实际销售（量或额）的百分比、品牌形象和企业形象、成本收益率等。在评估过程中，为了保证评估效果的说服力，应该遵循一定的原则：

（1）有效性原则。坚持有效性原则，是指评估工作必须要达到的目的，要以具体数据而非空泛的评语来证明营销策划的实施效果。这就要求在评估时必须选取真正有效的、有代表性的评估指标作为衡量标准，并尽可能采用多种有效的评估方法，全面考察，广泛收集意见，以得出客观的结论，使营销策划方案的效果充分体现出来。

（2）可靠性原则。可靠性原则要求前后的评估工作应具有连续性，所采用的评估方法和被评对象要相对稳定。

（3）相关性原则。相关性原则是指评估的内容必须与所确定的策划目标相关。在进行策划活动时，要根据不同的策划目标来界定策划的相关性。

2. 策划效果评估与修正

（1）项目考评。市场营销策划的实施一般是分项目一步一步执行的。因此，每一个项目完成以后都需要对整个项目进行一个回顾，以判断项目的完成情况，及时发现和解决问题。当项目完成情况与预期目标存在差距时，营销策划者与营销管理者要找出原因，然后寻求相应的对策，必要时，还要对整个策划方案作出调整。

（2）阶段性考核。阶段性考核一般是在一个标志性的项目完成后进行，对一段时间以来所做的工作和所取得的成绩，进行考核，目的是为了保证整个策划实施的成功和各阶段的连续性。如，一个企业分两阶段进行省域范围内的营销渠道网络的开发；第一步是在省会城市布点，第二步是在省区内的地级市布点。其中，又分了很多子项目。当省会城市布点完成以后，即标志着第一阶段工作完成，营销策划者与营销管理者需要对第一阶段的工作进行回顾和总结。

（3）期终总结。期终总结就是对市场营销策划实施的结果进行分析，分析实际结果是否与营销策划的期望值存在差异。若发现较大的差异,必须做一些重点研究,找出实施过程中的问题和改进点,总结出对以后营销策划立项及实施的教训、启示等,并将营销策划实施结果的研究、分析形成营销策划结案报告书,提供给委托方。

（4）反馈改进。对于策划者来说,营销策划期终总结的完成,并不表明策划的结束。营销策划者还必须对营销策划的经过及其结果,做充分的检讨、分析,从中找出经验、问题和教训来,并将其有效地反映在以后营销策划方案中进行改进,这样才能算是该项策划工作的真正结束。实施效果反馈是营销策划的最后一个环节,也是下一次策划工作的开始,它实际上贯穿于营销策划的全过程。

☞ **小贴士**

策划的宣传造势

在营销策划方案实施过程中,企业要做好对外宣传造势工作,这样能够扩大影响,有助于提升企业形象,改善公共关系。策划宣传造势必须遵循一定的原则,否则可能适得其反。

1. 准确性原则

这是营销策划宣传的首要原则。真实是新闻报道的生命,对于宣传而言也是极为重要的。言过其实的宣传无助于营销策划的顺利实施,反而有损企业形象,不利于企业的发展。

2. 及时性原则

及时的宣传才是有效的宣传,在宣传工作中时间就是效果,过早或迟延的宣传都不能达到预期的效果。

3. 针对性原则

宣传工作一定要有的放矢,对不同的对象采取不同的方法。营销战术策划的宣传应针对现实与潜在的顾客,营销战略策划的宣传应针对社会大众。

4. 适度性原则

一般人都有这种感觉,某个广告刚推出来的时候觉得新鲜,经过一段时间的重复出现后,就令人生厌了。在营销策划的宣传中要尽量避免此种情形的发生,既让目标对象熟知将要或正在进行的活动,又不引起其的反感。

5. 反馈性原则

营销策划的宣传一定要注意反馈分析,将目标对象对策划活动的看法与认识及时地反馈过来,就可以进行适时的修正与补充,使活动的开展更符合目标对象的意愿,同时也能重新确定宣传的重点,突出活动的主题。

6. 创造性原则

创造性原则是指营销策划的宣传一定要有创意,不能人云亦云。个性化的宣传才能吸引人们的注意,为企业的营销策划活动创造良好的外部环境。

四、学会做市场营销策划的前期准备工作

为了解市场营销策划问题的背景,营销策划人员必须了解企业和其所属的产业,尤其应该分析对界定营销策划问题产生影响的各种因素。这些因素主要包括有关企业和其所属产业的历史资料以及前景预测、企业的资源及各种限制、决策者的目标、购买者的行为、法律环境、经济环境以及企业营销手段等。

（一）了解企业本身的条件

1. 了解企业的历史资料和未来策划

了解与企业销售、市场份额、盈利性、技术、人口统计学和生活方式有关的历史资料及趋势预测，能够帮助营销策划人员理解潜在的营销策划问题。对这种资料的分析应在该产业和企业的层次上进行。如，一个企业的销售下降，与此同时整个产业的销售上升，这和整个产业销售同时下降是完全不同的。前者可以具体到企业，历史资料和未来策划对于揭示潜在的问题和机遇很有价值，尤其在企业资源有限和面临其他限制条件时，这种价值表现得尤为突出。

2. 了解企业可利用的资源和策划面临的限制条件

要想正确地确定营销策划问题的范围，必须要考虑到企业可以利用的资源以及面临的限制条件。如果一个大规模的策划项目需要花费 100 万元人民币，而企业的预算经费只有 40 万元，显然这个项目不会被企业管理者批准。在很多时候，市场营销策划范围都不得不被压缩以适应预算限制。如，计划对企业的产品宣传进行策划时，就会将策划范围从全国压缩到几个主要的区域市场。一般情况下，只增加少量成本，就会使策划范围大幅度扩展，这会显著地增强策划项目的效用，也容易获得企业管理者的批准。当决策必须尽快做出的时候，对于策划机构来讲，时间的安排非常重要。如，企业决策者通常要求在一定时间内完成一个营销策划项目，这个项目的结果可能要提交给即将召开的董事会。

3. 了解企业的目标

企业制定决策的目的在于实现目标。管理决策是建立在清楚地了解企业的目标和决策者的个人目标基础上的，市场营销策划项目要取得成功，也必须服务于这两种目标。一般情况下，企业决策者往往很少能清楚地描述个人和企业的目标。相反地，他们常常用缺乏可操作性的语言来描述这些目标，如"提高企业形象"等。因此，直接向决策者提问无法发现所有的相关目标，营销策划人员必须通过其他方法找出这些目标。一个经常使用的方法，就是针对一个问题当面告诉决策者各种可行的思路，然后征求决策者的意见。

（二）了解企业外部的环境条件

1. 了解消费者的行为

消费者行为是市场营销策划问题环境内容的一个重要组成部分。在大多数的营销决策中，所有的问题都会回到消费者对营销者具体行为的反应上来。了解潜在的消费者行为对于理解市场营销策划问题非常有用，策划时应考虑传播媒体对消费者行为以及对产品改进的反应等因素。

2. 了解企业所处的法制环境

法制环境包括公共政策、法律、政府代理机构。重要的法律领域包括专利、商标、特许使用权、交易合同、税收、关税等，法律对营销的每一个组成部分都有影响。另外，还有管理各个产业的相关法律。法制环境对于界定营销策划问题有重要作用。

3. 了解企业所处的经济环境

市场营销策划问题环境内容的另一个重要组成部分是企业所处的经济环境，包括消费者的购买力、收入总额、可支配收入、储蓄、企业可利用的信息以及总的经济形势等。经济的总体状况会对消费者和企业信用交易以及购买昂贵产品的意愿产生影响。因此,经济环境对于市场营销策划的潜在影响也是巨大的。

4. 了解企业的营销及技术手段

企业的营销及技术手段会对市场营销策划的性质和范围产生影响。如,企业要想开发一项技术产品,如果没有相关的制造技术和推销手段,根本就无法做到。在这种情况下,通过对企业原有营销知识及技术手段的了解,可以从中找到一部分确定市场营销策划问题的依据。又如,计算机的结账系统使超级市场经营者能够监督每天消费者对于产品的需求情况,并能向营销人员随时提供相关的数据。这样,零售的信息就能随时获得,这不仅包括公司品牌,也包括其他竞争性的品牌。数据收集的快速性和精确性使策划人员能够对复杂的问题进行主题策划。

任务总结

市场营销策划是市场营销理论在企业营销实践中的具体运用,是贯穿在整个市场营销活动之中的最有效的商战武器。作为企业和营销策划人员应对其进行不断地研究和分析。

市场营销策划的内容主要包括市场营销战略策划、市场营销战术策划和市场营销创新策划三部分。市场营销战略策划主要有市场细分策划、目标市场选择策划、市场定位策划、企业形象策划等,市场营销战术策划主要有产品策划、价格策划、分销渠道策划和促销策划等,市场营销创新策划主要有网络营销策划、关系营销策划等。在进行这些方面的策划过程中,应该遵循统筹规划原则、可行性原则、适时调整原则、成本效益原则、超前创新原则。

市场营销策划的一般流程主要包括七大步骤:明确市场营销策划问题、进行市场营销调查与分析、市场营销战略策划、市场营销战术策划、撰写市场营销策划书、市场营销策划实施和市场营销策划的评估与修正。

为了圆满完成市场营销策划任务,做好市场营销策划的前期准备工作也是十分重要的。

任务检测

一、选择题

1. 市场营销策划所具有的特点有(　　　　)。

A. 目的性　　　　　B. 前瞻性　　　　　C. 不确定性　　　　　D. 科学性

2. (　　　　)是营销策划的灵魂。

A. 创意　　　　　B. 目标　　　　　C. 可操作性　　　　　D. 方向

3. (　　　　)是企业在市场竞争中为保持其实力和发展其地位而进行的,基于长期考虑和具有长远意义的总体性营销谋划。

A. 市场定位策划　　　　　　　　　B. 营销竞争战略策划

C. 顾客满意策划　　　　　　　　　D. 公共关系策划

4. (　　　　)是在市场细分的基础上确定目标市场,并通过各种途径、运用各种手段,为企业的产品及形象确定一个有利的竞争位置,并且制定一套详细的方案及措施。

A. 市场定位策划　　　　　　　　　B. 营销竞争战略策划

C. 顾客满意策划　　　　　　　　　D. 公共关系销策划

5. 市场营销策划的原则有（　　　）。

A. 统筹规划原则　　　　　　　　　B. 可行性原则

C. 适时调整原则　　　　　　　　　D. 超前创新原则

二、判断题

1. 点子常常是创意的产物，是策划必不可少的内容。　　　　　　　　（　　）

2. 策划的构想要有实现的可能，要做到这一点，必须将创意与企业现有的人力、财力、物力合理结合，并最终落到实处而且不产生副作用。　　　　　　　　　　（　　）

3. 一个好的创意有时虽然无法实现，但它也是策划的一种。　　　　　（　　）

4. 长期的、广阔的、综合的、连续的策划称为战术策划。　　　　　　（　　）

5. 市场营销策划的主体是指进行策划的策划者，策划者只能是个人。　（　　）

三、填空题

1. 策划的三个要素是指（　　　）、（　　　）和（　　　）。

2. 从亚细亚商场成功开业的案例我们可以看出，（　　　）＋地利＋好的策划＝成功。

3. 策划具有（　　　），这是策划方案的前提。

4. （　　　）是预期与实际满足状态之间的差距。

5. 进行策划环境（　　　）的目的在于了解影响市场营销策划的因素，为市场营销策划提供真实可靠的信息。

四、简答题

1. 为了使目标切实可行，应该要做到哪几点？

2. 简述市场营销策划的重要性。

3. 简述市场营销与营销策划的关系。

4. 为了保证策划评估效果的说服力，一般应该遵循哪些原则？

5. 在为市场营销策划的宣传造势过程中，应该注意把握哪些原则？

参考答案

案例分析

"苹果"手机的营销策略策划

在当下，一个成功而又具有时代代表性的成功营销策划典范非属"苹果"不可，iPhone、iPad 就像明星一样被追逐，像宗教一样被崇拜，成为营销界的一个传奇。这不仅得益于"苹果"的质量，更为重要的是"苹果"公司的营销策略策划也很给力。乔布斯的成功是基于对人性的了解，把握人的欲望和对需求的细节，从而一路把人性营销做到了极致。

1. 未曾营销先造势。往往越是未知的东西，人们便越是想迫切地了解。"好奇害死猫"说的就是人的这种天性，只要企业利用好人这种围观和看热闹的心态，即使用低成本也能做好宣传。在"苹果"迷们盼望"苹果"手机面世的长达一年多的时间里，网上讨论不断，甚至有人自称拿到了"苹果"手机的设计方案。但直到发布当日，人们最终看到 iPhone 的真实面目，几乎所有人都猜中了它叫 iPhone，却几乎没有人猜中它的造型，人们更为它的各种性能所惊叹。那种患得患失的心态和探求未知结果的神秘感,是产品推广和品牌宣传中最有价值的营销工具。在充斥着商业宣传的世界里,造声势的目的就是要确保营销的产品成为人们谈论的话题,更重要的是,确保这种谈论本身是有效的。"苹果"公司会将其产品宣传成标志时代意义的物品,大力宣传其先进的技术创新,让顾客如痴如醉并渴望得到,但最终顾客会发现买回家的就是一部手机或者是一部带"智能"的手机。

2. 饥饿式营销。"苹果"的产品之所以如此受欢迎,很大程度上来源于其对市场供应的控制,也就是使市场处于某种相对的"饥饿"状态,这有利于保持其产品价格的稳定性和对产品升级的控制权。iPhone 的销售显然是这种策略的代表。自上市以来,不管市场对这款产品的呼声多高,"苹果"公司始终坚持限量供应。不少人或许是因为买不到,而想买一部试试。有人甚至花很大的代价得到了自己并不了解的东西,他就会满足于得到的喜悦,有时候甚至闹不清自己想要的究竟是什么,而"苹果"的饥饿营销则正好利用了人们这种赶潮流、追时尚的心理。他高高吊起人们的胃口,却不急于满足。不满足引来更多关注,限量销售比大量供应更让人追逐。因为不容易拥有,便会更显得珍贵,更加不同。这种强势的营销风格和它的产品一样,让人又爱又恨,欲罢不能。"苹果"的营销已经用精神和价值观来号召和统领消费者了,超越了纯粹的产品层面,这正是品牌营销追求的至高境界。"苹果"真正不同的是,别人向消费者灌输,而乔布斯是吸引,"愿者上钩"。

3. 体验营销。"苹果"公司每推出一款新产品的推介会,都会选择充满神秘色彩的剧场进行,通过幕剧的形式对产品进行宣传,激起人们强烈的好奇心。

4. 口碑营销。有哪个手机品牌像明星一样被追逐?恐怕只有"苹果"。"苹果迷"们追逐"苹果"的各种产品,常常忘我的向周围的人炫自己的爱机,亲自演示,交流使用心得,炫耀爱机的个性配件,甚至走到哪里都捧着"苹果"笔记本。即使是索尼、戴尔、诺基亚这些响当当的一流品牌,其用户的热情也无法与"苹果迷"的疯狂相比。

问题

1. 根据案例,请分析"苹果"手机营销策划的本质。

2. 根据案例,请分析"苹果"手机借营销策划造势的过程,体现了营销造势中的哪些原则?

分析

作为一个高端产品,"苹果"应该是消费者身份和地位的体现,如古诗所云:"千呼万唤始出来,犹抱琵琶半遮面"之美,此美不是任何人都能轻易触摸的朦胧美。越是未知的东西即将到来,就越是想迫切地知道真相,未知产生畸高的期望值,这是一种巨大的营销势能,是营销者求之不得的。在市场培育之初,要让消费不见其身先闻其声,做好前期市场宣传造势。

实训操作

认识市场营销策划

1. 实训目的

通过本次实训,使学生明确市场营销策划的本质及意义,掌握成功的策划应具备的要素。

2. 实训要求

基于当前高职院校崇尚技能竞赛的状况,由四至五个学生组成一个团队,围绕大学生创业项目,写一份报告,内容要求包括项目背景、项目目标、项目推广策划的基本框架,字数不少于1 000字。

3. 实训材料

纸张、计算机网络、笔或打印机等。

4. 实训步骤

(1) 选择一个团队成员感兴趣的创业项目;

(2) 分析选择该创业项目的原因;

(3) 分析该创业项目所要达到的目的;

(4) 构建该创业项目的主要框架。

5. 成果与检验

每位学生的成绩由两部分组成:学生实际操作情况(40%)和分析报告(60%)。

实际操作主要考查学生实际行动的过程以及撰写报告的能力;分析报告主要考查学生分析创业原因、目标以及创业项目的主要框架的合理性,分析报告建议制作成PPT。

任务二　设置市场营销策划组织

知识目标

1. 了解市场营销策划组织的类型。
2. 理解市场营销策划的职能及人员要求。
3. 掌握市场营销策划合作机构的选择。

技能目标

1. 能根据市场营销策划岗位的要求,进行相关知识、能力与素质的培训与提升。
2. 能根据市场营销策划工作的需要,正确选择合作机构。

任务导入

小王通过对第一个学习任务的学习,认为市场营销策划工作很简单,无非就是将市场营销学里的知识结合具体的项目进行灵活的运用。于是他就去找自己信任的专业老师,谈了一下自己的看法。老师听后,肯定了小王的想法,但是要将创业项目成功实现,还离不开一个好的策划方案,好的策划方案又离不开良好的策划团队。因此,专业老师建议小王思考,这个创业项目策划方案到底是自己一人来做,还是选择一个策划组织来做? 小王听了一愣,感觉这个问题很棘手,该怎么办呢?

任务分析

市场营销策划已经成为现代营销中不可或缺的一把利器,但并不是每个企业都能完整地完成这项工作。大企业"五脏俱全",能独立完成市场营销策划任务,而小企业就需要借助外部的策划机构来完成。因此,从事市场营销策划的人员首先应明确营销策划组织的类型到底有哪些;市场营销策划有哪些职能;针对这些策划任务,对策划人员又有哪些要求;当企业不能独立完成市场营销策划中的全部任务,又该如何来选择外部机构进行合作?

知识精讲

一、认识市场营销策划组织的类型

市场营销策划组织是一种服务性的组织机构,由专业营销策划人员组成,专门执行营销策划任务,实现一定的企业目标的组织系统。按其服务的性质可将市场营销策划组织分为企业内部的市场营销策划机构和企业外部的市场营销策划机构。企业外部的市场营销策划机构按其提供的服务类型,可分为完全服务公司和有限服务公司。

(一) 企业内部的营销策划机构

多数大公司都有自己的营销策划部门。企业内部的营销策划机构按发展的逻辑过程、发达程度和表现形态,大体可以归纳为三种形态。

1. 正式的营销策划机构

在企业内部设有正式的营销策划机构,这种形式的策划机构渗透在企业的营销职能部门中,具有稳定性和系统性的特点。应该说明的是,在企业内部设置正式的营销策划机构,并不排斥其他有关部门也承担一定的策划工作。事实上,企业内部正式的营销策划机构主要负责企业中的市场营销策划的组织、总体规划和协调以及承担某些主要的职能工作和策划任务。专业机构、专职人员与兼职机构和人员的有机组合、协同工作是企业搞好市场营销策划的条件和保证。不过,通常情况下,企业内部市场营销策划部门的规模一般都相当小,其工作人员往往充当的是企业内部的策划使用者与外部提供者之间的媒介。

2. 非正式的营销策划机构

在企业中没有明确由某个职能机构负责和承担市场营销策划的任务,但至少有专人负责策划工作,由其承担市场营销活动过程中常规的策划任务,通过聘请外部策划专家或机构承担特定的营销策划任务,一旦营销策划任务完成,就由其负责营销策划的后续工作,对营销策划方案实施监督与控制管理,从而实现营销策划组织机构的系统性、稳定性、灵活性和高效性。

3. 松散的营销策划机构

在企业中没有明确的组织机构承担市场营销策划任务,而是根据需要由企业抽调部分营销人员,并聘请专家或管理顾问成立专门的策划班子,进行企业的市场营销策划研究,对企业的市场营销战略和战术做出规划和策划,然后通过企业的营销职能部门来组织实施策划方案。这一策划机构的特点就在于它的灵活性和高效性。它通常是在企业经营的特定时期,如新产品上市、企业经营陷入困境等以及面临重大事件时,在完成特定任务后即可解散。

企业对内部市场策划机构的设置,受多种因素的影响和制约。除了观念上的问题可能对设置产生影响外,企业还应综合考虑其他因素。

(1)企业的规模。一般而言,大型企业的产品种类多、市场范围大、经营人员多、力量雄厚,有可能建立正式的市场营销策划机构。

(2)经营业务的性质和范围。如果企业经营的业务受国家控制比较严,或者市场范围小,市场营销策划的任务相应较小。

(3)企业的经营条件。设置市场营销策划机构应充分考虑企业的资金、人员等条件。

(4)市场状况。作为外部条件,企业经营商品的供求、竞争等状况,也影响市场营销策划的任务。总而言之,企业设置何种形态的市场营销策划机构,应视企业的具体条件和要求而定,特别是要以企业的市场营销策划活动需求而定,即营销策划要考虑工作量的大小,要符合合理分工、统一指挥、统一命令、分层管理、精简与高效、适度弹性等原则,提高营销策划机构的战斗力,提高策划活动的经济效益。

(二)企业外部的营销策划机构

1. 完全服务公司

完全服务公司具有能力独立完成其委托人所要求的全部营销策划工作。这种完全服务公司能够自己找出问题,进行营销环境分析、营销创意、策划方案设计,直至完成最后的报告。显然,这是一些大的公司,有专业的部门和设备来完成整个市场营销策划任务。

(1)营销策划公司。营销策划公司是专营市场营销策划业务、提供综合服务的机构,这些公司也被称为标准服务公司,他们能提供全套综合服务。一般从研究方案、创意设计、现场实施、数据分析到策划报告,所有市场营销策划环节都能由策划公司独立进行设计操作。同时这种公司的报告只提供给唯一的委托人,且提供的服务式样是标准化的。如成美(中国)营销策划公司等均属于这种类型。

(2)广告研究公司。不少稍具规模的广告公司,由于具备丰富市场营销策划经验的主管以及训练有素的策划人员,都设有市场策划机构。他们的服务对象为广告主,通过与客户签订正式合同或达成其他协议,代理客户的某一项营销活动的策划或实施工作。例如,为客户设计和制作广告、为客户组织实施产品在某一市场的广告宣传工作等。

(3)管理咨询公司。管理咨询公司以办理企业经营管理指导业务为主,一般也兼办市场营销策划业务。这类公司主要是充分利用自己专业化程度高、职业水准高、社会联系广泛、信息占有量大、判断客观准确等优势,为客户提供营销策划咨询服务,充当和发挥客户的"外脑"作用。与企业签订营销顾问合作协议,为企业提供营销诊断服务和智囊作用,帮助企业准确把握营销问题,提升竞争实力和赢利能力。

(4)定制服务公司。定制服务公司是根据不同顾客的特殊要求进行定制服务的机构。每个客户的要求都作为一个特定的项目进行。这些策划公司往往需要花费大量的时间与客户一起决定问题。然后,根据客户特定的问题进行策划方案设计。如,策划公司可以利用专业人员智力资源的优势,通过举办各种类型的营销策划知识与技能培训班,以提高客户营销人员的专业素质与能力。

2. 有限服务公司

有限服务公司专门从事某个方面或某几个方面的策划工作。这些公司拥有专门的人员开展某种营销策划工作,如广告设计与制作、媒体选择、美工设计等。如一些高等院校科研院所下设的营销策划研究所、营销策划事务所等,这些组织主要开展理论研究、营销培训和营销咨询策划活动;一些立足促进行业交流与发展的行业性协会、专业性学会、专业性研究会、俱乐部等组织。

 小案例

金锣的营销策划组织

新程金锣肉制品集团有限公司从承包冷库、屠宰生猪起家,主产品大部分供应春都、双汇用于火腿肠等肉制品生产。随着屠宰量的不断扩大和市场竞争加剧,快速消化生猪屠宰各种副产品成为迫切需要解决的问题,于是公司成立营销策划部,负责公司的终端促销等策划工作。

二、明确市场营销策划的职能与人员

(一)市场营销策划机构的职能

1. 专业营销策划机构的职能

专业营销策划机构的最主要职能是服务职能,即根据委托方的要求,进行市场调查、研究、创意、方案设计等,为企业的营销服务。具体来说,市场营销策划机构的职能有以下几个方面:

(1)承接营销策划项目。专业营销策划机构拥有专业人才,有从事市场营销策划的丰富经验和能力,可以公开承接社会各方的委托,按客户的要求开展市场营销策划活动。一般而言,市场营销策划专业机构所能承接的营销策划项目包含的范围较广,主要涉及公关策划、广告策划、推广策划、产品及包装策划等。

(2)提供信息。专业营销策划机构往往有自己的信息网络,为了工作业务所需,它们订有大量的专业期刊和信息杂志,并有大量的信息来源,在长期的实践中也积累了大量的信息资料,从而其本身就是一个很大的信息库,可以为客户提供有关的营销策划信息资料。

(3)提供咨询服务。专业营销策划机构凭借其专业优势,结合宏观经济形势、政府政策倾向等,为社会和企业提供诸如市场营销策划理论、策划技术的研究、产品投放、营销网络、促销手段、实施与控制等市场营销体系方面的各类咨询服务,从而为企业的市场营销策划提供科学决策与经营管理的依据。

(4)提供专项培训服务。专业营销策划机构要利用专门人才(如,聘请的专家学者、企业中高层主管等)开展有关企业战略、市场营销、促销与策划、商务沟通领域的新知识、新政策、新经验等方面的专项培训,从而提高企业营销策划人员的水平服务。

2. 企业内部营销策划机构的职能

与专业营销策划机构不同,大部分企业内部的策划机构的人员配备一般都较少,所承担的多是与策划有关的组织、实施、监督等方面的任务,而具体的策划工作往往会委托给专业的市场营销策划机构。企业内部营销策划机构的主要职能如下:

(1)制订计划。主要包括制定产品上市计划、片区市场进入计划、媒体活动计划、建立和完善策划方案收集及保密系统、编制策划管理手册等。

(2)策划与确认营销策划方案。根据市场营销活动的需要,拿出一定的设想或拟订的营销策划方案,负责开拓、联络与协调完成市场营销策划中相关组织和机构,如选择外部市场营销策划机构,并由其来策划具体的方案以及开发媒体发布渠道,组织、策划媒体活动等。

(3)组织策划资源。根据市场营销策划方案的要求,通过调动相关部门的力量,组织营销策划活动所需的人力、物力、财力资源,如销售终端所需的各种市场推广材料、准备公关专题活动所需要的标准文本等。

(二)市场营销策划机构的人员配置

不同的市场营销策划机构,其组织形式可能不同,但其人员构成却大同小异,一般来说,营销策划成员主要包括:

1. 管理人员

管理人员的职位是公司的总经理、副总经理和各部门的经理。其职责是负责领导、保证、监督营销策划小组的全盘工作,协调和安排营销策划小组与企业各部门、各方人士的关系,掌握工作进度和效率。

2. 主策划人

主策划人应是营销策划组织的业务中心,相当于文艺节目的编导,负责指挥各类策划人员的业务,组织调研,牵头组织业务人员的创意活动,并最后负责拟定策划书。主策划人应具有良好的业务素质和各方面的业务能力,并要对市场营销行为比较熟悉,富有市场营销策划的成功经验和高度责任感。

3. 文案撰稿人

营销策划书的撰写不应只是主策划人的个人行为,在主策划人的领导下,要有若干撰稿人参与工作。这些撰稿人可能撰写文案中的某一部分内容,但他们必须对营销策划的全程非常熟悉,撰稿前的调研工作应该是全面和系统的,这样才能做到胸中有全局,笔下有特色。对这类人员而言,文字表达的娴熟是最起码的要求,认识问题的深刻和富于创新思维则是衡量其水平的主要标准。

4. 美术设计人员

营销策划中常涉及企业视觉形象、商标、广告、包装等方面,营销策划的过程也是对商品、企业进行美化包装的过程,美术设计人员可依据美学原理对上述方面进行创新性设计,以增强营销策划书的吸引力与感染力。

5. 电脑操作人员

电脑操作不仅要起到收集资料、储存资料和随时输出资料的作用,而且还要适应多媒体需要,能进行动态链接和形成互动效应的高难度的操作,以备营销策划之需。

(三)市场营销策划人员的选择

1. 市场营销策划人员的分类

所谓专业,即专门的职业,是指具有高度专门知识和技能的职业。从事专门职业的人员经常被称作专业技术人员,这是相对于普通职业而言的。营销策划专业人员,即具备一定的职业道德,运用专门的知识和技能,从事营销策划工作的人员。

(1)根据营销策划人员的专业分工划分,可分为策划总监、项目主管、文案人员、美工人员等。策划总监的职责和任务是负责领导、保证、监督营销策划部门的全盘工作,协调和安排营销策划部门与企业各部门、各方人士的关系,掌握工作进度和效率。项目主管是营销策划部门的业务中心,相当于文艺节目的编导,负责指挥各类策划人员的业务,组织调研,牵头组织业务人员的创意活动,并最后负责拟定策划书。项目主管应有良好的业务素质和各方面的业务能力,并要对企业营销行为比较熟悉,富有企业营销策划的成功经验和高度责任感。文案人员的职责是撰写策划书,但他们必须对营销策划的全程非常熟悉,撰写前的调研工作应该是全面的和系统的,这样才能做到胸中有全局,笔下有特色。对这类人员而言,文字表达的娴熟是最起码的要求,认识问题的深刻和富于创新思维则是衡量其水平的主要标准。美工人员的职责是对涉及企业视觉形象、商标、广告、包装等方面的内容,根据美学原理进行创新性设计,以增强营销策划书的吸引力和感染力。

(2)根据营销策划人员所承担任务的层次划分,可分为以下五个层次:① 企业营销战略规划人员,他们一般根据企业短期、中期和长期发展战略目标,制定出整体性和阶段性的营销战略规划方案。② 企业总体营销策略策划人员,他们一般根据企业营销战略规划,针对企业某一阶段、某一领域、某一品牌或某一市场的营销问题做出策划。③ 企业营销项目策划人员,他们一般根据企业总体营销策划案,针对其中某一方面问题所做的策划。④ 企业专题策划人员,他们一般根据企业营销项目策划案的安排,完成某一专题的问题设计、制作与策划。⑤ 企业营销策划方案的执行人员,包括直接从事或者间接参与企业营销策划案的组织实施,或为营销策划案实施提供保障性服务的所有工作人员。

狭义地说,营销策划人员仅指前四类所指直接参与企业各级营销策划案形成的所有人员。市场营销策划是一项复杂且综合性很强的工作,它需要相关各方面的人员通力配合来共同完成。策划人员的素质直接影响着整个市场营销策划工作的成败。因此,对策划人员的选择必须给予足够的重视,要特别注重候选人的综合素质。

2. 从事营销策划的要求

营销策划是一项创造性工作,要求营销策划人员有较高的综合素质,简而言之,营销策划人员应具有:扎实的知识功底,较强的策划能力和优良的职业素质。

(1)扎实的知识基础。策划是一项智力产业,策划是一种高智商活动。因此,策划人员必须具备一定的专业理论知识。营销策划人员应该掌握的相关知识内容很多,而且会因策划领域、策划项目的不同,具有不同的要求。在此,我们只概括营销策划人员应该掌握的一些基本相关知识的科目。① 经济学、心理学和法律知识的铺垫是必需的。营销活动是一种市场行为,营销策划方案必须接受市场的检验。因此,营销策划人员必须掌握经济学的基本知识,了解宏观市场的基本走向和微观市场的分布状况。如消费者市场状况、市场竞争结构、竞争规律、供求规律等。市场营销的核心工作在于满足消费者的需求,因此,营销策划必须掌握消费心理学的基本知识,如关于消费者需求、动机、注意、信念、态度、欲望等一系列与消费行为有关的心理学知识。营销策划人员还应该熟悉基本的经济法律知识,既能运用法律法规保护自己的合法权益,又能规范自己策划的营销行为不致违反法律。② 营销学、广告学、传播学知识的精通与熟练掌握是必不可少的。营销策划是对营销活动的策划,因此,作为营销策划人员必须掌握较为深厚的市场营销理论,要了解和掌握市场营销学的基本原理,树立现代营销观念,善于通过营销环境分析发现营销机会,掌握市场调查和预测的方法,科学把握市场发展变化趋势,并能有效制定营销战略与策略。此外,营销策划是一项宽泛的职业,在营销策划实践中,营销策划人员常常根据自身情况与市场需求状况,选定某一专项营销策划领域,向纵深发展,形成能发挥自己优势的专业化方向。作为一种特殊的传播形式,广告很大程度上支配着人们的消费观念、消费方式以及消费节奏,影响着人们的价值趋向。于是,和现代社会的紧密相关的广告策划已经成为诸多企业营销者众目所望的焦点。营销策划方案的执行离不开各种形式的广告。因此,营销策划人员必须了解广告学的知识。营销策划特别是促销策划本质上是一种与消费者的信息沟通活动,因此,营销策划人必须了解信源、信道、编码、译码、反馈等信息传播的基本知识。③ 企业及其产品的知识。营销策划人员应该熟悉企业的发展历史、经营范围、经营宗旨、经营方针、在同行业中的地位、企业的规模、企业的规章制度、企业的销售政策、定价策略、交货方式、付款条件、服务项目及优惠政策等有关销售的基本知识。营销策划人员还应该掌握基本的产品知识,熟悉产品性能、用途、用法特点、价格、特色、使用方法、维修、管理程序、竞争产品、本产品的寿命周期、本产品的优点与缺点等。④ 目标顾客的相关知识。营销活动的对象是目标顾客,因此,营销策划人员尤其要掌握企业目标市场在人口、地理、心理及行为等方面的基本信息。缺乏对目标顾客相关知识的掌握,闭门造车搞策划,凭着感觉搞方案,是策划不出具有良好社会效果与经济效果的营销方案的。⑤ 其他相关的知识。营销策划是一门综合性技术与艺术的科目,它需要营销策划人具有"上知天文、下知地理"的综合性知识。如,营销策划人员应有一定的艺术欣赏水平,知晓广泛的社会文化知识,了解一些工业设计的方法,掌握会计和统计的知识等。

(2) 较强的策划能力。策划能力主要有以下几个方面:① 敏锐的观察力。对于营销策划人员来说,观察力是一种洞察事物之细微、把握事物之实质的能力。富有直觉思维判断分析能力,对环境有敏锐的感受力,对问题有敏锐的发现力,可以迅速觉察到一般人所未注意到的情况甚至细节,能够发现一般人习以为常的问题,能够抓住一般人熟视无睹的现象及其本质。有了这种能力,创意题材才能源源不断地输入脑海,创意激情才会汩汩而来。② 丰富的想象力。想象是一种富有创造性的思维活动,它能够转移经验,还能够虚构图像和变换形态,对各种表象进行创造性的组合。它是"最杰出的艺术本领",是一切思想的原动力和一切创意的源泉。创造性的想象不是对现成形象的描述,而是围绕一定的目标和任务对已有的表象进行选择、加工和改组而产生新形象的过程。富有丰富的想象思维能力,能够打开思维天窗,进行开放式思维想象,找出表面互不相干的事物之间的有机联系,找出解决复杂问题的多种方法途径,创造性地架起现实与目标之间的策略桥梁,创造性地提出和完善解决问题的构思与创想。营销策划人员要培养这种想象力,一方面要扩大知识范围,增加表象储备;另一方面还要养成对知识进行形象加工,形成表象的习惯。总之,丰富的想象力是营销策划人员必须具备的重要能力之一,营销策划人员要特别重视它的训练和养成。③ 深刻的分析力。富有理性的思维习惯,能够深入冷静地思考问题,能够正确评估各种解决问题的方法创意的优劣利弊,能够从众多策划构想创意方案中去伪存真、去粗取精。丰富、发展和完善最具效果与创意的策划方案。在创意的形成阶段,在激发灵感、进行创造性思考方面,记忆力、观察力、想象力起着重要的作用。通过这些智力的发挥,营销策划人员可以提出许多解决问题的方案措施。而在创意的取舍和营销策划案的选择阶段,则需要深刻的分析力。④ 强大的创造力。创造力是指善于利用已有信息,大胆设想,勇于探索,运用新视觉、新思维,提高新策略、新方法、创造性工作的能力,它是一种综合性的、高层次的思维能力和行为能力。创造力是使人们能够经常取得创造性产物的能力和素质的总和。⑤ 良好的协调力。策划的执行实施,需要善于利用调动各种资源,需要不屈不挠的坚定意志,持久不懈的坚强毅力,处理各方面关系的沟通说服能力与协调能力。⑥ 灵活的应变力。应变力是指人们在遇到意料以外的情况时,能够沉着冷静、灵活机动、审时度势地应付变化,并能达到原来既定目标的能力。营销策划环境复杂、不确定性因素很多、不可控因素很多,这就要求营销策划人员面对突发事件造成的企业营销危机,应该思维敏捷清晰,能够快速准确地分析和判断问题,及时地察觉环境变化可能对营销策划方案实施造成的影响,并及时采取相应的调整对策。

小案例

洗红薯的洗衣机

　　一位四川成都的农民投诉海尔洗衣机排水管老是被堵,服务人员上门维修时发现,这位农民用洗衣机洗地瓜(南方又称红薯),泥土大,当然容易堵塞。服务人员并不推卸自己的责任,而是帮顾客加粗了排水管。顾客感激之余,埋怨自己给海尔人添了麻烦,还说如果能有洗红薯的洗衣机,就不用烦劳海尔人了。农民兄弟的一句话,被海尔的营销人记在了心上。海尔营销策划人员调查四川农民使用洗衣机的状况时发现,在盛产红薯的成都平原,每当红薯大丰收的时节,许多农民除了卖掉一部分新鲜红薯,还要将大量的红薯洗净后加工成薯条。但红薯上沾带的泥土洗起来费时费力,于是农民就动用了洗衣机。更深一步的调查发现,在四川农村有不少洗衣机用过一段时间后,电机转速减弱、电机壳体发烫。向农民一打听,才知道他们冬天用洗衣机洗红薯,夏天用它来洗衣服。这让海尔公司策划人员萌生一个大胆的想法:发明一种洗红薯的洗衣机。

　　(3) 优良的职业素质。职业素质主要包括:① 主动性与积极性。策划人员应具备积极的心态和主动的精神,凡事积极进取,从不消极懈怠。② 存疑性与挑战性。良好的策划人员有旺盛的求知欲和强烈的好奇心,凡事喜欢思考,喜欢反问为什么,不盲从既成事实,不满于现状,总是挑战现实,挑战极限,力求改变现状,争取更好。③ 独立性与创造性。优秀的策划人员较少具有依赖性,不肯轻附众议、人云亦云,而有独特的见解、与众不同的方法,勇于弃旧图新、变革创新。④ 科学性与严密性。优秀的策划人员崇尚科学,思维严密系统、追求真理、重视论证,追求策划方法的科学、严密、系统、高效。⑤ 宽容性与变通性。优秀的策划人员具有宽广的胸怀、谦虚的态度、宽容的素质,善于学习和借鉴他人的长处,虚心接受别人的意见和建

议，博采众家之长，完善创意策划，不固执不拘谨，善于根据时机环境变化和他人建议修改策划方案，从而提高策划的适应性。⑥ 营销策划人员的品德素质。对于营销策划人员来说，遵循一定的职业道德标准是他们应该具备的最基本的品质，也是营销策划人员从事营销策划职业过程中的一种内在的、非强制性的约束机制。营销策划人员遵循的最基本的职业道德，应该做到使营销策划企业、客户、消费者和社会利益保持一致，如果违背这一道德准则，使客户的利益与社会的利益、消费者的利益相背离，虽然一时能使企业获利，但不利于企业的发展。正如远卓品牌策划机构所倡导的：策划人要有"德"，即策划人要有较高的道德水平，凡事能够遵守道德准则，肩负一定的社会责任，不做"助纣为虐"的事，不做有损消费者利益的事，更不做有伤社会风化的事。策划是个良心活，可以说，"有德"是策划人的第一素质，"缺德"的策划人必定不是合格的策划人，更不能成为优秀的策划人。换句话说，策划人的职业生涯应该从书写"德"字开始，至"德"字结束，其间的任何策划案都必须能够经得起阳光的曝晒，都必须能够经得起"时间、利润和社会"的三重考验。

对客户应诚实守信，第一，以诚待人。营销策划人员无论是以个人身份开展营销策划服务，还是任职于某一营销策划机构代表组织从事策划工作，以诚待人都是最基本的职业准则。作为一名营销策划人员，只有靠诚实认真、实事求是的精神和言行一致的作风，才能赢得客户的信赖，这既是与客户建立长期稳定业务关系的基础，也是营销策划人员建立个人和企业声誉的基础；第二，守信处世。守信历来是人类道德的重要组成部分，即俗话说的"一言既出，驷马难追"。在当今竞争日益激烈的市场条件下，信誉已成为竞争的一种重要手段，它是企业与客户在长时间的业务交往中形成的一种信赖关系。它综合反映出一个企业、一个营销策划人员的素质和道德水平。只有守信，才能为企业和营销策划人员带来良好的信誉；第三，实事求是。营销策划人员在营销策划过程中要实事求是，敢于直面现实。营销策划人员策划能力与水平的高低，主要体现在是否能有效促使企业营销能力提高这一指标上，而企业营销能力的高低最集中地体现在企业产品被消费者接受程度的高低上；第四，敢于负责。营销策划是对未来营销活动的策划，由策划到实施需要经历较长的过程，将会受到许多条件的制约和环境因素的影响，因此，营销策划案的实施效果具有很大的风险性与不确定性，这就要求营销策划人员要具有高度的自觉性和承担责任的勇气，必要时甚至需要牺牲自己的利益。

对企业应忠诚敬业，第一，忠于职守。忠于职守首先表现在营销策划人员要忠诚于他们所任职的企业，即营销策划人员关心企业命运与利益，总是把企业的必衰成败与自己的发展联系在一起，愿意为企业的兴旺发达贡献自己的一份力量；第二，维护信誉。作为营销策划人员，还要自觉维护企业信誉。信誉是企业形象的重要方面。一个企业一旦在消费者或客户中确立了良好的信誉，也就在一定程度上树立了该企业的社会形象，从而给企业带来巨大的效益；第三，保守秘密。现代市场经济中，企业间的竞争异常激烈，这使得许多商家和企业十分重视收集掌握市场行情的各种商业信息，以抓住商机，获取成功。这就使企业的商业信息变得至关重要。如果有人将营销策划方案提前泄露出去，很可能会使竞争对手提前行动或模仿学习，也可能会使消费者兴奋感减弱，势必使得营销策划功亏一篑，造成重大损失。因此，作为所属企业的员工，每一个人都有义务和责任保守企业秘密。

☞ **小贴士**

营销策划书的知识产权

随着改革开放的深入,中国对知识产权的保护越来越重视,尤其是中国加入WTO之后,人们对知识产权保护的观念也越来越深入。2001年10月27日,全国人民代表大会常务委员会通过了《关于修改〈中华人民共和国著作权法〉的决定》,该法律就明确规定,要对"包括工程设计图、产品设计图以及工程设计作品等提供法律保护。为此,应该做到:① 在策划书里,特别注明本策划书的发明创造权属于策划者,未经策划者同意,他人不得擅自盗用和借鉴;② 向工商行政管理部门进行登记注册,表明该项策划已经生效或者正在运作;③ 向有关专利局申请知识产权的保护。

策划书,尤其涉及国家重大活动和优秀技术成果的策划书,一定要申请知识产权的保护,用法律的眼光对待策划者的知识成果,避免自己的成果被别人侵权或者被盗用。当然,并不是所有的策划书,都要申请知识产权的保护。这里所讲的知识产权,只适应于那些具有重大发明创造、技术开发成果或者具有重大社会影响的策划书。

对竞争对手应奉公竞争。现代商场如战场,这就要求,营销策划人员在处理竞争关系时应坚持奉公的原则,要注意遵守同行业竞争中的道德准则,不能只讲自己的长处,也不能只讲别人的短处,不要互相拆台,否则会害人害己。不能采取窃取商业情报、蓄意贬低竞争对手等不正当的竞争手段。营销策划人员应充分发挥自己的聪明才智,开展公平合理、光明正大的竞争,这才符合市场经济良性竞争的规律。

对社会应守法宏德,第一,守法策划。营销策划人员必须在合法化的基础上开展营销策划,并且所策划的营销策划案必须遵循相关法律法规的规定,不能只顾本企业的利益或自己的个人利益而侵害社会的利益、消费者的利益、企业的利益;第二,弘德营销。营销策划人员所策划的营销活动方案必须遵循伦理道德原则,遵循社会公序良俗,不能违背人们的价值观念、宗教信仰、图腾禁忌、风俗习惯。营销策划人员还应该把弘扬良好的社会道德风尚作为一项重要创意素材来发挥,因为只有这样才能赢得社会大众的好感,为客户营销活动带来理想的营销效果。

对消费者应互利双赢。市场营销的原则是等价交换,市场营销的宗旨是通过满足消费者需要实现企业赢利的目的。因此,营销策划人员应该把促进消费者需要得到满足作为首要任务去完成。营销策划人员明确这一首要任务,就要在营销策划实践中把社会效益、消费者利益放在首位,在符合社会利益、消费者长远利益的前提下开展营销活动,不能不择手段通过欺骗消费者、坑害消费者、损害消费者利益以获取利润,也不能开展那些损害社会利益的营销活动。

三、正确选择市场营销策划机构并与其合作

尽管许多大型企业都设立了自己的市场策划部门,但大多数的企业还是没有条件和能力自设策划部门或自组一套策划班子。然而,这并不是说这些企业就不需要做市场策划工作。实际上,即使是自设策划部门的企业也一样,当它自身的力量无法满足对市场策划的需求时,就需要委托外部策划机构来承担企业自己无法开展的策划工作。因此,可以说,如何开展与外部策划机构的合作是摆在任何一个企业面前的课题。如图2-1所示,展示了企业与专业市场营销策划机构合作的过程。

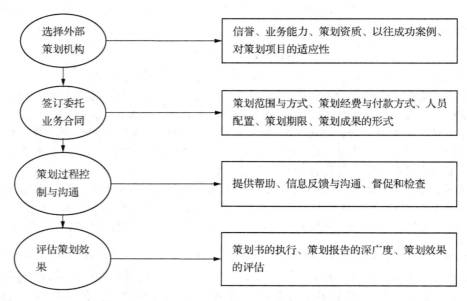

图 2 - 1　企业与专业市场营销策划机构合作的过程

（一）选择外部策划机构

1. 初步选择

各个策划机构在所承办的业务类型和所能提供的服务性质方面都不相同。有些机构专门从事某些产业部门范围内的策划，有些机构则专门从事零售卖场、广告动机方面的策划，而在各个方面都很擅长的机构是很少的。因此，企业在选择策划机构时，必须对目标策划机构进行多方位的了解。企业可以向每个目标策划机构发出征询，先略述策划的项目，并请求每个策划机构提供便于企业进行选择的内容。这些内容通常包括策划机构的声誉、策划机构的业务能力和专业人员的水平、策划机构的资历、策划机构的以往成功的案例以及策划机构对委托人策划项目的适应性等。

2. 比较选择

通过对市场策划机构以上各项目的分析、评估，委托人便可以把最有希望的两三个策划机构作为所要选择的目标对象，接着就应该分别安排会晤，在会晤中可以比较深入地讨论委托人的策划需求和策划机构探索这些需求的方法。初步会晤以后，要求各家策划机构提出书面的策划建议书，通过对策划建议书的比较分析，进一步了解各家策划机构的项目适应性。策划建议书的内容大致需要包括工作人员的配备、专业水平、实际工作经验和能力、策划的方法与技巧、选择策划人员的标准与培训的计划、对策划有效性的监督与管理措施、制作策划书的设备与技巧、项目完成所需时间的估计、项目的费用预算等。委托人在研究了几个策划机构的建议之后，就应当能够和最能满足策划需求的那个策划机构洽谈合约。

（二）签订委托业务合约

委托人经过慎重而周密的选择以后，确定了策划机构，为了使双方的利益能得到有效的保障,就必须签订委托合约来明确双方应承担的义务、责任和享有的权利。委托合约一般应包括策划范围及方式、策划经费、付款条件与方式、人员配备、期限、策划成果的形式等。其中最为重要的是营销策划经费的预算。下面针对这方面的内容做一个介绍。

1. 营销策划经费预算项目

营销策划经费预算包括策划活动本身发生的经费和营销活动需要发生的经费两个方面。内容不同,计算方法也不一样。

(1) 策划活动本身发生的经费。策划活动本身发生的经费指企业要为策划活动所支付的费用,其主要项目为:① 市场调研费。市场调研通常要委托专业调查公司或雇用专业调查人员进行,可根据市场调研的规模大小和难易程度来准确预算所需费用。② 信息收集费。主要指信息检索、资料购置及复印费、信息咨询费、信息处理费等。主要是对二手信息材料的收集,依据信息收集的规模和难易程度来确定费用。③ 人力投入费。为了完成不同的分工,要投入一定的人力。这一费用可根据投入人力的数量与质量以及相应的报酬率来计算。

(2) 营销活动费用。营销活动费用是指按照营销策划方案执行所要发生的费用。一般做法是,首先将营销方案所要实现的目标分解成具体的任务,再计算完成这些子任务所需要的资金投入,作为实现营销方案的费用预算。

2. 营销策划经费预算原则

营销策划工作需要有一定的资金投入,对其经费的预算必须科学、合理,并遵循一定的原则:

(1) 效益性原则。效益性原则是指以一定的经费投入而产生最大的营销效益或产生一定的营销效益而所需的经费投入最少。也就是说,低营销效益或者没有营销效益的营销策划经费投入应当在预算中尽量避免。

(2) 经济性原则。经济性原则是指在营销策划方案实施中,必须保证足够的营销经费,节省不必要的费用开支。

(3) 充足性原则。充足性原则是指投入的营销策划经费能足够保证营销策划方案的全面实施。营销策划经费是企业投入的营销成本,直接影响企业利润的高低。营销策划经费高了,会造成资源浪费,低了又影响营销效果,保证不了策划方案实施,甚至会使策划方案夭折。

(4) 弹性原则。弹性原则是指对营销策划经费的预算要能根据未来环境的动态变化而表现出灵活机动性。企业营销环境是不断变化的,当营销环境发生变化,原有的策划经费需要进行调整,与环境变化相适应,做出弹性安排。

3. 营销策划经费预算的方法

(1) 销量百分比法。销量百分比法是以年度产品销售额为基数,按照一定比例来提取营销策划经费。年度产品销售额可以是上年度的销售额,也可以是本年度预计的销售额。如,某公司上年度全年销售额为 1 000 万元,总共用去 50 万元营销策划费用,那么本年度参照上年度的标准,也用 50 万元,即 5%。但考虑到企业的发展,预计本年度销售额将实现2 000万元,这时营销策划经费按上年的 5% 比例,就应预算为 100 万元。

(2) 力所能及法。力所能及法是指首先除去其他不可避免的费用支出,再来确定营销策划预算的方法。如,某企业在 2014 年的销售净值为 100 万元,其中成本 80 万元,利润 10 万元,营销策划费用 10 万元。那么,在确定下一年度的营销费用时,就可以此为据。假若企业要实现 200 万元的销售收入,按上年的标准,再加上今年原材料的涨价情况,可能要投入成本

165 万元,预计提留利润 15 万元,那么尚余 20 万元。这 20 万元就是用于今年营销策划预算费用。

（3）竞争平位法。就是用同行竞争对手的营销策划预算作为本企业的预算标准。竞争平位法主要有两种形式:一是领袖等同法,就是以竞争对手中或同行业中处于领先地位的,具有良好营销效益的领袖企业的营销策划投入作为本企业营销策划经费预算的标准;二是行业平均额法,就是参照本行业平均营销策划预算额,以平均营销策划费用投入作为本企业的预算标准。

（4）市场份额法。市场份额法是指企业要保持现有市场份额和扩大其在市场中的份额,就必须使其营销投入份额高于该企业所占有的市场份额。如果企业只希望以新产品来占有市场份额,其所付出的营销策划费用应该两倍于所希望达到的份额标准。

由于公司的营销策划活动是委托给外部的策划公司,这样使得企业还必须结合营销策划公司的收费方式进行考虑。一般来说,策划公司的收费方式主要有两种,一种是项目收费。项目收费即由营销策划公司与客户双方协商约定项目总费用,并根据情况采取一次性预付、项目结束后一次付清或分次付款等方式收取业务费用的办法。项目收费核算的依据主要是咨询策划劳务费、项目活动各项成本、管理费、税金等。这种收费方式主要适用于一些持续时间较长、规模较大、内容复杂的营销策划委托项目。另一种是计时收费。计时收费即营销策划公司与客户协商约定,按照提供咨询策划服务的时间进行收费。收费标准一般由提供服务的营销策划人员的级别,以及客户委托项目的难易程度,再根据每个人为完成本项目工作而合理使用的时间,计算支付本营销策划项目的费用。

（三）策划过程控制与沟通

委托人选定了某一策划机构作为项目的策划执行机构后,并不等于完成了工作,还必须参与到委托机构的整个策划项目的实施过程中,提供相应的帮助,及时反馈信息和沟通,起到监督控制和检查的作用。这是一种互相合作的关系。在这种关系中,双方必须完全信任,充分合作。

1. 营销策划方案确定

（1）营销策划方案确定的原则。确定营销策划方案的原则主要有:① 目标原则。目标原则就是要用具体的语言清楚地说明要达成合作的策划行为标准。明确的目标几乎是所有成功策划的一致特点。很多策划不成功的重要原因之一就是目标定得模棱两可,或没有将目标有效地传达给相关成员或部门。② 共同决定原则。共同决定原则就是要求在确定营销策划方案时,应经过委托方和策划机构共同商讨决定。由于合作双方的利益诉求是不同的,方案的策划是策划机构做出,而策划方案最终是归委托方使用,因此,必须通过双方共同努力来决定最终的策划方案。③ 价值原则。"价值"是指衡量事物有益程度的尺度,是功能和费用的综合反映。在选择营销策划方案时,应遵循价值原则,即以最少的耗费达到最高的效用,以满足服务对象的需要。④ 可行性原则。可行性原则要求策划机构所做的方案所需时间、人力、物力、财力要为委托人的客观环境条件所允许,并对策划方案进行可行性分析和论证。

（2）营销策划方案确定的方法。确定市场营销策划方案的方法主要有:① 经验判断法。经验判断法是一种定性分析和定量分析相结合的确定方法。它是根据企业各层次相关部门人员的经验来判断而确定策划方案的一种方法。一般在缺乏历史资料的情况下,依靠有关人员的经验和对策划形势发展的直觉判断进行确定。② 逻辑推论法。逻辑推论法是人们认识推理事物的一种思维方法,它包括比较、分析与综合、论证推理等。在进行策划方案选择时,就是以逻辑规律为指导,根据策划方案的事实材料,形成概念,进行比较分析,做出判断,确定最终策划方案。③ 专家论证法。专家论证法就是通过组织相关方面的专家,利用他们的专业知识来证明策划方案的可行性以及可能带来的结果,进行分析评价,从而确定最终营销策划方案。

2. 市场营销策划方案的执行

(1) 市场营销策划方案执行的步骤。第一步制订行动计划。企业必须制定详细的策划方案实施计划,明确方案实施的关键性决策和任务,并将执行这些决策和任务的责任落实到部门和个人。要全面地思考企业是否拥有足够的资源支持每个营销目标的实现;参与营销方案实施的人员是否理解策划方案的内涵;参与部门和人员全面了解自己应承担的责任和完成任务所需的时间。在此基础上,应制定具体的行动时间表,定出行动的确切时间。第二步建立组织机构。企业正式的组织机构,如企划部,在市场营销策划方案实施中起着决定性的作用,通过组建组织机构,明确规定职权界限和信息沟通渠道。在组织机构过程中必须做到两点,一是提供明确的分工,使每个执行者能各司其职,各负其责;二是发挥协调作用,通过正式的组织机构与非正式的组织机构之间的有效的沟通联络,协调各部门和人员的行动。第三步设计决策和报酬制度。该制度直接关系到策划实施的成败。如果以短期的经营利润为基础,管理人员的行为必定趋向于短期化,他们就不会有为实现长期目标而努力的动力。第四步开发人力资源。市场营销策划方案的执行,最终由企业内部人员来完成,这涉及人员的选拔、安置、考核、培训和激励等问题,他们的素质、能力以及对方案的理解程度,都是市场营销策划方案执行能否顺利进行的重要条件和因素。第五步建设企业文化和确定管理风格。企业文化和管理风格一旦在企业内形成,就具有相对的稳定性和连续性,不能轻易改变,营销策划通常是适应企业文化和管理风格的要求来制定的。

(2) 市场营销策划方案执行的技能。为了贯彻实施营销策划方案,企业必须掌握一套能有效实施营销策划方案或政策的技能。这些技能主要包括诊断技能、分配技能、组织技能、关系技能和监控技能等。① 诊断技能。诊断技能是指能发现和揭示企业营销策划方案实施活动中存在的问题和难点,并提出相应对策的能力。当营销策划方案实施的结果未达到预期目标时,问题出在哪些地方?营销经理要与营销人员相互配合,像医生为病人诊断病情一样,对营销策划方案本身和方案实施过程中的每个环节进行一一诊断,以了解问题产生的原因,并采取相应的改进方法和策略。② 分配技能。分配技能是指营销经理在各种功能、政策和方案之间安排时间、经费和人力的能力。如,营销经理决定在产品展销会期间究竟花多少资金等,这些都属于分配技能方面的问题。③ 组织技能。组织技能是指对涉及营销活动方案的所有机构和人员之间进行有效组织和安排。要善于发挥自己的组织能力,将所有与营销策划方案实施中有关的部门和人员进行任务分配和关系协调,并充分认识非正式营销机构的地位和作用,促使非正式营销机构与正式营销机构相互配合,这对营销策划方案实施将产生积极的影响。④ 关系技能。关系技能是指营销经理借助于其他人的关系力量来完成自己工作的能力。营销经理不仅要做到鼓励企业员工有效地实施营销策划方案,而且还要有较强的组织、社交能力,充分利用外部的关系力量来实现自己的最终营销目标。⑤ 监控技能。监控技能是指包括建立和管理一个对营销活动结果进行反馈的控制系统。控制主要有四种类型,即年度方案控制、赢利能力控制、效率控制和战略控制。营销经理应该利用营销情报系统,连续不断地收集企业内、外部环境信息，并按有关要求进行分类整理和组合，充分利用有价值的营销信息，以保证营销策划活动顺利开展。

小思考

影响营销策划方案实施的因素

正确的营销策划方案应如何施行才能取得成功，首先必须考虑影响营销策划方案实施的因素。导致市场营销策划方案实施不力的原因是多方面的，但主要有以下几方面：

（1）营销方案脱离实际。企业的市场营销策划方案通常由企业的策划人员或由企业聘请的专家制定，而方案实施则要依赖于市场营销管理人员。但这两类人员之间往往缺少必要的交流和沟通，不探讨如何实施营销方案以及应注意哪些问题等，导致企业营销策划人员只考虑总体战略而忽视实施中的细节，结果要么营销方案过于简单而形式化，要么所制订的方案超越实际，难以实现营销目际。

（2）长期目标与短期目标相矛盾。长、短期目标的设定是营销策划的基础。长期目标是涉及5年以上的经营活动；短期目标是1年之内的经营活动。企业的市场营销战略通常着眼于长期目标，但为实现长期营销目标，又不得不把长期目标分解成若干个具体的短期目标，而实施这些短期目标的市场营销管理人员通常只考虑眼前利益和个人得失，而置企业长远利益于不顾。他们以短期工作绩效为出发点，注重销售量、市场占有率和利润率等指标，致使短期目标与长期目标之间产生矛盾。

（3）思想观念的惰性。企业经营活动计划方案一般具有很强的传统性，创新力度与企业经营指导思想密切相关。一项新的营销策划方案往往因与企业传统和习惯相悖而遭到抵制。新方案的差异越大，实施中遇到的阻力和困难也就越大。要想实施与旧战略完全不同的新战略，必须打破企业传统的组织机构和固有的供销关系，进行机制和组织改革，为新战略实施扫清障碍。

（4）实施方案不具体明确，缺乏系统性。大量事实证明，许多战略方案之所以以失败告终，是因为营销策划人员没有制定出明确而具体的实施方案。相当多的企业面临的共同困境是缺乏一个系统而具体的实施方案，未能充分调动企业内部各职能机构和人员齐心协力，共同作战。

3. 营销策划方案实施中的控制

策划工作不能没有控制，离开了有效的控制，策划目标将很难实现。市场营销策划控制是指市场营销管理者为了监督与考核企业营销策划活动过程的每一环节，确保其按照企业预期目标运行而实施的一整套规范化约束行为的工作程序或工作制度。

（1）市场营销策划控制的标准。控制市场营销策划的标准主要有：① 客观标准。市场营销主管对于下层工作的评价不能仅凭主观来决定，而必须用过去所拟订的定性、定量标准与现时实际情况相比较。这样，营销控制对各层工作人员来说标准才是一致的。所以，有效的营销策划控制工作要有客观的、准确的和适度的标准。② 全局观点。营销组织的一切活动都应围绕企业营销目标的实现而展开。但在企业营销组织结构中，各个部门及其成员都在为实现其个别的或局部的目标而奋斗。许多营销主管在进行营销控制时，不能从企业整体出发，往往仅考虑本部门的利益,不能很好地把企业总目标与部门目标结合考虑。因此,对于一位称职的营销主管来说,进行营销控制时必须以企业整体利益为出发点,有计划、有步骤地开展工作,注重企业团队精神,努力将各局部目标统一起来,切忌因局部目标而忽视全局目标,以实现企业总目标。③ 面向未来。营销组织所谋求的是长远发展,而不是一时的繁荣。营销控制在保证当前目标实现的同时,必须重视组织的长远发展。一个真正有效的营销控制系统应该能对未来进行预测、判断。对营销策划方案与实际营销活动可能出现的偏差能做出敏锐的反应,并能及时调整方案,适应营销活动正常开展。④ 灵活性。营销控制的灵活性要求制定多种适应各种变化的营销策划方案,用多种灵活的控制方式和方法来达到控制目的。这是因为人们虽然努力探索未来、预测未来,但未来的不可预测性始终是客观存在的、逃脱不了的。尽管营销策划人员努力追求预测的准确性,克服或减少误差影响,对实际业绩评价和差异分析力争准确、全面,但实践中偶然性因素是无法避免的。如果控制不具有适度弹性,则在营销策划方案实施时难免会发生被动现象。⑤ 纠偏措施。一个完善而有效的营销控制系统,必须具备适当的纠偏措施和策略。这些措施和策略在实际中体现在企业的方案设计、组织运行、人员编制、监督控制等方法上,纠正那些营销策划方案中已出现的或所显示的偏离方案的事项,以保证营销控制系统正常运行。⑥ 经济效益。对营销策划方案是否进行控制,控制到何种程度都涉及费用问题。从经济效益角度出发,企业必须把营销控制所需要的费用与营销控制所产生的效果进行对比,如果营销控制技术和方法能够以最少的费用或其他代价来探查和阐明偏离营销方案的实际原因或潜在原因,那么它就是有效的、可行的。但必须注意,营销控制的经济效益是相对而言的,它取决于营销管理者是否将营销控制应用于关键之处。

(2) 市场营销策划控制的步骤。对营销策划实施的控制过程一般分为三个基本步骤:建立控制标准、衡量工作绩效和采取纠偏措施。① 建立控制标准。控制标准是衡量计划执行实际成效的依据,是进行有效控制的前提。而控制标准的建立则是以计划目标为基础的。控制标准包括定量和定性的标准。建立起来的控制标准应该具有稳定性、适应性和明确性等特点。② 衡量工作绩效。用控制标准来衡量计划活动成效,以揭示其存在的偏差及产生的原因。计划活动成效衡量包括对实际活动成效的衡量和对未来活动成效的预测。为此,需要选择正确的控制系统和方法,并在适当的时间和地点进行衡量。③ 采取纠偏措施。一般来讲,策划实施产生偏差的原因有三种,一是执行战略计划的组织不完善;二是计划本身存在着缺陷和失误;三是原来预测的环境发生了变化。针对不同的原因,执行者应采取不同的纠偏措施。若是组织不完善,可以通过组织结构和人事方面的变革措施加以纠正;若是计划本身失误或外部环境变化,则可通过重新制订或修改计划来控制。

(四) 评估策划结果

营销策划结果评估,一般是指在策划实施工作结束后对策划方案实施的实际情况以及实施结果进行的评定与分析。评估并非是一项可有可无的工作,它对整个策划活动有着极其重要的作用。只有通过对策划结果、实施过程、操作手段等内容进行认真评估,才能判定成绩,找出不足,积累经验,改进策划水平。

1. 市场营销策划评估方法

(1) 综合评议法。在策划评估中,综合评议法是一种经常采用的方法。该方法主要是由初评、综评构成,综合了专家评议、部门评议、个人评议等多种评议方式,操作简便,得出的评估结果一般较为客观全面。综合评议法的步骤一般为,第一步进行初步评定,由策划专家组成评议小组,对策划的结果及策划过程的各个环节进行评估,并给出专家组意见和评价。同时,策划小组的组织者、实施者及其他相关部门和人员也分别进行评估。第二步,当初步评估完成后,将评议小组的结果与各部门及人员的意见收集起来,并按照各自的权重进行综合评估,得出最终评定结果。当然,在实际评估过程中,不同评估者的意见在综合评估中的权重可以调节,从而能够满足评估者不同的评估目的和评估需要。

(2)对照比较法。在策划评估中,对照比较法是将策划的执行结果同原策划方案目标进行对照比较,从而判定和评估各项活动及目标的实现情况,并对原因进行探究和分析。对照比较法的关键在于确定对照比较的内容。一般情况下,对照比较的内容主要应包括策划目标是否实现,实现的程度如何;实施工作是否按计划进行,调整的内容有哪些;操作手段是否合理;预算是否超支;预测是否准确等。

(3)关键事件法。关键事件法是指在评估过程中,评估者应将注意力集中在那些对活动有关键性影响或有关键意义的环节上,做好对关键事件的评定与分析。关键事件可以是对某个重要区域市场的开发,也可以是对某类品牌产品的市场推广,还可以是对企业形象、知名度、美誉度等方面的塑造和提升。它能使评估者在把握关键事件的基础上对评估对象有更深入的分析和认识。

2. 市场营销策划评估应注意的问题

(1)评估过程应尽量客观全面。客观全面是策划评价工作的基本要素。评估不仅是评定结果的过程,同时也是分析结果、总结经验的过程。如果这个过程不是建立在客观全面的基础上,评估结果的准确性和有效性就会大打折扣,更难以进行经验的积累。

(2)定性与定量相结合。定性主要是通过描述性的语言或文字对事物的特征进行阐释;而定量主要是利用数据分析、模型、图表等对事物规律进行说明。两种方法各有其优缺点。在营销策划评估中,仅仅依靠定性来评价和总结,过于笼统;而仅仅从定量上说明,又容易陷入思维局限。因此,将定性与定量方法结合运用可弥补彼此的不足,也能使评估的结果更加准确、深刻。

(3)注意评估结果的反馈。策划评估活动结束后,做好评估结果的反馈很重要。只有将评估结果进行反馈,策划组织者才能对评估活动的效果有所了解,才能在成功与失败中汲取经验与教训。同时,只有通过策划结果的反馈,才能使双方对项目进行共同的回顾和展望,一方面使策划机构认识到自己的不足之处,以便进一步加强策划水平的提高;另一方面使企业对策划结果有更深入的认识,以便后续工作的开展。

 小案例

一点就很鲜

山东莱阳"好味道"鸡精公司为了获得一个很好广告语,通过几轮艰难的谈判,与北京精准企划公司达成合作。由8人组成的营销策划小组就开始进行策划调研与分析,精准企划公司认为鸡精市场的知名品牌,如太太乐、豪吉、大喜大、家乐等,其诉求都是"鲜",品牌定位和产品

卖点相对雷同,缺乏新意。其实,鸡精产品的"鲜"是一种现象,只有含鸡成分更多,纯度更高的鸡精,才是更营养、更健康、味道更好的鸡精产品。因此,"纯"才是好鸡精产品的诉求。于是精准企划把好味道鸡精产品的品牌定位为"高纯鸡精"。有了好的品牌名称和精准的品牌定位,接下来为好味道鸡精品牌创意一句经典的广告语成为精准企划项目小组需要思考和解决的营销课题。经过项目小组 10 多天的日夜苦思和不断碰撞,好味道鸡精产品经典的品牌广告语终于浮出水面。精准企划从不同的思考方向创意出了两句广告语,一方面是从纯的方向,即从理性诉求层面,为好味道鸡精创意的品牌广告语是"一点就很鲜";另一方面是从好味道品牌名称方向,即感性诉求层面,为好味道鸡精创意的品牌广告语是"调出全家好味道",这两句广告语客户都非常满意。在精准企划公司的建议下,山东莱阳公司决定用"一点就很鲜"作为好味道品牌建立和提升阶段的品牌广告语,并成功在国家商标局进行了注册。

任务总结

市场营销策划机构是一种服务性的组织机构。按其服务的性质可分为企业内部的营销策划机构和企业外部的营销策划机构。企业外部的市场策划机构按其提供的服务类型可分为完全服务公司和有限服务公司。

专业市场策划机构的最主要职能是服务职能,即根据委托方的要求,进行相应的项目策划。不同的市场策划机构,其组织形式可能不同,但其人员构成却大同小异。一般都包括策划管理人员、美工人员等。

企业与专业策划机构合作的过程包括选择市场策划机构、签订委托业务合同、策划过程控制与沟通和评估策划成果四个步骤。

任务检测

一、选择题

1. 市场营销方案实施过程中必须掌握的能力是(　　　)。

A. 组织和配合能力　　　　　　　　B. 逻辑推论能力

C. 选点试行力　　　　　　　　　　D. 经验判断力

2. 下列选项中、哪一个是机构和人员的设置必须遵循的原则(　　　)。

A. 共同原则　　　　　　　　　　　B. 目标原则

C. 明确目标导向、分层管理　　　　D. 效率与精简并重

3. (　　　)就是要用具体的语言清楚地说明要达成合作的策划行为标准。

A. 共同决定原则　　　　　　　　　B. 目标原则

C. 价值原则　　　　　　　　　　　D. 可行性原则

4. 俗话说的"一言既出,驷马难追",这用在市场营销策划人员身上,体现了策划人员对待客户应(　　　)。

A. 以诚待人　　　B. 敢于负责　　　C. 实事求是　　　D. 守信处世

二、判断题

1. 要处理好满足市场需要和实事求是的关系,关键是市场营销策划要善于识别企业的个

人能力,并围绕个人能力展开营销活动。　　　　　　　　　　　　　　（　　）

　　2. 策划人所应具备的能力不包括审美的能力。　　　　　　　　　　（　　）

　　3. 市场营销方案实施过程中必须掌握的能力包括:营销贯彻能力、营销诊断能力、问题评估能力、执行结果评估能力。　　　　　　　　　　　　　　　　　　　　　（　　）

　　4. 营销控制是一个复杂的过程,策划者在设计这一过程时,可以采取多种多样的方法。一般来说,年度计划控制、盈利能力控制、效率控制、营销战略控制、营销成本控制是比较策划常用的四种基本控制方法。　　　　　　　　　　　　　　　　　　（　　）

　　5. 为了实施给老产品开辟新市场的市场开拓新战略最好的办法是创建一个新的营销机构。　　　　　　　　　　　　　　　　　　　　　　　　　　　　　　（　　）

三、填空题

　　1. 营销策划公司规范的收费方式一般有两种,分别是(　　　)和(　　　)。

　　2. 与专业策划公司合作的过程一般为(　　)、(　　)、(　　)和(　　)。

　　3. (　　　)是一种服务性的组织机构,由专业营销策划人员组成,专门执行营销策划任务,实现一定的企业目标的组织系统。

　　4. 对营销策划实施的控制过程一般分为(　　)、(　　)和(　　)三个基本步骤。

　　5. (　　　)是指在评估过程中,评估者应将注意力集中在那些对活动有关键性影响或有关键意义的环节上,做好对关键事件的评定与分析。

四、简答题

　　1. 企业进行市场营销策划评估时应注意哪些问题?

　　2. 市场营销策划机构的职能有哪些方面。

　　3. 确定营销策划方案的原则主要有哪些?

　　4. 简述市场营销策划实施产生偏差的原因。

参考答案

案例分析

立伦团队如何进行"寸心草"品牌策划

　　近几年来,中国茶企正以异军突起之势占领市场,各方商家各显神通,纷纷打起品牌战略。中国茶、中国茶企,禀独一无二天地灵气,可以说集天时、地利、人和、优势于一身。但目前在中国市场上有影响力的品牌仍然寥寥无几,如何做好品牌战略规划,以求在众多茶品牌中脱颖而出,进而走向世界,已是众多茶企必须面临的难题。立伦营销策划团队成功塑造过多个茶叶品牌,就在前不久的深圳茶博会上,由立伦团队一手策划的贵州"寸心草"案例便引起了行业内许多人的注意。

　　2012年第五届深圳茶博会上,"寸心草"专柜前门庭若市。贵州"寸心草"品牌以其独特的外观设计及先进的营销策划理念吸引了各地商家及媒体的关注,成为本次茶企参展的焦点。展会当天,柜台前围满了前来询问和购买的各地友人,大家纷纷议论着,许多人聚集在一起争相观看,拍照,不时发出连连赞叹,溢美之词流于言表,其中尤以"寸心草"单品系列"醉美天下"和"印象遵义"系列最受大众喜爱。

　　其实就在前不久,寸心草已率先前往意大利参加展销活动,展会上,许多外国友人对寸心草品牌产生了浓厚的兴趣,收到了很好的宣传效果。现在,就来看看立伦营销策划团队与寸心草合作的品牌策划。

1. 准确市场定位——文化是主导。文化是企业的生命力,目前茶行业普遍存在品牌多、乱、杂的特点,茶市场鱼目混杂,缺乏一个标准的鉴定系统,究其原因还是市场定位问题。中国茶本身就有丰厚的文化底蕴,而茶文化与茶企的企业文化更是分不开的。在与立伦营销策划团队合作之前,贵州"寸心草"企业已在贵州茶企中排名前三,按理说这样的企业已具有一定的市场基础,但由于缺乏品牌规划,"寸心草"面临着巨大的企业发展困境,企业内部存在诸多问题需要重新梳理规划。立伦团队在对"寸心草"企业做完全面调研分析后,首先进行了准确市场定位,将文化作为一个着力点逐步植入企业内部,制定了一个整体的品牌战略。"寸心草"企业位于贵州凤冈,风景秀美,是中国锌硒有机茶之乡,具有得天独厚的生态条件和资源优势,完全有做大,做强品牌的实力,而公司董事长吴侨军又来自茶商世家,有深厚的茶叶发展渊源,祖上吴应卯就是清乾隆年间中国最大的茶商,与刘墉因茶结缘、相交甚密。因此,"寸心草"必然要走专业制茶世家路线。

自公司开创以来,吴董事长秉承吴氏先祖勤俭、和善、乐观的优良传统与"尽精微,臻至善"的企业精神,把现代化的市场营销理念运用于传统茶行业之中,从科技、文化和市场着手,立志打造中国茶行业知名品牌。一如"寸草心"的品牌名称,"谁言寸草心,报得三春晖",正是这样的企业文化背景,也正是具有这样的感恩精神的企业使立伦团队感到有义务与责任再助"寸心草"一臂之力,使之成为中国茶企的一枝独秀。

立伦策划将"寸心草"品牌定位于"传承茶商世家文化,精创绿色有机生态茶",以凤冈锌硒茶为营销卖点,力争打造出贵州第一茶品牌,赢得了企业认可。因此,找准一个市场定位,企业品牌是重中之重,企业文化可作为一个突破点,而缺少文化支撑的品牌也是空洞无味的,茶叶产品内蕴和外显的两重文化决定了企业未来的发展之路。

2. 树立品牌营销——品牌设计是关键。企业文化品牌的培养需要产品外部形象的配合,VI设计和包装设计就是其中重要的一环。VI设计是企业递交给消费者的一张名片,是企业的品牌形象。包装不仅是产品的容器,它能展示产品的形象、身价,还是诱导消费的营销工具。因此,茶叶包装设计就要通过包装体现商家所引导的文化同消费者兴趣与利益的有机整合。

在此次的深圳茶博览会上,立伦策划机构精心设计的"寸心草"五款主打系列产品深获大众喜欢,寸心草品牌名称寓意心怀感恩,用感恩的心制作好茶回报社会,它诠释的是一种感恩、回报的文化内涵和精神信仰,源自著名诗句"谁言寸草心,报得三春晖"。立足于这样的名称诠释,立伦团队设计师将产品名称的深刻寓意融于logo标识中,整体图形有"吴到"的涵义,寓意着中国茶产业吴家时代的即将到来!图形上的四方盒表示寸心草茶业有机、规整的茶园基地环境,方框内抽象的线条代表绿色、有机、肥沃的土壤,上方露出来的部分代表茶叶嫩芽。图形上部的设计有"上"的涵义,寓意吴氏将推动中国茶产业往上发展。

从构图整体意蕴来看,寸心草logo将"吴家、有机、生态、感恩"等第一元素精巧地结合在一起,直接表达出绿色、生态、健康的含义;其整体结构简单独特,宏观大气,具有生机的绿色以及"寸心草、原生态、健康茶"文字布局的意韵,较好地体现了寸心草"生态、优质、品牌、文化"的茶业发展理念,寓意寸心草茶叶将致力于为国人提供最优质、最健康的茶叶,把绿色、生态、健康的有机茶带给人们。

　　结合寸心草所处贵州地区特有的区域文化特色,立伦团队根据前期市场和消费者调查分别开发出了"印象遵义、醉美天下、金黔眉、吴氏1746、醉苗香"五款单品系列产品。这五款单品系列产品的开发融合了当地多种文化元素,设计理念也在已往模式上进行了突破创新,由"多彩贵州"联想到的"山、水、人、云、茶"是整个设计的灵感来源。在今年的"品牌中国万里行"设计大赛中,"寸心草"包装设计凭借其新颖的设计理念和独特的外观包装荣获了此次大赛的金奖。

　　在整个产品设计过程中,为了有更为直观的印象,立伦设计团队实地考察了贵州当地文化,贵州作为我国一个独具传统民族特色的地区,有着丰富的民族文化底蕴,这样人杰地灵的秀美河山中,"印象遵义"单品系列的研发,灵感就来源于遵义深厚的红色文化底蕴。

　　根据产品线规划方案,醉美天下也是其中主打的一个产品系列,产品设计构思来源于贵州的"山美水美云美人美茶更美"思路,图纹标志分别有山、水、流云、头巾,可谓创意巧妙,又足以展现出设计师的较高的审美水平和匠心独具的构思理念,四种不同的风格给人全新的艺术享受,看着这四款精致的外包装,眼前不由呈现出了贵州这块充满魅力的土地。

　　寸心草系列产品外观设计简洁、美观、大方,产品包装材料外部以硬板纸为主,内部选用和外观协调一致的小铁盒,整体环保、实用,在使用上,设计也更为贴心。简便、人性化的构思创造在产品刚刚上市,就受到了消费者的青睐,无论是居家使用还是作为礼品馈赠亲朋好友都不失为一个上佳的选择。

　　当然,品牌包装设计虽然重要,但也要和产品定位相吻合,寸心草的包装设计恰好符合企业本身的发展趋势,典雅又不失时尚,更重要的是产品内在本身的质量已大于外在的包装定位,这也是受到消费者欢迎的主要原因。提高企业竞争力——招商加盟与团队建设是保障。经过近一年与立伦团队的合作,寸心草茶叶已步入有序发展的轨道,正处于蓬勃发展期,为保持寸心草茶业高效、健康的发展,立伦团队也制定出了下一步的市场推进方案,下一步将要从市场营销战略、渠道策略、广告策略、网络推广策略等方面着手,快速提升市场知名度、美誉度、市场占有率等方面,力争将寸心草打造成为贵州第一品牌,最终能够走出中国进而成为世界茶叶知名品牌。

问题

1. 根据案例,请分析立伦团队与寸草心茶业合作成功的关键是什么?

2. 根据案例,分析在与专业策划团队合作中,应该注意哪些问题?

分析

　　随着市场环境的不断变化,市场竞争加剧,使得原来一些精于生产的企业不太善于营销策划,通常会选择一些专业性很强的营销策划团队合作。在合作过程中,团结、务实、谦虚、和谐与积极进取的精神是非常重要的基础,合作应该超出物质层面,才能取得合作的成功。

实训操作

市场营销策划组织

1. 实训目的

通过本次实训,使学生明确市场营销策划组织的类型与职能,掌握从事营销策划的要求。

2. 实训要求

基于任务一学生创业这一项目，写一份创业项目策划小组创建报告，内容要求包括组织设置、资源匹配、人员要求及工作职责，字数不少于1 000字。

3. 实训材料

纸张、计算机网络、笔或打印机等。

4. 实训步骤

(1) 根据创业项目策划的需要，设置策划组织；

(2) 分析创业项目策划的任务，并对任务进行归纳，设置岗位；

(3) 分析完成上述任务所需的知识、能力与素质要求；

(4) 明确各岗位的职责及相互关系；

(5) 撰写创业项目策划小组创建报告。

5. 成果与检验

每位学生的成绩由两部分组成：学生实际操作情况(40%)和分析报告(60%)。

实际操作主要考查学生实际执行实训步骤以及撰写报告的能力；分析报告主要考查学生根据创业项目策划的需要，分析策划活动、策划人员选择以及设置组织结构的正确性和合理性，分析报告建议制作成PPT。

项目二　熟悉营销策划工具

市场营销策划是建立在市场营销活动基础上，是对市场营销策略进行创造性的选择。因此，开展营销策划活动是离不开选择的智慧和方法，即营销策划创意。有了创意，还要将这些创意的来龙去脉撰写成报告，以供决策者作为参考之用。

本项目包括进行市场营销策划创意和熟练撰写市场营销策划书等两个任务，通过具体任务的学习，使学生熟悉各种市场营销策划创意的思维、方法，能根据企业市场营销策划活动的需要，正确地选择和运用合适的思维和方法进行创意，并能按照市场营销策划文案的规范要求撰写策划书。

任务三　进行市场营销策划创意

知识目标

1. 了解市场营销策划创意的特点。
2. 掌握市场营销策划创意的内容。
3. 掌握市场营销策划的几种重要的策划思维与方法。
4. 掌握市场营销策划创意的一般流程。

技能目标

在接受营销策划任务时，能熟练运用创意的思维与方法，按照市场营销策划创意的一般流程进行创意。

任务导入

小王通过对创业项目进行初步推广，召集了几位志同道合的朋友组成了一支创业团队，具体来筹划创业项目。但是，在当前人才招聘市场中无非是两种渠道，一种是传统的线下渠道，如人才招聘会、人才市场、招聘报刊等；另一种是现代网络环境下的线上渠道。当前在校大学生大都是90后出生的，这些90后的大学生是在互联网络环境下成长，时时刻刻都离不开网络，因此，团队初步确定沿着互联网络人才招聘这个方向去构思创业项目，但现在互联网络招聘平台很多，如果与这些现有的平台竞争，很难成功，必须另辟蹊径。当然，这是离不开创意，但如何进行创意，小王心里完全没有底。于是，他想到以前教过他的老师，向老师请教如何去进行营销创意策划,且听老师下面的分解。

任务分析

创意是市场营销策划的灵魂。因此,创意就成为市场营销策划工作中必不可少的一个环节。那么应如何进行创意呢?首先有必要知道市场营销策划创意的内容和特点,其次,任何创意的产生都是有其内在的规律的,必须要学会寻找创意的策划规律,即市场营销策划创意的一般过程,最后,还要掌握几种常用的进行创意的思维和方法。

知识精讲

一、掌握营销策划创意的内容和特征

（一）营销策划创意的内容

1. 创意与营销策划创意

在一定的环境下,人们以知识、经验、判断为基点,通过感同身受和直观的体验而闪现出的智慧火光,可全面地揭示事物或问题的本质,可让人有一种假设性的觉察和敏感,这就是所谓的灵感。灵感实际上是因思想集中、情绪高涨而突发表现出来的一种创造能力,即创意。

创意即创新、创造或创造物。创意作为艺术类专业性词汇,可以理解为形象设计、广告、艺术创作以及现代文化娱乐活动等创作中的构思。策划创意是指通过独特的构思来体现策划的目标。

策划创意是策划活动的最高层次,它不但需要营销策划者必须具有广博的知识、敏锐的眼光、灵活的思维、独特的见解等,而且还需要具有能产生策划活动效果的专业知识,如,营销知识、新闻知识、操作技术等。

营销策划创意是指在营销策划活动中,利用系统的、整合的方法,加上各种巧妙的手段,使自己的策划活动能尽量有别于别人的策划活动,显示出自己的某种创造性、独特性和新颖性,使策划活动产生较大的效果。

2. 营销策划创意产生的条件

（1）创意产生的前提是动机。任何一项营销策划创意都是有其动机或目的,这主要表现为任何创意的产生都是围绕着策划活动的主题来进行。脱离主题的创意是难以产生效果的。创意的动机很多,或是差异性动机或新颖性动机等,这需要根据活动的主题以及受众对象的特点来确定。

（2）创意产生的基础是知识积累。营销策划创意是一项系统工程,所涉及的知识很广泛,它需要对心理学、社会学、营销学、经济学、法律等学科知识有一定涉足。并且还需要在实践中不断积累经验,将经验上升到理论知识的高度,才能产生好的创意。因此,知识的积累是营销创意产生的客观基础。

（3）创意产生方法的过程具有选择性。营销策划创意的产生具有其一定的内在规律,需要遵循一定的方法,如"6W2H"方法、人本原理、整合原理、创造性思维等。但是针对每一项营销策划创意,其方法是不一样的,具有可变性或选择性。即使是同一项营销策划,其中创意产生所选用的方法、思维或原理都是不一样的。

（4）创意实现的关键是联想。创意是一项复杂的系统工程,所涉及的事物之间的联系是很复杂的,既相互渗透,又相互补充,而不是孤立存在。因此,在实现营销策划创意中,需要有联想,将相关的事物之间的关系通过丰富的联想勾画出来,形成完美创意的轮廓。

（5）创意策划＝条件＋技术。营销策划创意的产生离不开一定的条件,如需要长期的知识和经验的积累、需要明确策划的动机、需要掌握一定的策划方法、思维等。但要将创意通过媒介来进行有效的传播,还离不开一定的技术,如动漫技术等。只有创意的表现技术与好的创意进行充分的结合,创意才有好的表现效果,才能实现策划的目的。

奇妙的太阳能两用伞

奇妙的太阳能两用伞,太阳能炊具,很像倒放着的雨伞,能不能把两者合为一体？设计师巧妙地采用一种镀铬的条形物,制成了十分轻巧的伞面。雨天用它挡雨,其遮雨功能同平常的伞毫无两样。如果想用它来加热,只需在阳光下把伞倒放,并使伞柄指向太阳,这时伞的聚焦点便能产生500度的高温,再配上一个支架,用来放置壶或锅,便可烧水、做饭或煮菜。

3. 创意的分类

根据创意发生的领域,可分为科技创意、经济创意、政治创意、社会创意和文化创意。

根据创意所属专业,可分为广告创意、设计创意、文学创意、艺术创意、营销创意、管理创意、技术创意、规划创意等等。广告、设计等专业是创意重点专业。

根据创意的完善程度,可分为萌芽创意和成熟创意。成熟创意虽然比较理想,但是也来源于萌芽创意。

根据创意发展的状况,可分为原始创意和派生创意。原始创新始于原始创意,消化吸收再创新始于派生创意。

根据创意产出的价值,可分为重大创意和一般创意。

根据创意产生的条件,可分为主动创意和偶然创意。主动创意是有意识地创意,偶然创意是无意识地创意。两者虽然存在有无意识之分,但在创意价值方面往往是没有区别的。

（二）创意的特征

1. 抽象性

抽象性是指创意是一种从抽象到具体的思维活动。具体地说,就是从无限到有限、无向到有向、无形到有形的思维过程。创意在转化为具体之前,它只是一种内在的、模糊的、隐含的、看不见的、摸不着的意识或思想。而在转化为具体之后,它仍是一种感受或观念的意象的传达。

著名广告策划大师大卫·奥格威为哈撒韦衬衫设计的一个戴一只眼罩的男士衬衫广告的

创意,使广告主所要宣传的哈撒韦牌衬衣获得了极强的品牌个性,使该品牌在一百多年的默默无闻后一下走红。从表面上看,创意似乎很简单,即一个戴眼罩的男士穿着哈撒韦衬衫。但是转念一想,这一穿戴却赋予衬衫一种与众不同的格调,从而使其从眼花缭乱的广告信息中脱颖而出,一举成名。由此可见,创意是要经过分析判断才能感觉到的一种抽象理念。

2. 广泛性

广泛性是指创意普遍存在于艺术创造活动的各个环节。创意不仅可以体现在主题的确定、语言的妙用、表现的设计等方面,还可以体现在战略战术的制定、媒体的选择搭配、广告的推出方式等每一个与艺术活动有关的细节和要素上。

3. 关联性

关联性是指创意必须与商品、消费者、竞争者、促进销售等相关联。在每种产品与某些消费者之间都有其各自相关联的特性,这种相关联的特性就可能导致创意。找到产品特点与消费者需求的交叉点,是形成广告创意的重要前提。如,莎碧娜航空公司有一条由北美直达比利时首都布鲁塞尔的航线,一直乘客寥寥,究其原因是比利时作为旅游胜地还少有人知。于是航空公司决定为比利时做一则广告来吸引游客。该航空公司在《世界旅游指南》上发现,比利时有五个特别值得一游的“三星级城市”,而国际旅游胜地——荷兰的阿姆斯特丹也是个“三星级城市”。于是一个震撼人心的创意产生了:“比利时有五个阿姆斯特丹。”这一创意充分反映了创意的相关性特点。

4. 独创性

独创性是创意的本质属性。人们平常所说的“独辟蹊径”、“独具匠心”、“独树一帜”、“独具慧眼”等,都是指创意的独创性。创意必须是一种与众不同、别出心裁、前所未有的新观念、新设想、新理论,是一种“言前人所未言,发前人所未发”的创举。

二、掌握市场营销策划创意的一般过程

营销策划创意是一个复杂的系统工程,必须有一个路线图。从策划的背景、问题点、策划实效等来探寻策划创意的运行途径、作业流程,明确应该如何推进,最终能带来什么效果,其中是有规律可循的,一般的过程如下:

(一)准备阶段

营销策划者在接受策划任务之后,在创意产生之前,往往应有一个充分准备的过程。在这个准备的过程中,营销策划者通常会围绕策划主题,根据相关度由远及近、由粗及细,大量收集浏览相关的知识和资料,收集并分析研究同类问题创意的经验与教训,以寻求激发灵感,产生创意。在此阶段,需要注意的问题有以下几个方面:

1. 信息储备一定多多益善

此阶段的搜集信息也可能是盲目无目的的,但这种大范围的浏览和阅读文献资料,全面细致地向客户了解基本情况是很有必要的。因为没有足够的信息,大脑对策划主题的认识只能是空白的或狭隘的。只有掌握了足够多的信息,头脑中对策划主题的看法,才能有一个比较清晰的轮廓和总体的认识。

2. 寻求答案不要急于求成

营销策划者在最初艰苦的信息搜集过程中，往往会一筹莫展、不知所措，此时，谨记不要放弃。可以适当进行休整，去打打球、洗个澡、看看小品、聊聊天、听听音乐等。总之，放松紧绷的神经，然后回来继续搜集信息。因为策划创意本来就是一种非程序性的心智劳动，创意的产生并无明确的思路可循，只能逐步围剿、逐步分化，以寻求答案。

3. 出现灵感千万及时记录

在搜集资料的过程中，营销策划者往往会受某一信息点的刺激，不时冒出各种思维的火花，也可能会在某一阶段、受某一因素的刺激，突然兴奋，迸发灵感。也可能因为随着掌握信息的逐渐增多，不时形成解决问题的某种思路。没有经验的营销策划者往往是一冒出思维火花，马上就欣喜若狂，终止信息搜集工作，拿起笔来开始拟订策划方案。其实，此时由于搜集信息并不全面，对问题的认识还很不全面，往往在拟订方案过程中就会"卡壳"，遇到意想不到的困难。明智的做法是随时把这些灵感尽可能详细地记录下来。一些没有经验的营销策划者没有及时记录这些灵感的习惯，而这些灵感往往稍纵即逝，过后苦思冥想都很难回忆起来。

（二）酝酿阶段

在充分搜集了大量相关信息后，营销策划者的大脑中已经储备了大量的创意素材，对策划主题也有了一个比较全面的认识。此时，就可以进入创意的第二个阶段，即酝酿阶段。酝酿阶段需要对所要解决的问题进行周密的、多角度的、反复的思考。

这一阶段，就可以把准备阶段记录的那些零星的思维火花，进行逐个分析。这些思维的火花有的可能是谬误，有的可能是不现实的，有的在解决问题方面可能实际价值不大。因此，营销策划者往往要经过较长的酝酿阶段。在这一阶段可能需要花费相当大的心血，但仍然百思不得其解，处于停滞状态。在酝酿阶段，营销策划者需要注意的问题如下：

1. 详细记录取舍理由

需要强调的是，在分析各个思维火花的过程中，最好画一张表格，内容包括创意的顺序编号、可行性、SWOT 分析等，然后将分析取舍各个创意的理由和过程尽可能详细地记录下来。隔一段时间后，用一张新表对这些源创意再进行一次分析，然后拿两张表对比，分析两次取舍是否一致，汇总后拿出新的取舍意见表。可能的话，也可以将这些源创意和空白表拿给其他人分析取舍，寻找他人的启发。如此循环反复多次，形成好创意的可能性就会大大增加。

2. 改进源创意产生新创意

在对这些源创意分析的过程中，一般人会受到启发，并提出一些新的想法。有人会说"如果这个创意这样改进一下效果会更好"，那一定要及时详细记录下来，然后按照前面所述的办法循环反复，很可能就会产生理想的创意。

（三）豁朗阶段

在经过长时间的充分酝酿后，营销策划者就策划主题重新进行全面思考或审视，或者暂时把它放下来进行别的活动以图受到某种刺激，创意突然产生，使人眼前一亮、豁然开朗、令人振奋，百思不得其解的问题一举突破。豁朗阶段的到来，也可以说是一种科学意义的灵感和直觉作用的结果。

小案例

新型捕鼠器

美国一家制造捕鼠器的公司,为了试制一种适宜于老鼠生活习性的捕鼠器,组织力量花了若干年时间研究了老鼠的吃、活动和休息等各方面的特征,终于制造出了受老鼠"欢迎"的一种新型捕鼠器。新产品完成后,屡经试验,捕鼠效果确实不错,捕鼠率百分之百,同时与老式捕鼠器相比,新型捕鼠器还有以下优点:① 外观大方,造型优美;② 捕鼠器顶端有按钮,捕到老鼠后只要一按按钮,死鼠就会掉落;③ 可终日置于室内,不必夜间投器,白天收拾,绝对安全,也不会伤害儿童;④ 可重复使用,一个新型捕鼠器可抵好几个老式捕鼠器。新型捕鼠器上市伊始深受消费者的青睐。

（四）验证阶段

验证阶段是对豁朗阶段所提出的创意进行验证补充和修正完善,使之趋于合理可行。验证的方法有两种,一种是直接验证,即通过实践来验证,看这种创意是否有效。如,新产品的小范围试销,促销效果的小范围尝试等;另一种是间接验证,即通过推论来检验。直接验证虽然可靠,但局限性很大,有些创意不可能或不允许进行直接验证。间接验证一般是由营销策划者在头脑中用推论的方式进行的,通过推论,淘汰错误的成分,保留合理的成分,形成最合理的创意。营销策划者在验证阶段需要注意的问题有:

1. 尽可能形成创意链

有过创意经历的人常常会有这样的体会,一旦打破思维的藩篱,可能就会产生前后关联的一系列好主意。因此,创意初步形成后,还需要"乘胜追击",扩大成果,将创造性火花加以进一步挖掘展开、加工扬弃、发展提高,进而形成比较完整的创意说明,交给策划文案撰写人员,为下一步策划工作奠定良好的基础。

2. 推论尽可能周密

由创意到策划方案,由策划方案到实施营销活动,要受到许多约束条件的限制,而营销策划者不一定是各方面的专家。某种创意尽管从理论上分析可能十分独特,但从技术、资金、法律、政策及其他环境因素等方面考虑却不一定十分可行,这就需要营销策划者进行尽可能周密细致的分析推论。如,可以谦虚地向有关专家进行必要的咨询与考证,以确保创意的切实可行。因为一旦创意形成方案被执行,有可能会适得其反、弄巧成拙或事倍功半。

（五）撰写创意说明书阶段

营销策划活动中,策划者形成的创意最终要通过创意说明书表达出来。创意说明书完成后,应该发送给相关人员学习,以统一思路。最好再召开一个有客户决策者、策划团队所有成员参与的创意说明会,以相互沟通,达成共识、产生共鸣。

创意说明书的格式与内容,因主题不同而不同。一般而言,一份创意说明书应该包括以下几个部分。

第一部分,命名。命名要简洁明了、立意新颖、蕴含深远、画龙点睛。

第二部分,创意者。说明创意人的单位及主创人简况,注意适度地体现创意者的名气与信誉,使人产生信赖感。

第三部分,创意的目标。突出创意的创新性、适用性,目标概述的用语力求准确、肯定、明朗,避免概念不清和表达模糊。

第四部分,创意的内容。说明创意者的创意依据、对创意内容的表述、创意者赋予的内涵及创意的表现特色。

第五部分,费用预算。列出说明创意计划实施所需的各项费用及可能收到的效益,以及围绕效益进行的可行性分析。

第六部分,参考资料。列出完成创意的主要参考资料。

第七部分,备注。说明创意实施要注意的事项。

(六)营销策划创意效果的衡量

创意效果是指策划内容被实施以后对生产、销售、管理等各方面产生的影响与发挥的作用,是通过劳动消耗和劳动占用而获得的成果和效用。

1. 创意效果的类别

创意效果按其内容可分为经济效果、心理效果和社会效果。

创意效果按产品的生命周期阶段可分为介绍期的创意效果、成长期的创意效果、成熟期的创意效果和衰退期的创意效果。

创意效果按活动程序的测定可分为事前测定的创意效果、事中测定的创意效果和事后测定的创意效果。

2. 创意效果测定的原则

(1)目标性原则。在进行创意效果评价时,必须以创意目标为准则。事前评价,主要考虑目标的可行性与可用性,如果创意目标根本不可能实现或即使能实现也对企业毫无用处,这种创意应予以否定。事中评价,即观察其创意是否朝着既定目标前进,如果出现偏差,应及时纠正。事后评价,能量创意的效果是否达到既定目标,达到了就是成功的,否则就失败了。

(2)可靠性原则。即保证评价方法和手段的可靠性以及资料的可靠性。因此,对创意效果的评价应由有关专家进行,以避免非专家的误导而瞎指挥。

(3)综合性原则。评价创意应综合考虑创意的经济效果、社会效果和心理效果以及影响这些效果的各种相关因素,包括企业可控因素和社会不可控因素,以便准确地评价创意的效果。

(4)经济性原则。企业是以赢利为目的的组织,企业行为应考虑经济性原则,进行创意效果评价也不例外。

3. 创意效果测定的方法

(1)经济效果测定。创意的经济效果事后测定可采用以下指标进行:① 经济收益额,即创意后的经济收益较之创意前的收益的差额,即经济收益等于创意后的经济收益减去创意前的经济收益。② 成本利润率,即企业利润额与所支出的创意成本之比,即成本利润率等于利润额除以创意成本。③ 经济收益率,即企业经营收入总额与创意支出成本之比,即经济收益率等于经营收入总额除以支出成本。

（2）社会效果测定。创意的社会效果是指创意实施以后对社会环境包括法律规范、伦理道德、文化艺术、自然环境的影响，一般采取定性分析的方法。创意的社会效果如能运用某种实物佐证、图表说明、相关群体评价等方法则更有意义。

（七）总结

创意文案付诸实施后半年或一年要进行总结，对执行文案前后资料进行对比分析以总结经验、吸取教训。

三、掌握营销策划创意的思维

（一）发散性思维

1. 发散性思维的概念

发散性思维，又称辐射思维、多向思维，指从多种设想出发，使信息朝着尽可能多的方向辐射，多方寻求答案，从而引出更多的、不同于一般的变异。通俗地说，发散性思维是以观察到的某一事物为中心，从其用途、构成、替代物及存在的条件等众多方面尽可能多地进行思考、联想与猜测，从而发现事物某一方面与当前所要解决的问题之间所存在的某种隐秘的联系。如，酒水饮料的内包装经常被人们用做室内装饰品、饮水杯子、花瓶等，因而，策划中便可以依此形成酒水饮料类包装的创意。

2. 发散性思维的特点

（1）流畅性。流畅性是指在有限的时间内能产生出较多的解决问题的方案，即反应迅速而众多。具体表现为语言的流畅性、联想的流畅性、表达的流畅性和观念的流畅性等。

（2）灵活性。灵活性是指某个给定的问题产生可供选择的多种解决方案，思维变化多端，而不易受习惯定式和功能固着的影响。具体包括对信息进行分类，对意义进行修正，对熟悉物体的用途进行改变等。发散性思维可以使人思路活跃，思维敏捷，办法多而新颖。其过程是从某一点出发，任意发散，既无一定方向，也无一定范围，从而产生众多的创造性设想。

（3）独特性。独特性是指产生不同寻常的反应和打破常规的能力，表现为观点新颖，别出心裁。这是发散性思维中最为重要的成分，它能创造出许多可供选择的方案、办法及建议，特别能提出一些别出心裁、一语惊人或完全出乎人们意料的见解，使问题奇迹般地得到解决。

3. 发散性思维的程序

发散性思维由发散源、发散点和发散思路构成，因此，发散性思维的程序就是确定发散源、发散点和发散思路的过程和方式。

（1）确定发散源。确定发散源的主要任务是明确本次营销策划主要从企业营销活动的哪些方面或领域展开，即营销策划的主题选择阶段。

（2）形成发散点。形成发散点，其实就是进一步细化发散源，形成更低层次的发散源，直至落实到某一点的过程。

（3）确定主要发散思路。从发散源发散开始，一直到不能继续发散为止，可能会形成一种树状的发散结构。对形成的这个发散结构树的各个路径逐个进行分析，最后进行综合分析以确定发散思路,就是这一阶段的主要任务。在策划实践中,确定的发散思路可以是一条路径,也可以是若干条路径的组合,因此,在确定创意点的主体组合后,可以将其他发散思路形成的创意点作为配合或烘托主体创意的辅助创意组合。在分析过程中可运用独特颜色的笔将主要或辅助发散思路醒目地标示出来。

(4)形成创意。围绕主要发散思路形成的创意点就是主创意,围绕辅助发散思路形成的创意点就是相关的辅创意。最后,根据策划目标的需要,综合考虑形成创意方案,并用创意说明书描述。

(二)聚合性思维

1. 聚合性思维的概念

聚合性思维,又称辐合思维、聚焦思维或集中思维,是指针对确定的问题,从多角度、多方面、多思路考虑解决方案的思维方式和方法。

2. 聚合性思维的程序

(1)明确问题。明确所要解决的问题是运用聚合性思维的前提,也是运用该方法的首要条件。这里所说的问题,即企业希望通过营销活动方案的策划与实施来解决的问题,也即思维的聚合点。

(2)选择角度。选择的角度可以是不同的学科或专业,可以是具有不同实践经验的专家,可以是不同的使用者,可以是生活中的不同环境、不同区域的消费者。

(3)寻求方案。营销策划者员可以将上述角度作为选择的出发点,并分别站在各自的立场运用相应知识,从相应的角度提出解决问题的方案。

(4)优选方案。在众多解决方案中,筛选出最为合理可行的方案,或者通过若干方案的综合获得最合理的解决方案。

(5)形成创意。将上述优选出来的解决问题方案进一步完善、具体、细化,从而形成创意方案,并用创意说明书细致描述,交由策划部门制定营销策划案。

3. 聚合性思维举例

请针对疲软的饮料市场,试运用聚合性思维方法为某饮料企业提出一种开发饮料新产品的创意。

将此问题作为聚合点,选择不同年龄的消费者可以提出如下开发思路:

站在儿童的角度,根据儿童的生理和心理需要,可以提出开发预防龋齿、含铁锌钙微量元素,且包装仿生的儿童益康饮料的思路;

站在青年人的角度,主要开发张扬个性、体现青年人的青春活力的多糖饮料;

站在中年人的角度,可以根据劳动者、旅行者主要补充水分的需要,提出开发无菌水饮料的思路;

站在老年人的角度,根据老年人的生理和健康需要,可以提出开发具有降压安神作用的老年保健饮料的思路;

以上各种思路均可形成具体的产品开发方案。从这些方案中择优选择,或许能够开发出具有新市场的饮料新品。如,针对成年人的功能性饮料,有"体能"、"红牛"、"激活"、"脉动"、"脉动360度"等。

小思考

发散性思维与聚合性思维有何关系？

1. 两者的区别

发散性思维一般适用于实现某一营销目标无从下手时,围绕营销目标,尽可能向多个方向分散,以寻求通过不同的途径来实现目标;而聚合性思维一般是在已经明确问题的情况下,围绕问题的解决,尽可能多地提出解决问题的方案,以进行优选。

2. 两者的联系

发散性思维不是一种独立的能力,创造性所需要的不仅是发散性思维,还有与它相反的聚合思维。因此,可以说,创造性思维是"一种以发散思维为核心的、聚合思维为支持因素的、发散性思维与聚合性思维有机结合的操作方式"。

（三）逆向性思维

1. 逆向思维的概念

逆向性思维,又称反向思维、求异思维,是指以与常规思考路线相反的方向去寻求解决方法的一种思维方式。事实证明,逆向性思维往往能得到"求异存同"、"标新立异"的效果。要培养逆向性思维,就应该在思想上摆脱传统的习惯,多从一些反传统、反常规的思路上考虑问题。例如,武汉市有"难寻物品商店",盐城市有"大不同"鞋店等。

2. 逆向思维的特点

（1）逆向性。逆向性是一种与常规思维、传统的思维方向或大众化的思维方向相反的一种思维方法。

（2）异常性。异常性就是指逆向性思维总是循着不同常规的思路方向解决问题。异常性是逆向性思维出奇制胜的关键所在。

3. 逆向性思维形成创意的程序

营销策划者在策划过程中,不仅要善于及时抓住每一次闪现的灵感火花,而且应该有意识地利用逆向性思维思考解决问题。运用逆向性思维的程序包括如下五个步骤：

（1）确定对象。在运用逆向性思维进行创意之前,首先应初步确定研发或策划的对象是什么。既可以是产品、价格、广告、促销、服务等一种,可以是其中几种的组合。

（2）明确问题。营销策划往往是目的明确、指向清楚的一种创造性活动。不论运用什么方法提出的问题,要寻求解决问题的方案,就必须把握其实质、关联性以及由问题所决定的策划任务与目标。

（3）逆向思维。根据策划任务或目标,运用逆向性思维的思路,针对问题涉及对象的整体或部分,寻求变异的思路、变异的思考形式,形成设想方案。营销策划者员应该考虑的逆向性思维法则有如下两条,一是从已有事物各方面的相反方向去设想解决问题的方案;二是利用常人认为最不可能的方法去设想解决问题的方案。

（4）评选方案。对产生的各种解决问题的方案进行评估比较,然后择优选取。

（5）形成创意。审核优选出来的方案,确认无疑后,进一步完善、具体与细化,通过创意说明书描述出来。

 小案例

逆向营销

山东济宁新华毛皮总厂在困境中不随波逐流。有一年,我国毛皮生产出口压缩,内销不畅,许多厂家停止收购,竞相压价抛售。该厂经过调查分析,审时度势,逆向营销,贷款 400 万元以低廉价格大量收购。数月以后,市场需求回升,毛皮价格上涨,该厂赚了一笔可观的利润。

(四)类比性思维

1. 类比性思维的概念

类比性思维其基本思路为,如果 P 事物具有 A、B、C、D、E、F 六种属性,同时 Q 事物具有与之相同或相似的属性 a、b、c、d、e,那么 Q 事物也可能具有属性 f,即与 F 相同或相似的属性。可见,类比性思维就是根据已知事物之间在某些方面存在的相似或相同关系,推导出它们在其他方面也存在相似或相同关系的思维形式或思维方法。

2. 类比性思维的形式

(1)综合类比。在事物本质属性异常复杂的情况下,可以采用综合类比的方法,通过综合事物之间相似的特性来进行类比。

(2)拟人类比。即将问题对象同人类的活动进行类比的方法,将人的某种功能设计到事物上,或者赋予非生命的事物以人的生命、思维和想象。如,爪式抓具等技术和产品的设计,就是通过拟人类比提出设计方案的。

(3)因果类比。由于两个事物的各个属性之间可能存在着同一种因果关系,因此,可以从已知事物的因果关系,推导出另一事物的因果关系。

(4)结构类比。结构类比是指由未知事物与已知事物在结构上的某些相似而推断未知事物也具有某种属性或功能的方法。

(5)功能类比。即根据两事物使用功能之间的相似或相同关系,通过一事物来认识其他事物。或者参照一事物的做功机理来构思创造新事物的一种类比思维方式。

(6)象征类比。这是一种借助事物形象、符号来比喻、替代、形容另一事物的方法,一般用具体的事物来表示某种抽象概念或思想情感。它利用象征物与被象征物内容在特定经验条件下的类似或联系,使被象征物得到具体直观的表现。这种象征类比思维方法一般应用在企业形象设计、产品品牌设计、包装设计、广告诉求等许多方面。

(五)联想性思维

1. 联想性思维的概念

联想就是人们由于相关的某人或某事物而想起其他人或事物。联想性思维就是人们通过一种事物的触发而迁移到另一种事物上的思维。具体地说,就是借助想象,把相似的、相连的、相对的、相关的事物联系在一起,从而产生一些新颖的思想的心理活动过程。

2. 联想性思维的形式

（1）相似联想。它是指人脑中出现与某一刺激物或环境相似的经验或事物的情况，即联想物与刺激物间存在着某种共同的性质或特征，人们就是根据客观事物之间存在的某种相似关系，由一事物联想到其他事物的思维方式或方法。

（2）对比联想。它是指人脑中出现同某一刺激物或环境相反性质事物的情况。如，看到白颜色，便自然想到黑色物体，看到小的物体便自然想到大的物体。

（3）接近联想。它是指人脑中想起与某一刺激物或环境有关联的事物。如，看到学生可以联想到学校、老师、教室、书桌等相关事物。客观事物之间的接近包括时间或空间上的接近关系，功能或用途上的接近关系，结构或形态上的接近关系等，这些接近关系为人们通过一事物认识其他事物，借鉴旧事物创造新事物提供了可能。

（六）组合性思维

1. 组合性思维的概念

组合性思维是指在思维过程中，根据营销策划的任务，将不同性质的事物或功能组合在一起，从而产生创意的方法。

2. 组合性思维的形式

（1）主体附加。它是指在某一事物原有的属性中补充或增加新的内容。主体附加的附件只是起补充、完善或利用主体的作用。如，乐百氏钙奶就是奶加钙形成钙奶新产品。

（2）异类组合。异类组合实际上是异类求同，就是两种或两种以上不同类型的思维概念的组合，以及不同物质产品的组合，都属于异类组合。异类组合的特点是，被组合的对象原来互不相干，来自不同的方面，也无主次关系；参与组合的对象能从概念、功能、构造、成分、消费相关性等一方面或多方面相互渗透，从而使整体发生显著变化，形成新的事物。如，日本索尼公司的"随身听"产品的创意就是来源于"走路和音乐"。

（3）同类组合。它是指两种或两种以上相同或近乎相同的事物的组合。在同类组合中，参与组合的对象与组合前相比，其基本性能和基本结构一般没有什么根本变化。因此，同类组合是在保持事物原有功能或原有意义的前提下，通过数量的增加来弥补功能上的不足或求异取新的功能。如，日本松下公司总裁松下幸之助把人们原来使用的单孔插座改为双孔、三孔、多孔插座，获得了成功。

（4）重新组合。它是指在事物不同层次上分解原来的组合，然后再以新的概念重新组合起来。其特点是改变事物各组成部分之间原有的关系，一般不增加新的内容。如，台湾某矿泉水广告"口服心服"，就是对"心服口服"这一成语的重新组合。重新组合的广告语非常巧妙，准确地突出了矿泉水的高贵品质：口服以后，必然心服。

四、掌握营销策划创意的方法

营销策划创意的方法是指采用不同的工具与利用现存的可利用资源对营销活动进行科学的策划，选择最佳创意方案完成策划目标的过程。

（一）探寻营销问题的创意方法

1. 缺点列举创意法

缺点列举创意法是指通过列举某事物当前存在的缺点，并将克服其缺点作为期望目标，提出如何克服这些缺点，从而改进该事物的发现营销策划创意的方法。其实施过程和操作过程如下：

（1）确定对象。在营销策划实践中，对象的来源可以是企业内部营销活动的某一方面或某一环节，营销策划者根据客户期望的营销目标，根据"抓住主要矛盾"和"解决关键问题"的原则，选择问题对象；对象的来源也可以是企业外部，如一套与客户营销问题相同的解决方案，营销策划者可以将此方案作为对象，进行缺点列举，并进行改进提高。

（2）列举缺点。运用发散性思维，站在不同的角度，根据不同消费者的需要，运用不同的方法，分析对象的现状，列举其目前存在的主要缺点。

（3）分析原因。分析这些缺点的性质、内容、产生的原因，以及各缺点之间的相互关系。然后，把可以通过一个问题的解决，同时消除的缺点归纳为一个缺点集。

（4）寻找措施。将列举出的缺点及其原因进行综合分析，选择其中某一缺点或缺点集作为创意的对象，然后集思广益，形成消除这些缺点的方案措施，并用一定的语言形式描述克服这些缺点和改进该对象的措施。

（5）形成创意。将消除缺点的各项措施具体化，并加以匹配和优化，最终形成比原有对象新颖、先进、实用且营销效果良好的创意。

 **小案例**

特色营销

美国有家名不见经传的小店，在许多服装店看好高档服装经营时，却反其道而行之，专门经营服装大厂生产多余、规格不配套而其他商店又不愿问津的零头单件服装。该店采取"一口价"的营销策略，即所有服装不论其式样、规格、颜色如何，全部以 6 美元一件出售，满足了大多数消费者需求，生意从此兴旺起来。

2. 希望点列举创意法

希望点列举创意法是根据当前和未来社会生产或生活的需要，列举关于某事物的希望点，并将如何满足这些希望，并形成改进原有事物或创造新事物的创意的活动过程。希望点列举创意法包括如下五个阶段：

（1）确定对象。选择企业营销活动中的某一方面作为改进对象，或者以消费者对企业营销活动最为关注的某一方面作为对象。需要注意的是，选择对象既要考虑市场的需要，还要考虑企业的内部条件，也要考虑营销策划者自己的知识与技能优势。

（2）列举希望点。针对确定的对象，通过第二手资料查询、走访用户、咨询专家等营销调研方法与手段获取尽可能多的希望信息。

（3）分析希望点。对从各方面收集来的希望点，结合需要满足的缺乏性、理论上的可靠性、技术上的可行性、实施效果的优良性等因素对各个希望点进行综合分析，对可以通过同一途径满足的希望归纳为希望点集。

（4）寻找措施。经过对希望点的分析，初步选定某一希望点或某一希望集作为创意对象，提出如何满足这些希望点的措施或方案。

（5）形成创意。经过系统分析，将满足某一希望点的措施进一步具体化、方案化，并用创意说明书进行详细说明与描述。

3. 属性列举创意法

属性列举创意法就是将事物的属性分解为不同的部分或方面，并全部列举出来，然后以某一部分或方面的属性为置换内容，提出对该问题的创新构思。属性列举法程序包括如下：

（1）确定对象。对象的确定原则上具有任意性，但在营销策划中，应该根据市场发展前景以及与营销目标的关联性确定对象。

（2）列举属性。所谓事物属性，包括外部特征、内部结构、整体形态、功能、性能、运动方式、操作方式等方面。这些属性可以分成三大类，即名词属性、动词属性和形容词属性。根据具体情况，列举属性可以是列举出对象的全部属性，也可以只列举出对象的关键属性。

（3）提出问题。将属性列举出来以后，借助缺点列举法或希望点列举法，针对某一属性或某些属性提出创新问题。如，针对列举出的打火机属性，可以提出如下创新问题：对打火机置换用途，可以提出打火灯、打火炉、打火香烟的产品设计问题。

（4）属性置换。属性列举法解决问题的措施就是属性置换。因此，针对各属性所引发出来的问题或希望点进行分析后，就需要针对这些缺点或希望点，按照属性置换或移用的原理提出解决问题的方案或措施。属性置换或移用，可以是把该对象的某些属性置换或移用于其他事物上面，也可以是将其他事物的某项属性置换或移用到该对象上。

（5）形成创意。同样把形成的解决问题的方案具体化、方案化成创意，并用创意说明书进行描述与说明。

☞ 小贴士

6W2H 创意法

6W2H 法代表了 8 种问题类型或 8 个方面分析问题的思路。在营销策划中，针对具体的对象，只要在每一模式中填入具体内容，就会产生 8 个不同的问题。6W2H 创意法的程序如下：

确定对象。同前述几种方法一样，首先根据营销策划的任务与目标，确定发现问题的对象。

提出问题。针对确定的对象，从 6W2H8 个方面提出问题。即何事——What，何故——Why，何人——Who，何时——When，何地——Where，何去——Which（哪一方面、哪一部分等），何如——How to Do，几何——How Much。

分析问题。从这 8 个方面所列举的问题中，选择和确定实现营销目标需要解决的关键问题，作为营销策划或创意的对象。

（二）挖掘主题的创意方法

在某些营销策划实践活动中，创意实际上是一个概念挖掘、主题开发的过程。在营销策划过程中,营销策划者需要学会如何进行概念挖掘、主题开发来发现创意。

(三)个体思维创意方法

个体思维创意方法是指通过营销策划者个体的脑力劳动进行营销创意的方法。在各类营销创意方法中,个体思维创意方法是一种基本的方法,个体思维创意方法是其他各类创意方法的基础。

1. 焦点法

当营销策划者接到策划任务,明确了策划主题,但对营销创意还没有眉目、无从下手时,可以采用焦点法形成创意。焦点法就是先抛开策划的主题,然后在脑海中浮现出完全不同领域的事物,再将这些有关事物的各种要素与特征列举出来,并将其一一与主题连接的思维创意方法。因为在策划时,联想的范围可以很大,而思考的结果却集中在特定的策划主题上,就像来自四面八方的光线最后都聚焦于某一点一样,因此,称之为焦点法。焦点法的步骤如下:

(1)明确主题。即根据客户所要解决的营销问题,明确策划任务,进一步明确策划的主题是什么,并用简洁的文字记录下来。水流千里归大海,策划主题就是最后思维聚焦的焦点。

(2)自由联想。广泛思考可能作为创意题材的事项,可以联想到各种有关的人、事、物,但最后具有独特的个性。

(3)要素列举。列举所思考事项的要素与特征,可以全面列举,也可以只列出关键点。

(4)思考创意。将这些提示与主题连接,以思考创意,尽量地思考出不同的创意。

(5)优选创意。对形成的创意进行评估比较,从而优选可取的创意。

2. 文字组合创意法

文字组合创意法就是运用不同属性的文字、词组组合激发创意的方法。这种方法在营销策划中,特别是在广告策划、CI策划中使用比较普遍。运用文字组合法激发创意的一般程序为:

(1)写出关键字词。围绕策划主题,将要表现的、传达的概念,即含义、意思、思想、信息、观念或理念等用关键字词写出来。

(2)列举同义异词。在汉语中,表达同一概念的字词会有很多,这些字词含义丰富,在语境意义上也会有细微的差别。因此,在选择关键字词时,可以把一意多词的字词归纳分组,以备斟酌择优。

(3)列举同音异义词。将上述列举出的各组关键字词的同音异义字词列举出来。

(4)用字音组合造句。用上述列举出的字词,根据词义或语音的不同组合造句。

(5)优选创意。选择出最能表达所要传递的概念的语句。一般根据策划主题,以幽默、有趣、传神、引人注目、发人深省、震撼心灵等作为评价标准加以选择,这样往往能产生奇特的效果。如,山西杏花村汾酒集团生产的汾酒历史悠久,质量过硬。曾经播发一则广告,广告主题为"汾酒必喝,喝酒必汾",创意取材于广大消费者耳熟能详的一句成语"分久必合,合久必分",创意新颖,浑然天成。

3. 网络浏览创意法

网络浏览创意法就是营销策划者借助因特网,通过广泛的信息浏览,依据随意出现的形象、信息内容,借以激发创意的办法。运用信息浏览法进行创意的主要步骤如下:

(1)明确策划主题。即根据委托者所要解决的营销策划问题,明确策划任务,进一步明确营销策划的主题是什么,并一一列举出来。

(2)提炼关键词。将最能概括或包含策划主题的关键词归纳出来,写在纸上。

(3)搜索信息。登录因特网,打开某一搜索门户网站首页,如 google、baidu 等,将关键词输入搜索栏搜索,或者在一些文献资料库、电子图书馆、电子期刊阅览室中,输入与策划主题有关的关键词搜索。很现实的问题是,营销策划者不一定有那么多的时间去精读或浏览搜索出来的成百上千的词条内容,营销策划者完全可以通过浏览目录的办法逐步缩小浏览范围,寻找创意源泉。

(4)记录灵感。网络上信息丰富,而且网络用户大多思维独特、联想丰富、创意无穷,在随意地翻阅与浏览中,很可能就会受到激发产生灵感。此时,一定要及时将灵感记录下来。

(5)优选创意。经过对有关信息的广泛浏览,营销策划者很可能对创意与策划方案有了一个总体的把握。此时,冷静下来,将产生的灵感梳理归纳,进行评估择优。

4.联想配对创意法

联想配对创意法是指选择某一事物与策划主题对象相关联,将策划主题对象与所选定事物的属性以及由此产生的联想对应配对组合,在配对组合中借助联想思维和想象思维寻求主题创意。联想配对法的一般程序如下:

(1)明确策划主题对象。即明确策划所要解决主要问题的对象是什么,是某产品、某广告、某促销方式,还是某营销策略等。

(2)选择配对联想事物。即根据营销策划主题对象,按照营销策划者的初步设想,运用联想思维,尝试性地选择某一事物作为联想配对的对象,寻求创意源泉。联想配对事物可以任意选择,也可以根据有无创意启发随时更换、多次更换,直到形成比较满意的创意。

(3)列出组合属性。分别列举出两个组合对象的属性,并由各个属性展开联想。

(4)列表配对。即将两个组合对象的属性及由此产生的联想,分别填入配对表的第一行和第一列,然后对两组属性进行组合配对。

(5)优选创意。即分析配对表交叉点上的各个组合方案,想象其意义,激发解题设想,然后对这些设想进行优选,最后形成最满意的解题设想。

(四)团队思维创意方法

企业营销活动在现代社会的复杂性使得营销策划必须依靠团队的智慧和作用,集思广益,才能提高策划创意的可信度,减少策划创意的风险性。

1.头脑风暴法

头脑风暴法,也称智力激励法、脑力激荡、创造技法等,这种方法是将少数人召集在一起,以会议的形式,对于某一问题进行自由的思考和联想,提出各自的设想和方案。这是一种发挥团队创造精神的有效方法,参加者可以无任何约束发表个人的想法,甚至可以异想天开,如同精神病患者处于大脑失常状态一样。头脑风暴法的一般程序为:

(1)明确创意主题。明确创意主题后,如果主题较大,还需要对主题进行必要的分解。如,某产品市场推广策划,就要考虑广告如何做、产品如何定价、推销人员管理、渠道、促销活动等小主题。

(2)建立工作组。建立头脑风暴法工作组的主要任务是:确定小组人数,选出与会人员,确定主持人与记录员人选。

（3）会前准备。会议前准备工作除上述两项内容外，还需要做好其他方面的准备工作，一是拟订问题清单。由主持人或策划总监、创意经理等拟订会议问题清单，以保证不要脱离会议主题，而且圆满完成预定任务；二是确定会议场所。会议地点应选择在安静而不受外界干扰的场所，会议场所布置轻松自然而不严肃；三是确定某一适当的时间召集会议。提前几天发出会议通知。最好提前几天发出会议通知，告诉参加者会议的主题，使他们事前有所思考、有所准备，以备会上发言。

（4）脑力激荡。主持人在会议开始时简要说明会议的目的、会议将要解决问题或目标、宣布会议应遵守的规则和注意事项、鼓励人人发言、鼓励各种奇思妙想等；然后，进入正式会议脑力激荡阶段。这是整个头脑风暴创意法的核心，也是产生创意的关键阶段。因此，这一阶段的组织尤其重要。在这一阶段需要注意的是，会议时间要适度。一般由主持人根据会议的进展情况具体掌握，可以是半小时，也可能需要 1～2 小时，一般不要超过 2 小时。会议进行 1～2 小时后，提出的设想数一般不会少于 100 种。

（5）筛选评估。脑力激荡会议产生的设想虽然很多，但很可能质量并不是很高，有的想法可能很难付诸实践，有的想法可能并不高明，有些想法可能具有很大的雷同性。因此，会议结束以后还要进行筛选评估。如，可以按科学性、实用性、可行性和经济性等多个指标进行筛选评估，最后选出几个相对优秀的方案。如果创意还不太完善或者不太理想，可进行多次脑力激荡，直到满意为止。

☞ 小贴士

头脑风暴法的四项基本规则

头脑风暴法作为一种以会议的形式解决问题的方法，要想真正形成智慧场，发挥相互激发创意的作用，应遵循以下四项基本规则。

一是禁止批评。在会议上绝对禁止批评或嘲笑别人的想法，即使是幼稚的、错误的、荒诞的想法也不得批评。如果有批评和指责，会议成员的自尊心就会促使他们尽力保护自己的设想，而不去考虑新的甚至更好的设想。如果有人不遵守这一条，会议主持人应及时制止或提出警告。但是，会议成员可以提出自己的疑问与想法，所以这一原则又称为保留批判原则。

二是自由畅想。思想自由是创造性思维的基本条件，广泛联想是产生独特设想的广阔道路。该项规则是获得设想数量和质量的根本保障。思考越狂放、构想越新奇越好。有时看起来很荒唐的设想，却很可能是打开创造大门的金钥匙。敞开思想自由联想，看起来很容易，实行起来却有一定的难度。当然，会议成员也不能过分自由，不要扯的离题太远，不要说无关的废话，出现这样的情况，主持人应该及时引导，回归正题。

三是多多益善。新奇的设想越多越好，数目越多可行办法出现的概率越大。因此，策划实践中，也可以规定一定的数量标准，如每人至少提出几个设想，以求得总设想的数量与质量。适当对营销策划者施加压力，有时对产生灵感也是有好处的。

四是借题发挥。对已经产生的设想进行综合和修正，可以不断引申出更好的设想来。已经提出的设想不一定完善合理，但却往往能提供一种解题的思路。其他人在此基础上提出更新的设想，或由此启发得到新的思路，从而提出更好的设想。因此，头脑风暴法允许巧妙地利用并改善他人的想法，在其基础上提出更新更奇妙的想法。参加者应该善于利用别人的想法来开拓自己的思路。

2. 菲利蒲斯 66 法

菲利蒲斯 66 法是美国密执安州蒂尔大学校长菲利蒲斯提出的一种方法。这种方法的主要思想是将出席会议者按每组 6 人分组,每组讨论问题的时间控制在 6 分钟之内。因此,"66"是这种方法的特征,与发明人名字组合在一起称为菲利蒲斯 66 法。菲利蒲斯 66 法的一般程序为:

(1) 明确主题。明确策划的主题,为了便于小组能有效地进行讨论,需要将主题的范围尽量具体化,如,新产品上市推广策划,就要针对广告如何做、产品如何定价、推销人员管理、渠道、促销活动等具体主题进行讨论。

(2) 划分小组。主席将规模较大的参加人员按 6 人一组,分成若干小组。

(3) 确定主持人和记录员。各组确定一位主持人和记录员。由主持人在坚持头脑风暴法四项规则的前提下,主持会议。

(4) 指定各小组主题。一般情况下,各组的主题相同。如果主题较为复杂,可以将主题划分成几个项目,指示各组讨论不同的子课题。

(5) 给予各组 6 分钟的讨论时间。会议也可根据主题的难易程度,限制和增减时间。小组全体成员在提出意见后,汇总讨论结果或者优选出代表本组集体意见的设想。

(6) 小组发言。各组选派发言人,按顺序向全体参会人员汇报本组讨论结果。

(7) 优选创意。评估比较各组提出的设想,优选出最终创意或者把某项设想,作为新的主题进行下一轮的 6 分钟小组会议。

(五) 营销策划创意的培养

1. 培养创意意识

人的创意意识有习惯性创意意识和强制性创意意识之分。习惯性创意意识是指不需要主体意识主动的、特别的干预就能有效地支配人的创意活动的意识。这种创意意识一经形成,就具有稳定持续的特点,因此要从小培养。强制性的创意意识是指创意意识的产生必须有主体意识的强制性干预而形成的创意意识,它受创意主体目的性支配,当创意活动的目的性达到后,这种创意意识多归于消灭。培养创意意识要从培养习惯性创意意识和强化强制创意意识两个方面着手。

(1) 习惯性创意意识培养。一是开发右脑。人脑有左右两个半球,一般认为,左脑主司逻辑思维,表现为语言、运算功能;右脑则主司形象思维,表现为形象识别、艺术鉴赏等。开发右脑,即是开发人的创造性思维的核心。开发右脑就是多做一些与形象思维有关的活动,即要多用右脑。二是品格磨练。创意性品格是一种稳定的心理品质,它一经形成,就可以激发创意意识的持续延展。创意性品格包括尊重知识、崇尚科学、仰慕创意的品质;勤于思考、善于钻研、敏于质疑的习惯;勇于探索、刻意求新、独树一帜的创新精神。

(2) 强制性创意意识培养。一是外部强制,它是指一切由外部因素激发的创意意识,如上级布置的指令性课题、领导委派的开发任务等。对于具有一定的敬业精神和责任感的人来说,外部强制可以在一定时期保持其旺盛的创意意识。二是自我强制,它是由自我需要的目的性而引发的创意意识。自我需要的目的性既有经济利益的需要,如为获取奖金、转让费等而强制自己去创意;也有个人显示心理的需要,如要借此显示自己的才能,认为发明创造是一种享受,可以满足心理上的成就欲和成功感,故强制自己去创意;更高境界的则是宏伟的抱负和崇高理想的需要,从而激发创意意识。

2. 突破思维定势,训练发散思维

思维定势是一种严重的创意障碍。思维定势的要害是总在不知不觉中把人们的思维规范到旧的逻辑链上,并确信这是唯一正确的选择,表现在生活中即是循规蹈矩、墨守成规;唯书唯上、迷信权威;人云亦云、步人后尘;谨小慎微、追求完美等。

突破思维定势的途径之一就是要训练发散思维。发散思维是指人们的思维不是沿着一个确定的方向展开,而是不受任何限制地向四面八方任意展开的一种思维方式。发散思维是收敛思维的对称。发散思维和收敛思维都是创意性思维的一部分。

 小案例

皇堡的"牺牲"

"删好友,得皇堡!"一个六个字便能概括其主旨的营销活动,听起来足够简单,对吧? 参与者只需要在自己的 Facebook 上安装一个程序,删除十个好友,便能得到一个免费的汉堡。被你删除的朋友会被赤裸裸地公开在网站上,让每个人都知道。"皇堡的牺牲"这一 Facebook 营销活动在上线初期非常低调,仅仅依靠 SNS 的力量,甚至没有媒体支持。汉堡王就这样送出了 20 000 个免费汉堡,但它们应该不会太心疼:十天内共有 8 万多人参与了此活动,而被删除的好友数量达到 23 万人次!

3. 寻求诱发灵感的契机,提高想象力

灵感是人类心灵深处的一种体验。人的思维有理性状态和非理性状态之分,理性状态是思维由主体意识支配的状态,是一种有控状态;非理性状态则相反,可称之为无控状态。灵感是人在非理性状态条件下,由于外界的触发而在人的心灵中产生突如其来的感觉。

灵感的触发是与丰富的想像力分不开的,人们要获取灵感即要提高想象力,想象力是创造性思维的核心。提高想象力的途径主要有:

(1) 排除想象的阻力。想象的阻力是指一切创意障碍,包括外部环境障碍,失去了创意的前提条件,如资金、科研立项等;非智能障碍,如怠惰、涣散,就不会去想象;智能障碍,如思维定势等。排除想象的阻力,就是要克服外部环境、智能和非智能障碍。

(2) 扩大想象的空间。这里所说的想象空间是指人的知识结构的质和量所形成的个体认识空间。一般而言,想象空间是没有边界的,但是每个人的想象空间则是有差别的,知识面广、素质高的人,想象空间大;相反,想象空间小。因此,不断丰富各类知识、改善知识结构、提高知识水平是扩大想象空间的根本途径。

(3) 充实想象的源泉。想象产生于人脑,人脑是想象的载体,知识积累则是想象的源泉,为此要充实知识,积累素材。

任务总结

策划创意是策划活动的最高层次,它不但需要营销策划者必须具有广博的知识、敏锐的眼光、灵活的思维、独特的见解等,而且还需要具有能产生策划活动效果的专业知识,如,营销知识、新闻知识、操作技术等。因此,营销策划创意产生的前提条件是动机,基础是知识积累,过程具有选择性,关键是联想。营销策划创意的特点主要有抽象性、广泛性、关联性和独创性。

营销策划创意是一个复杂的系统工程,必须有一个路线图。其一般的过程分为准备阶段、酝酿阶段、豁朗阶段、验证阶段、撰写创意说明书阶段、营销策划创意效果的衡量和总结七部分。一般而言,一份创意说明书应该包括命名、创意者、创意的目标、创意的内容、费用预算、参考资料和备注。

营销策划创意的方法是指采用不同的工具与利用现存的可利用资源对营销活动进行科学的策划,选择最佳创意方案完成策划目标的过程。主要的营销策划创意方法有探寻营销问题的创意方法、挖掘主题的创意方法、个体思维创意方法、团队思维创意方法等。

任务检测

一、选择题

1. 创意文案有哪几部分(　　)。

A. 创意战略构想

B. 创意情报

C. 环境分析

D. 命名、创意者、创意的目标、创意内容、费用预算等

2. 一个营销策划的创意的实用效果应从以下(　　)两个角度进行测定。

A. 经济角度　　　　　　　　　　　B. 员工角度

C. 企业家角度　　　　　　　　　　D. 社会角度

3. (　　)是营销策划的核心内容,也是营销策划的重要特征之一。

A. 创意　　　　　B. 目标　　　　　C. 可操作性　　　　　D. 方向

4. 头脑风暴法的核心是(　　)。

A. 开拓自己的思维　　　　　　　　B. 高度的自由联想

C. 随心所欲　　　　　　　　　　　D. 为所欲为

5. (　　)是指产生不同寻常的反应和打破常规的能力,表现为观点新颖,别出心裁。

A. 灵活性　　　　　　　　　　　　B. 流畅性

C. 独特性　　　　　　　　　　　　D. 原则性

二、判断题

1. 顾客要购买的不是产品创意,而是具体的产品,企业要开发的也是具体的产品,所以要把产品创意转化为产品概念。　　　　　　　　　　　　　　　　　　　　　　　(　　)

2. 营销策划中一个创意的好坏直接从它的艺术品位上评定就可以,不用顾及实施成本和收益。　　　　　　　　　　　　　　　　　　　　　　　　　　　　　　　　　(　　)

3. 创意是人们在经济、文化活动中产生的思想和点子、主意、想象等新的思维成果，或是一种创造新事物、新形象的思维方式和行为。　　　　　　　　　　　　　　（　　）

4. 策划的构想要有实现的可能，要做到这一点，必须将创意与企业现有的人力、财力、物力合理结合，并最终落到实处而且不产生副作用。　　　　　　　　　　　　　　（　　）

5. 一个好的创意有时虽然无法实现，但它也是策划的一种。　　　　　　　　　（　　）

6. 策划的三个要素是指创意、目标和可行性。　　　　　　　　　　　　　　（　　）

三、填空题

1. （　　）是指创意必须与商品、消费者、竞争者、促进销售等相关联。

2. 创意实现的关键是（　　）。

3. 发散性思维由（　　）、（　　）和发散思路构成。

4. （　　）是指针对确定的问题，从多角度、多方面、多思路考虑解决方案的思维方式和方法。

5. （　　）是指由未知事物与已知事物在结构上的某些相似而推断未知事物也具有某种属性或功能的方法。

四、简答题

1. 营销策划创意产生的条件。

2. 简述创意的特征。

3. 简述市场营销策划创意的一般过程。

4. 简述创造性思维的方法中的头脑风暴法具体实施的要点。

5. 简述缺点列举创意法的实施过程。

参考答案

案例分析

舌尖上的中国

《舌尖上的中国》为中国中央电视台播出的美食类纪录片，主要内容为中国各地美食生态。通过中华美食的多个侧面，来展现食物给中国人生活带来的仪式、伦理等方面的文化；见识中国特色食材以及与食物相关、构成中国美食特有气质的一系列元素；了解中华饮食文化的精致和源远流长。本片制作精良，7集内容制作耗时13个月，2012年5月在央视首播后，在网络引起了广泛的关注。第二季已确定于2014年4月18日播出。《舌尖上的中国》的主要媒介营销方式有：

1. 微博营销

微博的大力风行，在舌尖之处，每开播一集都有一个专题专门为舌尖造势，而在开播中，更加有几十万粉丝的微博账户为其大力宣传，而在一传十，十传百的精彩传播之下，无处不在吃，无处不在谈，微博的魅力，让舌尖的造势突围成功，而关于各种精彩的回访，以及内容的直接宣传，造就了现在这种效应，各种舌尖，都出现了。在节目的播出期间，网友们吃的豆腐，叫做舌尖上的豆腐，竹笋叫做舌尖上的竹笋，苹果叫做舌尖上的苹果，而且发布在各自的微博中也在为舌尖营造宣传的氛围。

2. 淘宝营销

淘宝的接力促销，各种舌尖上的美食在淘宝上热力大卖，舌尖上的鸭脖，舌尖上的奶茶在淘宝上誉名不断,而在淘宝中也为舌尖上营造了一部专题,名为舌尖上的淘宝,从而用淘宝上的庞大流量为舌尖这个词营造了最美好的影子,越来越多的人知道了舌尖,从而带来了庞大的销售数据。为了满足各地的"吃货",淘宝网于 5 月 24 日零点顺势推出美食专辑"舌尖上的淘宝",将纪录片中出现的几十种美食特产"一网打尽"。该专辑一上线就成为全国各地"吃货"们的大本营,短短 24 小时内超过 31 万人关注,浏览量高达 1 千万次,成交 7 万多件。在此活动的带动下,食品相关类目支付宝成交额环比增长了 16.71%,直接成交额达到了 2 195 万元,购买人数增加了 13.44%。

　　3. 央视宣传

　　该片在央视一套开播,央视一套足够的媒介影响力促进了其传播力度。每一个看电视的人都知道,这部片子在哪里播出的,那就是"央视一套",央视一套从今年四月份开始就把黄金时段的电视剧档撤掉,而是转向播放纪录片,这也就给中国纪录片一个更好地走向电视大众的机会舞台,记得在以前"大国崛起"纪录片中,都获得了巨大的收视率。而有了这种基础,在晚上看纪录片中,更加对舌尖有所期待,结果不出所料。

　　问题

　　1. 根据案例,请分析舌尖上的中国创意的思维依据。

　　2. 根据案例,分析一个成功的创意应该做好哪些方面准备工作。

　　分析

　　创意是一个复杂的系统工程,需要创新者必须具有广博的知识、敏锐的眼光、灵活的思维、独特的见解等。舌尖上的中国的创意体现其具有独特的思维,并为吃货所带来的无限欢乐。但任何创意的成功与否必须通过策划创意的实践的效果进行检查,进行证实。

实训操作

认识营销策划思维和方法

　　1. 实训目的

　　通过本次实训,使学生认识市场营销策划的思维和方法,能熟练运用这些思维和方法进行营销策划创意。

　　2. 实训要求

　　针对任务导入中的小王人才招聘创业项目,写一份营销策划创意思维和方案报告,内容要求选择合适的策划思维和方法,进行项目创意,字数不少于 1 500 字。

　　3. 实训材料

　　纸张、计算机网络、笔或打印机等。

　　4. 实训步骤

　　(1) 选择人才招聘网创业项目;

　　(2) 分析线下人才招聘的推广主题;

　　(3) 找出其中的不足;

　　(4) 分析线上人才招聘网的推广主题;

　　(5) 找出其中的不足;

（6）分析当前大学生的就业信息寻找渠道；

（7）选择策划思维和方法进行创意，要求写出其过程；

（8）撰写报告。

5. 成果与检验

每位学生的成绩由两部分组成：学生实际操作情况（40%）和分析报告（60%）。

实际操作主要考查学生实际执行实训步骤以及撰写报告的能力；分析报告主要考查学生根据创业项目策划的需要，选择适当创意的思维、方法以及创意结果的正确性和合理性，分析报告建议制作成PPT。

任务四　撰写市场营销策划书

知识目标

1. 了解市场营销策划书的作用与类型。

2. 理解市场营销策划书的基本结构和内容。

3. 掌握市场营销策划书的写作技巧。

技能目标

1. 能根据市场营销策划需要，撰写市场营销策划报告书。

任务导入

小王通过市场营销策划创意的学习，对自己的人才招聘创业项目有了新想法，主要特色是构建一个网络平台，撮合用人单位和应聘者之间直接面试，并提供职业规划培训。仅有想法还不行，必须付诸实施。但苦于资金不足，难以全面启动起来。于是，团队成员就想出一个办法，一边启动创业项目的基础工作，一边撰写策划书，向投资者宣传，吸纳投资者的创业资金投入。可是，策划书怎么写呢？作为读者，你能给出一些建议吗？

任务分析

在市场营销策划创意基本形成后，撰写策划书之前，营销策划人员或专业文案撰写人员往往需要依据创意者或主策划人的意图勾画出策划书的主体框架。因此，作为营销策划撰写人首先应该明确策划书的结构及其相应的具体内容，认识到策划书在利益相关者进行决策中的重要作用。在呈现书面策划报告过程中，还要适当配合口头报告，以便策划者与利益相关者进行有效的双向的沟通与互动，达成最佳的理解。

 **知识精讲**

一、明确市场营销策划书的结构和内容

市场营销策划活动的成果是策划形成的营销活动方案,营销策划方案的书面反映形式习惯称为营销策划书。一般来说,营销策划书的结构主要包括如下部分:

(一)封面

很多人认为,营销策划书重在内容,而封面无关紧要,这种看法忽略了封面的形象效用。营销策划书需要有一个美观的封面,这是因为阅读者首先看到的是封面,因而封面能起到首因效应的强烈视觉效果。

营销策划书的封面能起到美化、装饰策划书整体,清晰表明策划的标题,传达策划内容,表述在正文中不宜表达的内容等作用。封面应该提供如下信息:

第一,委托方。如果是受委托的营销策划方案,那么在策划书封面需要把委托方名称列出来,如××公司××策划书。

第二,标题。标题的确定要简洁明了。有时为了突出策划的主题或表现策划的目的,也可以加副标题或小标题,对主题进行补充说明。

第三,日期。日期应以策划书正式提交日为准,不应随随便便定一个日期,应用完整的年月日表示,如 2015 年 4 月 8 日。如果必要的话,也可标注方案计划执行的起止时间段。

第四,策划者。一般在封面的最下部居中标出策划者。策划者是公司的话,应列出公司全称。有时还可以将策划小组成员标注出来,甚至包括他们各自的分工。

除此之外,为了便于对营销策划书进行管理,还可以在封面的最右上角标注策划书的编号,便于归档与查询。商场如战场,特别是在方案实施完毕之前,一般都需要防止信息外泄,有的方案执行完毕都不允许公开有关信息,这就需要根据具体情况标明保密的级别程度,以引起相关人员重视,如秘密、机密及绝密等字样,一般标注在封面的最左上角。

封面设计的原则是醒目、整洁,切忌花哨,至于字体、字号、颜色则应根据视觉效果具体考虑。

(二)前言

前言一方面是对策划内容的高度概括性表述,另一方面在于引起阅读者的注意和兴趣。前言的文字不能过长,一般不要超过一页,字数应控制在 1 000 字以内。前言的具体内容包括:

第一,简单论述接受营销策划委托的情况。如,××公司接受××公司的委托,就××年度的新产品推广进行具体策划。

第二,进行策划的原因。主要将委托人对该策划项目的重要性和必要性表达清楚,以吸引读者进一步去阅读正文。如果这个目的达到了,那么前言的作用也就被充分发挥出来了。

第三,策划的目的以及策划实施后要达到的理想状态。主要阐述策划过程、使用的策划方法、策划结果及策划实施后的预期效果等。

第四,策划及策划书的特色,策划过程的概略介绍、参加人员的情况、致谢等。

（三）目录

目录的作用是使营销策划书的结构一目了然，同时也使阅读者能方便地查寻营销策划书的内容。因此，策划书中的目录不宜省略。如果策划书的内容很大，目录结构就用章节的形式表示，如果策划书的内容比较少，就可以用图 4－1 市场营销书目录所示的结构来表示。

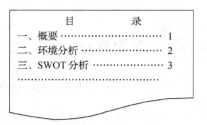

图 4－1　市场营销策划书目录

（四）概要

概要是对营销策划书的总结性陈述，使阅读者对营销策划内容及策划结论有非常清晰的概念，便于阅读者理解策划者的思路、意图和观点。

概要的撰写同样要求简明扼要，篇幅不能过长，可以控制在一页以内。另外，概要不是简单地把策划内容予以列举，而是要单独成一个系统，因此，遣词造句等都要仔细斟酌，要起到"一滴水见大海"的效果。

概要的撰写一般有两种方法，即在制作营销策划书正文时事先确定和在营销策划书正文结束后事后确定。这两种方法各有利弊，一般来说，前者可以使策划内容的正文撰写有条不紊地进行，从而能有效地防止正文撰写的离题或无中心化；后者简单易行，只要把策划书内容归纳提炼即可。采用哪种方法可由撰写者根据具体的情况来定。

小思考

概要与前言的区别

前言是表明策划者的动机及策划者的态度，它重点在阐述"为什么"的问题，如何做更富有特色，彰显市场营销策划报告的优势。而概要是概述策划方案的整体思路与内容，它重点在阐述"做什么"的问题，能使阅读者能很快地把握整个策划的内容。

（五）环境分析

营销策划的依据是信息，营销策划是以环境分析为出发点的，它是营销策划的依据和基础。环境分析包括宏观的营销环境、行业环境和微观的营销环境分析。环境分析的因素很多，并不是每个因素都要分析，而是要根据不同的策划主题，考虑不同的影响因素，应该抓住那些影响力最大的一些因素进行分析。一般而言，对于大多数营销策划书来说，产品因素、市场因素、行业竞争因素、企业自身因素、经济因素、社会文化等因素是经常分析的因素。

**小案例**

乡音留客

一位在叙利亚阿勒颇市逗留的中国客人，想给家人买几块手表，但当他走进一家钟表店时，迎上前的店员微笑地告诉他："我是专门负责修理手表的，店主人因事出去了，请稍候片刻"。正在这位中国客人举步欲走时，店堂里忽然响起了中国音乐，身在异国听到亲切的乡音，怎能不留连忘返呢？就在一曲乡音听完时，店主人回来了，这位中国客人愉快地买到了想买的东西。

（六）SWOT 分析

解决某项营销问题是建立在内部条件分析和外部环境分析基础之上。因此，分析问题，发挥优势（S）、避免劣势（W）、寻找机会（O）、避免威胁（T），实现企业内部条件、外部环境与市场营销目标之间的综合平衡就成为市场营销策划成功的关键。

一项简单的策划项目，环境因素较少，策划书的篇幅也可相应地较小，环境分析和 SWOT 分析两项内容就可以合并进行。

（七）制定营销战略

营销策划书中的营销战略部分，要清楚地表达委托方企业所要实行的具体战略。如果是产品市场推广战略，则主要包括市场细分、目标市场选择和市场定位三方面的内容。如果是业务拓展战略，则主要包括密集型战略、一体化战略和多角化战略三类战略。如果是市场竞争战略，则要考虑市场主导者的防御战略、挑战者的进攻战略、追随者的追随战略和利基者的利基战略等。如果是企业的发展战略，则主要考虑稳定战略、发展战略和收缩战略三种类型。

（八）确定营销策略

目标的实现是靠市场营销战略的实施做保障，战略的实施又是靠市场营销策略的实施做支撑。因此，营销策划方案在制定营销战略后，就要针对所选目标市场和所确定的定位方式制定相关的市场营销组合，即经典的 4p 组合策略的各方面的内容。当然，不一定动用 4P 策略的所有方面，可依据实际情况进行选择。

（九）行动方案

要实施营销策划，各项营销策略还要转化成具体的活动程序，为此就需要设计详细的行动方案。行动方案的设计一般是运用 6W2H 分析法，进行周密安排。具体内容包括 What（做什么）、When（何时做）、Where（何地做）、Who（何人做）、Whom（对谁做）、Why（为什么做）、How to（怎么做）、How many（需要多少资源）等，按照这些问题为每项活动编制详细的执行计划表，如表 4-1 行动方案安排样表所示，标明日期、活动费用和责任人，使整个战术行动方案一目了然，便于执行和控制。

表 4-1　行动方案安排样表

活动名称	负责部门	负责人	活动地点	开始时间		结束时间		费用		物资	备注
				计划	实际	计划	实际	预算	实际		
任务 1											
任务 2											
——											

（十）损益预测

确定目标、战略和战术以后，可以编制一份类似损益报告的辅助预算。在预算书的收入栏列出预计的单位销售数量，平均净价；在支出栏，列出分成细目的生产成本、储运成本以及各种市场营销费用。收入与支出的差额，就是预计赢利，经上级主管同意之后，它将成为有关部门、有关环节安排和进行采购、生产、人力资源以及市场营销管理的依据。

（十一）营销控制

营销控制主要说明如何对计划的执行过程、进度进行管理。常用的做法是把目标、预算按月或季度分开，便于上级主管及时了解各个阶段的销售实绩，掌握未能完成任务的部门、环节，分析原因，并要求限期做出解释和提出改进措施。

在有些市场营销计划的控制部分，还包括针对意外事件的应急计划。应急计划应扼要地列举可能发生的各种不利情况，发生的概率和危害程度，应当采取的预防措施和必须准备的善后措施。

（十二）结束语

按照行文习惯，一般在介绍完主体内容后，应做一个简要的总结，即结束语。结束语主要起到与前言的呼应作用，使策划书有一个圆满的结束，而不致使人感到太突然。结束语应再次强调主要观点并概述策划要点。

（十三）附录

附录是策划方案的附件，附录的内容对策划方案起着补充说明的作用，便于策划方案的实施者了解有关问题的来龙去脉，为营销策划提供有力的佐证材料。

凡是有助于读者对策划内容理解的可信资料，如，消费者问卷的样本、座谈会原始照片等图像资料，都可以列入附录，以增强方案的可信度。但是为了突出重点，可列可不列的资料以不列为宜。有的策划书还在附录中提供备选方案，以供决策者选用。附录内容同样应标明顺序，以便查找。

 **小案例**

饮食店商业环境调查策划方案

封面

目录

结论概要

开设饮食店的场所、条件；营销战略观点；实际运营观点；开店后的计划

1. 前言

前提条件和条件设定；调查分析方法；本报告构成概要

2. 物品概要

3. 都市条件

位置、区域规定；人口迁移；收入水平；城市规模；饮食市场；市场前景

4. 开设条件

场所条件、位置、环境、道路及交通

5. 商业环境条件

商业范围设定；商业范围人口；商业范围内商业设施；竞争状况；未来状况；商业环境条件概要

6. 结论

各条件的概念；对所有条件的判定；店铺提案；潜在月销售额测算

7. 资料集

周边环境图示；周边竞争图示；城市关系图示；商业范围内人口资料

二、学会市场营销策划书的写作

（一）市场营销策划书的写作原则

1. 实事求是原则

由于策划书是一份执行手册，因此必须务实，方案要符合企业条件的实际、员工操作能力的实际、环境变化和竞争格局的实际等。这就要求在撰写营销策划书时一定要坚持实事求是的科学态度，在制定指标、选择方法、划分步骤的时候，要从主客观条件出发，尊重员工和他人的意见，克服自以为是和先入为主的主观主义，用全面的、本质的、发展的观点观察认识事物，分析研究问题。

2. 严肃规范原则

撰写营销策划书时一定要严格地按照策划书的意图和科学程序办事。策划书是策划人依据策划的内在规律，遵循策划的必然程序，严肃认真，一丝不苟，精心编制而成的。所以，在撰写策划书的过程中，切忌置科学程序于不顾，随心所欲地粗制滥造。严肃性原则还表现在，一个科学合理的策划书被采纳之后，在实际操作过程中，任何人都不得违背或擅自更改。

3. 简单易行原则

人们在撰写策划书时一定要做到简单明了、通俗易懂、便于推广、易于操作。任何一个方案的提出，都是为了在现实中能够容易操作，并通过操作过程达到预定的目的。为此，在策划书各要素的安排和操作程序的编制上，尽量化繁为简、化难为易，做到既简便易行，又不失其效用。为了使策划方案简单可行，客观的分析判断是必不可少的。策划方案除了在宏观上应具有可行性之外，在细节上也应具有较强的可操作性。这就要求在撰写方案时应具体化而不应抽象化。为确保方案得以顺利进行和推进，在时间上不能将战线拉得过长，在策划活动的规模上要适中，应以具体活动、具体情况而定，必要时可将一个大活动分拆成几个可操作的小活动。方案要求不能过高，内容不能过大，形式不能过难，否则方案制定出来以后，会让人丧失信心。

4. 灵活弹性原则

在撰写策划书时一定要留有回旋余地，不可定得太死。在高速发展的时代，策划书虽然具有科学前瞻性的特点，但它毕竟与现实和未来存在一定的差距。所以，它在实施过程中难免会

遇到突如其来的矛盾、意想不到的困难,如资金未到位、人员没配齐、物资不齐全、时间更改、地点转移以及环境变化等。这些因素企业必须估计到,做好应变措施,并能浸透到方案的各环节之中。一旦某种情况出现,可及时对已定方案进行修改、调整。这样,既保证了原有意图在不同程度上得以实现,又避免了因策划案的夭折而造成重大损失。

5. 针对性原则

营销策划的目的在于解决企业营销中出现的问题,制定解决方案,由此,在撰写策划书时,应充分考虑活动主体,也即应根据对象特点,制定活动的主题、内容、形式等,这样撰写出来的方案才能真正吸引目标对象参加,达到活动目的,实现该策划方案的效果。

6. 特色新颖原则

营销策划书要与众不同、新颖别致,表现手段也要别出心裁,给人以全新的感受。因此,在撰写活动方案时,应体现自身的特点,不能单纯模仿类似的策划方案或与本单位其他组织、部门的方案雷同,更不能看竞争对手如何行事就一味跟进,否则就没有新鲜感。

(二)市场营销策划书的写法

1. 策划导入的写法

策划导入的主要目的是引起读者对营销策划书的关心与兴趣,一般包括封面、目录、前言,前言的写作更为重要。

(1)封面的写法。封面包括委托单位、策划者、策划名称、提出日期、机密程度、策划书的页数等。写作要点:① 封面的设计风格应与营销策划书的其他页面有共同之处;② 为了增加营销策划书的魅力,可以使用质地不同的彩色纸;③ 封面应该充分展示策划策划书的个性,追求先声夺人的效果。如图4-2封面样例所示。

图4-2　策划书封面样例

(2)目录的写法。目录的写法主要是根据项目内容的大小来决定。如果项目内容比较大,一般应该选择章节的形式来设计目录结构,应细化到二级目标结构;如果项目内容比较小,一般应选择中文数字的形式设计目录结构,如"一、(一)、1. "。

(3)前言的写法。前言是营销策划书的开篇,是整个策划书的浓缩。因此,前言非常重要。写作要点是语言必须精简,有趣,可以在空白之处加上与企划主题相关的图片。

2. 策划概要的写法

阅读概要部分的时间一般控制在10分钟以内,为了让阅读者能在短时间内能够充分理解策划,必须控制篇幅的大小,并力求做到清晰、简洁,使文章的逻辑性更强。而进一步的深入探讨,应该放在策划的后面部分进行。这部分的目的不是描述整个计划,也不是提供另外一个概要,而是对策划内容作出介绍。因而,重点是策划的理念和如何制定公司的战略目标。一般可以试着回答如下典型问题,来构建概要内容。

(1)公司的业务是什么?

(2)公司想取得一个怎样的市场和产品(服务)领域?

(3)公司的背景如何?

(4)公司是一个什么性质的合法实体?

（5）公司所有者的组成？

（6）拥有者的中期目标和长期目标是什么？

（7）公司设定的长期目标是什么？

（8）关键性的成功因素是什么？

（9）用怎样的战略去达到这些目标？是差异性市场营销还是集中式市场营销？

（10）公司的重要里程碑是什么？用一个表格显示出达到它们所需完成的任务。

3. 策划背景的写法

（1）策划背景的构成要素。策划背景的构成要素主要有策划对象（内容）的背景、现状分析及其结果、策划的契机或动机、策划的前提条件（制约条件）及其影响等。

（2）策划背景的写作要点。在这一部分主要是使用 SWOT 分析法对企业的各种技术、产品等重要因素及其水平进行细致的定量评价。

SWOT 分析的第一步就是明确公司的优势与劣势。管理人员所面临的任务就是明确公司在当前环境下所具有的优势与劣势。

SWOT 分析的第二步就是对公司所处环境中的当前或将来可能出现的机会或威胁进行全面分析。

在 SWOT 分析完成，公司所具有或面临的优势和劣势、机会和威胁都已确定后，管理人员就可以开始计划工作过程，制定实现公司使命和目标的战略。

4. 策划意图的写法

（1）策划意图的构成要素。策划意图的构成要素主要包括明确存在的问题及策划的可行性、明确课题和设定策划的目的和目标等。

（2）策划意图的写法。为了充分发挥本商品的优势，迫切需要对本商品进行细致、深入的认识，从而对本商品进行正确的定位。可以采用图 4-3 所示的流程进行策划意图的分析撰写。

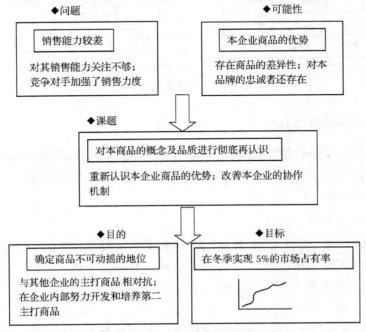

图 4-3 策划意图的分析撰写流程

5. 策划方针的写法

策划方针就是对商品、市场等策划对象进行定义,即概念的形成。通过现状分析及目标设定,把握住令企业走向成功的关键要素(简称 KFS),这些关键要素就是策划顺利实现的钥匙。

6. 具体实施策划的写法

具体实施策划主要由策略构成、策略方法及策略结构构成。在撰写策划具体实施策略时,可以采用图 4-4 所示的流程图进行策划方针的分析撰写。

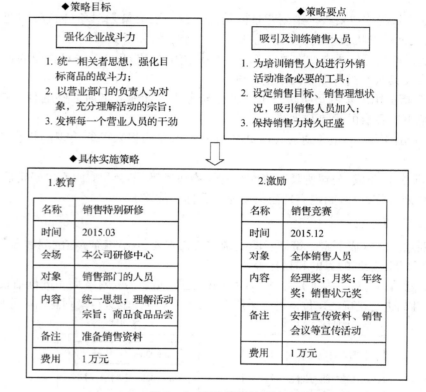

图 4-4　实施策划的写法

(三)营销策划书撰写的技巧

营销策划书和一般文章有所不同,它对可信性、可操作性以及说服力的要求特别高。因此,运用撰写技巧可提高可信性、可操作性以及说服力是策划书撰写的目标。在撰写营销策划书时应该注意以下技巧。

1. 以理论依据为基础

欲提高策划内容的可信性,并使阅读者接受,就要为策划者的观点寻找理论依据。事实证明,这是一个事半功倍的有效办法。但是,理论依据要有对应关系,纯粹的理论堆砌不仅不能提高可信性,反而会给人脱离实际的感觉。

2. 以例子为依据

这里的举例是指通过正反两方面的例子来证明自己的观点。在策划报告书中,适当地加入成功与失败的例子既能起调节结构的作用，又能增强说服力，可谓一举两得。这里要指出的是，举例以多举成功的例子为宜，选择一些国外先进的经验与做法。

3. 用数字说话

策划书是一份指导企业实践的文件，其可靠程度如何是决策者首先要考虑的。策划书的内容不能留下查无凭据之嫌，任何一个论点均要有依据，而数字就是最好的依据。在策划书中利用各种绝对数和相对数来进行比照是绝对不可少的。要注意的是，数字需有出处，以证明其可靠性。

4. 用图形和表格来辅助

运用图表能有助于阅读者理解策划的内容，同时，图表还能提高页面的美观性。图表的主要优点在于有着强烈的直观效果。因此，用其进行比较分析、概括归纳、辅助说明等非常有效。图表的另一优点是能调节阅读者的情绪，从而有利于对策划书的深刻理解。

（1）图形辅助说明技巧。图形广泛应用于市场策划书之中，它以其形象、直观、富有美感和吸引人的作用受到了特别的重视。一般说来，只要有可能，应尽量用图形来表达报告的内容。市场策划书中最常用的图形有直方图或条形图、饼形图、轮廓图或形象图、散点图、折线图等。一张精心设计的图形有可能抵得上或胜过上千字的说明。要使图形能够有效直观地表现尽可能多的信息，在设计和制作上一般应注意几点：① 每张图都要有号码和标题，标题要简明扼要；② 图形较多时最好按大小顺序排列，以使结果一目了然；③ 尽量避免使用附加的图标说明，应将图标的意义及所表示的数量尽可能标记在对应的位置上；④ 数据和作图用的笔墨的比例要恰当，避免太少或太多的标注、斜线、线、横线等，既要清楚又要简明；⑤ 度量单位的选择要适当，使得图形匀称，并使所有的差异都是可视的和可解释的。有时过于强调地将图形放在事情发生的度量范围之内，就像是放大的照片那样，实际上是不恰当的，因为这可能会导致误解；⑥ 作图时最好既使用颜色，又使用文字说明，以便在进行必要的黑白复印时仍能清晰如初；⑦ 颜色和纹理的选择不是随机的，要有一定的逻辑性。例如，真正重要的部分应该用更突出的颜色、更粗的线条或更大的符号等来表示；⑧ 图形的安排要符合人们的阅读习惯。如，中国人和日本人可能更习惯从上到下等。

（2）表格辅助说明技巧。表格也广泛应用于市场营销策划书中，起到清楚、形象、直观和吸引人的作用。表格是策划书中很生动的一部分，应当受到特别的重视。制表一般应注意以下几点：① 表的标题要简明、扼要，每张表都要有号码和标题。标题一般包含时间、地点、内容。有时也可酌情省略；② 项目的顺序可适当排列，一般应将最显著的放在前面。如果强调的是时间，则按时间排列；如果强调的是大小，就按大小排列。当然也可以是按其他的顺序排列；③ 线条尽量少用，斜线、竖线、数之间的横线均可省去，以空白来分隔各项数据；④ 注明各种数据的单位。只有一种单位的表格，可在标题中统一注明；⑤ 层次不宜过多。变量较多时，可酌情列数表；⑥ 小数点、个位数、十位数等应上下对齐。一般应有合计；⑦ 给出必要的说明和标注；⑧ 说明数据的来源。

5. 合理利用版面

策划书视觉效果的优劣在一定程度上影响着策划效果的发挥。有效利用版面安排也是策划书撰写的技巧之一。版面安排包括打印的字体、字号、字距、行距以及插图和颜色等。如果整篇策划书的字体、字号完全一样，没有层次、主辅，那么这份策划书就会显得呆板，缺少生气。

总之，良好的版面可以使策划书重点突出，层次分明。

6. 注意细节

对于策划书来说细节却是十分重要的，一份策划书中错字、漏字连续出现的话，读者肯定不会对策划者抱有好的印象。因此，对打印好的策划书要反复仔细地校对，特别是对于企业的名称、专业术语等更应仔细检查。另外，纸张的好坏、打印的质量等等都会对策划书本身产生影响，所以也绝不能掉以轻心。

为了做到以上几点，营销策划者在撰写营销策划书时就应该做到基于现实的社会实践和市场调查，源于实践和调查之上的策划肯定是具有可行性的；经过深思熟虑之后提炼出好的创意；使用恰当的表述方式，包括采用图文并茂的方式和简洁明快的语言。

（四）营销策划书的完善

1. 营销策划书的校正

市场营销策划书的写作完成之后，要进行全面的校正，就是对营销策划的内容、结构、逻辑以及文字等进行检查与修改。对营销策划书校正完毕之后，要将营销策划书从头读到尾，进行最后的确认。通过这种方式来确认营销策划内容及其表现手法是否合适，文字是否有错误。

2. 营销策划书的装订

市场营销策划书的写作、校正工作完成以后，还要对营销策划书进行装订。一份装订整齐得体的营销策划书同样是营销策划工作顺利推进的重要内容之一。

在装订营销策划书时应注意市场营销策划书是否需要分成若干册？各大部分之间是否需要插入分隔页？如果市场营销策划书内含彩色图片，则应灵活应用彩色复印，并确定营销策划书的复印或印刷册数。

3. 营销策划书的介绍

策划者完成策划书并非策划设计工作的结束，还有一项很重要的工作，就是向上级、同仁或顾客介绍营销策划书。这项工作决定了营销策划书能否被接受、采纳，决定了策划方案能否付诸实践。

三、认识市场营销策划书的作用与类型

（一）营销策划书的作用

市场营销策划书是市场营销策划人员针对特定市场的某一方面的问题进行深入细致的调查研究之后，通过书面形式表达策划结果的书面报告，是市场策划活动的最终成果。一篇优秀的市场营销策划书，能够透过策划对象的现象看本质，能够使委托方更加深入而系统地了解市场，分析市场的有关问题，制定正确的市场决策，编制科学有效的营销管理计划。相反，一份拙劣的营销策划书会使好的策划活动黯然失色，甚至可能使整个策划工作前功尽弃。市场营销策划书的作用表现为以下三点：

1. 营销策划书能准确、完整地反映营销策划的内容

营销策划书是营销策划的书面反映形式，是对策划活动的对象、策划过程的历史记录和总

结,通过阅读策划书,读者能够了解策划活动的整个过程。因此,营销策划书的内容是否能准确地传达策划者的真实意图,就显得非常重要。从整个策划过程上看,营销策划书是实现营销策划目的的第一步,是营销策划能否成功的关键。

2. 营销策划书能充分、有效地说服决策者

市场营销策划书是营销管理决策的重要依据。策划项目之所以得以确立,就是因为企业在管理决策过程中遇到了新问题,策划书必须能够针对这些问题提供有价值的信息,从而指导企业更好地工作。通过营销策划书的文字表述,它能把死数字变成活情况,有利于用户掌握市场行情,能使企业决策者信服并认同营销策划的内容,说服企业决策者采纳营销策划中的意见,并按营销策划的内容去实施。

3. 营销策划书能作为执行和控制的依据

营销策划书能作为企业执行营销策划方案的依据,使营销职能部门在操作过程中增强行动的准确性和可控性。因此,如何通过营销策划书的文字表述魅力以及视觉效果,去打动及说服企业决策者也就自然而然地成为策划者所追求的目标。

(二)市场营销策划书的类型

由于市场策划的内容较为广泛,而且策划所要解决的问题各不相同。因而,作为策划结果表现形式的策划书也具有不同的类型。由于分类标准不同,营销策划书的类型划分也是多种多样的。

1. 根据策划书提供的内容划分

根据策划书提供的内容划分,可分为综合策划书和专题策划书两大类。

(1)综合策划书。综合策划书是提供给委托方的最基本的报告,此类策划书的目的是反映整个策划活动的全貌,对策划方法、策划过程和策划结果等做详细的说明。主要内容包括策划背景、策划目的、策划方法、初步分析、策划结论。

(2)专题策划书。专题策划书是针对某个问题进行策划后写的报告。它要求策划书详细明确,中心突出,对所需要解决的问题做出回答。如,如何促进对胶卷消费等都可以写出专题营销策划书。

2. 根据企业开展经营活动的需要划分

根据企业开展经营活动的需要,可分为市场调研策划书、市场营销战略策划书、管理策划书、产品策划书、价格策划书、分销渠道策划书、促销策划书等。

市场调研策划书是市场营销人员根据企业战略策划、市场营销运行策划的需要,以科学的方法系统地收集、记录、整理和分析有关信息,提出问题和解决问题的策划报告。

市场营销战略策划书是市场营销人员依据经营战略的要求进行的市场机会研究、市场细分、目标市场选择和市场定位的策划报告。

管理策划主要是对市场营销和销售管理的方法和技巧进行的策划报告。

产品策划书就是为了把企业的产品打入市场、让市场接受并产生反应的策划报告。因此,以产品推广为思路的市场营销策划书,主要包括新产品上市策划书、产品抢占市场策划书、产品生命周期的营销策划书、网络产品的营销策划书、品牌推广策划书、包装策划书等。

价格策划书就是企业为了实现一定的营销目标而协调处理上述各种价格关系的活动的策

划报告。它不仅仅包括了价格的制定,而且也包括在一定的环境条件下,为了实现特定的营销目标,协调配合营销组合的其他各有关方面,构思、选择并在实施过程中不断修正价格战略和策略的全过程。

分销渠道策划书就是企业对产品从自身出发,向消费者转移的过程或路径进行谋划而形成的报告。

促销策划策划书是指企业在某一确定时间针对某项促销活动的整体运作和安排的计划性文书。它主要包括广告策划书、公关关系策划书、营业推广策划书和人员推销策划书等。

小案例

某家电公司现场促销活动策划书

一、期限

自××年××月××日起至××年××月××日止,为期3个月。

二、目标

把握购物高潮,举办"超级市场接力大搬家",促销公司产品,协助经销商出清存货,提高公司营业目标。

三、目的

把握圣诞、元旦以及结婚蜜月期的购物潮,吸引消费者对"接力大搬家"活动的兴趣,引导选购产品,以达到促销效果。

四、对象

以预备购买家电之消费者为对象,以F14产品的优异性能为主要诱因,引导购买公司家电,鼓舞刺激消费者把握时机,即时购买。

五、广告表现

(一)为配合年度公司"××家电"国际市场开发,宣传媒体之运用,逐渐重视跨文化色彩,地方性报纸、电台媒体、电视节目选择,亦依据收视阶层分析加以考虑。

(二)以××公司产品的优异性能为主要诱因,接力大搬家S.P.活动为助销手段,遵循此项原则,对报纸广告表现之主客地位要予以重视。

(三)TV广告,为赢得国际消费者,促销欣赏角度并重,拟针对接力大搬家活动,提供一次30分钟实搬、试搬家录现场节目,同时撷取拍摄15″广告用CF一支,作为电视插播,争取雅俗共赏,引起消费者的强烈需求。

(四)POP:布旗、海报、宣传单、抽奖券。

四、运用市场营销策划口头报告

营销策划者完成策划书并非策划设计工作的结束,还有一项很重要的工作,就是向上司、同仁或委托公司进行口头报告或演示,这一演示将有助于管理层理解和接受书面报告。管理层也可能会对一些问题加以讨论,因为许多管理者对项目的第一印象和持久的印象都是建立在演示的基础上的,所以演示的重要性是不可低估的。其成功与否决定了营销策划书能否被

接受、采纳，决定了策划方案能否付诸实施。

（一）报告前的准备

有效口头报告的关键在于准备。准备工作可以从以下方面着手。

1. 了解介绍营销策划书的特点

召开营销策划书的报告会与一般的讲座、演讲等有很大的不同，主要表现在：一是介绍对象的人数较少。讲座、演讲一般参加者人数众多，而营销策划书的报告会参加者人数一般不会超过百人；二是介绍对象主要是策划委托者、上司或同事。介绍营销策划书的对象一般是自己的上司、同事或营销策划的委托者，策划者与他们是利害共存、谋求共赢的伙伴关系。这与讲座、演讲中的大众沟通有很大的差异；三是介绍营销策划书往往使用视觉化的工具。要在有限的时间内使策划书的内容很清晰地表达出来，必须使用投影仪、幻灯片等视觉化的工具；四是介绍营销策划书的目的是为了说服对方接受策划方案，并将方案付诸实施，而讲座或演讲的目的只是为了使参加者了解而进行的说明。

2. 介绍营销策划书的程序

第一步，明确介绍目的。即首先要明确介绍营销策划书的目的是什么？必须达到的最低目标是什么？是否要预先将此目的传递给对方？

第二步，准备会场与熟悉对象。要确定会场的大小，所需要使用的装置和工具，以及到会场的交通如何安排。同时，要对介绍对象的知识水平、人员构成情况等有所了解。

第三步，确定介绍方法和工具。要明确在介绍营销策划书时应用什么样的视觉工具和用什么样的方法介绍营销策划书的各部分内容。

第四步，资料准备。要明确资料是否易懂且令人印象深刻？资料是否过多？提供证据的数据是否已经准备充分？可能会出现哪些问题且资料是否准备充分？

第五步，彩排。要了解方案及时间安排是否可行，是否能获得通过。

（二）报告前的预演

在向管理层进行演示之前，应该预演几次。如，图表之类的视觉手段应该借助多种媒体工具进行展示。黑板或白板使汇报者可以使用数字，它们在回答技术性问题时特别有用。磁板和毛板尽管不够灵便，但可以迅速地展示事先准备好的资料。翻转表是一个挂在图表架上的大的空白硬纸簿，它可以当作黑板或白板来用，事先将图示放置在每一页上，然后发言者在演示时翻阅每一页。投影仪可以展示简单的图表和复杂的、由于连续地添加新的图像而产生的重叠式图形。几种计算机程序可以用来制作有吸引力的胶片也可以准备彩色胶片。幻灯片适用于在屏幕上放映照片，录像机和大屏幕放映机在展示重点群体和动态的现场工作时特别有效。配合个人电脑使用的电脑投影仪可以在屏幕上放映终端图像，它可以用于制作电脑控制的演示或展示，诸如分析模型等技术性信息。在预演中可以使用的方法，一是自我说服。将策划方案介绍给别人之前，要自己先进行审核评定，也就是说自己先把关。如果连自己都认为策划方案的内容不可能实现，那么说服别人来接受策划方案就无从谈起了；二是模拟演练。为了使策划方案能被采用，在正式提出方案之前要做好充分的准备，以提高成功的概率。为了达到这个目的，在提案前需要进行事前演练。事前演练应注意的事项主要有建立周密的提案报告计划;确认参加者,以便准备和练习对方可能提出的问题或者是反对性的意见;会场、使用的工具、时间安排一定要到位;决定任务的负责人,并进行事前演练;对将要分发给与会者的资料进行检查;三是与审议者进行事前沟通。在正式推出策划方案的场合,供评委阅读策划方案的时间很短,所以策划人员事前不仅要把策划方案递送到评委手中,而且要主动跟主要评审者进行非正式的交流,让其初步了解策划的内容及策划者的主要意图,从而提高策划方案推销成功的可能性;三是任务分配。在进行介绍时,报告者当然很重要,但绝对不是报告者个人的表演,从事前准备到正式开始,小组团体的密切配合十分重要。因此,有必要将任务在团队中进行分配,决定介绍报告进行的指挥者;全体轮流确认报告的进行脚本,以防出现漏洞或失误;决定主要报告者和助手;决定器材的操作人员,并进行事前操作和资料的检查;决定计时人员,以便进行时间管理和资料的分发;全体成员进行事前配合演练,以确认各自的任务。

(三) 介绍营销策划书的技巧

1. 语言表达的技巧

营销策划书的介绍中,表达的方法很重要,同样的内容若表达不当,结果会差异很大。认真的态度、充满自信的语言表达是必要的。运用语言表达介绍营销策划书时要注意以下几点:(1) 声音洪亮,应使最后一排的人也能听见,声调的高低以及说话的速度应有变化。发言者在发言过程中的音量、音调、音质、发音和语速应是不相同的,演示应该以一个强有力的结尾告终。(2) 应适当地提出结论。策划的倾听者往往都是企业的决策者,他们时间安排较紧。因此,在阐述营销策划书的内容时,可先将结论提出,使他们心中有数,能够耐心听下去。(3) 重要的内容应当反复强调。重要的内容如果仅提一次,一方面听众不能完全理解,另一方面,也没有突出重点,因此对重要的内容要反复强调。

2. 外观技巧

交流除了语言,另一个重要的因素则是外观表现。外观表现主要是给人印象并加强记忆。因此,外观表现技巧的正确运用对营销策划书介绍的成功同样具有重要作用。外观表现包含以下基本要素:(1) 视线。介绍者应凝视对方,抓住对方的视线,吸引对方加入到交流之中。(2) 手的动作。说话时辅以相应的手的动作,将会增加说服力。描述性的手势有助于使语言传达更加清晰,强调性的手势可以用于强调所说的东西,建议性的手势是想法和情绪的标志,鼓励性的手势用于产生所期望的受众反应。但要注意动作一定要自然,过多的动作有时反而会起反作用。(3) 表情及站立姿势。表情应该是温和的,站姿要舒展,不要东摇西晃。要注意必要的身体移动,要面对对方,不要背对对方说话。(4) 服装。服装也是交流的手段之一,着装不合适,也会令对方不快。因此,介绍者应穿整洁的正式套装。

3. 回答问题的技巧

介绍完营销策划书以后,接受者可能就策划内容中的重点、难点、疑点等进行提问。因此,正确的回答对说服对方接受策划方案、快速作出决策能起到有效的促进作用。一是事前要做好充分的准备。即在营销策划书介绍之前,就必须考虑可能出现的问题,并将答案预备好。二是始终抱着欢迎提问的态度。应充满自信地要求大家提出问题。策划者应当了解,提出疑问是接受者在寻求正面的证据。三是回答中要反复强调自己的主要主张。实际上,回答问题是反复强调策划者自己主张的最好机会。

任务总结

正式的市场营销策划书的结构一般包括封面、前言、目录、概要、环境分析、SWOT 分析、营销目标、营销战略、营销策划、行动方案、策划控制、结束语和附录。针对每一部分，都有一定的写作方法。从整体上来看，应该尽量以理论依据为基础、以例子为依据、用数字说话、用图表来辅助说明、合理利用版面和注重细节。

市场营销策划书是市场策划人员对特定市场的某一方面的问题进行深入细致的研究之后，通过书面形式表达市场策划结果的书面报告，是市场策划活动的最终成果。一份优秀的市场营销策划报告，能够透过策划对象的现象看到本质，能使委托方更加深入和系统地了解市场，分析市场的有关问题，制定正确的市场决策，编制科学有效的营销管理计划。

根据策划书提供的内容可将市场营销策划书分为综合策划书和专题策划书。根据企业开展策划活动的需要可将市场营销策划书分为市场调研策划书、市场营销战略策划书、管理策划书、产品策划书、价格策划书、分销渠道策划书、促销策划书等。

市场营销策划书撰写完成并不意味市场营销策划活动的结束，还需要向相关方进行介绍。在介绍中，应该做好介绍前的准备与预演，并且还要注意在介绍过程中的一些技巧，包括语言、外观和回答问题方面的技巧。

任务检测

一、选择题

1. 下列选项中能够反映营销策划书帮助企业营销管理者更为有效的实施营销管理活动的一项是（　　　）。

　A. 全面思考企业面临的营销问题　　　　B. 准确完整的反映营销策划的内容

　C. 充分有效的说服企业决策者　　　　　D. 作为执行和控制的依据

2. 营销策划的封面应该提供的信息有（　　　）。

　A. 委托方　完成日期　策划机构或策划者

　B. 委托方　策划书的名称

　C. 委托方　完成日期

　D. 策划机构或策划者　完成日期

3. （　　　）是营销策划书正文中最重要的部分，也是占用篇幅最长的部分。

　A. 结论即建议　　　　　　　　　　　B. 信息分析

　C. 策划方案设计　　　　　　　　　　D. 策划结果及其评价

4. （　　　）是对营销策划书的总结性陈述，使阅读者对营销策划内容及策划结论有非常清晰的概念，便于阅读者理解策划者的思路、意图和观点。

　A. 前言　　　　　B. 概要　　　　　C. 目录　　　　　D. 附件

5. 在撰写策划书时一定要留有回旋余地，不可定得太死，这体现了在撰写市场营销策划书中的（　　　）。

　A. 实事求是原则　　　　　　　　　　B. 严肃规范原则

C. 简单易行原则   D. 灵活弹性原则

二、判断题

1. 营销策划书就是一种可行性分析报告。 （   ）

2. 营销策划方案具有可行性，包括市场可行性、企业资源的可行性、时机上的可行性。

（   ）

3. 营销策划文案至少包括 2 个方面的内容是营销环境分析和营销活动的设定。（   ）

4. 营销策划书是一份内容涵盖十分丰富的具有全方位、多视角、多层次的项目整体计划

书。 （   ）

5. 营销策划书的纸张应采用 16 开，32 开这些规格的纸张。 （   ）

6. 在装订营销策划书时需要注意：营销策划书是否要分成若干份，各大部分之间是否要

插入隔页，确定营销策划是书的复印或复员删除。 （   ）

7. 营销策划的时机与效果具有紧密联系，失去时机必然会严重影响效果，甚至完全没有

效果。 （   ）

8. 在撰写营销策划书时，各部分的内容可根据具体情况省略不写。 （   ）

9. 市场营销的战略策划主要包括市场定位策划、市场竞争策划、企业形象策划和顾客满

意策划。 （   ）

三、填空题

1. 按照行文习惯，一般在介绍完主体内容后，应做一个简要的总结，即（   ）。

2. 策划导入的主要目的是引起读者对营销策划书的关心与兴趣，一般包括（   ）、

（   ）、（   ），其中（   ）的写作更为重要。

3. 图形广泛应用于市场策划书之中，它以其形象、直观、富有美感和吸引人的作用受到了

特别的重视。一般说来，只要有可能，应尽量用（   ）来表达报告的内容。

4. （   ）也广泛应用于市场营销策划书中，起到清楚、形象、直观和吸引人的作用。

5. （   ）是针对某个问题进行策划后写的报告。它要求策划书详细明确，中心突出，对

所需要解决的问题做出回答。

四、简答题

1. 营销方案选择的原则和方法是什么？

2. 合理的营销策划书的结构是由几大部分组成？

3. 营销策划书撰写的技巧有哪些？

4. 简述营销策划书封面应包含的内容。

5. 介绍营销策划书的一般程序。

参考答案

案例分析

银行卡营销活动策划方案

一、活动目的

营造良好的刷卡用卡环境，提高持卡人用卡意识，培养市民的用卡习惯，让更多市民能够享受银行卡这一新型结算工具所带来的便利，方便群众生活。

二、活动总主题

"中行卡五一献礼,'金'喜来找你!"

三、参加活动卡种

长城系列信用卡、中银系列信用卡

四、活动时间

2015年4月30日—5月3日

五、活动内容

(1)一重礼——"商场、超市购物大抽奖"

活动期间,在指定商场、超市持卡累计消费满一定金额即可参加商场、超市大抽奖活动,万亚商场标准:当日单笔消费满500元即可参加商场抽奖活动,活动中将抽出5名幸运客户,每人奖励500元商场购物券。

时代超市标准:单笔消费满99元即可参加抽奖活动,每个超市将抽出50名幸运客户,每人奖励价值100元超市券。

(2)二重礼——刷卡赢"金"活动

凡活动期间,消费累计满3000元即可参加抽奖赢"金"活动(房地产类、汽车类、批发类、医疗教育类、慈善类、政府服务类交易不参加本次活动),该抽奖活动按发卡归属地进行抽奖,奖项设置如下:

特等奖1名,奖励10g金条一根

一等奖30名,各奖励400元等值奖品

二等奖90名,各奖励200元等值奖品

三等奖1200名,各奖励10元等值奖品

兑奖方式:持卡人联机抽奖奖项凭标有"仪征市银行卡活动X等奖"的签购单到仪征银行卡管理办公室领取(仪征市解放西路106号人民银行内),咨询电话82660688,兑奖日期为中奖次日至2016年1月30日止,兑奖时间为每周星期一上午8:30~11:30,奖项逾期不领者,视作放弃领奖。

六、活动组织

本次活动承办单位仪征市银行卡工作领导小组办公室、江苏仪征农村合作银行、中国工商银行仪征支行、中国农业银行仪征支行、中国银行仪征支行、中国建设银行仪征支行、交通银行仪征支行、中信银行仪征支行、江苏银行仪征支行、仪征邮政储蓄银行,扬州银通公司(协办),中国银联江苏分公司提供技术支持。

问题

1. 请根据案例提供的信息,分析该营销活动策划有哪些亮点?

2. 对案例中的活动内容,你还有什么好的建议?

案例评析

一份好的策划方案不在于内容的长短,关键是策划活动的内容要对客户有吸引力,客户愿意参与,达到策划的目的。当然,在策划书中的语言表达也是很重要的,如案例中用"金"喜替代惊喜,更能引起顾客的注意和参与。

实训操作

营销策划书的撰写

1. 实训目的

通过本次实训,使学生明确市场营销策划书的结构与内容,掌握市场营销策划书的写作方法。

2. 实训要求

基于小王的创业项目,写一份推广报告,内容只要求包括市场营销策划书的基本框架,字数不少于 1 000 字。

3. 实训材料

纸张、计算机网络、笔或打印机等。

4. 实训步骤

(1) 选择小王的创业项目;

(2) 按照市场营销策划书的结构,构建报告的提纲;

(3) 根据项目推广的需要,选择其中最为重要的几部分;

(4) 根据最终的确定大纲进行写作;

(5) 最后向经管系主任进行推介。

5. 成果与检验

每位学生的成绩由两部分组成:学生实际操作情况(40%)和分析报告(60%)。

实际操作主要考查学生实际执行实训步骤以及撰写推广报告的能力;分析报告主要考查学生根据项目推广的需要,执行市场营销策划书撰写步骤、内容框架以及重点内容选择的正确性和合理性,分析报告建议制作成 PPT。

项目三　市场调研策划专员岗位实务

　　了解市场营销策划的基本知识只能说有了一定的工作基础,在开展市场营销策划工作前,还有一些基础工作要做,那就是市场资料的收集与研究。可以这么讲,市场调研是市场营销策划工作得以顺利、成功开展的基础。因此,要很好地开展市场营销策划工作,首先有必要介绍一下市场调研策划专员岗位实务。

　　本项目包括市场调研方法策划和市场调研方案策划等两个任务,通过具体任务的学习,使学生掌握市场调研策划的方法和方案设计,并能根据企业市场营销策划的实际需要,设计和实施市场调研方案,撰写调研报告。

任务五　市场调研方法策划

知识目标

1. 了解第一手资料和第二手资料调研方法的特点。
2. 理解不同调研方法的优劣势和适用条件。
3. 掌握问卷调研设计。

技能目标

1. 能根据收集资料的需要,选择不同的调研方法,特别是问卷调研法。

任务导入

　　小王虽然学习了一些市场营销策划的基础知识,但对于要创建一个具有特色和创新性的网上求职的平台还是比较困惑,比如,网上求职平台该经营哪些项目比较适合? 如何与那些大的、比较成熟的求职平台相区别等,这些信息都不得而知。因此,小王就开始着手准备收集相关信息,但互联网环境下的求职平台很多,信息也是浩如烟海,怎么就去收集呢? 可以这样说,收集信息的第一步就是要弄懂到底需要哪些信息和如何采取相应的方法收集。

任务分析

　　实际工作中,要进行有效的市场营销策划活动,是离不开市场信息调研策划这一环节的。

但是,现实中的市场信息浩如烟海,良莠不齐,有时还杂乱无章,作为企业的市场调研策划专员,应在掌握常用的市场营销调研工具上,根据营销活动策划的需要,进行相关信息的收集与分析研究。市场调研策划活动都是一项系统工程,为了在调研过程中统一认识、统一内容、统一方法、统一步调,圆满完成调研任务,在具体开展调研工作以前,应该根据调研的目的及调研对象的性质,进行调研方法的选择。那么,收集资料的方法有哪些? 此次任务就是要解决调研方法的选择与运用的问题。

 **知识精讲**

一、掌握第一手资料调研方法

第一手资料,又称原始资料,主要通过调研者与被调研对象直接收集到的有关消费需求、消费结构、市场竞争等方面的信息资料。第一手资料收集的方法有访问法、观察法、实验法等。

1. 访问法

(1) 访问法的定义。访问法,又称询问调研法,是由访问者向被调研者提出问题,通过被调研者的口头回答或填写调研表等形式来收集市场信息资料的一种方法。访问法是最常用的市场调研方法,也是收集第一手资料最主要的方法。访问法既可以独立使用,也可以与观察法等结合应用。

(2) 访问法的基本类型。根据不同的划分维度,访问法有如下一些类型:

一是根据对访问内容是否有统一设计,访问法可以区分为标准化访问和非标准化访问。标准化访问,也称结构性访问,就是按照统一设计的、有一定结构的问卷所进行的访问调研。这种访问调研法把问题标准化,事先拟好题目、问题顺序和谈话用语,按一定的方式询问。其特点是:选择访问对象的标准和方法,访谈中提出的问题、提问的方式和顺序,以及对被调研者回答的记录方式等都是统一设计的,甚至连访谈的时间、地点、周围环境等外部条件,也力求保持基本一致。标准化访问的最大好处是,便于对访问结果进行统计和定量分析,便于对不同被调研者的回答进行对比研究。但是,这种访问方法缺乏弹性,难以灵活反映复杂多变的社会现象,难以对社会问题进行深入探讨,同时也不利于充分发挥访问者和被调研者的积极性、主动性。非标准化访问,也称非结构性访问,是指事先不预定表格,也不按固定的问题顺序去问,访问者可以就某些问题与被调研者进行自由的交谈,以了解某些想研究的心理问题。这种访问方法,适合于探索性研究。对访问对象的选择和访谈中所要询问的问题有一个基本要求,但可根据访谈时的实际情况做必要调整。非标准化访问,有利于充分发挥访问者和被调查者的主动性、创造性,有利于适应千变万化的客观情况,有利于调研原设计方案中没有考虑到的新情况、新问题,有利于对社会问题进行深入的探讨。但是,这种方法对访问者的要求较高,同时对访问调研的结果难以进行定量分析。

二是根据一次访问人数的多少,访问法可分为个别访问和集体访问。个别访问是由一个访问者和一个被调研者所构成的访问,适合于访问某个特定个体的情况,了解带有隐私性、隐蔽性的个体情况,做深入的研究。集体访问是由一至三名访问者和两名以上的被调研者所构成的访谈,适合于为了了解某个群体的情况和想法的调研。

三是按访问内容传递方式的不同,访问法可分为面谈访问、电话访问、邮寄访问、留置访问、日记调研和互联网调研等。

面谈访问,就是调研人员按照调研目的的要求,按事先规定的方法选取适当的被调研者,再次按照问卷或调研提纲进行面对面的直接访问。按照选取访问对象的方法及访问地点的不同,面谈访问法又可分为入户访问、街头拦截访问、神秘顾客访问等。其特点是回答率高、具有较强的灵活性、调查资料的质量比较好、调研对象的适用范围比较广等。

电话调研法是指调研者通过电话与被调研者进行询问收集市场信息资料的一种方法。电话调研的抽样方法一般按照随机拨号的方式进行,利用现成的电话号码簿作为抽样框,借助随机的数字表,随机地选取拨打号码,或采取等距抽样的方法从电话簿中抽取拨打号码。这种调研方法的成本低,能迅速获取资料,且不受地区大小的限制。但是,这样调研方法存在母体不完整的缺陷,只适合安装了电话的被询问者,且通话的时间一般不太长,调研的内容难以深入,访问的成功率比较低。因此,这种方法适用于对热点问题、突发性问题、特定问题和特殊群体的调研,也适用于对比较固定的企业客户的调研。

邮寄调研法是指将问卷通过邮局寄给选定的调研对象,并请求受访者按照规定的要求和时间填写问卷,然后寄回调研机构的调研方案。其优点是调研的空间范围广、邮寄调研费用低、给予被调研者相对较为宽裕的作答时间、匿名性较好等;其缺点是回收率低、反馈周期长、无法判定被调研者及其性格特征、缺乏双方沟通等。

网上访问调研法,又称网络市场调研或联机市场调研,是指利用互联网作为技术载体和交换平台进行调研的一种方法,主要包括电子邮件调研、网上焦点座谈法、使用 BBS 电子公告板或合作方式进行网络市场调研。网上访问调研法兼有电话访问和信函访问的特点,但要求被调研者有计算机并经常上网。

留置调研法是指将问卷当面交给被调研者,说明填写的要求,并留下问卷,让被调研者自行填写,并由调研者定期回收的一种调研方法。其优点有问卷回收率高、误差较小、不受调研人员的影响、问卷设计更灵活等;其缺点有难以确认是否由被调研者本人回答、被调研者受周围环境影响、需要两次访问、调研地区受限等。

日记调研法,又称固定样本连续调研,是指调研单位发放登记簿或账本,由被调研者逐日逐项记录,再由调研人员定期加以整理汇总的一种调研方法。这种方法的优点是调研单位比较稳定、收集资料比较可靠、系统、费用低、回收率高等;缺点是被调研者的记录工作持续时间较长,容易产生厌倦情绪等。一般适用于了解收听率、收视率、消费情况、商品购买情况、产品使用情况、物价变化情况等。

2. 观察法

(1) 观察法的概念。观察法是指调研者凭借自己的眼睛或记录工具,深入调研现场,记录正在发生的市场行为或市场现状,以获取各种原始资料的一种调研方法。调研人员不直接向调研对象提出问题,而是亲临现场观察事情发生的过程。观察法与日常的随意观察是不同的,它是有目的、有计划的观察活动。市场调研人员直接到商店、订货会、展销会等消费者比较集中的场所,或借助于照相机、录音机或直接用笔录的方式,身临其境地进行观察记录,从而获得重要的市场信息资料。采用观察法时,被观察对象处在自然状态下,由调研者通过眼看、耳听、手记等方式直接观察被调研对象的表现来收集材料。

在现代市场调研中,观察法常用于消费者购买行为的调研以及对商品的花色、品种、规格、质量、技术服务等方面的调研。成功地使用观察法,并使其成为市场调研的数据收集工具,必须具备三个条件：

第一，所需信息必须是能观察到的，或者是从能观察到的行为中推断出来的。如消费者喜欢某种商品时，其瞳孔就会放大并会反复观看，这时就可以推测出消费者购买的可能性较大。

第二，观察的行为必须是重复性的、频繁的或者是在某些方面可预测的。

第三，采用观察法所要观察的行为最好是短期内就能找到规律的。否则，观察的时间就会很长、成本会很高。如观察消费者购买住房的过程可能要花费几周甚至几个月的时间。观察的方法可以是派人观察顾客的言行举止或态度，也可以通过在店铺中安装摄像机进行观察。

（2）观察法的类型。根据不同的划分维度，观察法有如下一些类型划分方法和类型：

一是按观察时间周期不同，可分为连续性观察和非连续性观察。连续性观察是指在比较长的一段时间内，对被观察对象连续做多次、反复的观察调研。连续性观察适用于对动态性事件的观察，可以定期进行，也可以不定期进行，如观察花开到花落。非连续性观察不同于连续性观察，只是在较短时期内的一次性观察调研，一般适用于对过程性、非动态性事件的观察，如消费者在零售店的购买过程。

二是按观察所采取的方式不同，可分为公开的观察和掩饰性的观察。公开的观察是指被观察者了解市场调研的真正目的，知道自己处于被观察状态。观察员的公开出现将影响被观察者的行为，会导致观察数据的偏差。如果被观察者知道他们正在被观察，他们的行为可能会与平常的行为有所不同，观察员的言谈举止会潜在地造成偏差。掩饰性观察是在不为所知的情况下，观察被观察者的行动的过程。如观察者作为神秘人到企业观察被调研者的情况，直接观察、记录，以取得必要的信息。掩饰性观察的最普遍形式是在单面玻璃后面观察人们的行为，如观察消费者对产品和广告的评价，被观察者在没有意识到自己正在受到观察的情况下进行正常的活动。一般来说，市场观察多数采取隐蔽的掩饰性观察，获取的信息资料更加真实、客观。

三是按调研者扮演的角色不同，可分为参与性观察和非参与性观察。参与性观察是指调研者参加到被观察对象群体中并成为其中的一员，直接与被观察者接触以收集有关资料的一种调研方法。非参与性观察是指调研者不改变身份，而是以局外人的身份从外围现场收集资料的一种调研方法。一般而言，非参与性观察必须事先制订周密的观察计划，严格规定观察内容和记录方式。如果没有明确的规定，非参与性观察很容易导致观察资料不完整的情况。非参与性观察比起参与性观察而言，调研费用更低，但对调研者的责任心和敬业精神要求更高。非参与性观察一般适用于描述市场状况而不追究其原因的市场调研类型。

四是按调研者对观察环境施加影响的程度，可分为人工观察和非人工观察。人工观察，又称为直接观察，指调研者在调研现场有目的、有计划、有系统地对调研对象的行为、言辞、表情进行观察记录，以取得第一手资料。它最大的特点是总在自然条件下进行，所得材料真实生动，但也会因为所观察对象的特殊性而使观察结果流于片面。非人工观察，又称测量观察，是指被调研者不直接观察受访对象的行为，而是通过一定的仪器来了解被观察者的行为的痕迹。在某些情况下，用机器代替人员观察是可能的，得到的数据结果也可能更准确。在特定的环境下，机器可能比人员更便宜、更精确、更容易完成工作。如交通流量的统计，用机器肯定比人员的直接观察更为准确，价格更低廉，结果也不会出现因为人为的原因造成的误差等问题。

（3）观察法的应用。观察法主要适用于下列一些情形：① 观察顾客流量，测定商场顾客流量或车站码头顾客、车辆流量。首先,测定主要交通道口车辆、行人流量的观察,即通过记录某一地段、街道在一定时间内道路上的行人或车辆的数目、类型及方向,借以评定、分析该地域的商业价值或交通情况,这种观察一般用于新店选择地址或研究市区商业网点的布局等。② 商场营业状况、购物环境、商品陈列、服务态度、顾客行为等观察。主要是通过观察营业现场的情况,如观察商店内柜台布局是否合理,顾客选购、付款是否方便,柜台商品是否丰富,顾客到台率与成交率,以及营业员的服务态度如何等,综合分析判断企业的经营管理水平,商品供求情况。通过观察顾客在营业场所的活动情况,了解顾客的构成、行为特征、偏好等重要市场信息资料,可促使企业有针对性地采取恰当的促销方式,并改善经营环境。③ 商品资源、商品库存观察和产品跟踪测试等。市场调研人员通过观察,了解工农业生产状况,了解产品质量、性能及用户反映等情况,了解使用产品的条件和技术要求,从中判断商品资源数量,提出商品供应数量的报告,分析产品更新换代的前景和趋势。

3. 实验法

(1) 实验法的定义。实验法也称试验调研法,是指从影响调研问题的许多因素中选出一至两个因素,按照一定的实验假设,通过改变某些实验环境的实践活动来认识实验对象的本质及其发展规律的调查。实验法是一种强有力的研究形式,它能够真正地证明所感兴趣的变量之间因果关系的存在形式。可以说实验法应用范围很广,凡是某一商品在改变品种、品质、包装、设计、价格、广告、陈列方法等因素时都可以应用这种方法。但是实验法却不被经常使用,这方面的原因很多,如实验成本、保密问题、实施实验有关的问题,以及市场的动态特性等。

(2) 实验法实施的过程。第一步,确定实验方法和组织形式,拟定实验计划;第二步,根据实验目的,拟定实验题目,准备用具,设计表格,统一标准,设法控制实验因素,使重要因素不变或少变;第三步,实验的实施阶段。实验过程中要做精确而详尽的记录,在各阶段中要做准确的测验。为了排除偶然性,可反复实验多次;第四步,处理实验结果。由于市场现象与自然现象相比,随机因素、不可控因素更多,政治、经济、社会、自然等各种因素都会对市场发生作用。因而,必然会对检验结果产生影响,完全相同的条件是不存在的。实验结束后要考虑各种因素的作用,慎重核对结论,力求排除偶然因素的作用。

(3) 实验法的类型。根据不同的划分标准的选择,实验法有如下一些划分方法和类型:一是按照实验环境的不同,可分为实验室实验和现场实验。实验室实验,就是在人工受控制的环境中进行的实验,实验者对实验环境实行完全有效的控制。如在某种特别设计的模拟商场里,请一些顾客在观看了相关广告以后再购买商品以观察其购买行为。实验室实验中研究人员可以进行严格的实验控制,比较容易操作,时间短,费用低。现场实验,即在现实情况下进行的实验。比如说在几家商场里以不同的价格销售同一商品,以检验是否有必要改变商品价格。在自然的、现实的环境中进行的实验,实验者只能部分地控制实验环境的变化。社会领域里大多采取现场实验方法,因为这种实验所处的是现实的环境变化,其调研结论较易于应用和推广。二是按照实验对象和实验者对于实验是否知情,可分为单盲实验和双盲实验。单盲实验是不让实验对象知道自己正在接受实验。双盲实验是指不让实验对象和实验者双方知道正在进行的实验,而由第三方实施实验激发和实验检测。采用这两种方法进行实验,一般能排除主观心理预期对实验效果评价的不利影响。三是根据实验方案是否设置对照组或对照组的多少,可分为单一实验组前后对比实验、实验组与控制组对比实验和实验组与控制组前后对比实验。单一实验组前后对比实验是指选择一个或若干个实验组将实验对象在实验活动前后的情况进行对比,得出实验结论。实验前对正常市场情况进行测量记录,然后再测量记录实验后的市场情况,进行事前事后对比,通过对比观察了解实验变化的效果。实验组与控制组对比实验是指同一时间内对控制组与实验组进行对比的一种实验调研法。实验组按给定的实验条件进行实验,控制组按一般情况进行。必须注意的是实验组与控制组应具有可比性,只有这样,才能使实验结果具有较高的准确性。实验组与控制组前后对比实验是指对实验组和控制组都进行实验前后对比,再将实验组和控制组进行对比的一种双重对比的实验法。这种方法既可考察实验组的变动结果,又可考察控制组的变动结果,有利于消除外来因素的影响,提高实验变量的准确性。

4. 抽样调研法

(1)抽样调研法的概念。抽样调研法的概念有广义和狭义之分。广义上,抽样调研法是指从总体中抽取一部分单位进行观察,根据观察结果来推断总体的调研方法。它包括随机抽样和非随机抽样。随机抽样是按随机原则抽样,抽样时要保证总体内所有单位具有相同的被抽中和不被抽中的机会。非随机抽样就是调研者根据自己的认识和判断,选取若干个有代表性的单位。狭义上,抽样调研就是指随机抽样。一般我们所说的抽样调研,大多是指随机抽样。

(2)抽样调研程序。第一步,确定调研总体。调研总体是指研究者根据一定研究目的而规定的所要调研对象的全体。确定调研总体即明确调研对象的内涵、外延及具体的总体单位数量,并对总体进行必要的分析。如果不确定调研总体,就无法明确样本是谁的部分单位,也无法说明用样本特征所要推断的是谁,当然也无法测定样本指标的误差;第二步,选择样本框。样本框是指供抽样所用的总体清单,是抽样的实际总体。例如,要从 1 000 名员工中抽出 20 名组成一个样本,则 1 000 名职工的名册,就是样本框。样本框一般可以用现成的名单,如户口、企业名录、企事业单位职工的名册等。在没有现成名单的情况下,可由调研人员自己编制;第三步,确定抽样数量。在抽样调研实践中,抽样数量的确定是一个非常关键的环节。抽样调研主要目的是通过样本的情况去估计调研总体的情况。如果样本量太小,抽样误差太大,调研结果就不具有说明总体情况的代表性,失去了定量研究的意义;而样本量过大,又会导致成本支出较高,体现不了抽样调研的优越性。

二、掌握第二手资料调研方法

第二手资料调研法,又称文案调研法、间接调研法等,是指调研人员在充分了解调研目的后,通过收集各种有关文献资料,对现成的数据资料加以整理、分析,进而提出有关建议以供企业相关人员决策参考的市场调研方法。为了与第一手资料调研法保持相对,本任务中只使用"第二手资料调研法"这一叫法。

 小案例

日本对中国原油加工设施的关注

1958 年,中国政府通过各种渠道向国际社会传递这样一种信息——中国找到了新的大油田,从此摆脱了贫油国的帽子。1959 年,《中国画报》第 10 期在封面上登载了一幅"石油工人

战天斗地"为标题的照片。日本情报人员从风雪的大小与石油工人衣着上得出中国新发现的大油田一定在东北某地。

1960年,《人民日报》以"铁人精神"为题的报道文学,其中有关人拉肩扛将转机树立到井位上的"新闻"使日本人进一步得出,大庆油田一定在北满铁路沿线的一个四等小站附近15公里周围。1964年,《人民画报》第9期的封面是一幅"大庆的早晨"的照片。根据照片中炼油塔的栏杆直径,日本人得出大庆的原油处理能力远小于开采能力。日本人有了市场机会。在1966年7月的一期《中国画报》上,日本人看到一张照片。《中国画报》的封面刊出这样一张照片:大庆油田的"铁人"王进喜头戴大狗皮帽,身穿厚棉袄,顶着鹅毛大雪,手握钻机刹把,眺望远方,在他背景远处错落地矗立着星星点点的高大井架。根据对照片的分析,可以断定大庆油田的大致位置在中国东北的北部。这就是世界著名企业日本九大商社之一的三菱重工财团的商业情报研究。随后,日本三菱重工财团迅即集中有关专家和人员,在对所获信息进行剖析和处理之后,全面设计出适合中国大庆油田的采油设备,做好充分的夺标准备。果然,中国政府不久向世界市场寻求石油开采设备,三菱重工财团以最快的速度和最符合中国所要求的设计设备获得中国巨额订货,赚了一笔巨额利润。此时,西方石油工业大国都目瞪口呆,还未回过味来呢。

(二) 第二手资料的收集步骤

收集的第二手资料往往包含很大的信息量,常使调研者感到无从下手。因此,有必要遵循一个正规的查找步骤。

1. 辨别所需的信息

任何资料收集过程的第一步都是辨别能达到调研目的的信息类型。在信息爆炸的时代,案头放着的资料可能很多,但关键的问题是,调研人员要能根据调研的特殊需要对案头的资料进行辨别,确定符合特殊要求的资料。辨别资料的标准大致有,一是内容,即收集资料是否符合调研的需要;二是水平,即收集资料的专业深度是否符合要求;三是重点,即收集资料针对性是否强;四是准确,即资料是否可信,与第一手资料的接近程度如何;五是方便,即资料能否既迅速又省钱地获得。

2. 寻找信息源

一旦辨别出所需信息,具体的查找工作就可以开始了。开始查找时要假设在某个信息源里已经存在很多所需的信息。尽管调研者不可能发现所有与调研主题有关的资料,但应能有效地使用各种检索工具,如索引、指南、摘要等,以减少查找时间,并且扩大信息量,提高信息价值。

3. 收集第二手资料

在确定了信息源后,调研者要开始收集所需资料。在记录这些资料时,一定要记录下这些资料的详细来源,包括作者、文献名、刊号或出版时间、页码等,以便在以后要检查资料的正确性时,调研者或其他人也能准确地查到其来源。

4. 第二手资料的筛选

调研者应将收集起来的零乱资料进行分类整理。必要时可制成图表来分析比较、检验资料的真伪。对同一数据资料存在两个以上的来源时,需要做比较和筛选。资料整理后,调研人员应根据调研的需要,剔除与调研无关的资料及不完整的资料,并分析不完整的资料对调研结果预测、决策的影响程度。

5. 第二手资料的整理

第二手资料调研所涉及的资料种类、格式一般较多,对其整理分析是一项核心工作。基本要求是紧密围绕调研目的,依据事先制定的分析计划,选择正确的统计方法和指标。这与其他调研方式获得资料的分析方法基本一致。

☞ **小贴士**

内容分析法

在此主要介绍一种将定性资料转化为定量资料的技术,即所谓"内容分析方法"。

内容分析方法是对载于报纸杂志中有关定性类二手资料给予定量分析处理的一种方法。其基本操作过程如下:

(1) 找出最能代表某类现象的"关键词"。

(2) 计算出在第二手资料中"关键词"出现的频数、位置以及字体的面积,并给予不同的权重。例如,频数的权重为0.5;位置的权重分别为:第一版0.2,非第一版0.1;字体面积的权重为:标准3号字或更大的为0.3,4号字为0.2,5号字以下的为0.1。

(3) 加权平均处理。通过加权平均处理就可以比较清楚地看到各类现象的重要性。

---

6. 提出调研报告

调研报告是所有调研工作的过程和调研成果赖以表述的工具。第二手资料调研报告类似于其他形式的调研报告。

(三)第二手资料收集的途径

1. 通过查看企业的内部资料获取第二手资料

如果企业想掌握本企业所生产和经营商品的供应情况及分地区、分用户的需求变化情况,就可以通过查看企业发货单、订货合同、发票、销售记录、原材料订货单、销售记录、业务员访问报告、顾客反馈信息等资料获取。

如果企业想初步掌握不同阶段或季度企业经营活动的数量特征,可以通过查看企业生产、销售、库存记录及各类统计资料的分析报告等资料,并通过分析统计资料得知。

如果企业想掌握一定时期的经济效益,为企业以后的经营决策提供财务依据,可以通过分析企业的各种财务报表、会计核算和分析资料、成本资料、销售利润、税金资料来获得。

如果企业想掌握产品在市场上的销售状况,可以查看不同时期的产品在各个营业场所、分销渠道的销售记录和市场报告,特别是不同产品的销售量、普及率、市场占有率、购买频率、广告促销费用等资料。

如果想知道顾客对本企业产品的反应,可以查看顾客档案、产品退货、服务记录和顾客来电、来信等资料。如企业经常通过分析顾客对企业经营、商品质量和售后服务的意见资料,而为企业今后进一步的改进提供决策依据。

企业还可以通过分析企业积累的各种调研报告、经验总结、各种建议记录、竞争对手的综合资料及有关照片、录像带等资料，为企业做实地调研提供一定的参照。

2. 通过网络获取第二手资料

网上第二手资料的收集主要通过搜索引擎搜索所需信息的站点网址，然后访问所想查找信息的网站。如果事先知道载有所需信息的网站名，只要在浏览器的查询框中键入网站名即可查找到需要的信息。

通过网络收集第二手资料速度快、信息容量大，足不出户便可以收集到世界各地、各方面的资料。与传统的第二手资料收集的过程相比，通过网络收集第二手资料能够有效地提高调研活动的时效性。目前传统的市场调研中第二手资料的收集也越来越多地通过网络来进行。

3. 通过行业协会和商会获取第二手资料

一般在前期调研中，经常需要了解一个行业的整体发展状况或行业中处于领先地位的企业的经营情况。如想了解行业集中度、行业中企业的市场占有率以及未来的发展趋势或行业中企业产品的质量、价格、性能、产量等资料，可以通过查阅行业组织定期或不定期地通过内部刊物发布的各种资料获得，这些资料包括行业法规、市场信息、经验总结、形势综述、统计资料汇编、会员经营状况和发展水平等。

4. 通过研究机构和调研机构获取第二手资料

不少经济、工商业研究所和调研咨询公司经常发表相关行业的市场调研报告和专题评论文章，能提供大量的背景材料。

5. 通过综合性或专业性图书馆获取第二手资料

各类综合性或专业性图书馆，尤其是经贸部门的图书馆，大都可以提供有关市场贸易的具体数字和某些市场的基本经济情况等方面的资料。另外，图书馆有着得天独厚的资源可以被调研者使用，如文献索引、计算机检索服务、图书馆综合目录、业务精通的图书馆管理员等。

6. 通过各类会议获取第二手资料

这类资料指各种博览会、展销会、交易会、订货会等促销会议以及专业性、学术性经验交流会上所发放的文件和材料。如有关企业的产品目录、商品说明书、价格单、经销商名单、年度报告、财务报表或其他资料。对于调研者来说，如果想得到有关竞争对手的资料或可能成为竞争对手的资料，各种会议不失为一种很重要的途径。

7. 通过新闻媒体来获取第二手资料

一般刊物的出版机构以及广播网和电视网每天都会传播出大量的正规信息资料，这对于调研者来说，也是重要的资料来源。

 小案例

文案调查法调查软件产业

软件公司远比大型的制造公司、银行或保险公司更难了解。因为一个软件公司只需一台微机，可以在产品完成以前，不与任何人打交道，并且软件业在还没有正式固定的成熟的销售

渠道下,获得软件公司的详细情报的方法有:

1. 最终用户/计算机俱乐部

软件公司,尤其是较新的公司,需要让计算机界的精英相信,他们的产品更优越,值得购买。利用计算机俱乐部可以发现试用的客户或公司。要知道计算机俱乐部,可以同当地大学的计算机系联系,他们一般有人知道当地的俱乐部什么时间,在什么地点集合,什么时候会讨论软件,参加会议的人员常是最终用户,能告诉产品的特征、价格和优缺点。

2. 报纸

在产品上市以前,软件公司及其广告代理商喜欢向商业报纸提供大量的有关产品和包装的信息和照片。与其他产业不同的是,计算机,特别是微机产业,有几百种杂志和新闻通讯,其中许多公司不仅刊登新闻发布,而且刊登同公司首脑的长篇访谈。

3. 软件手册

手册本身就包括了作者的姓名、产品的用途、特征等详细资料,很少有其他产业的公司向最终用户提供如此详尽的产品说明。

4. 当地计算机商店

在软件供应商附近的零售商也许知道软件的制作者,以及公司的组织、未来产品上市等情况的细节。

5. 贸易展览

像其他迅速发展的产业一样,软件工业也依靠商品展览来展示其产品和获得知名度。

三、掌握市场调研问卷设计

(一)问卷的含义和分类

1. 问卷的含义

问卷,又称调研表,是以书面的形式系统地记载调研内容,了解调研对象的反应和看法,以此获得资料和信息的一种载体。它主要是由一系列问句组成的,它提供的是一种标准化和统一化的信息收集程序。调研者能够通过问卷收集到被调研者对调研主题有关的意见、态度、信仰以及过去与现在的行为及理由。

2. 问卷的分类

(1)根据问卷使用方法的不同,可分为自填式问卷和访问式问卷。自填式问卷是指由调研者发给或邮寄给被调研者,由被调研者自己填写的问卷。而访问式问卷则是由调研者按照事先设计好的问卷或问卷提纲向被调研者提问,然后根据被调研者的回答进行填写的问卷。一般而言,访问式问卷要求简便,最好采用两项选择题进行设计;而自填式问卷由于可以借助于视觉功能,在问题的设计上相对可以更加详尽、全面。

(2)根据问卷发放方式的不同,可分为送发式问卷、邮寄式问卷、报刊式问卷、人员访问式问卷、电话访问式问卷和网上访问式问卷。送发式问卷就是由调研者将问卷送发给选定的被调研者,待被调研者填答完毕之后再统一收回。邮寄式问卷是通过邮局将事先设计好的问卷邮寄给选定的被调研者,并要求被调研者按规定的要求填写后回寄给调研者。邮寄式问卷的匿名性较好,缺点是问卷回收率低。报刊式问卷是随报刊的传递发送问卷,并要求报刊读者对问题如实作答并回寄给报刊编辑部。报刊式问卷有稳定的传递渠道,匿名性好,费用省,因此有很大的适用性,缺点也是回收率不高。人员访问式问卷是由调研者按照事先设计好的调研提纲或问卷对被调研者提问,然后根据被调研者的口头回答填写问卷。人员访问式问卷的回收率高,也便于设计一些便于深入讨论的问题,但不便于涉及敏感性问题。电话访问式问卷就是通过电话中介来对被调研者进行访问调研的问卷类型。此种问卷要求简单明了,在问卷设计上要充分考虑通话时间限制、听觉功能的局限性、记忆的规律、记录的需要等因素。电话访问式问卷一般用于问题相对简单明确但需及时得到调研结果的调研项目。网上访问式问卷是在因特网上制作,并通过因特网来进行调研的问卷类型。此种问卷不受时间、空间限制,便于获得大量信息,特别是对于一些敏感性问题,相对而言更容易获得满意的答案。

 小案例

英特尔的网络市场调研

英特尔软件学院一直是提倡使用网络技术的先驱,此次英特尔软件学院的网络市场调研也充分地体现了这一点。这一次调研中,英特尔依然使用快捷高效、便于统计、节约成本的网络问卷方法进行相关的统计。

英特尔软件学院为了了解客户群的状态,英特尔软件学院的知名度和消息传播途径,以及客户所关心的内容、客户的期望、客户的兴趣等设计此次网络问卷调查。此次英特尔软件学院市场调查的主要内容有:

(1) 访客的身份和职位。

(2) 访客以前是否了解英特尔软件网络(ISN)。

(3) 是从哪个渠道了解英特尔软件网络。

(4) 最喜欢上的分论坛。

(5) 最经常使用社区哪个功能(A. 看博客,B. 看技术文章,C. 上论坛,D. 看录像等其他功能)。

(6) 访问的主要目的是什么?

(7) 最希望增加什么形式的内容?

(8) 最希望获得以下哪种方式与 ISN 互动(A. 邮件,B. 网友见面活动,C. 竞赛等各种活动)。

(9) 对英特尔软件学院提供的哪些培训感兴趣?

(二) 问卷的基本结构

1. 问卷的基本要求

一份完整的问卷应在形式和内容两个方面同时满足市场调研的要求。从形式上看,要求版面整齐、美观、便于阅读和作答;从内容上看,一份好的问卷至少应该满足以下几方面的要求,一是问题具体、表述清楚、重点突出、整体结构好;二是确保问卷能完成调研任务,达到调研目的;三是问卷应该明确正确的政治方向,把握正确的舆论导向,注意对群众可能造成的影响;

四是问卷应便于统计整理。

2. 问卷的基本结构

一份完整的问卷一般包括说明信、调研内容、编码和结束语等四个部分。其中调研内容是问卷的核心部分，是每一份问卷都必不可少的内容，而其他部分则根据设计者需要进行取舍。

（1）说明信。说明信是调研者向被调研者撰写的一封简短的信，这是用来取得对方信任和配合的开场白，主要说明调研的目的、意义、方法以及填答说明等，一般放在问卷的开头。说明信的内容应包括对被调研者的问候语、主持调研的机构、调研员的身份、调研目的、被调研者意见的重要性、个人资料保密原则、访问所需时间等。问卷的说明是十分必要的，特别是对采用发放或邮寄方法使用的问卷尤其不可或缺。进行问卷调研前，调研者要使被调研者了解调研的目的、意义和方法，这样才能得到被调研者相应的支持和配合。说明信的长短视其内容决定，但要尽可能地简明扼要。

☞ 小贴士

××学院 2015 届毕业生就业状况调研的说明信

亲爱的校友：

你们好！我们是在校大学生，为了解高职院校各专业毕业生的就业状况，分析社会对各专业毕业生的需求趋势，给以后各届毕业生提供就业参考指导，我们利用课余时间组织了这次调研。本调研纯属学术研究，无任何商业企图，调研资料仅供我们自己研究所用，不会透露给任何组织机构，请放心回答。对于你们的支持与合作，在此不胜感激！

有的问卷在说明信部分中还列出了问卷的填表说明。问卷的填表说明是为了帮助被调研者准确顺利地回答问题而设计的，内容一般包括填写问卷应注意的事项、填写方法、交回问卷的时间等。

（2）调研内容。问卷的调研内容主要包括各类问题及问题的回答方式，这是调研问卷的主体，也是问卷设计的主要内容。问卷中的问答题，从形式上看，可分为开放式、封闭式和混合式三大类。开放式问答题只提问题，不给具体答案，要求被调研者根据自己的实际情况自由回答。封闭式问答题既提问题，又给出若干答案，被调研者只需对选中的答案做出标记即可。混合式问答题，又称半封闭式问答题，是在采用封闭式问答题的同时，再附上一项开放式问题。问卷中的问答题，从内容上看也可以分为三类。① 有关被调研者行为的问题。通过对被调研者过去和现在的行为状况的调研预测其未来行为的可能性。如，对消费行为的调研，可以从各种消费行为的调研结果推断未来消费市场的潜力。一般消费行为的调研项目包括购买品牌、购买数量、购买频率、购买动机、金额、重购率及人际推荐意愿等。② 有关被调研者态度的问题。这类问题是了解被调研者对某一具体问题或事件的感受、认识和看法的问题。如，在对高职毕业生就业状况调研中询问毕业生关于就业观念的态度。③ 有关被调研者基本信息资料。一般包括被调研者的性别、年龄、教育程度、职业、婚姻状况、收入、住所、宗教信仰等。这类资料通常在访问最后才收集，但有时因需要先确定被调研者是否符合抽样所要求的条件，必须在访问一开始就先调研。搜集这些资料在统计分析时有两大作用，一是调研者可将完成的有效样本与母体进行样本代表性检验，若检验结果显示样本与母体间无显著差异时，表示样本的代表性好，可根据样本调研的结果来推断母体的数量特征，调研才具有解释及预测的效果；二是调研者可根据基本资料的收集情况作交叉分析，以了解不同属性、不同群体的人在行为或态度上是否有明显的差异。这种分析结果对市场细分工作非常有用。

（3）编码。编码一般用于大规模的问卷调研中。因为在大规模问卷调研中，调研资料的统计汇总工作十分繁重，借助于编码技术和计算机，则可大大简化这一工作。编码是将调研问卷中的调研项目以及备选答案给予统一设计的代码。编码既可以在设计问卷的时候就设计好，也可以等调研工作完成以后再进行。前者称为预编码，后者称为后编码。在实际调研中，经常采用预编码。采用预编码，可以更方便进行市场资料的整理工作。

（4）结束语。结束语一般放在问卷的最后面，用来简短地对被调研者的合作表示感谢，也可征询一下被调研者对问卷设计和问卷调研本身的看法和感受。

（三）问卷设计的程序

1. 确定调研所需信息

确定所需信息是问卷设计的前提。调研者必须在问卷设计之前就弄清楚为达到研究目的和验证研究假设所需要的全部信息，并决定所有用于分析使用这些信息的方法，如统计检验等，按这些分析方法所要求的形式来收集资料，把握信息。为了做好这一阶段的工作，需要正确把握调研的主题，使问卷内容与调研者的需求一致，确保调研信息的完整，重视获取信息的可行性分析，精炼所需的信息。

2. 确定问卷的类型

问卷形式大体有六种，调研时到底使用哪一类型的问卷，主要取决于下列因素。

（1）信息获取的可行性。所需要的信息要通过适当的问卷来获得。如果选择的问卷类型不恰当，会引起很多不良后果，徒增调研误差。如，某调研者既希望设计的问卷内容详细而全面，又想避免增加调研费用，选用了电话访问式问卷来进行，结果适得其反，很难取得调研所需信息。这是因为问卷冗长而复杂正是电话访问式问卷的禁忌。

（2）调研对象。在何时、何地调研什么样的人，调研对象的职业、分布状况、可接触性以及他们配合调研的意愿如何等，都会影响选择的问卷类型。

（3）调研费用和调研时间。尽管调研者希望与一些大公司的销售经理做深度的访谈，但往往受到差旅费超出预算或者调研时间限制，不得不采用电话访问等费用比较低的调研方式。因此调研费用和所需时间也会制约问卷的类型。

3. 确定问题的内容

确定问题的内容似乎是一个比较简单的问题。然而，实践中会涉及个体的差异性问题，问卷设计者认为最容易的问题，而被调研者认为很困难；问卷设计者认为熟悉的问题，而被调研者认为很生疏。因此，确定问题的内容，最好与调研对象联系起来。为使设计的每个问题都力求获得有用的信息，应注意探究问题内容的可行性与可靠性、问句内容能否准确反映所要表达的含义以及问卷中问题的数量是否适当等问题。

4. 确定问题的类型

问题内容的反映形式就是问题的类型。一般而言，在市场调研中，主要有开放式问题和封闭式问题两类。

（1）开放式问题。开放式问题是指没有提供答案，被调研者可以自由地、不受限制地使用自己的语言来回答和解释有关想法的问题类型。如，请问您对我们这次市场调研有什么看法？

开放式问题经常采用"追问"的方式进行。追问是访问员为了获得更详细的资料或使讨论继续下去而对被调研者的一种鼓励形式。如，"关于这个问题您还有什么补充吗？"通过追问，能够澄清被调研者的回答。

开放式问题主要限于探索性调研，在实际的调研问卷中，一张问卷中一般不会包括多个开放式问题。开放式问题一般应用于作为调研的介绍；某个问题的答案太多或根本无法预料时；由于调研需要，必须在调研报告中原文引用被调研者的原话等几种场合。

（2）封闭式问题。封闭式问题是一种需要被调研者从一系列选项中做出选择的问题。传统上，市场调研人员把封闭式问题分为两项选择题、多项选择题和顺位式问答题。

两项选择题，也称是非题，是选择题的一个特例，一般只设两个选项，如"是"与"否"，"有"与"没有"等。如，最近一个月，您使用过某种品牌的牙膏吗？　　A. 有　　B. 没有

两项选择题的特点是简单明了，便于被调研者回答问题。缺点是所获信息量太少，两种极端的回答类型有时往往难以了解和分析被调研者群体中客观存在的不同态度。

多项选择题，它是指从多个备选答案中选择多个选项。这是各种问卷采用最多的一种问题类型。多项选择题不可能包括所有可选择的答案，而且被调研者无法详尽地表述答案，这个问题可以通过增加"其他"选项来克服。

如，您为什么喜欢网上购物呢？

A. 安全　　　　　　B. 快捷　　　　　　C. 诚信　　　　　　D. 品种多样
E. 价格实惠　　　　F. 时尚　　　　　　G. 其他（请自填）

多项选择题的优点是便于回答，便于编码和统计，缺点主要是问题提供答案的排列次序可能引起被调研者的偏见。这种偏见主要表现在三个方面：

第一，对于没有强烈偏好的被调研者而言，选择第一个答案的可能性大大高于选择其他答案的可能性。解决问题的方法是打乱排列次序，制作多份问卷同时进行调研，但这样做的结果是加大了制作成本。

第二，如果被选答案均为数字，没有明显态度的人往往选择中间的数字而不是偏向两端的数。

第三，对于 A、B、C 等字母编号而言，不知道如何回答的人往往选择 A，因为 A 往往与高质量、好等相关联。

顺位式问答题，又称序列式问答题，是在多项选择题的基础上，要求被调研者对询问的问题答案，按自己认为的重要程度和喜欢程度顺位排列。

如，您选择空调时主要考虑的因素是（请将所给答案按重要顺序 1、2、3 填写在右边的括号中）：

价格便宜（　　）　　经久耐用（　　）　　外形美观（　　）　　制冷效果好（　　）
牌子有名（　　）　　维修方便（　　）　　噪音低（　　）　　其他（请注明）（　　）

5. 确定问题的措辞

措辞就是把问题的内容和结构转化为通俗易懂的语言和句子。措辞不当，被调研者可能会拒绝或错误地回答问题，从而造成调研结果出现误差，影响数据的质量。为此，在问题的措辞上应做到用词准确，避免模棱两可的措辞；多用通俗易懂的大众化词语，避免使用专业术语；

问题本身不要隐含假设；一个问题只涉及一个方面，避免一个句子出现两个问题；设计问题要考虑到被调研者回答问题的意愿。

6. 确定问题的顺序

问卷中的问题应遵循一定的排列次序，问题的排列次序会影响被调研者的兴趣、情绪，进而影响其合作积极性。所以，一份好的问卷应对问题的排列做出精心的设计。

7. 问卷的排版和布局

问卷的设计工作基本完成之后，便要着手问卷的排版和布局。问卷排版的布局总的要求是版面严肃、整齐美观、纸张精美、便于阅读、做答和统计。

8. 问卷的测试

问卷的初稿设计工作完毕之后，不要急于投入使用。这是因为问卷的初稿很有可能存在一些潜在的问题。因此，在正式定稿前一般要经过仔细检查和修改，必要时重复检查上述各个步骤，反复推敲每个问题的词语。然而，即使经过认真的检查，一些潜在的问题未经实际调研可能还是发现不了。因此，有必要在正式问卷调研之前，对问卷进行测试。在与正式调研相同的环境里进行调研，观察调研方式是否合适。询问调研者和被调研者问卷设计有何问题，对测试得到的回答进行编码和分析，检查问卷是否能够提供需要的市场信息等。出现问题时应马上修改问卷，必要时删除不能提供所需信息的问题。特别是对于一些大规模的问卷调研，一定要先组织问卷的测试。发现问题，及时修改。测试通常选择 20～100 人，如果第一次测试后有很大的改动，还可以考虑是否有必要组织第二次测试。

9. 问卷的评价

问卷的评价实际上是对问卷的设计质量进行一次总体性评估。对问卷进行评价的方法很多，包括专家评价、上级评价、被调研者评价和自我评价。

（1）专家评价。专家评价一般侧重于技术性方面。如，对问卷设计的整体结构、问题的表述、问卷的版式风格等方面进行评价。

（2）上级评价。上级评价则侧重于政治性方面。如，政治方向和舆论导向可能对群众造成的影响等方面进行评价。

（3）被调研者评价。被调研者评价可以采取两种方式，一种是在调研工作完成以后再组织一些被调研者进行事后性评价；另一种方式则是调研工作与评价工作同步进行，即在问卷的结束语部分安排几个反馈性题目。如，您觉得这份问卷设计得如何？

（4）自我评价。自我评价则是设计者对自己的问卷设计成果的一种肯定或反思。

10. 问卷的定稿

当问卷的测试评价工作完成，确定没有必要再进一步修改后，可以考虑定稿，具体涉及制表、打印、印刷三个环节。然后，正式投入使用。

问卷设计程序包括以上十个步骤，但在不同的调研中，各个步骤的内容会有些差异。有时候几个步骤可能合并在一起，无法截然分开；而有些时候，如在多次性的调研场合中，由于有过去的经验，有些步骤可以省略。

任务总结

第一手资料调研方法主要有访问法、观察法、实验法、抽样调研法等,每种方法都有其自身的优缺点、实施步骤和适用环境,必须根据不同的调研目的进行选择实施。

第二手资料调研有其自身的优缺点,其功能主要是有助于调研项目的总体设计,为调研提供重要的依据等;第二手资料收集的步骤是辨别所需的信息、寻找信息源、收集第二手资料、资料筛选、资料整理和调研报告撰写;第二手资料收集的途径主要有通过查看企业的内部资料获取、通过网络获取、通过行业协会和商会获取、通过研究机构和调研机构获取、通过综合性或专业性图书馆获取、通过各类会议获取、通过新闻媒体获取等。

问卷是以书面形式系统地记载调研内容,了解调研对象的反应和看法,以此获取资料信息的一种载体。它是依据市场调研的目的,列出所需了解的项目,并以一定的格式,将其有序地排列组合成调研表的活动过程;问卷设计的一般过程是确定所需信息、确定问卷的类型、确定问题的内容、确定问题的类型、确定问题的措辞、确定问题的顺序、问题的排版和布局、问卷的测试、问卷的评价和问卷的定稿。

任务检测

一、选择题

1. 在下列部分中,(　　)不是问卷开头的组成部分。

A. 问候语　　　　　　　　　　B. 填表说明

C. 问卷编号　　　　　　　　　D. 引言

2. 以下属于开放式问题的有(　　)。

A. 两项选择题　　　　　　　　B. 多项选择题

C. 填空题　　　　　　　　　　D. 排序题

3. 问卷是开展市场调研的(　　)。

A. 报告　　　　　　　　　　　B. 过程设计

C. 内容　　　　　　　　　　　D. 工具

4. "先易后难"符合问卷设计的(　　)。

A. 目的性　　　　　　　　　　B. 营销竞争战略策划

C. 顾客满意策划　　　　　　　D. 公共关系销策划

5. 通过电话、传真、电子邮件、信件等方式传递调研问卷,进行某种产品的购买意向调研,属于(　　)。

A. 访问法　　　　　　　　　　B. 观察法

C. 实验法　　　　　　　　　　D. 抽样调查

二、判断题

1. 问卷一般包括说明信、调研内容和编码三部分。　　　　　　　　　　(　　)

2. 广告人员一般应作为被调研对象。　　　　　　　　　　　　　　　　(　　)

3. 问卷应尽量采用封闭式问题。　　　　　　　　　　　　　　　　　　(　　)

4. 第二手资料调研法不受调研人员和调研对象主观因素的干扰,反映的信息内容较为真实客观。　　　　　　　　　　　　　　　　　　　　　　　　　　　　　　　（　　）

5. 第二手资料的获取仅仅是市场调研的第一步,更重要的是要对所收集到的资料做适当的处理和解释,使之成为制定市场营销策略的依据。　　　　　　　　　　　　　（　　）

三、填空题

1. (　　)调研法是指调研人员在充分了解调研目的后,通过收集各种有关文献资料,对现成的数据资料加以整理、分析,进而提出有关建议以供企业相关人员决策参考的市场调研方法。

2. (　　)是以书面的形式系统地记载调研内容,了解调研对象的反应和看法,以此获得资料和信息的一种载体。

3. (　　)是指没有提供答案,被调研者可以自由地、不受限制地使用自己的语言来回答和解释有关想法的问题类型。

4. (　　)是一种需要被调研者从一系列选项中做出选择的问题。

5. 专家评价一般侧重于(　　)方面。

四、简答题

1. 简述第二手资料收集的途径。

2. 简述问卷设计的原则。

3. 抽样调研的基本程序是什么?

4. 简述观察法的范围。

5. 简述第二手资料的收集步骤。

参考答案

案例分析

某啤酒公司的问卷设计

某啤酒公司的经理正在考虑改进啤酒包装,采用 250 mL 的小瓶并采用 4—6 瓶组包装出售的策略。这样做的目的一方面是方便顾客,因为小瓶容量小,适合单人饮用,不需另用杯子也不会造成浪费;另一方面是希望对更多的人具有吸引力,使小瓶装啤酒进入一些大瓶装啤酒不能进入的社交场合;此外,还可方便顾客购买并促进销售。这种啤酒在国外早已流行,但目前是不是在我国推出的时机呢? 在正式决策之前,必须获得下面问题的答案:新包装是否有足够的市场? 目标市场是什么? 一般在什么时候饮用? 顾客希望在哪类商店买到?

研究目的有以下几方面:

(1)测量消费者对小瓶组包装啤酒接受的可能性;

(2)辨别小瓶组包装啤酒的潜在购买者和使用者;

(3)辨别新包装啤酒的市场场合;

(4)判断顾客希望在什么地方的商店买到这种啤酒;

(5)判断潜在的市场大小。

样本将是 18 岁以上的饮用啤酒的人。信息收集将通过在百货公司等地方拦截顾客并以面访方式进行,这样做可以向被调查者出示新包装啤酒的图片和样品。

调查问卷初稿：

亲爱的女士/先生：

你好！我是××市场的调查员,我们正在进行有关啤酒市场的调查,可以占用您几分钟时间问您几个问题吗？您所提供的信息对我们这次调查的结果相当重要。

1. 您已经 18 岁了吗？（看情况发问）

是（   ）　　　　　　　否（   ）

2. 您喝酒吗？

是（   ）　　　　　　　否（   ）

3. 您喝什么类型的酒？

白酒（   ）　葡萄酒（   ）　香槟酒（   ）　啤酒（   ）（到问题5）　其他（   ）

4. 您喝啤酒吗？

是（   ）　　　　　　　否（   ）（询问结束）

5. 您认为啤酒适合在正规场合还是在非正规场合？

正规场合（   ）　　　非正规场合（   ）　　　两者都行（   ）

6. 您多长时间喝一次啤酒？

天天喝（   ）　　　　一星期一次（   ）　　　半个月一次（   ）

一个月一次（   ）　　一年几次（   ）

7. 您通常在何种场合喝啤酒？

日常进餐时（   ）　　来客人（   ）　　周末假日（   ）　　聚会（   ）

郊游（   ）　　感到轻松愉快时（   ）　　其他（   ）

8. 您知道酒类用多个小瓶组合包装出售吗？

是（   ）　　　否（   ）

9. 您认为将 250 mL 的啤酒六个一组包装在一起销售这种方法如何？

好主意（   ）　　不好（   ）　　无所谓（   ）

10. 为什么？

11. 您喝过××啤酒吗？

是（   ）　　　否（   ）

说明：××啤酒公司现在正准备改进啤酒包装,采用小瓶（250 mL）六个一组专门包装在市场上推出（出示照片）。

12. 如果价格不比单瓶装增加的话,您愿意购买这种包装的啤酒吗？

愿意（   ）（到 14 题）　可能（   ）　不愿意（   ）　不知道（   ）

13. 您会在哪些场合使用这种小瓶装啤酒？

正常进餐（   ）　　　特别节日（   ）　　　小型聚会（   ）

周末（   ）　　　　　大型聚会（   ）　　　野餐（   ）

休息放松（   ）　　　体育运动后（   ）　　　其他（   ）

14. 您希望在哪类商店买到这种包装的啤酒？

商品商店（   ）　　　专门商店（   ）　　　百货公司（   ）

连锁超市（   ）　　　其他（   ）

15. 您觉得这种包装的啤酒应该与哪些啤酒类摆在一起？

白酒（　　　）　　　　香槟酒（　　　）　　　　葡萄酒（　　　）

其他啤酒（　　　）　　　饮料（　　　）　　　　其他（　　　）

谢谢您的合作！

问题

1. 问卷初稿和研究设计能否达到研究目标？

2. 可否用其他问题来了解顾客态度和购买意向？可用什么方法产生更有用的信息？

3. 对于问卷中的内容，还有哪些值得修改的地方？

分析

问卷已经成为人们很熟悉的面孔，我们经常遇到被要求填写诸如此类的一些问卷。但每份设计内容都有一定的差异，如有的全是封闭式问题，如果你有其他的想法，就不能有效地进行表达，如某啤酒公司的调研问卷；有的问卷的问题没有给出提示，如单选或是多选等，通常会造成被调研者的疑惑，从而造成无效问卷。因此，在设置问卷时，应尽量避免不必要的问题出现。

实训操作

认识市场调研方法策划

1. **实训目的**

通过本次实训，使学生明确市场调研方法策划，掌握能根据实际情况进行调研方法选择与实施的技能。

2. **实训要求**

基于小王创业项目，进行调研方法的设计，并要求说明所选的方法的实施过程，字数不少于1 500字。

3. **实训材料**

纸张、计算机网络、笔或打印机等。

4. **实训步骤**

(1) 选择网络求职创业平台的主题，分析策划的目的；

(2) 分析大学生选择网上求职平台的各种意图；

(3) 根据目的、意图和调研资料要求，选择合适的调研方法；

(4) 分析所选调研方法的实施过程；

(5) 撰写报告。

5. **成果与检验**

每位学生的成绩由两部分组成：学生实际操作情况（40%）和分析报告（60%）。

实际操作主要考查学生实际执行实训步骤以及策划调研方法的能力；分析报告主要考查学生根据创业项目的需要和求职者的需求，选择市场调研方法及其相应实施的步骤的正确性和合理性，分析报告建议制作成PPT。

任务六　市场调研方案策划

 **知识目标**

1. 了解市场调研方案选择中应注意的问题。
2. 理解市场营销调研方案的讨论与修改。
3. 掌握市场调研方案的编写。
4. 掌握市场调研方案设计的信息准备。

 技能目标

1. 能根据具体情况制定合理的市场调研方案。

 **任务导入**

对于小王来说,虽然了解一些市场调研的方法,但仅知道方法是不够的。学习这些方法最终的目的是去收集自己需要的资料。因此,小王思考在创建网络求职平台过程中所需的信息,特别是现有一些网上求职平台相关的信息,这些信息就决定了小王创业项目质量的好坏以及成功的可能性。因此,小王就开始着手准备来收集相关信息,但线上线下信息渠道的信息浩如烟海,怎么就去收集呢? 可以这样说,收集信息的第一步就是要弄懂到底需要哪些信息,即寻找市场营销策划信息的对象。最后,要结合市场调研方法,形成市场调研策划方案。

 任务分析

实际工作中,要进行有效的市场营销策划活动,是离不开市场信息调研这一环节。但是,线上线下的信息量浩如烟海,良莠不齐,作为企业的市场营销策划调研专员,除了掌握一些常用的市场调研工具外,还要能根据营销策划项目的需要,进行相关信息的收集。收集信息的前提就是要明白市场营销策划信息的对象。一般来说,市场营销策划信息的对象有很多,如政治经济信息、科学技术信息等,在收集过程中,应按照一定的规律来收集,否则,收集的信息就会杂乱无章。从宏观的角度讲,信息的对象有政治经济、科学技术、社会文化、人口自然等;从微观的角度讲,信息的对象有企业拥有的人、财、物等。

 **知识精讲**

一、市场调研方案设计的信息准备

市场营销策划是认识现在、预测未来和描绘行动方案的过程,因此,只有了解、评估、分析策划对象的过去和现在，并依据营销策划者的知识和经验，判断未来的发展变化趋势，才能进行科学的营销策划。而要了解营销策划对象的过去和现在，就必须搜集和策划事项相关的信息资料。信息搜集工作是营销策划成功的关键。

（一）市场调研方案设计的信息要求

市场营销策划者要借助大量营销信息来认识策划环境，并通过营销信息传递把策划者思维活动的方案以指令的方式施行于营销环境。策划者不断发出指令信息，同时又不断依靠反馈信息来调整自己的策划行为。因此，市场营销策划需要有价值的信息，其基本要求如下：

1. 真实性

信息是市场营销策划的前提，没有信息就无从谈策划。而策划者获得的信息可信度要高，要准确、真实地反映客观情况，否则，不真实的信息会导致策划者做出错误判断，导致策划失败。因此，策划者在收集策划信息时，必须慎重考虑策划的信息源和信息处理过程，尽量避免信息失真。

2. 及时性

在当今的信息时代，科技日益发展，信息资料层出不穷，信息的变化又非常快，因此，在营销信息的收集过程中要以最少的时间、最快的速度及时发现、记载和传递信息。再好的信息如果不能及时掌握，将会失去信息的效用，从而影响策划的顺利进行。

3. 完整性和系统性

市场营销策划者获得的信息如果不完整、不系统，在对信息进行利用时容易产生片面性，造成不良后果。因此，为保证策划获得成功，在信息收集工作中要使获得的营销信息在横向上应有广泛性，在纵向上应有深刻性，力求获取的信息完整、系统。

4. 适度性

市场营销策划在获取信息的总量上要适度。信息的获得与收集信息的经费有密切关系，况且庞杂的信息会影响信息的质量，也不利于进行适当的分析、判断和预测。

5. 适当性

信息的适当性是要求提供的信息精度是适当的。一般情况下，获得的信息精度越高，对营销策划的价值越大，但随着精度达到某个点以后，信息价值的增量会随精度增加而呈缓慢的渐进态势；信息获取费用在低精度时很小，但随信息要求的精度增长而快速增长。因此，在实践中，策划者应把握适当的精度要求，使信息价值对费用的比值达到最大化。

（二）市场调研方案设计的信息类型

市场营销策划需要有价值的信息作为依据，策划者应收集以下几方面的信息。

1. 宏观环境信息

在进行市场营销策划时，必须了解和掌握宏观环境信息，使企业的营销策划方案实施与社会宏观环境保持一致。如果不注重宏观环境信息，营销策划难以实现目标，甚至造成不良后果。宏观环境信息主要包括人口环境信息、经济环境信息、自然环境信息、政治法律环境信息、科学技术环境信息、社会文化环境信息等。

 小案例

电商时代传统零售创新突围

从全民触网、淘宝下乡、快递入户，到如今轻点几下手指就能手机购物——中国，2014年新晋"世界网购第一大国"的称号，绝非浪得虚名。网络电商繁荣的另一面，则是传统零售终端被逼到了"墙角"。正如马云曾经多次放言要改写中国零售业的格局，实际上，从2009年开始，传统门店的发展趋势就有日薄西山的态势：品牌厂商忙着开辟线上渠道，传统终端霸主的渠道掌控力下降；百货店逐步沦为试衣间，利润下行；消费者甚至跨越太平洋，直接将各国精品装入网络购物车……实体店仿佛已是明日黄花和夕阳产业，昔日荣光渐行渐远。但是，人们发现，在电商热潮不断涌动的当下，总有一批零售终端在进行突围——通过门店创新，不断给消费者重返"店商"的充分理由，并且借着"电商"的东风，活得比以前更好。他们还颇有底气：电商永远无法拥有实体经营的独特优势——"亲身体验"！有意思的是，在中国台湾地区乃至在日本市场，就是因为便利店的发展历史悠久，提供的服务包罗万象，使得台湾一直没有崛起所谓的"淘宝系"。正如俗话所说——"女人总是要逛街的"，实体门店承载的客户体验过程以及社交欲求，让"店商"不仅不会因为"电商"兴起而衰落，反而会在整合"电商"、升级门店的过程中，出现一个又一个经营创新。这也推动着"电商"走向新的繁荣。一句话，"电商"时代的"店商"，没有做不好，只有不会做！

商家比消费者更聪明的时代，一去不复返了。商家必须用全渠道策略，满足消费者"自主选择渠道"的需求。在北京工商大学商业经济研究所所长洪涛教授看来，从1990年开始，中国零售业发展走上了快车道，如今不仅是数量增加，商业模式也经历了单渠道、多渠道和全渠道三个时代。特别是自2008年以来的6年间，随着社交和移动网络的繁荣，新兴的移动电子商务渠道与原来的实体渠道、电子商务渠道三足鼎立，形成了零售业的全渠道时代。

从2009年的"拐点"开始，到如今，这已是所有企业渠道转型的方向。原因是消费者其实也不再满足于单一的传统销售渠道，或者单一的电商渠道，如果企业不能顺应潮流，开始真正的全渠道转型，消费者用脚投票的局面是一种必然。

2. 微观环境信息

微观环境信息是指与企业营销活动发生直接联系的外部信息。从严格意义上来讲，组织的微观环境包括企业本身，市场营销渠道中的企业、顾客、竞争者和社会公众。营销策划活动能否成功，除营销部门本身的因素外，还要受这些因素的直接影响。微观环境信息主要包括企业内部信息、市场营销渠道企业信息、顾客信息、竞争者信息、公众信息等。

总之，构成企业营销微观环境的各种制约力量，影响着企业为目标市场服务的能力，与企业形成了协作、竞争、服务、监督的关系。

 小案例

快递业如何应对"爆仓"

根据往年经验,2014 双十一快递"爆仓"几率较小,国家邮政局在 10 月 25 日召集了国内主流快递公司开会,要求双十一期间不得发生特大"爆仓"问题,各大快递公司也都做了充足准备,所以 2014 双十一快递公司"爆仓"几率相对较小。

有了 2013 年"双十一"神话般的投递纪录后,为了应对 2014 年双十一,各快递公司也是提前做足了准备工作,防止出现 2013 年包裹投递应接不暇的状况。申通快递公司有关负责人表示,去年"双十一"申通全网发件量超 1 500 万件/天,预计今年将突破 2 000 万件/天。目前转运中心已增加至 100 多家,快递员也增加了 20%。据天猫方面提供的统计信息显示,今年各大快递公司紧急征调 100 多架飞机解决双十一当天货运问题,"空战"规模堪称空前。

2013 年"双十一"期间,淘宝和天猫实现 7 000 余万件包裹,全国快递日最高处理量首次突破 3 000 万件。据《深圳商报》此前的报道,此前召开的快递与网上购物专业委员会三季度会议透露的信息,今年 11 月 11 日至 11 月 21 日期间,全网有望产生 4 亿件包裹,相当于去年同期的 5.7 倍。其中,申通、圆通、韵达三家公司在 11 月 12 日的快递业务量据预测有望突破 1 000 万件。无疑,这将再一次挑战中国快递物流的新极限。从天猫最新的预计来看,快递公司临时组建的百架规模机队已经仅次于国航、南航、东航、海航等航空公司的机队规模。随着近几年电商在"双十一"期间销售的连续爆发式增长,航空货运模式正逐渐扩展为行业标配。同时值得注意的是,天猫在 2013 年联合顺丰、申通、圆通、韵达等九家快递企业的基础上,今年新与国家队——中国邮政集团公司签订 2014 年战略合作框架协议。这意味着拥有 20 余架全货机的 EMS2014 年将在"双十一"期间发力。此外,有业内人士为记者指出,纵观全局,从量上来说,航空快递依然只能作为高端细分市场的辅助手段,高铁快递虽然比航空快递节约运输成本,并且受天气等因素影响小,但由于模式的不成熟,目前依然不能成为"双十一"的主角。此外,除了加大对航空货运线路的"抢占"外,各家快递公司也积极在高铁上拓展渠道。据了解,多家快递企业目前已经与铁路运输部门签订合作协议,未来将利用高铁来运送小件快递。但由于还在试运营期间,高铁快递覆盖区域只能以一线城市、中部省会城市、沿海发达城市为主,包括北京、上海、广州、长沙、郑州、南昌等地。为了备战"双十一",与天猫相关的十三家快递合作伙伴新增分拨中心超过 150 个,增加操作场地超过 200 万平方米。另外,2014 年有不少电商吸取教训,比如天猫平台之外的一些独立的电子商务商家,不再局限于一定要等到"双十一"搞促销活动、集中发货,而是提前搞活动、提前发货,主动避开"双十一"发货高峰期。

二、选择市场调研方案

(一)选择市场调研方案应注意的问题

根据市场调研类型的不同,市场调研方案相应地分为探索性调研方案、描述性调研方案和因果性调研方案三种,在选择具体的市场调研方案时,应注意以下几个方面的问题。

1. 不能肯定问题性质时,应选用探索性调研方案

探索性调研是为了使问题更明确而进行的小规模调研活动。这种调研特别有助于把一个大而模糊的问题表达为小而准确的问题,并识别出需要进一步调研的信息。如,某公司的市场份额去年下降了,公司无法一一查知原因,就可用探索性调研来发掘问题:是经济下滑的影响、促销费用的减少、分校效率低? 还是消费者的购买行为改变了等等。

一般情况下,调研者对开始进行的调研项目缺乏足够的了解,不能肯定问题的性质时,应选用探索性调研方案。由于探索性调研还没有采用正式的调研计划和程序,因而其调研方法具有相当大的灵活性和多样性。探索性调研很少采用调研问卷、大样本以及样本调研等调研方法,调研人员在调研过程中对新的调研思路和发现极为敏感。一旦有了新的思路或新的发现,调研人员应立即对调研方向作相应的调整,除非没有可能性或者确定了另一个调研方向,调研人员应始终坚持这个新的调研方向。由于这个原因,探索性调研的工作重点经常随着新发现的产生而发生变化。这样,调研人员的创造力和灵敏性在探索过程中发挥了举足轻重的作用。但是探索性调研有时也采用专家调研、实验性调研和对二手资料的分析及定性调研等方法来进行补充。

2. 对有关情形缺乏完整的知识时,应选择描述性调研方案

描述性调研是回答"谁"、"什么事情"、"什么时候"、"什么地点"这样一些问题的调研。它可以描述不同消费群体在需要、态度、行为等方面的差异。描述的结果,尽管不能对"为什么"给出回答,但也可用作解决营销问题所需的全部信息。如,某商店了解到该店 68% 的客户的主要是年龄在 18~45 岁之间的妇女,并经常带着家人、朋友一起来购物。这种描述性调研提供了重要的决策信息,使商店决定重视直接向妇女开展促销活动。

进行描述性调研的一个假设是调研人员提前对调研问题的状况有非常多的了解。实际上,探索性调研和描述性调研的一个显著区别在于描述性调研形成了具体的假设。这样,调研者就非常清楚需要哪些信息。因此,描述性调研通常都是提前设计和规划好的问题,它通常建立在大量有代表性的样本的基础上。所以,当对有关情形缺乏完整的知识时,应选择描述性调研方案。绝大多数涉及描述性调研的市场调研,通常采用二手资料调研、实地调研、集体访谈、观察资料和其他资料等调研方法。

3. 需要对问题严格定义时,应选择因果性调研方案

因果性调研是调研一个因素的改变是否引起另一个因素改变的活动,目的是识别变量之间的因果关系。如预期价格、包装及广告费用等是否对销售额有影响。

因果性调研要求调研人员对所调研的课题有相当多的知识储备量,能够判断一种情况出现了,另一种情况会接着发生,并能说明其原因所在。因果关系调研的目的是找出几个变量之间的因果关系。描述性调研可以说明某些现象或变量之间的相互关联,但要说明某个变量是否引起或决定着其他变量的变化,就用到因果关系调研。因果关系调研的目的就是寻找足够的证据来验证这一假设。

市场营销管理者在做决策时,经常需要做出一些假设,这些假设可能正确,也可能不正确,必须通过正式的调研对它进行检验,找出导致某一结果的真正原因,如,通常假设价格下降会引起销售的增加和市场份额的提高。但在特定的竞争环境里,这个假设可能不成立,如,农药价格的下降就不会引起销售量的增加。在这种情况下,就需对问题进行严格定义,因此,应选

择因果性调研。

（二）选择市场调研方案应遵循的原则

如前所述，探索性调研方案、描述性调研方案和因果性调研方案是调研方案中三种主要的类型，但是不能将它们之间的区别绝对化。一项具体的市场调研项目可能会涉及几种调研方案以实现多种目标。究竟应选择哪几种调研方案取决于调研问题的特征。选择市场调研方案的一般性原则是：

若对调研问题了解甚少，最好的做法是从探索性调研开始。在需要对调研问题精确界定的时候或需要被寻找替换行动方案的时候或需要设计调研疑问或假设的时候，选择探索性调研方案是比较适合的。

探索性调研是整个调研设计框架的第一步，在大多数情况下，探索性调研之后会出现描述性调研或因果性调研。如，根据探索性调研作出的假设应该用描述性调研或因果性调研进行统计上的验证。探索性调研的研究结果应当被视为对进一步调研的尝试或投入。

但并不是所有的调研方案都必须从探索性调研开始，这取决于调研问题被界定的确切程度以及调研人员对调研问题的确定程度。一项调研方案完全可以从描述性调研或因果性调研开始。如，一项针对消费者忠诚度举行的调研没有必要涉及探索性调研。

尽管探索性调研在一般情况下都是调研的第一步，但这并不是必然的规律。有时，探索性调研也被排在描述性调研和因果性调研的后面。如，在描述性调研和因果性调研的结果并不能很好解释问题的情况下，探索性调研就可以为理解这些调研结果提供更多的信息。

总之，探索性调研、描述性调研和因果性调研是相辅相成的，在设计调研方案的过程中应灵活地、综合地选用。

小思考

如何选择调研方案

某生产电视机的企业，在国内的主要大城市的销售量增长很快，今年公司打算趁着良好势头进入美国市场，在进入之前，需要收集大量的市场资料。针对这样一个课题如何选择市场调研方案？

三、编写市场调研方案

经过初步的方案选择之后，需要对整个调研活动作一个安排，编写一个市场调研方案。市场调研方案的一般格式包括前言、调研的目的和意义、调研的内容和具体项目、调研的对象和范围、调研的方法、调研的时间进度安排、经费预算、调研结果及其报告等。

（一）前言

前言是调研方案的开头部分，应简明扼要地介绍整个调研背景。如，××大学 MP3 市场调研方案的前言：MP3 是一种集娱乐性和学习性于一体的小型电器，因其方便使用而在大学校园内广为流行。目前各高校都大力强调学习英语的重要性，××大学已经把学生英语能否过四级和学位证挂钩。为了练好听力，几乎每个学生都需要 MP3，市场容量巨大。为了配合某 MP3 产品提高在××大学的市场占有率,评估××大学 MP3 行销环境,制定相应的营销策略,预先进行××大学 MP3 调研是十分必要的。

（二）调研目的和意义

调研的目的与意义应该比前言稍微详细些,应指出调研的背景,调研的问题和可能采用的调研方案,指明该项目的调研结果能给企业带来的决策价值、经济效益、社会效益以及在理论上的重大价值等。如,"关于××品牌专卖店商业选址的调研"一文中,其调研目的和意义是:××品牌是湖北××公司拥有的服装与皮具用品品牌商标,在其超过 10 年的市场发展中,××品牌在湖北地区已经享有较高的市场知名度。该品牌以创新、时尚、动感而深受年青一代和爱好运动的人士所青睐。公司计划今年以品牌专卖店经营的方式将××品牌推向香港市场。根据商业活动规则,合理选址是商业成功的重要环节。商业行业"一是位置,二是位置,三还是位置"的流行说法形象地强调了选址对商业活动的重要性。为了配合市场拓展的需要,特组织此次以"关于××品牌专卖店商业选址的调研"为主题的调研活动,目的是收集相关市场信息,指导做好专卖店开店选址工作。

从这个案例可以看出,编写市场调研方案首先要明确的就是调研目的。确定调研目的,就是明确调研中要解决哪些问题,通过调研获得什么样的数据资料,取得这些资料有什么用途等问题。只有确定了调查目的,才能确定调查的范围、内容和方法,否则就会列入一些无关紧要的调研项目,而漏掉一些重要的调研项目,无法满足调研的要求。

（三）调研的具体项目和内容

调研的主要内容和具体项目是依据所要解决的调研问题和调研目的所必需的信息资料来确定的。确定调研内容就是要明确向被调研者了解什么问题。如,"关于××品牌专卖店商业选址的调研"的调研内容和具体项目,如表 6-1 关于××品牌专卖店商业选址的调研所示。

表 6-1 关于××品牌专卖店商业选址的调研

类 别	调研项目	调研内容
购物环境	商业氛围	商业区域范围大小、商业活动登记
	交通条件	是否靠近地铁、公交枢纽、停车是否方便
	银行分点情况	银行分点数量
	卫生环境	周围卫生情况、地面光洁情况
	休闲与娱乐	居住密度、居住房建筑类型
消费群体情况	人流量	不同时段人流量
	年龄	青少年、中年、老年
	性别	男女比例
	衣着	整洁、风格、式样

需要注意的是,调研项目的选择要尽量做到"精"而"准"。"精"就是调研项目所涉及的资料能满足调研分析的需要,不存在对调研主题没有意义的多余项目。"准"就是要求调研项目反映的内容要与调研主题有密切的相关性,能反映调研要了解的问题的信息。如果盲目增加调研项目,会使与资料统计和处理有关的工作量增加,既浪费资源,也影响调研的效果。

(四) 调研对象和调研范围

确定调研对象和调研范围,主要是为了解决向谁调研和由谁来具体提供资料的问题。调研对象就是根据调研目的、任务确定调研的范围以及所要调研的总体,由某些性质上相同的许多调研单位组成的。如,"关于××品牌专卖店商业选址的调研"中,首先根据一定的标准与条件,如是否是治安黑点、基本商业环境是否完备等标准筛选一定的商业区域为调研范围,然后确定以各区域的消费群体为调研对象,以非随机抽样方式选择对象进行调研。

在一般情况下,调研对象的选择是根据消费品的种类及其分销渠道来确定的。也就是说,产品由生产者向消费者转移过程中经过了哪些环节,那么消费品的调研对象也就应包括哪些组织或个人。

耐用消费品,如空调、彩电、冰箱,由于其价格昂贵,体积、重量较大、技术复杂等原因,一般分销渠道短。常采取生产者——经销商——用户的渠道模式。如,某家用空调器市场调研,其选择对象主要为消费者。1 000 份问卷中,消费者调研问卷 890 份,经销商 110 份,比例悬殊,重点突出在消费者上。

一般消费品,如自行车,价格一般在几百元,它的分销渠道要比耐用消费品长一些,一般采用生产者——经销商——用户或生产者——代理商——经销商——用户的渠道模式。因此,调研对象的选择主要为消费者和经销商。而一些价格低廉、形态较小的日用消费品,由于消费者一般是使用时买,以方便为宜,故它的零售商较多,分销渠道长,调研对象也就增加了零售商。如泡泡糖的市场调研对象就包含零售商。

需要注意的是,必须严格规定调研对象的含义和范围,以免造成调研登记时,由于含义和范围不清而发生错误。如,城市个体经营户的经营情况调研,必须明确规定个体经营户的性质、行业范围和空间范围。

(五) 调研方法

市场调研方法的说明主要是详细说明选择什么方法去收集资料,具体的操作步骤是什么。如采取抽样调研方式,那么必须说明抽样方案的步骤,所取样本的大小和要达到的精确度指标。如,"关于××品牌专卖店商业选址的调研"中的调研方法说明是:因为此次调研工作涉及面广,因此拟采用多级抽样的方法。即在调研地区按月销量的大小分层,从市场调研的效果考虑,主要在其重点销售地区的重点城市进行。并拟定每个城市抽取的样本数为 500 人,按年龄层次和性别比例分配名额。年龄层分段:30—40 岁,41—50 岁,51—60 岁,61 岁以上;各层比例采用 1:1,性别比亦采用 1:1。总样本数为 4 500 人。

调研的实施要求各地的访问员对所有抽中的 500 个样本实行面对面的街头访问。执行访问的访问员由当地的市场营销专业的大学生担任,公司付给一定的劳务费用。每个调研地点分派两名访问员执行访问,每个城市大约需要 20 个访问员。访问的质量监督控制工作以及资料的统计处理工作均由 ABC 市场调研公司负责。

在市场调研中如果要采用实验法、观察法或问卷访问法调研时，为使调研者对数据、情报收集、分类、统计、储存时更有效率，调研前要求设计好一些格式化的调研表格，如观察表、实验表或调研问卷表等。这些表格在调研方法说明时一并列出。

小案例

银行服务神秘顾客监测

某调查公司接到 A 银行的委托后，与 A 银行进行了详细的沟通，确定了调查的内容与框架，并对调查过程中的各个环节和流程进行了周密的设计，确保调查的质量与保密性。

1. 访问开始前

(1) 对所有"神秘顾客"（包括督导和神秘顾客）进行上岗前项目培训与测试，选择不同级别的银行进行试调查，对调查员的评分进行评估，统一评分标准，避免出现调查员评分标准不统一而影响评估公平性的情况。

(2) 对调查区域进行划分，每个调查员负责各自银行的神秘顾客监测，调查员的调查网点足够分散，避免受人的因素影响使某个区域得分偏高或偏低。

(3) 对调查时间和办理业务进行分配，以考察 A 银行在一天内不同时间段与办理不同业务时的服务状态与水平。每天的调查时间分为三段，上午 9：00—11：00 主要考核员工在开门营业时段与上午的服务状况；11：00—14：00 主要考核员工在中午交接班以及午后的服务状况；14：00—17：00 主要考核员工在下午及下班前一段时间的服务状况，通过对调查时间的设定，可更容易了解那个时间段员工的服务更容易松懈，更容易发生顾客不满的情况。

2. 访问进行中

(1) 调查员从银行网点进入视线时就开始正式的监测，调查员要在开始监测时使用公用电话联系督导，并在取号机取号，监测结束后重复上述操作，使总督导对调查员的监测时间有所了解，并且确认调查员监测的地点准确无误。此外，调查员要将办理业务的单据保留，作为亲身体验柜台服务的依据。

(2) 监测内容包括营业厅外部环境、营业厅内部环境、员工仪容仪表与工作面貌、员工服务、大堂经理履行职责情况、亲身体验柜台服务等几个部分，每部分都会细分成多个评分指标。

3. 访问进行后

(1) 调查员在与督导取得联系后快速填写问卷，并记录监测时间、营业员编号、大堂经理姓名等信息。记录一些基本信息不仅可以反映问卷的真实性，同时可以将监测种发现的问题落实到个人。

(2) 调查结束后的当天，调查员要将问卷录成电子版，检查问卷同时回忆监测的场景，对需要调整的分数进行修正。

(3) 由研究人员进行后期的数据统计分析，报告撰写与陈述。

（六）资料整理分析的方法

资料分析就是明确对收集的资料进行整理、分析的方法和分析结果表达的形式等。由于

调研收集的原始资料大多是零散的、不系统的,只能反映事物的表象,无法深入研究事物的本质和规律性,这就要求对大量原始资料进行加工汇总,使之系统化、条理化。如何进行数据资料的分析,一般来说是作为调研计划的一环在资料收集之前就已经计划好。人工统计时不是由编码卡按目的进行统计,而是用计算机时则记入穿孔卡进行统计。目前这种资料处理工作一般已由计算机进行。资料的整理一般可采用统计学中的方法,利用 Excel 工作表格,可以很方便地对调查表进行统计处理,也可用社会统计分析系统软件 SPSS 进行统计分析。每种分析方法都有其自身的特点、适用性和相关的技术要求。因此,应根据调研的要求,选择最佳的分析方法,并在方案中加以规定。

(七) 调研的时间进度安排

在实际调研活动中,根据调研范围的大小,时间有长有短,但一般项目的调研为一个月左右。基本要求是,一是保证调研的准确性、真实性;二是尽早完成调研活动,保证时效性,同时兼顾经济性。在安排各个阶段的工作时,还要求具体安排需做哪些事项,由何人负责,制作时间进度表,并提出注意事项,以便督促或检查各阶段的工作,保证按时完成整个市场调研工作。如,某些调研时间分配如下:文案调查 10%～15%,实地调查 30%～40%,整理资料、分析资料 20%～25%,调研报告形成和修改提交时间 10%～15%。值得注意的是,计划要设计得有一定的弹性和余地,以应付意外事件的发生,但不能把时间拖得太长。通常一项普通的定量调研,仅仅从问卷的印制到整个活动的完成,最少也要有 45～60 个工作日,一些大规模的调研会持续半年到一年。也有对时间性要求较强的调研,如收视率调研等。

(八) 制定调研组织计划

调研的组织计划,是指为确保实施调研的具体工作计划。主要是指调研的组织领导、调研机构的设置、人员的选择和培训、工作步骤及其善后处理等。确定调研人员,主要是确定参加市场调研的条件和人数,包括对调研人员的必要培训。由于市场调研对象是社会各阶层的生产者和消费者,思想认识、文化水平差异较大。因此,要求市场调研人员必须具备一定的思想水平、工作能力和业务技术水平。建立市场调研的组织领导机构,可由企业的市场部或企划部来负责调研的组织领导工作,负责项目的具体组织和实施工作。

(九) 经费预算情况

调研费用根据调研工作的种类、范围不同而不同。当然,即使是同一种类的调研,也会因质量要求不同而不同,不能一概而论。但经费预算基本上应遵循一定的原则,即按照市场调研费用项目来做预算,市场调研费用项目主要有资料收集、复印费;问卷设计、印刷费;实地调研劳务费;数据输入、统计劳务费;计算机数据处理费;报告撰稿费;打印装订费;组织管理费;代理公司的收费等。

市场调研时间通常都比较紧张,实际操作中应尽快完成调研结果,保证调研的时效性,费用就可能会少一些。企业应给予充分的经费,以保障调研的成功。

通过若干市场调研案例,可以总结出一般的预算比例经验数字为:策划费(20%)、访问费(40%)、统计费(30%)、报告费(10%)。若接受委托代理的市场调研,则需加上全部经费的 20%～30% 的服务费,作为税款、营业开支及代理公司应得的利润。

（十）调研结果的表达形式

确定市场调研结果的表达形式就是指确定调研报告的形式和份数、报告书的基本内容、报告书中图表量的大小等。如，市场调研报告书是书面报告还是口头报告，是否有阶段性报告等。调研报告最终将会提交给企业决策者，作为企业制定营销策略的依据，因此，撰写市场调研报告时，应注意调研报告的写法和技巧。

（十一）附录部分

在附录部分，开列出调研负责人及主要参加者的名单，并可扼要介绍一下团队成员的专长和分工情况，指明调研方案的技术说明和细节说明，调研问卷设计中有关的技术参数、数据处理方法、所采用的软件等。

虽然市场调研方案的编写实际上可能只有一两天的时间。但是，为保证整个调研的顺利进行、调研结果的精确，调研方案仍应周密考虑。它的编写质量直接影响市场调研工作的成败。

四、市场调研方案的讨论与修改

在完成了调研方案的编写工作之后，为了慎重起见，使方案能够切实可行地指导调研的实际工作，还须对方案做进一步讨论和修改，方能使其指导实际调研工作。

（一）调研方案的评价标准

在讨论和修改方案前，需要对方案进行评价，这就必须知道调研方案评价的标准。一个调研方案的优劣，可以从以下三个方面进行评价。

1. 方案设计是否基本上体现了调研的目的和要求

方案设计是否基本上体现了调研的目的和要求，这是最基本的评价标准。例如，关于××品牌从专卖店商业选址的调研，从目的出发，根据方案确定的调研内容、调研范围、调研单位，据此设置的一系列完整的观察指标体系，基本上能体现优秀商业地段应具备的条件。

2. 方案设计是否科学、完整和适用

例如，关于××品牌专卖店商业选址的调研中，对商业氛围、交通条件、银行网点、卫生环境、居民居住、休闲娱乐等各个方面，设置了许多相互联系、相互制约的指标，形成了一套比较完整的指标体系，其特点是全面、系统、适用性强。

3. 方案设计是否具有操作性

例如，关于××品牌专卖店商业选址的调研方案中。对调研方法，必须考虑到可操作性，还特别考虑采用重点城市市场的女性，一是因为女性的形象比男性好，不会给对方造成威胁感，可使访问更容易成功；二是因为雇用女性会使调研成本降低；三是女性通常是服装品牌选择的重要影响者，有相当大的发言权。

（二）调研方案的讨论和修改

用上述标准评价调研方案，如果存在不足，就可以开始组织对方案进行讨论和修改。

1. 采用项目小组座谈会法

项目小组座谈会是由项目调研小组的组长主持会议,项目小组成员参加会议。同时,可邀请委托方代表参加。主持人在座谈会前针对本次调研任务的调研方案列出提纲,即座谈会围绕调研目的、调研内容、调研对象、调研范围、调研方法、调研工具、调研时间进度安排、调研经费预算等展开讨论。评价方案的标准从是否体现目的、是否科学完整和适用、是否操作性强三个方面考虑。参加座谈会的人员可以公开发表各自的意见或想法,各抒己见,集思广益,相互启迪,相互交流,相互补充,针对某一个问题最终能达成一致的意见。

2. 采用经验判断法

经验判断法是指通过组织一些市场调研经验丰富的专业人士,对设计出来的市场调研方案进行初步研究和判断,以说明调研方案的合理性和可行性。如,针对某市高薪阶层的消费支出结构进行研究,就不宜采用普查的形式。实际上,这样做既没有必要,也是不可能的。在对高薪阶层这一概念进行量化处理之后,完全可以采用抽样调研的方式。国家统计局在对我国全年农作物收成做预测时,也常采用抽样的方法在一些农作物重点产区做重点调研。

该方法的优点是可以节约人力、物力和财力资源,并在较短的时间内做出快速的判断。缺点是因为认识的局限,并且事物的发展变化常常有例外。各种主要客观因素都会对判断的准确性产生影响。

3. 采用试点调研法

试点调研法是指通过小范围内选择部分单位进行试点调研,对调研方案进行实地检验,及时总结并且做出修改。具体操作时应注意以下几个问题:

(1) 组建精干的调研队伍。事先建立一支精干的调研队伍,这是做好调研工作的先决条件。团队成员包括有关调研的负责人、调研方案设计者和调研骨干,这将为搞好试点调研工作提供组织保证。

(2) 适当选择调研对象。应选择好适当的调研对象。应尽量选择规模小,具有代表性的试点单位。必要时还可以采用少数单位先行试点,然后再扩大试点的范围和区域,循序渐进,最后全面铺开。

(3) 选择合适的调研方法和调研方式。调研方法和调研方式应保持适当的灵活性并留有余地。事先确定调研方式时,可以多准备几种方式,以便经过对比后,从中选择合适的方式。

(4) 及时做好调研工作总结。试点调研工作结束后,应及时做好总结,认真分析试点调研的结果,找出影响调研的各种主客观因素并进行分析。检查调研目标的制定是否恰当,调研指标的设置是否正确,是否还应增加一些项目,哪些项目应该减少,哪些地方应该修改和补充,及时地提出具体意见,对原方案进行修改和补充,以便制订科学合理的调研方案,能切合实际情况。

小思考

营销策划报告与市场调研报告的区别

市场调研报告是策划活动的一个环节,重点在于通过进行市场调研,判断策划活动是否具有可行性、可操作性与现实性。市场调研的过程是一种去粗取精、去伪存真的过程,市场调研报告既可能认可原有的策划,也可能推翻或者部分修改原有的创意与策划。因此,市场调研报告形成的过程也是整个策划活动中极为重要的组成部分。

策划报告是策划活动的另一个环节,重点在于在已经具有可行性的市场调研报告的基础上,着手绘制一幅总的蓝图、方案、设计和规划。策划报告形成的过程,标志着策划活动走向了成熟阶段,为策划的操作和实施提供了可以依据的行动指南。

这两者的区别就在于在整个策划活动中所处的阶段不同,侧重点不同,其地位与意义自然也就不一样了。它们之间有一种相互依存的联系,那就是只有建立在市场调研报告的基础之上的策划书,才具有充分的可行性和现实性。离开了市场调研,策划书便成了无源之水、无本之木,也就没有科学的依据了。而策划报告则是市场调研报告的进一步深化和升华,它使策划活动向深层次发展。

任务总结

要了解营销策划对象的过去和现在,就必须搜集和策划事项相关的信息资料。市场调研方案设计的信息要求具有真实性、及时性、完整性、系统性、适度性和适当性。市场调研方案设计的信息主要包括两类:宏观环境信息和微观环境信息。宏观环境信息主要包括:人口环境信息、经济环境信息、自然环境信息、政治法律环境信息、科学技术环境信息和社会文化环境信息。微观环境信息主要包括企业本身、市场营销渠道企业、顾客、竞争者和社会公众。

市场调研方案是指导市场调研任务的蓝图,是调研工作的总纲。可以说调研方案设计的科学性、系统性、可操作性关系到调研工作的成败。一个完整的调研报告包括前言、调研目的和意义、调研的项目和具体内容、调研对象和范围、调研方法、资料整理分析的方法、调研的时间进度安排、调研的组织计划、经费预算、调研结果表达和附录等。

经过市场调研方案的选择、精心设计编写之后,一份完整的市场调研方案就基本形成。为了使调研方案能有条不紊地指导调研活动,还应该从方案设计是否基本体现调研的目的和要求,是否科学、完整和适用,是否具有操作性等几个方面,对方案进行一定程度的讨论和修改,直至取得多方面的认同。通常可采用项目小组座谈法、经验判断法、试点调研法等。

任务检测

一、选择题

1. 如对调研问题了解甚少的情况下,最好的做法是从(   )调研开始。

A. 描述性　　　　B. 因果性　　　　C. 探索性　　　　D. 一般性

2. 某商店了解到该店 68% 的顾客主要是年龄在 18～45 岁之间的妇女,并经常带着家人,朋友一起来购物,这种(   )调研提供了重要的决策信息,使商店重视直接向妇女开展促销活动。

A. 描述性　　　　B. 因果性　　　　C. 探索性　　　　D. 一般性

3. 如果市场调研方案存在不足,就可以组织用(   )方法对方案进行讨论和修改。

A. 项目小组座谈会　B. 经验判断法　　C. 试点调研法　　D. 头脑风暴法

4. 下列环境因素中,( )属于微观环境因素。

A. 人口   B. 职业   C. 法律   D. 顾客

5. 构成企业营销微观环境的各种制约力量,影响着企业为目标市场服务的能力,与企业形成了( )的关系。

A. 协作   B. 竞争   C. 服务   D. 监督

二、判断题

1. 市场调研方案是规范市场调研整个活动过程的指导书,是市场调研的行动纲领。

( )

2. 完成市场调研报告就表示市场调研工作全部结束。 ( )

3. 高水平的市场调研方案是使市场调研有计划、有组织、有效率进行的重要保证。( )

4. 市场调研方式不同,所必须采用的费用也不同。 ( )

5. 市场调研方案是否基本上体现了调研的目的和要求,这是最基本的评价标准。( )

三、填空题

1. 市场是由有( )同时又有( )的人构成的,人口的多少直接影响市场的潜在容量。

2. 宏观经济环境对市场营销活动的影响主要来自于( )和( )两方面。

3. 从严格意义上来讲,组织的( )包括企业本身、市场营销渠道中的企业、顾客、竞争者和社会公众。

4. ( )是调研一个因素的改变是否引起另一个因素改变的活动,目的是识别变量之间的因果关系。

5. ( )是指通过组织一些市场调研经验丰富的专业人士,对设计出来的市场调研方案进行初步研究和判断,以说明调研方案的合理性和可行性。

四、简答题

1. 简述市场调研方案设计的信息要求。

2. 一份完整的市场调研方案的主要内容包括哪些?

3. 简述对调研方案进行评价的标准。

4. 选择市场调研方案应遵循的原则是什么?

参考答案

案例分析

罗佛尔的彩色灯泡套为什么没有打入中国市场

年轻的罗佛尔先生是欧洲某国一家小型公司的总经理。他的公司在生产和销售一种彩色橡胶灯泡套,这种产品是用一种耐高温、抗老化的透明合成橡胶制成的,具有各种不同的颜色。将它套在普通白炽灯泡或者日光灯管上,普通白炽灯泡或日光灯就成了彩灯了。而且,由于有了彩色橡胶灯泡套的保护,可以防止碰撞和潮湿漏电,能够显著地延长普通白炽灯或日光灯管的寿命。因此,彩色橡胶灯泡套适合用于酒店、饭馆、商店等场合。它还特别适合用于公众节日时广场、街道的露天灯光装饰。有了彩色橡胶灯泡套,一个普通灯泡就可以具有多种用途,既可以作普通照明灯泡用,又可以作装饰灯泡用,甚至还可以通过套用不同的颜色的彩色橡胶灯泡套,使一个普通灯泡变成多个彩色灯泡。一般来说,彩色灯泡或者灯管的价格是普通白炽灯或者日光灯管价格的 2—3 倍,而彩色橡胶灯泡套的价格却只有普通灯泡的五分之一。所以,彩色橡胶灯光套在市场上的销路不错。

罗佛尔先生也是一位颇有开拓精神的企业家。他认为,作为世界上人口最多的国家,正在实行改革开放政策的中国也许是他的彩色橡胶灯泡套的最理想的市场。他便委托一家与中国有良好的业务关系的咨询公司协助他进行彩色橡胶灯泡套在中国的市场分析。经过与咨询公司信息部职员的多次商议,罗佛尔先生决定研究四个相关问题。第一,彩色橡胶灯泡套在中国的市场潜力;第二,中国市场对彩色橡胶灯泡套在规格、价格以及数量方面的要求;第三,中国民用照明灯具生产厂商的情况;第四,打入中国市场的最佳方式。

初步的市场分析表明,中国是一个民用照明灯具的生产大国。几乎在中国的每一个省市,都有不同规模的灯泡厂或灯具厂。这些工厂生产各种各样不同系列、不同规格、不同功率与不同电压的通用和特种照明灯具。他们的产品包括各种民用白炽灯泡,日光灯管、彩色灯泡和灯管,汽车灯泡、高压汞灯、卤素灯泡、霓虹灯等等。中国的灯具不仅可以自给,而且向东南亚等地大量出口。初步的市场分析结果还表明,无论是与欧洲市场的同类商品相比较,还是与普通中国家庭的收入相比较,中国市场上的灯具价格都十分低廉,还不到欧洲市场灯具价格的五分之一。当然了,罗佛尔先生的彩色橡胶灯泡套在中国市场无疑算得上是一个独一无二的产品。如果罗佛尔先生的彩色橡胶灯泡套在中国市场受欢迎的话,哪怕只有百分之零点一的中国灯具用户使用,那也会给罗先生的公司带来相当数额的利润。

初步的市场调查分析结果给罗佛尔先生和咨询公司带来了巨大的鼓舞,他们对彩色灯泡套在中国的市场前景颇为乐观,决定开展进一步的市场研究。从《中国工商企业名录》,他们得到了几乎所有中国灯具生产厂的通讯地址,并且与中国驻当地总领事馆的贸易官员会见,请他介绍灯具行业的生产经营状况。最后,他们决定挑选 50 家中国灯具生产厂家,用邮件轰炸的方式进行联系,以求了解中国企业对彩色橡胶灯泡套这一产品的反应。

咨询公司迅速地准备好了一份商函,介绍说有一家厂商要在中国寻求商业伙伴。信中详细地说明了彩色橡胶灯泡套的用途与性能,询问中国企业的合作意向。信中还要求有意合作的中国企业提供他们的职工人数,并就彩色橡胶灯泡套在中国市场的潜力做出各自的评价。这封信用中英文两种文字寄给了入选的中国灯具生产厂家。此外,咨询公司还与深圳特区一家大公司进行了电话联系,并且收到了这家公司的电传答复,反应是积极的。

两个月后,咨询公司收到八家中国灯具生产厂家的回信。这八家工厂都是中国有数的大型灯具生产厂家,他们都对与罗佛尔先生合作怀有浓厚的兴趣,并且按照要求回寄了大量的资料,介绍了各自企业的情况。有两家省一级的灯具厂显得特别热心。不过,中国方面对经销或者许可证生产等合作方式兴趣不大,希望罗佛尔先生能够进行直接投资或者建立合资企业进行合作生产。他们还要求咨询公司尽快寄去彩色橡胶灯泡套的样品。这是可以理解的,因为光是凭文字描述,实在难以揣摩彩色橡胶灯泡套究竟是一个什么样的产品。当然,中国方面不少厂家还要求了解彩色橡胶灯泡套的成本、价格等情况。看来事情进行得很顺利。罗佛尔先生当然不会拒绝提供样品,也不反对采取直接投资或者开办合资企业的合作方式。几十盒彩色橡胶灯泡套的样品迅速地寄向中国,连同这些样品寄向中国的还有一封进一步介绍彩色橡胶灯泡套的产品性质和价格的信。按照罗佛尔先生的要求,信中还探询在中国设立销售代理的可能性。

六个月过去了,有三家中国灯具厂又回信了。他们都有礼貌地回绝了罗佛尔先生关于合作生产经营彩色橡胶灯泡套的要求。以后,关于彩色橡胶灯泡套一事,罗佛尔先生和咨询公司再也没有从中国方面得到进一步的音讯了。罗佛尔先生和咨询公司的职员都很纳闷,一切看起来都很不错,可是,究竟什么地方不对头呢?

问题

1. 咨询公司的市场调查分析方法是否适当?

2. 罗佛尔先生的彩色橡胶灯泡套没有能够在中国找到合作者的主要原因何在?

3. 市场分析能力是否对公司的战略计划有着决策作用?

分析

现代市场的信息多而杂,同时可供选择的调研方法也比较多,如何根据调研目的和调研内容的需要,来选择正确的调研方法是关键的。做到这一步还不够,还要对收集的信息资料进行整理和分析,分析得当,就能对营销决策提供良好的参考作用。

实训操作

认识市场调研方案策划

1. 实训目的

通过本次实训,使学生明确市场调研方案策划的一般项目与内容,掌握市场调研方案的设计技能。

2. 实训要求

基于小王创业项目,设计针对大学生网上求职需求与行为的调研方案,内容要求包括项目背景、项目目的、项目内容等,字数不少1 000字。

3. 实训材料

纸张、计算机网络、笔或打印机等。

4. 实训步骤

(1) 写出市场调研报告书的基本机构;

(2) 根据实际需要确定哪些内容是需要的,请保留;

(3) 根据前期实训的基础进行资料填充;

(4) 进行小组讨论,分析其可行性。

5. 成果与检验

每位学生的成绩由两部分组成:学生实际操作情况(40%)和分析报告(60%)。

实际操作主要考查学生实际执行实训步骤以及设计调研方法的能力;分析报告主要考查学生根据创业项目的需要和求职者的需求与行为,设计调研方案内容的正确性和合理性,分析报告建议制作成PPT。

项目四　企业形象策划专员岗位实务

通过市场调研策划专员对市场营销策划所需信息的收集、整理和分析,形成具有一定价值的调研报告,这将为其他有关市场营销策划岗位专员开展营销策划工作提供参考依据。首当其冲的是企业形象策划专员,它需要有关信息来识别企业的产品或服务所应面对的市场,需要对选择的市场进行选择与定位,思考如何向目标顾客群进行企业形象传播以便在目标客户心目中树立良好的地位。

本项目包括 STP 策划和企业形象策划等两个个任务,通过具体任务的学习,使学生掌握识别和定位市场运营策划的基本知识,并能根据企业竞争和目标顾客的需要树立良好的企业形象。

任务七　STP 策划

知识目标

1. 掌握 SWOT 分析方法。
2. 掌握市场细分策划。
3. 掌握目标市场策划。
4. 掌握市场定位策划。

技能目标

1. 能对市场营销策划环境有效地进行 SWOT 分析。
2. 能根据市场细分标准进行市场细分、目标市场选择和市场定位策划。

任务导入

小王认真阅读了市场调研策划专员提供的市场信息,发现网络招聘人才市场比较大,有智联、51job、58 同城等有名的网络人才招聘平台,经营的项目也比较广泛,有针对高级人才的,有针对一般人才的,也有针对劳动力的。在这么一个庞大的网络人才市场中,自己的网络招聘平台应该针对哪一类或哪些客户来经营呢? 这是小王创办自己的网络招聘平台首先必须回答的问题,如果不知道自己的客户是谁,那怎么知道拿什么样的产品或服务来满足客户的需求。

任务分析

一个网络招聘平台要创建成功,必须找准自己的目标市场。由于网络招聘市场不同于传统市场,对于小王来说,第一件要做的事是弄清楚网络市场及其特征,尽量避免传统市场的思维干扰其网络营销工作。其实,只要是上网的人,都可能形成网络市场,这么大的网络市场不是一般的企业所能为的,所以,还必须正确选择市场细分标准将整个网络市场划分为若干子市场,然后根据自己的目标、资源等条件,来选择适合自身需要的网络目标市场,并正确地进入该市场。同样的一个营销经理的招聘岗位在智联网和58同城都有发布的,为什么有的客户去智联网投递简历,有的客户去58同城投递简历,这其中还有一个市场定位,即在目标客户心中树立起合适的市场形象。

知识精讲

一、掌握市场细分策划

(一)市场细分的概念与作用

1. 市场细分的概念

市场细分就是以顾客需求的某些特征或变量为依据,区分具有不同需求的顾客群体的过程。经过市场细分,在同类产品市场上,就某一个细分市场而言,顾客需求具有较多的共同性,而不同细分市场之间的需求具有较多的差异性。

应该注意的是市场细分不是通过产品分类来细分市场的,如汽车市场、服装市场、机床市场等。它是按照顾客需求爱好的差别,求大同存小异,来细分市场的。

2. 市场细分的作用

(1)有利于发现市场机会。在买方市场条件下,企业营销决策的起点在于发现有吸引力的市场环境机会,这种环境机会能否发展成为企业的市场机会,取决于两点,一是与企业战略目标是否一致;二是利用这种环境机会能够比竞争者具有优势并获取显著收益。显然,这些必须以市场细分为起点。通过市场细分可以发现哪些需求已得到满足,哪些需求只满足了一部分,哪些仍是潜在需求,相应地,可以发现哪些产品竞争激烈,哪些产品较少竞争,哪些产品亟待开发。

小案例

工业护肤品的市场机会

20世纪80年代以来,我国化妆品市场日趋兴旺,许多企业纷纷投身于其中。陕西户县的一家乡镇企业,在对市场认真调查、分析之后,找到了一个隐藏在现有需求背后的潜在机会——工业护肤品需求。他们认为,目前大家所重视的仅仅是生活护肤需求,即日常护肤用品。但对大多数消费者来说,他们有三分之一的时间是在劳动岗位和劳动过程中度过的,这段时间也需要保护皮肤,而且需要特别保护。各种劳动过程和劳动岗位,条件不同,如高温、有毒、野外作业等,对护肤的要求也不同,而这些和生活护肤需求差异很大,化妆品市场高涨的需求,也包含了这一类需求。他们致力于开发这一潜在机会,专门生产工业护肤用品,从而取得了极大的成功。

(2)有利于掌握目标市场的特点。不进行市场细分,企业选择目标市场必定是盲目的;不认真地鉴别各个细分市场的需求特点,就不能进行有针对性的市场营销。如,某公司出口日本的冻鸡原先主要面向消费者市场,以超级市场、专业食品商店为主要销售渠道。随着市场竞争的加剧,销售量呈下降趋势。为此,该公司对日本冻鸡市场做了进一步的调查分析,以掌握不同细分市场的需求特点。从购买者区分有三种类型,一是饮食业用户,二是团体用户,三是家庭主妇。这三个细分市场对冻鸡的品种、规格、包装和价格等要求不尽相同。饮食业用户对鸡的品质要求较高,但对价格的敏感度低于零售市场的家庭主妇;家庭主妇对冻鸡的品质、外观、包装均有较高的要求,同时要求价格合理,购买时挑选性较强。根据这些特点,该公司重新选择了目标市场,以饮食业和团体用户为主要顾客,并据此调整了产品、渠道等营销组合策略,出口量大幅度增长。

(3)有利于制定市场营销组合策略。市场营销组合是企业综合考虑产品、价格、促销形式和销售渠道等各种因素而制定的市场营销方案。就每一特定市场而言,只有一种最佳组合形式,这种最佳组合只能是市场细分的结果。如,前几年中国曾向欧美市场出口真丝花绸,消费者是上流社会的女性。由于中国外贸出口部门没有认真进行市场细分,没有掌握目标市场的需求特点,因而营销策略发生了较大失误,一是产品配色不协调,不柔和,未能赢得消费者的喜爱;二是低价策略与目标顾客的社会地位不相适应;三是销售渠道选择了街角商店、杂货店,甚至跳蚤市场,大大降低了真丝花绸产品的"华贵"品位;四是广告宣传也流于一般。

(4)有利于提高企业的竞争能力。企业的竞争能力受客观因素的影响而存在差别,但通过有效的市场细分战略可以改变这种差别。市场细分以后,每一细分市场上竞争者的优势和劣势就明显地暴露出来,企业只要看准市场机会,利用竞争者的弱点,同时有效地开发本企业的资源优势,就能用较少的资源把竞争者的顾客和潜在顾客变为本企业的顾客,提高市场占有率,增强竞争能力。

(二)市场细分的标准与方法

1. 消费者市场细分的标准

(1)地理环境因素。即按照消费者所处的地理位置、自然环境来细分市场。具体变量包括国家、地区、城市规模、气候及人口密度等。处于不同地理位置的消费者,对同一类产品往往呈现出差别较大的需求特征,对企业营销组合的反应也存在较大的差别。如,对防暑降温、御寒保暖之类的消费品,按照不同气候带细分市场是很有意义的。总体而言,地理环境中的大多数因素是一种相对静态的变量,企业营销必须研究处于同一地理位置的消费者和用户对某一类产品的需求或偏好所存在的差异。因此,还必须同时依据其他因素进行市场细分。

(2) 人口因素。即各种人口统计变量,包括年龄、婚姻、职业、性别、收入、受教育程度、家庭生命周期、国籍、民族、宗教、社会阶层等。如,不同年龄、受教育程度不同的消费者在价值观念、生活情趣、审美观念和消费方式等方面会有很大的差异。第二次世界大战以后,美国的婴儿出生率迅速提高。到 20 世纪 60 年代,战后出生的一代已成长为青少年。加之美国这个时期经济繁荣,家庭可支配的收入增加。所以,几乎所有定位于青少年市场的产业及产品都获得了巨大的成功。20 世纪 70 年代后期,受美国经济不景气的影响,出生率显著下降。到 20 世纪 80 年代中期,几乎所有原来定位于婴幼儿和儿童市场的产品市场都呈现出不同程度的萧条景象。人口因素是企业细分市场重要而常用的依据,但消费者对许多产品的购买并不单纯取决于人口因素,而是同其他因素特别是心理因素有着密切关系。

 小案例

在线旅游企业发力细分市场

加快在细分市场的布局,是眼下很多在线旅游企业(OTA)正在发力的重点。作者通过分析携程近期公布的二季度财报发现,携程在旅游业的各细分市场进行多方布局后,目前已逐步收效。对此,携程旅行网董事会主席兼 CEO 梁建章表示,中国旅游业正进入发展的黄金时期,广大旅游者期望更为优质的细分领域产品。

此前,通过延展服务与战略卡位,携程已经在租车行业(一嗨、易到)、经济型酒店(如家/汉庭/7 天)、门票领域(同程)积淀了傲人的领先优势。2014 年二季度,携程又将目光对准了度假和住宿细分市场。在度假细分市场,携程的布局已将服务逐步延伸到各类客户群体。2014 年二季度,携程进入了有广大潜在商机的青少年和学生旅游市场,在移动端推出了"携程学生旅行"全新 APP,为在校大学生提供量身定制的特惠产品和注重分享、圈子的社交新功能。同时,战略投资学生旅游服务商北京世纪明德,结合自身多年来服务近 70 万青少年的经验,培养消费者在早期阶段就使用携程服务的习惯,成为学生旅游市场的行业领头羊。在住宿领域,2014 年二季度,携程也已经火力全开。携程近期携手战略投资的中软好泰,推出了 PMS 新产品"客栈通",该产品在为客栈经营者便捷管理订单数据与房源信息的同时,也会带来更充足的客源流量。

据悉,携程早前投资的中高端度假公寓短租网站途家网,近日已获得一轮 1 亿美元融资,将用于深化战略性业务拓展与布局,完善用户体验,尤其是在移动互联网的用户体验。

事实上,看到细分市场潜力的不只是携程。刚刚过去的七夕节,酷讯旅游推出的"情趣酒店"专题,成为今年七夕最炙手可热的酒店产品,备受热捧。"此次针对七夕推出的'情趣酒店'专题,用户可以通过除传统的地域、价格等筛选过滤条件以外的感性词汇来进行酒店的选择,更加贴近用户出行的真实目的和需求。"酷讯旅游相关负责人向记者透露,酷讯"情趣酒店"七夕期间覆盖人群达到 20 万用户量,酒店专题访问量超过 6 万余次,史无前例。

据了解,近年来,情趣酒店在全国范围内每年的开店数量几乎成倍增长,作为酒店行业中新的细分市场,情趣酒店将成为未来酒店行业利润的重要增长点。酷讯旅游首次推广情趣酒

店产品,无疑迎合了酒店行业细分市场的发展趋势,满足了情侣们度假旅游入住酒店的个性化定制需求。目前,酷讯情趣酒店专题共覆盖全国 31 个城市、600 余家情趣类酒店,酒店专题访问量、规模及精细程度居全国首位。

众信旅游也盯上了情侣们的腰包。2014 年七夕节,其针对广大单身男女推出的"月满巴厘岛单身派对 6 晚 7 日"产品一上线便迎来了销售高潮。据众信旅游市场部副总监马楠介绍,该产品将于 9 月 6 日中秋节期间从北京、上海两地出发,同时兼具了时间、价格、创意等多重优势。在行程方面,众信旅游特别安排"金巴兰皇家沙滩俱乐部 BBQ 派对""世纪佳缘策划百人交友互动派对"2 次狂欢派对;杀人、卧底、三国杀,连续 5 天 24 小时不间断的欢乐游戏;日式、印尼风味、私家沙滩海边 BBQ 畅享美食等。

(3)消费心理因素。即按照消费者的心理特征细分市场。按照上述地理和人口等标准划分的处于同一群体中的消费者对同类产品的需求仍会显示出差异性,这可能是消费心理因素在发挥作用。心理因素包括个性、购买动机、价值观念、生活格调、追求的利益等变量。如,生活格调是指人们对消费、娱乐等特定习惯和方式的倾向性,追求不同生活格调的消费者对商品的爱好和需求有很大差异。越来越多的企业,尤其是服装、化妆品、家具、餐饮、旅游等行业的企业越来越重视按照人们的生活格调来细分市场。

 小案例

汇源果汁的果蔬汁饮料

在碳酸饮料横行的 20 世纪 90 年代初期,汇源公司就开始专注于各种果蔬汁饮料市场的开发。虽然当时国内已经有一些小型企业开始零星生产和销售果汁饮料,但大部分由于起点低、规模小而难有起色;而汇源是国内第一家大规模进入果汁饮料行业的企业,其先进的生产设备和工艺是其他小作坊式的果汁饮料厂所无法比拟的。"汇源"果汁充分满足了人们当时对于营养健康的需求,凭借其 100% 纯果汁专业化的"大品牌"战略和令人眼花缭乱的"新产品"开发速度,在短短几年时间就跃升为中国饮料工业十强企业,其销售收入、市场占有率、利润率等均在同行业中名列前茅,从而成为果汁饮料市场当之无愧的引领者。其产品线也先后从鲜桃汁、鲜橙汁、猕猴桃汁、苹果汁扩展到野酸枣汁、野山楂汁、果肉型鲜桃汁、葡萄汁、木瓜汁、蓝莓汁、酸梅汤等,并推出了多种形式的包装。应该说这种对果汁饮料行业进行广度市场细分的做法是汇源公司能得以在果汁饮料市场竞争初期取得领导地位的关键成功要素。

(4)消费行为因素。即按照消费者的购买行为细分市场,包括消费者进入市场的程度、使用频率、偏好程度等变量。按消费者进入市场程度,通常可以划分为常规消费者、初次消费者和潜在消费者。一般而言,资力雄厚、市场占有率较高的企业,特别注重吸引潜在购买者,争取通过营销战略,把潜在消费者变为初次消费者,进而再变为常规消费者。而一些中小企业,特别是无力开展大规模促销活动的企业,主要吸引常规消费者。在常规消费者中,不同消费者对产品的使用频率也很悬殊,可以进一步细分为"大量使用者"和"少量使用者"。如,根据美国某啤酒公司的调查,某一区域有 32% 的人消费啤酒,其中,大量使用者与少量使用者各为 16%,但前者购买了该公司啤酒销售总量的 88%。因此,许多企业把大量使用者作为自己的销售

对象。

2. 产业市场细分的标准

消费者市场细分的标准,有些同样适用于产业市场细分,如地理环境因素、人口因素等。不过,由于产业市场与消费者市场存在差异,如产业市场购买者是专业用户,购买决策由专业人员做出,属于理性购买,受感情因素影响较少。所以,除了运用前述消费者市场细分标准外,还可以用一些新的标准来细分产业市场。

(1)最终用户标准。在产业市场上,不同的最终用户对同一种产品追求的利益是不同的。企业在分析产品的最终用户,就可以针对不同用户的不同需求制定不同的对策,如轮胎厂将整体市场划分为飞机用轮胎、汽车用轮胎、自行车用轮胎等。

(2)用户规模标准。在产业市场中,有的用户购买量很大,而另外一些用户购买量很小,所以可以根据用户规模,将产业市场划分为大客户、中客户、小客户三类。以钢材市场为例,建筑公司、造船公司、汽车制造公司等对钢材需求量很大,动辄购买数万吨,而一些小的机械加工企业,一年的购买量也不过几吨或几十吨。企业应当根据用户规模大小来细分市场,并根据用户的规模不同,采取不同的营销组合策略。

(3)个性特征标准。个性特征是指参与产业市场的产品购买决策成员的年龄、接受教育程度、社会经历及所担负的职务等,这些因素会影响具体的购买行为。

需要指出的是,由于市场需求的复杂性和多变性,无论是消费者市场细分,还是产业市场细分,仅凭某单一标准就能达到目的的情形是很少见的,往往需要将几个因素同时进行考虑,才能获得市场细分的成功。

3. 市场有效细分的条件

从市场营销的角度看,无论消费者市场还是产业市场,并非所有的细分市场都有意义,所选择的细分市场必须具备一定的条件。

(1)可衡量性。可衡量性表明该细分市场特征的有关数据资料必须能够加以衡量和推算。如,在空调市场上,在重视产品质量的情况下,有多少消费者更注重价格,有多少消费者更重视耗电量,有多少消费者更注重外观,或者兼顾几种特性。当然,将这些资料进行量化是比较复杂的过程,必须运用科学的市场调研方法。

(2)可实现性。可实现性即企业所选择的目标市场是否易于进入,根据企业目前的人、财、物和技术等资源条件能否通过适当的营销组合策略占领目标市场。

(3)可盈利性。可盈利性即所选择的细分市场有足够的需求量且有一定的发展潜力,使企业赢得长期稳定的利润。应当注意的是需求量是相对于本企业的产品而言,并不是泛指一般的人口和购买力。

(4)可区分性。可区分性指不同的细分市场的特征可清楚地加以区分。如,女性化妆品市场可依据年龄层次和肌肤类型等变量加以区分。

4. 市场细分的方法

(1)单一因素法。即按影响消费需求的某一个因素来细分市场。如,美国亨氏公司按年龄这一因素把婴儿食品市场划分为0~3个月、3~8个月、9个月以上等不同的细分市场。

(2)综合因素法。即按影响消费需求的两种或两种以上因素进行综合划分。因为顾客的需求差别常常极为复杂,只有从多方面去分析、认识,才能更准确地把他们区别为不同特点的群体。如，一家家居企业选择户主年龄、家庭规模及收入水平等三个因素进行市场细分。

（3）系列因素法。这种方法也是运用两个或两个以上的因素，但依据一定的顺序逐次细分市场。细分的过程就是一个比较、选择分市场的过程，下一阶段的细分，在上一阶段选定的子市场中进行。

（4）产品—市场方格图法。即按产品和市场这两个因素的不同组合来细分市场。如，某冰箱市场对冰箱有 4 种不同的需要：节能、美观、无噪音和环保；同时有 3 个不同的顾客群：农村、城镇个人、宾馆。这样就构成了 12 个细分市场。

二、掌握目标市场策划

（一）目标市场选择

在市场细分的基础上，企业首先要认真评估各细分市场，然后选择对本企业最有吸引力的一个或多个细分市场作为目标市场，有针对性地开展营销活动。

1. 评估细分市场

目标市场是在市场细分的基础上，被企业选定的准备为之提供相应产品或服务的那一个或几个细分市场。企业为了选择目标市场，必须对各细分市场进行评估，判断细分市场是否具备目标市场的基本条件。主要应从以下几个方面考虑：

（1）适当的市场规模和增长潜力。首先要评估细分市场是否有适当规模和增长潜力。适当规模是与企业规模和实力相适应的。较小的市场对于大企业来说，不利于充分利用企业生产能力。而较大市场对于小企业来说，则缺乏能力来满足较大市场的有效需求或难以抵御较大市场上的激烈竞争。增长的潜力是要有尚未满足的需求，有充分发展的潜力。

（2）有足够的市场吸引力。吸引力主要是从获利的角度看市场长期获利率的大小。市场可能具有适当规模和增长潜力，但从利润角度来看不一定具有吸引力。决定市场是否具有长期吸引力的因素主要有现实的竞争者、潜在的竞争者、替代品、购买者和供应者。企业必须充分估计这五种因素对长期获利率所造成的影响，预测各细分市场的预期利润的多少。

（3）符合企业的目标和资源。有些市场虽然规模适合，也具有吸引力，但必须考虑的是，第一，是否符合企业的长远目标，如果不符合，就只有放弃；第二，企业是否具备了在该市场获取所需的技术和资源，如企业的人力、物力、财力等，如果不具备，也只能放弃。但是仅拥有必备的力量是不够的，还必须具备优于竞争者的技术和资源，具有竞争的优势，才适宜进入该细分市场。

2. 选择目标市场

企业通过评估细分市场，将决定进入哪些细分市场即选择目标市场，在选择目标市场时有五种可供参考的市场覆盖模式。

（1）市场集中化。这是一种最简单的目标市场模式，即企业只选取一个细分市场，只生产一类产品，供应某一单一的顾客群，进行集中营销。如，某服装厂商只生产儿童服装。选择市场集中化模式一般基于以下考虑：企业具备在该细分市场从事专业化经营或取胜的优势条件；限于资金能力，只能经营一个细分市场；该细分市场中没有竞争对手；准备以此为出发点，取得成功后向更多的细分市场扩展。

（2）选择专业化。选择专业化是指企业选取若干个具有良好的盈利潜力和结构吸引力，且符合企业的目标和资源条件的细分市场作为目标市场，其中每个细分市场与其他细分市场之间较少联系。其优点是可以有效地分散经营风险，即使某个细分市场营利情况不佳，仍可在其他细分市场取得盈利。采用选择专业化模式的企业应具有较强的资源和营销实力。

（3）产品专业化。产品专业化是指企业集中生产一种产品，并向各类顾客销售这种产品。如格力空调只生产一个品种——空调，同时向家庭、机关、学校、银行、餐厅、招待所等各类用户销售。产品专业化模式的优点是企业专注于某一种或某一类产品的生产，有利于形成和发展生产和技术上的优势，在该领域树立形象。其局限性是当该领域被一种全新的技术与产品所代替时，产品销售量有大幅度下降的危险。

（4）市场专业化。市场专业化是指企业专门经营满足某一顾客群体需要的各种产品。如，某工程机械公司专门向建筑业用户供应推土机、打桩机、起重机、水泥搅拌机等建筑工程中所需要的机械设备。市场专业化经营的产品类型众多，能有效地分散经营风险，但由于集中于某一类顾客，当这类顾客的需求下降时，企业也会遇到收益下降的风险。

（5）市场全面化。市场全面化是指企业生产多种产品去满足各种顾客群体的需要。一般来说，只有实力雄厚的大型企业选用这种模式，才能收到良好效果。如，美国 IBM 公司在全球计算机市场，丰田汽车公司在全球汽车市场等都采取市场全面化的战略。

3. 目标市场营销策略

企业确定目标市场的方式不同，选择目标市场的范围不同，营销策略也有所不同。

（1）无差异性营销策略。无差异营销策略是指企业把整体市场看作一个大的目标市场，不进行细分，用一种产品、统一的市场营销组合对待整体市场。在下列两种情况下，企业会采用无差异性营销策略。一是企业面对的市场是同质市场，二是企业把整个市场看成是一个无差异的整体，认定所有消费者对某种需求基本上是一样的。

企业采用无差异性营销策略时，实际上忽略了消费者需求之间存在的不明显的微小差异，或者企业认为没有必要进行细分。因此，企业只向市场投放单一的商品，设计一套营销组合策略，开展无差异性的营销活动。在大量生产、销售的产品导向时代，企业多数采用无差异性营销策略进行经营。又如，食盐这种产品，消费者需求差异很小，企业认为没有细分的必要，可以采用大致相同的市场营销策略。

采用无差异性营销策略的最大优点是成本的经济性。大批量的生产销售，必然降低单位产品成本；无差异的广告宣传可以减少促销费用；不进行市场细分，相应减少了市场调研、产品研制与开发，以及制定多种市场营销战略、战术方案等带来的成本开支。但是，无差异性营销策略对市场上大多数产品都是不适宜的，特别是在当前商品生产发达，市场竞争激烈的情况下，对于一个企业来讲，一般也不宜长期采用。原因有，一是消费者需求客观上是千差万别、不断变化的；二是许多企业同时在一个市场上采取这种策略，竞争必然激化，获得市场的机会反而减少；三是以一种产品和一套营销组合方案来满足不同层次、不同类型的所有消费者的需求，也是很难做到的，总会有一部分需求尚未满足，这对企业和消费者都是不利的。

（2）差异性营销策略。这是一种以市场细分为基础的目标市场营销策略。采用这种策略的企业按照对消费者需求差异的调查分析，将总体市场分割为若干分市场，从中选择两个以上乃至全部细分市场作为自己的目标市场，并针对不同的分市场，有选择性地提供不同的商品，制定不同的市场营销组合，分别进行有针对性的营销活动，以满足不同分市场的不同需求。

采用差异性营销策略最大的优点是可以有针对性地满足不同特征顾客群的需求,提高产品的竞争能力。但是,由于产品品种、销售渠道、广告宣传的扩大化与多样化,市场营销费用也会大幅度增加。所以,无差异性营销策略的优势基本上成为差异性营销策略的劣势。同时,该策略在推动成本和销售额上升时,市场效益并不具有保证。因此,企业在市场营销中有时需要进行"反细分"或"扩大顾客的基数",作为对差异性营销策略的补充和完善。

小案例

华为荣耀为何力推畅玩品牌

2014年10月13日,华为荣耀再度出牌,正式推出新的品牌——畅玩,同时发布两款畅玩新品,即畅玩4移动/联通版和畅玩手环。其中,畅玩4移动/联通版定价699元/799元,2014年10月16日上市;畅玩手环定价399元,2014年10月21日上市。运营不到一年的华为荣耀,为什么会发布全新品牌?从内部来说,华为荣耀品牌需要实现用户细分,进一步拓展用户群体。当初华为终端推出荣耀品牌,目的就是适应互联网和电商的发展。那时候的电商意味着性价比,所以荣耀一切都是为了性价比,荣耀3C就是其中的佼佼者。然而,这也限制了荣耀的未来发展,因为在用户眼里荣耀就是性价比的代名词,这使得荣耀无法再向上打开空间。荣耀6的推出,就寓示着荣耀向中高端的拓展。而荣耀6至尊版2 999元的定价,更让其向上拓展的意图凸显无疑。全球首款八核手机,支持LTECat6,太空复合材质等参数,都显示荣耀6定位在中高端。但是因为荣耀注重性价比的品牌定位,使得很多人提到荣耀首先想到的是千元机,这无疑影响了荣耀6这样中高端手机的销售。尽管荣耀6上市3个月实现销量突破200万,但如果没有千元机的品牌联想,其销量必然更加惊人。从外部来说,是因为无论是电商还是互联网都从尝鲜人群拓展到主流人群。以前的电商是低价的代名词,人们上网购物都是注重低价。各大电商也是大打价格战,只要用低价就能吸引消费者的关注。但是,随着互联网的日益普及,网上购物成为人们的主流生活方式,为互联网而生的荣耀品牌也需要向主流人群拓展。按照华为荣耀业务部总裁刘江峰的话,未来1 500元以下的产品主推畅玩品牌,1 500元以上的产品主推荣耀品牌。未来,华为荣耀将形成追求性价比、追求快科技的畅玩品牌,以及追求极致科技、注重体验和品质的荣耀品牌,从而可以在华为手机产品上进行有效区隔与定位。

(3)集中性营销策略。集中性营销又称"密集性营销",是指企业在市场细分的基础上,选择一个或几个很相似的细分市场作为目标市场,制订一套营销组合方案,实行专业化经营,进行密集性开发,集中力量争取在这些分市场上占有大量份额,而不是在整个市场上占有一席之地。

集中性营销策略往往适合资源稀少的小企业。这些小企业如果与大企业硬性抗衡,弊多于利。因而,必须学会寻找对自己有利的微观生存环境。也就是说,如果小企业能避开大企业竞争激烈的市场,选择一两个能够发挥自己技术、资源优势的小市场,往往容易成功。对于某些暂时财力较弱的中小企业来说,恰当地采用这种策略,既可以在较小的市场上形成自己的经营特色或商品信誉,获得消费者的信任,提高投资收益率,又可以伺机在条件成熟时迅速扩大生产、提高市场占有率。

这一策略的不足是经营者承担风险较大,如果目标市场的需求情况突然发生变化,目标消费者的兴趣突然转移或是市场上出现了更强有力的竞争对手,企业就可能陷入困境。所以,采用这种策略,必须对市场有深刻的了解,必须对可能发生的风险有比较充分的应变准备,避免因选点过窄而孤注一掷。

小案例

"美寿多"目标市场策略

瑞士有一家叫"美寿多"修鞋配钥匙公司,它以修理皮鞋与配钥匙为经营业务,经过苦心经营,这么一种不起眼的小生意,竟然成为世界性的行业。现在它在全世界27个国家建立3 200个修鞋配钥匙中心,年营业额达数十亿美元。美寿多公司之所以能够使小行业做出大生意,主要靠其独创的经营途径。它设在世界各国的3 000多个子公司,都是安置在当地的大百货公司中,因为大百货公司是面对各阶层消费者的。当然,美寿多公司经营的成功,最主要还是他们重视修理质量和服务质量。为了保证修理质量,他们使用的材料都要经过公司认真检验后才送到各中心使用。正因为有如此严格的要求和精心的管理,做法上也不随波逐流,所以该公司大获成功。

(二)影响目标市场营销策略选择的因素

1. 企业实力

主要是指企业的人力、财力、物力,技术能力,创新能力,竞争力,销售能力,应变能力,公关能力等等。如果企业实力雄厚,就可以采用差异性营销策略;反之,宜采用集中性营销策略。

2. 市场的类同性

主要是指顾客需求和偏好的类似程度。如果顾客的需求相似或偏好大致相同,对促销刺激的反应差别不大,就可以采用无差异性营销策略;否则,宜采用差异性营销策略或集中性营销策略。

3. 产品生命周期

一般来说,企业的新产品在投入市场初期或处于增长期时,宜采用无差异性营销策略,以探测市场需求和潜在顾客情况。当产品进入成熟期以后,竞争者增多时,宜采用差异性营销策略或者集中性营销策略,以维持或延长产品生命周期,占领新的市场份额。

4. 商品差异性

一般是指商品自然属性的差异和选择性的大小。同质性产品主要表现在一些未经加工的初级产品上。如,原煤、原油、粮食等初级产品,虽有自然品质的差异,但消费者并不过分挑选。因此,同质性产品的竞争主要体现在价格和提供的服务条件上。对于该类商品,经营者可用无差异性营销策略。而对于家用电器、日用百货、服装、食品、机器设备等异质性需求产品,则根据企业自身实力,宜采用差异性营销策略或集中性营销策略。

5. 竞争者的策略

在市场竞争激烈的情况下，企业究竟采用哪种营销策略，还要看竞争者的策略并权衡其他因素而定，不能一概而论。如，竞争者实力较强并实行无差异性营销策略时，本企业可反其道而行之，实行差异性营销策略或集中性营销策略与其抗衡，反而能获得良好效果。假若竞争者已采取差异性营销策略，则可实行更为有效的市场细分，去争夺更为有利的分市场。或者，当竞争者实力较弱时，也可以采取无差异性营销策略，在整体市场或大面积市场中夺取优势。

总之，企业条件和市场条件是复杂的，竞争各方的情况也是多变的。因而，企业的决策者就要善于在分析对比和预计经济效益的基础上，做出目标市场营销策略的选择。

三、掌握市场定位策划

（一）市场定位的概念

在企业选定的目标市场上，往往会有其他企业的同种产品出现。也就是说，竞争者已在这目标市场上捷足先登，甚至已占据了有利地位。因此，企业为了出奇制胜，就必须了解现有竞争者的实力、经营特色和市场地位等，从而确定本企业的产品或市场营销组合进入目标市场的相对的市场地位。

市场定位也被称为产品定位或竞争性定位，是指根据竞争者现有产品在细分市场上所处的地位和顾客对产品某些属性的重视程度，塑造出本企业产品与众不同的鲜明个性或形象并传递给目标顾客，使该产品在细分市场上占有强有力的竞争位置。如，佳洁士牙膏总是宣传它的防龋齿功能；奔驰汽车总是宣传自己良好的发动机性能。每种品牌都应突出一种属性，并使自己成为该属性方面的"第一位"。

购买者容易记住领先产品的信息，尤其是在信息爆炸的社会。那么哪些"第一位"的属性值得宣传呢？主要的有"最好的质量"、"最佳的服务"、"最低的价格"、"最高的价值"和"最先进的技术"等。如果公司能在其中某一属性上击败竞争者，并能令人信服地宣传这一优势，公司就会非常出名。

市场定位是以产品为出发点的，是针对一种商品、一项服务、一家公司、一所机构、甚至一个人等，但定位的对象不是产品，而是针对潜在顾客的思想。就是说，要为产品在潜在顾客的心目中确定一个合适的位置。具体讲，就是企业从各方面为产品创造特定的市场形象，使之与竞争对手的产品显示出不同的特色，以求在目标顾客心目中形成一种特殊的偏爱。这种产品的形象和特色，可以从产品实质和产品形式上表现出来，如产品的性能、成分、形状、构造等；也可以从消费者心理和消费时尚方面表现出来，如豪华、朴素、典雅、时髦、舒适等；或者两方面共同作用而表现出来，如技术先进、物美价廉、服务周到等。企业所树立的产品形象、市场位置是否恰当，要通过与竞争对手的产品相比较，与市场上现有产品相比较来决定。可见，市场定位的实质是取得目标市场的竞争优势，确定产品在顾客心目中的适当位置并留下深刻的印象，以便吸引更多的潜在顾客。

（二）市场定位的依据

1. 根据产品属性和利益定位

产品本身的属性以及由此而获得的利益能使消费者体会到它的定位。如大众汽车的"豪华气派",丰田汽车的"经济可靠",沃尔沃汽车的"耐用"等。有些情况下,新产品应强调一种属性,而这种属性往往是竞争对手没有顾及的,这种定位方法比较容易收效。

2. 根据产品价格和质量定位

对于那些消费者对质量和价格比较关心的产品来说,选择在质量和价格上的定位也是突出本企业形象的好方法。按照这种方法,企业可以采用"优质高价"定位和"优质低价"定位。如,在家电大战如火如荼的同时,海尔始终坚持不降价,保持较高的价位,这是"优质高价"的典型表现。

3. 根据产品用途定位

例如,"金嗓子喉宝"专门用来保护嗓子;"地奥"心血康专门用来治疗心脏疾病。为老产品找到一种新用途,是为该产品创造定位的好方法。尼龙从军用到民用,便是一个最好的用途定位例证。

4. 根据使用者定位

企业常常试图把某些产品指引给适当的使用者或某个分市场,以便根据那个分市场的特点创建起恰当的形象。如各种品牌的香水,是针对各个不同分市场的,有的定位于雅致的、富有的、时髦的妇女,有的定位于生活方式活跃的年轻人。

 **小案例**

奇瑞 QQ 的定位

汽车产品一般是以价格档次定位,比如,"经济型轿车","中级轿车","中、高级轿车","豪华轿车"。奇瑞 QQ 是以细分消费群体为明确客户定位的汽车产品。"年轻人的第一辆车"提出了年轻的上班族崭新的生活方式——拥有汽车、拥有一个属于自己的移动空间,享受驾驭乐趣,这不只是有多年工作经历的上班族的专利,年轻的上班族同样也能进入汽车时代。而在此前,年轻的上班族的出行方式基本上是公交或自行车,打出租车只是偶尔的事情。国内的汽车厂商一般都认为,年轻的上班族不会买车,或者说上班族需要多年积累才有实力买车,而且即使在有了一些经济实力之后,上班族在买房与买车之间一般是选择前者,而不是后者。奇瑞 QQ 打破了传统的社会理念和消费观念,为年轻的上班族提出了汽车消费新理念。奇瑞公司经过调查得知,金融信贷工具在国内的广泛使用和信贷市场的成熟,增强了年轻上班族的购买力,培育了他们信贷消费的全新理念,而且年轻人注重生活质量,崇尚时尚的生活方式,这使得年轻人提前拥有自己的轿车成为现实可能和主观需要。另外,随着年轻人的成长,他们对社会的贡献越来越大,他们所占据的社会位置越来越重要,社会对他们的经济回报也一定是越来越大,年轻的上班族到那时还会更换更高价位的轿车。这就是奇瑞 QQ"年轻人的第一辆车"产品定位的创意初衷,也表明了奇瑞公司对汽车消费市场的深入分析和对目标消费群体的准确把握。

5. 根据产品档次定位

产品档次包括低档、中档和高档,企业可根据自己的实际情况任选其一。如,著名的丹东手表工业公司在国内大多数企业角逐中低档表市场的时候,通过对市场的调研分析发现了高档市场的潜在需求。于是,企业大胆地进行技术攻关,果断地率先进入高档手表的生产领域,成功地将其拳头产品"孔雀"表推入市场,并以高档优质的独特形象赢得了国内消费者的青睐。

6. 根据竞争地位定位

产品可定位于与竞争直接有关的不同属性或利益,如无铅松花蛋,将其定为不含铅,间接地暗示普通腌制的皮蛋含有铅,对消费者健康不利。这种定位方式关键是要突出企业的优势,如技术可靠性程度高、售后服务方便、迅速,以及其他对目标顾客有吸引力的因素,从而千方百计地在竞争者中突出自己的形象。

☞ 小贴士

服务差异

除了实际产品区别外,企业还可以使其与产品有关的服务不同于其他企业。一些企业靠速度、便利或及时、安全的运输来取得竞争优势,安装服务也能使企业区别于其他企业。例如,美国第一银行在超级市场开设了服务周全的分支机构,并且在假日和晚上为顾客提供便利的服务;IBM以高质量的安装服务闻名于世,它总是把所有购买的零件及时送到。并且,当顾客要求把IBM设备搬走和安装到别处时,IBM经常把竞争者的设备也帮忙搬走。

企业还可以根据维修服务进一步区分。许多汽车购买者宁愿多付一点钱,多跑一段路,到提供第一流服务的汽车经销商那儿买车。一些企业靠提供培训服务或咨询服务来区别于其他企业。企业还可以找到许多其他方法来通过差异化服务增加自己产品的价值。

---

7. 多重因素定位

这种方式是将产品定位在几个层次上,或者依据多重因素对产品进行定位,使产品给消费者的感觉是产品的特征很多,具有多重作用或效能。如一些名牌饮品分别以天然原料(质量定位),饮用、佐餐均相宜(用途定位),适用于儿童、少年及成年人(使用者定位)等综合方法来进行产品定位。采用这种方式,要求产品本身一定要有充分的内容,其"全"恰好就是它的竞争优势,是其他竞争者一时无法达到的。但是,要注意的是,如果需要描述的产品特性过多,那反而冲淡了产品的形象,使产品显得过于平常,对消费者吸引力不大,因而难以留下深刻印象。

(三)市场定位的步骤

1. 识别潜在竞争优势

识别潜在竞争优势是市场定位的基础。通常企业的竞争优势表现在两方面:成本优势和产品差别化优势。成本优势是指企业能够以比竞争者低廉的价格销售相同质量的产品,或以相同的价格水平销售更高一级质量水平的产品。产品差别化优势是指产品独具特色的功能和利益与顾客需求相适应的优势,即企业能向市场提供在质量、功能、品种、规格、外观等方面比竞争者更好的产品。为实现此目标,首先必须进行规范的市场研究,切实了解目标市场需求特点以及这些需求被满足的程度。这是能否取得竞争优势,实现产品差别化的关键。其次,要研究主要竞争者的优势和劣势,可以从三个方面评估竞争者,一是竞争者的业务经营情况,如近三年的销售额、利润率、市场份额、投资收益率等;二是竞争者核心营销能力,主要包括产品质量和服务质量的水平等;三是竞争者的财务能力,包括获利能力、资金周转能力、偿还债务能力等。

2. 企业核心竞争优势定位

核心竞争优势是指与主要竞争对手相比,企业在产品开发、服务质量、销售渠道、品牌知名度等方面所具有的可获取明显差别利益的优势。应把企业的全部营销活动加以分类,并将主要环节与竞争者相应环节进行比较分析,以识别和形成核心竞争优势。

3. 彰显核心竞争优势的战略

企业在市场营销方面的核心能力与优势,不会自动地在市场上得到充分的表现,必须制定明确的市场战略来加以体现。如,通过广告传导核心优势战略定位,逐渐形成一种鲜明的市场概念,这种市场概念能否成功,取决于它是否与顾客的需求和追求的利益相吻合。

 **小案例**

成功的定位选择

著名实业家陈庚早年创业时,经营的是一个罐头加工厂。当时,在新加坡已经有10多家同类企业,而且多是欧洲、美国、加拿大的一些大客户的长期供应商。这些商人的订货特点是:80%以上要方形、圆形、扇形的菠萝切块,20%要其他的异形切块。由于加工异形杂块所花费的工时长,人工成本必须就高,而客商的要货量却小,所以,一般厂商都不愿意接受这些异形菠萝罐头块加工的订货单。市场定位策略要如何实施?陈庚针对自己刚刚建厂的实际情况,通过对以上情况进行分析研究认为,只有把市场经营目标重点定位再放在这些异形菠萝罐头订货单上,才能避开同行已有多年订货渠道的优势,虽然各国商人手中的这一部分订货量小,但是加在一起就是一个大数字,给自己这个厂生产就足够满负荷了。

(四) 市场定位策略

市场定位策略主要有避强定位策略、迎强定位策略和重新定位策略。企业使用上述基本策略时,应考虑企业自身资源,竞争对手的可能反应、市场的需求特征等因素。

1. 避强定位

这是一种避开强有力的竞争对手进行市场定位的模式,企业不与对手直接对抗,将自己置于某个市场"空隙"。当企业对竞争者的位置、消费者的实际需求和自己的产品属性等进行评估分析后,发现现有市场存在缝隙或者空白,这一缝隙或者空白有足够的消费者而作为一个潜在的区域而存在;并且企业发现自身的产品难以正面匹敌,或者发现这一潜在区域比老区域更有潜力,在这种情况下可以发展目前市场上的特色产品,开拓新的市场领域。

这种定位的优点是能够迅速在市场上站稳脚跟,并在消费者心中尽快树立起一定形象。由于这种定位方式市场风险较小,成功率较高,常常为多数企业所采用。如,美国的Aims牌牙膏专门对准儿童市场这个空隙,因而,能在Crest(克蕾丝,"宝洁"公司出品)和Colgate(高露洁)两大品牌统霸的世界牙膏市场上占有10%的市场份额。

2. 迎头定位

这是一种与在市场上居支配地位的竞争对手"对着干"的定位方式,即企业选择与竞争对手重合的市场位置,争取同样的目标顾客,彼此在产品、价格、分销、供给等方面少有差别。采用这一战略定位,企业必须比竞争对手具有明显的优势,应该了解自己是否拥有比竞争者更多的资源和能力,必须提供优于对方的产品,使大多数消费者乐于接受本企业的产品,而不愿意接受竞争对手的产品。

在世界饮料市场上,作为后起的"百事可乐"进入市场时,就采用过这种方式,"你是可乐,我也是可乐",与可口可乐展开面对面的较量。实行迎头定位,企业必须做到知己知彼,力争比竞争对手做得更好。否则,迎头定位可能会成为一种非常危险的战术,将企业引入歧途。

3. 重新定位

重新定位通常是指对那些销路少、市场反应差的产品进行二次定位。初次定位后,随着时间的推移,新的竞争者进入市场,选择与本企业相近的市场位置,致使本企业原来的市场占有率下降。或者由于顾客需求偏好发生转移,原来喜欢本企业产品的人转而喜欢其他企业的产品,因而市场对本企业产品的需求减少。在这些情况下,企业就需要对其产品进行重新定位。所以,一般来讲,重新定位是企业为了摆脱经营困境,寻求重新获得竞争力和增长的手段。不过,重新定位也可作为一种战术策略,并不一定是因为陷入了困境。相反地,可能是由于发现新的产品市场范围引起的。如,某些专门为青年人设计的产品在中老年人中也开始流行后,这种产品就需要重新定位。

☞ 小贴士

市场定位应注意的问题

市场定位是企业营销管理者之间智慧的较量。一个产品可以有多种定位,如"低价定位"、"优质定位"、"服务定位"等,如何将这些定位信息迅速传递给消费者就依赖于正确的产品定位策略来实现。企业运用产品定位时应避免以下三种偏差:

1. 定位过低

消费者认为某种产品是低档产品,不符合产品使用的环境和质量属性,因而对之不屑一顾。如果某高科技或技术含量较高的产品,定位过低,则可能失去市场。

2. 定位过高

产品定位过高,会失去一部分有能力购买而被过高定位"吓跑"的消费者。如某种玻璃器皿,价格从1 000美元以上到50美元左右的都有,但大多数消费者认为该品牌的玻璃器皿产品都在1 000美元以上,从而影响了低价位潜在消费者的消费。

3. 定位混乱

定位混乱、不清晰,则消费者难以识别清楚。如对克莱斯勒汽车,消费者认为是名牌轿车、制作精良,而有人则认为它是平民驾驶车,粗制滥造。而奔驰轿车的定位则清晰得多,人们会一致认为它品质高贵、制作精良,是高档名牌轿车。

任务总结

目标市场营销战略策划是对企业营销战略的谋划和规划,通常包括四个步骤,第一,对企业的优势、劣势、机会、威胁进行综合的战略环境分析,即 SWOT 分析;第二步,在市场调查的基础上,以顾客需求的某些特征或变量为依据,按照顾客需求爱好的差别来细分市场的。细分消费者市场所依据的变数很多,可归纳为四大类:地理环境因素、人口因素、消费心理因素和消费行为因素。生产者市场的细分变量主要有:人文变量、经营变量、采购方法、情境因素、个性特征。

从企业市场营销的角度看,无论消费者市场还是产业市场,并非所有的细分市场都有意义。市场有效细分的条件有:可衡量性、可实现性、可盈利性和可区分性。市场细分的方法有:单一因素法、综合因素法、系列因素法和"产品—市场方格图"法;第三步,为了选择目标市场,必须对各细分市场进行评估,判断细分市场是否具备目标市场的基本条件有:① 适当的市场规模和增长潜力。② 有足够的市场吸引力。③ 符合企业的目标和资源。企业通过评估细分市场,将决定进入哪些细分市场即选择目标市场。企业在选择目标市场时有五种可供参考的市场模式:市场集中化、选择专业化、产品专业化、市场专业化和市场全面化;第四步,根据竞争者现有产品在细分市场上所处的地位和顾客对产品某些属性的重视程度,塑造出本企业产品与众不同的鲜明个性或形象并传递给目标顾客,使该产品在细分市场上占有强有力的竞争位置,即市场定位。市场定位通过识别潜在竞争优势、企业核心竞争优势定位和制定发挥核心竞争优势的战略三个步骤实现。市场定位策略主要有避强定位策略、迎强定位策略和重新定位策略。企业使用上述基本策略时,应考虑企业自身资源,竞争对手的可能反应、市场的需求特征等因素。企业在运用市场定位策略时要避免定位过低、定位过高和定位混乱三种偏差。

任务检测

一、选择题

1. 市场机会的价值大小由（　　）因素决定。
A. 人口规模及增长速度　　　　　　B. 企业内部的力量
C. 市场机会的吸引力　　　　　　　D. 可行性

2. 同一细分市场的顾客具有（　　）。
A. 绝对的共同性　　B. 较多的共同性　　C. 较少的共同性　　D. 较多的差异性

3. 企业选择目标市场时可以考虑的策略有（　　）。
A. 市场集中化　　B. 选择专业化　　C. 产品专业化　　D. 市场专业化

4. 改变消费者对品牌的信念,这是（　　）定位。
A. 实际的重新　　B. 心理的重新　　C. 竞争性　　D. 二次

5. "七喜"汽水突出宣传自己不含咖啡因的特点,成为非可乐型饮料的主导者,它采取的是（　　）定位。
A. 市场渗透　　　B. 避强定位策略　　C. 专业化营销　　D. 迎头定位策略

二、判断题

1. 市场机会对企业的吸引力是指企业利用该市场机会可能创造的最大收益。（　　）
2. 市场细分的客观基础是消费需求的差异性。（　　）
3. 产品专业化即生产不同性能和规格的产品,服务于同一细分市场,适用于有技术垄断优势或市场垄断优势的企业。（　　）
4. 市场定位是目标市场营销的基础。（　　）
5. 集中性营销策略往往适合资源稀丰富的大企业。（　　）

三、填空题

1.（　　）产生于内部优势与外部机会相互一致和适应时。

2. 市场细分就是以（　　）的某些特征或变量为依据,区分具有不同需求的顾客群体的过程。

3.（　　）是指企业选取若干个具有良好的盈利潜力和结构吸引力,且符合企业的目标和资源条件的细分市场作为目标市场,其中每个细分市场与其他细分市场之间较少联系。

4. 采用无差异性营销策略的最大优点是成本的（　　）。

5.（　　）是指根据竞争者现有产品在细分市场上所处的地位和顾客对产品某些属性的重视程度,塑造出本企业产品与众不同的鲜明个性或形象并传递给目标顾客,使该产品在细分市场上占有强有力的竞争位置。

四、简答题

1. 简述市场细分的基础。

2. 简述目标市场的选择模式。

3. 如何进行市场定位?

4. 简述市场有效细分的条件。

参考答案

案例分析

为牛奶找一个搭档

长期适量饮用牛奶不仅可以美容,还可以增强体质,全方位促进人体健康。但专家指出,空腹喝牛奶的习惯弊端较多,因为73%的亚洲人都有不同程度的乳糖不耐症,空腹喝牛奶,其中的乳糖不能及时消化,反被肠道内的细菌包围而产生大量的气体、酸液、刺激肠道收缩,易出现腹痛、腹泻等不良反应。那么,怎样喝牛奶才是最佳的方式? 专家建议,喝牛奶之前最好吃一些含粗纤维的食品。消费者遇到的问题往往就是难得的市场机会。华美食品公司就抓住了由上述问题带来的机会。

华美食品公司是一家专业制造饼干的公司,经过十一年的经营,旗下品类繁多。为了优化资源和聚焦优势产品,华美委托咨询公司对原有的产品品类进行梳理和整合,并根据市场需要推出系列化新品,新品的单品销量应至少达到一千万元。在行业经验和市场调查的基础上,咨询公司认为可以推出一种属于"粗纤维饼干"的新产品。这个大类是指以全麦、燕麦、麦纤为主要原料加工而成的消化饼、全麦饼、纤维饼等的统称,为了方便表达,市场统称为"消化饼"。这一方向与现今人们追求健康的理念潮流相一致,故决定在厂家的原有方向上借势布局,树上开花,策划和推出新品。这种饼干中的小麦粉、麸皮、燕麦经现代高科技手段加工后,既富含大量的食用粗纤维,又能够比一般的粗纤维食品更好地促进牛奶中蛋白质和多种维生素的吸收。

在"消化饼"市场中,已经形成了均然、乐之等全国性品牌,沐林、麸贝麸、思朗等区域性品牌。饼干市场的年销售量约为120~150万吨,消化饼只占了不到2%,以每吨一万元计,消化饼的年销售额约3亿元。华美公司提出年度单品销售额1500万元的目标,预期在消化饼市场占有率达到5%。目前纤维饼干市场的价格现状是:一端为高价格,18~24元/500克(如

"麸贝麸"、"沐林"等);另一端为低价格,8~10 元/500 克(如"均然"、"乐之"、"思朗"等)。

"消化饼"的概念虽迎合了 90 年代人们"粗粮＝健康"的概念认知,但作为"后起之秀",现在只占整个饼干市场很小的比例(2%以下),且不少人都以为是肠胃不好的人食用的饼干。又经调研得知,"消化饼"市场极度混乱,同类饼干的名称不下十余种:全麦饼、高纤饼、燕麦饼、燕麦胚饼、纤麸饼、全麦粗纤维饼、燕麦纤维饼、五谷杂粮饼、麦纤饼、麦胚饼、麦纤胚饼等。在如此小的市场份额之下拥有如此繁多杂乱的产品名称,对市场培育是极为不利的,同时也增加了对消费者进行教育的成本和困难程度。

通过市场调研,华美发现:消费者在吃饼干时一定都会搭配喝点液体饮料,而其中 80%以上的消费者喜欢搭配的是牛奶。进一步的调研发现:有意让消费者吃饼干时搭配喝牛奶,他们表示牛奶香让饼干更酥口、更美味,而且,在搭配牛奶测试时,他们不再抱怨产品太甜、太咸或太油腻。接下来的问题是:让消费者在吃饼干的时候喝牛奶,还是让消费者在喝牛奶的时候吃饼干? 近年来,牛奶的市场容量直线上升,2012 年达 1 300 多万吨,而整个饼干市场才 120 多万吨。那么,华美新产品到 10 倍于饼干市场的牛奶市场中去寻找客户,比在饼干市场中的 2%还不到的小细分市场中去分一杯羹,成功的机会大得多。喝牛奶是为了健康,吃消化饼也是为了健康,喝牛奶时搭配消化饼更有利于健康。不同配料的饼干给牛奶加入不同的口味,健康、方便、好味道,这正是消费者所需要的利益。这可是一个黄金般的空白市场啊! 华美的新产品就应该占领这个市场,成为消费者饮用牛奶时搭配固体食物的最佳选择。牛奶是天然营养健康的食品,能与牛奶搭档的食品,自然也是天然营养健康的食品。"粗纤维饼干"口感粗糙,与香滑的牛奶搭档就不再有这种困惑。各种口味的粗纤维饼干,都融于牛奶的香浓而滋味无穷。与牛奶做搭档,为华美新饼干开发了更广阔的功能。

在产品设计方面,策划人员根据不同类型的顾客需求提出了三种产品概念:学生和上班族的快速营养早餐(添加钙和维生素的饼干);中老年人的健康辅助食品(低糖、低脂饼干);为喜爱零食者准备的简便小食。华美新产品是一个系列产品,有多种口味,适合不同群体,包装多样化。比如在口味上,可以设计成:为牛奶加一点麦香;为牛奶加一点芝麻;为牛奶加一点花生;为牛奶加一点杏仁;为牛奶加一点蔬菜。按粗纤维的粗细程度不同,可先开发出特粗、中粗、细粗产品。虽然男女老少都喝牛奶,但需求还是会略有不同,所以跟着牛奶走的牛奶搭档自然也应当通过产品的多样化,满足不同人群的需要。

"牛奶搭档"上市后立即获得了消费者的青睐,在卖场中经常脱销。饼干和牛奶的合璧,让华美公司的新产品融入了迅速扩张的牛奶版图。

问题

1. 定位成功的关键是什么?

2. 华美公司将新产品定位于"与牛奶做搭档的产品",这种做法妙在何处?

分析

在市场竞争日益激烈的今天,产品的同质化程度越来越强,使消费者难以进行有效区分,从而导致许多企业产品营销的失败。究其原因,最为根本的是企业没有准确有效地进行市场细分、目标市场选择和市场定位。案例中的华美公司之所以能成功,主要在于其洞悉竞争对手产品的定位,能在差异中寻找市场机会,并准确地定位。

实训操作

目标市场营销策划

1. 实训目的

通过本次实训,使学生明确目标市场营销策划的过程,掌握目标市场营销策划的基本技能。

2. 实训要求

基于小王创业项目,进行市场细分,选择网络人才招聘平台项目,并进行有效的定位,写一份目标市场策划报告,内容要求包括市场细分、目标市场选择和市场定位,字数不少于1 500字。

3. 实训材料

纸张、计算机网络、笔或打印机等。

4. 实训步骤

(1)分析应聘者寻求工作信息的途径;

(2)比较各种的途径的优劣势、机会与威胁;

(3)选择细分标准进行市场细分;

(4)选择目标市场,并制定进入的策略;

(5)选择定位方法和策略进行有效的市场定位;

(6)撰写目标市场策划报告。

5. 成果与检验

每位学生的成绩由两部分组成:学生实际操作情况(40%)和分析报告(60%)。

实际操作主要考查学生实际执行实训步骤以及撰写目标市场策划报告的能力;分析报告主要考查学生根据创业项目的需要,执行网络人才招聘市场细分、目标市场选择和市场定位的步骤、内容框架的正确性和合理性,分析报告建议制作成PPT。

任务八　企业形象策划

知识目标

1. 了解企业形象策划的基本流程。
2. 掌握企业形象策划的基本内容。
3. 理解企业形象策划的时机及应注意的问题。

技能目标

能根据企业形象策划的基本流程和内容进行企业形象策划。

任务导入

小王经过对网络人才招聘市场进行细分后，发现大部分网络人才招聘市场缺乏对应聘者进行有效的培训，而且许多应聘者都没有机会与用人单位进行直接面对面的交流机会。因此，小王就想创建一个"职白网"，希望通过对应聘者进行适度的培训，为应聘者和用人单位提供一个直接的面对面的交流机会，促进更多的应聘者熟悉应聘面试的过程与内容，为未来的成功就业提供更多的机会。但是，如何将这种定位向目标受众进行传播，树立"职白网"的形象呢？这是小王面对的一个重要的战略问题。

任务分析

在产品同质化的今天，企业间的竞争日益激烈，使得消费者难以识别企业间的差异到底是什么，因此，许多企业开始进行企业形象系统策划，目的就是要确立自身在其相关公众心目中的地位。那么，什么是企业形象，其构成要素有哪些，如何遵循一定的程序对影响企业形象的因素进行有效的设计和传播，就是此次任务的中心。

知识精讲

一、了解企业形象策划的基本流程

（一）企业形象策划的定义

企业形象策划简称 CI 或 CIS，是英文"corporate Identity system"的简称或者缩写，一般理解为企业识别系统。它是指企业对自身的理念文化、行为方式及视觉识别进行系统地革新，统一地传播，以塑造出富有个性的企业形象，以获得企业内外公众认可的经营战略。CI 策划可以使企业将自己企业或品牌特征有计划、有步骤地向公众展示，使公众对企业或品牌有一个标准化、差异化、美观化的印象和认识，以便更好地识别，从而提升企业的经济效益和社会效益。

小案例

中国移动通信的企业标识形象

中国移动通信集团公司标识是一组回旋线条组成的平面，造型为六面体的网络结构，象征着移动通信的蜂窝网络。线条纵横交错，首尾相连，由字母 CMCC（中国移动通信集团 China Mobile Communications Corporation 的缩写）变形组合而来，两组线条犹如握在一起的两只手，象征着和谐、友好、沟通。中国移动通信一直致力于通过自己的服务，拉近人与人之间的距离。线条组成的图案适合在圆形（地球）之中，寓意中国移动通信四通八达，无处不在。

全图以沟通为诉求点,流畅的线条上下贯通、左右结合,体现出中国移动作为信息传递与情感交流的沟通纽带是所值得信赖的企业,是中国移动"正德厚生、臻于至善"企业核心价值观的集中体现。

(二)企业形象策划的基本程序

一般而言,CIS 策划程序分为 CIS 导入确立、CIS 形势调研、CIS 企划、CIS 设计开发和CIS 实施五大步骤。

1. CIS 导入确立

企业在 CIS 导入确立阶段,其工作内容主要有:一是明确导入 CIS 的动机,根据企业内外部的需求背景,针对具体企业的营运与设立状况,明确导入的目的和目标,制定基本战略,及时立项,为正式启动导入计划做好人力、物力、财力等方面的准备;二是组建负责 CIS 的机构,由发起人召集最初的参与人员,参与成员主要由企业负责人、部门负责人和 CI 专业公司人员构成;三是安排 CI 作业日程表,按照 CI 作业的四大阶段,根据企业的具体情况拟定作业项目和进度安排,提交讨论并最后确定日程安排;四是导入 CI 费用预算,仔细进行 CI 各项作业的预算,做好 CI 费用预算表,提交企业主管和财务主管审核;五是完成 CI 提案,按照规范完成 CI提案书,充分说明导入 CI 的理由、背景、基本方针、计划项目、负责机构的设想、作业安排、项目预算、推进方针和期待成果。

☞ **小贴士**

CI 提案书的编写提纲

1. 前言

对策划的意义、目的、原因、方法、内容等背景性资料进行简单介绍,使公众了解项目的背景情况,准确判断方案的现实价值。

2. 企业导入 CI 的背景

包括企业概况、企业导入 CI 的原因或各种有利和不利条件分析。

3. 企业 CI 形象策划方案

(1)企业现状调查,说明调查内容、对象、方式、程序与期限、调查结果分析。

（2）企业市场定位，对目标市场的现状及趋势、竞争者、顾客、社会环境的分析，对市场定位策略的落实。

（3）组织落实，包括成立 CI 委员会、CI 推进小组等。

（4）分别制定 MI、BI、VI 的策划方案。

（5）CI 的导入实施和推广。

（6）CI 形象工程预算。

（7）CI 实施程序监测与效果评估。

2. CIS 形势调研

在提交 CI 提案书通过后，成立专门的负责机构，需要对企业的有关内外情况进行深入细致地了解和分析，即进行 CIS 形势调研，这是进行 CIS 企划的前提。CIS 形势调研的内容主要包括企业环境调研、企业营运状况调研和企业形象调研三个方面。

企业环境调研主要包括市场需求调研、市场竞争调研、社会文化调研、政策法规调研等。

企业营运状况调研主要包括生产状况分析、营销状况分析、财务状况分析、人力状况分析、管理状况分析、企业 CIS 现状分析。

企业形象调研主要包括两个方面，一是自我评价，企业形象的自我评价一般从企业形象要素的分析来进行，企业形象要素是一个含有诸多内容的综合体，其包括企业的经营效益、管理水平、人员素质、产品质量、服务态度、营销策略、合同履行、办事效率、企业规模等各个方面；二是公众评价，其实，企业形象调研主要是调查公众对本企业的认知、态度和印象。

在这一阶段，工作内容主要有，一是确定调研总体计划，制定调研计划，包括调研内容、调研对象、调研方法、调研项目、调研程序与期限、调研成果形式等；二是分析与评价企业营运状况，分析企业各种相关的报表和调查资料，走访有关人士，诸如企业主管、财务主管、营销人员等，充分掌握资料，进行分析研究；三是企业总体形象调研和视觉形象项目审查，采取定性与定量两种形式，就企业的基本形象、特殊形象对企业内外进行采访和问卷调查，手机视觉形象项目，进行分析比较，广泛征求意见，得出审查意见；四是调查资料的分析和研究，对经营情况与形象调查的所有资料进行整理、统计，对企业经营实态与形象建设现状做综合的研究与评价，明确企业目前的问题，初步提出 CI 导入战略构想；五是完成调查报告书，将调研成绩阐述在系统的报告书中，提交企业主管、相关部门主管、CI 委员会全体成员讨论审议。

3. CIS 企划

在企划阶段，可以根据形势调研所得的数据、资料和结论，与企业高层管理者进行双向沟通，分析企业定位、企业形象等问题，确立 CI 企划的目的，拟定企业未来的形象概念，构建理念系统，研讨形象塑造方案，这一阶段的工作内容主要有明确 CI 企划的目的和导入重点、界定 CI 的社会定位和市场定位、规定 CI 策划的执行和评估方法、制定 CI 企业的操作程序等。

企划阶段结束，应提交一份能表达总体企划思想和战略的总概念报告书，以备日后照"章"办事。

4. CIS 设计开发

在 CIS 形势调研的基础上，要对 CIS 进行全面的设计开发，这是企业形象策划的重点工作。在这一阶段,工作内容主要有,一是创立企业理念,提出具有识别意义的企业理念,包括企业使命、经营理念、行动准则与业务范围等,并提供理念教育规范的行为特征,创作企业标语、口号、座右铭、企业歌曲等;二是设计开发视觉识别系统,确定企业命名或更名策略,将 CI 概念体现在基本因素的设计中,再以基本设计为准,开发应用设计要素,对新设计方案进行技术评估与形态反应测试、修改,举一反三,最后确定企业形象识别系统,编制 CI 设计手册;三是办理有关法律行政管理手续,进行企业名称登记或更名登记,商标核准与注册登记等。

5. CIS 的实施

CIS 的实施分 CIS 的推行和实施控制两个环节。

(1) CIS 的推行。CIS 的推行主要有如下几个方面:① CIS 的传播。在企业 CIS 计划制定后,企业需精心策划 CIS 对内和对外的传播,拟定详尽的发布传播计划,开展象征企业新生的各项活动,使 CIS 尽快导入企业并得到公众的认可。在 CIS 的传播中,先要做好对内传播,要充分调动企业员工的积极性,得到员工对 CIS 导入的理解和支持。对内传播的媒介形式有广告说明书、企业内部公关、CIS 刊物、视听教育用具、宣传海报、例行会议、讲座及仪式等。其次要做好对外传播,企业应确认对外传播的方针,以明确的方针为基础,确定对外传播的基本意义、对外传播的基本内容、对外传播的时间安排、对外传播的对象、所用媒体形式、预期目标等,从而进行成功的对外传播。② 理念识别系统推行。在 CIS 的理念导入中,只进行传播而不推行是毫无意义的,理念的推行与企业的内部传播是同时进行的,在 MIS 的推行中通常可采用以下几种方法:重复加强、阐释体会和认识、环境物化、仪式和游戏等活动、树立模范等。③ 行为识别系统推行。行为识别系统是企业理念诉诸实施的行为方式,通过企业对内部的推行和对外部的推行来表现出来。对内部的行为识别系统推行的内容主要有建立完善的组织、管理、培训、福利制度与行为规范;对外部的行为识别系统推行的内容包括通过社会公益活动、公共关系及营销活动传达企业理念,获得公众的识别认同,提高企业的知名度、美誉度,从整体上提高企业形象。④ 视觉识别系统推行。视觉识别系统的推行主要集中于企业名称、企业品牌、品牌标准字、标准色、口号、标准语等基本要素和诸如办公用品、招牌、旗帜、衣着产品设计、广告媒体传播策划等应用要素的设计与应用,在视觉识别系统设计手册编写完成后,要依照企业形象系统设计手册的内容,实现视觉识别系统的对内和对外传达的统一,突出企业视觉识别系统的规范性和个性。

(2) CIS 的实施控制。在 CIS 的导入过程中,企业需设立专门的 CIS 管理机构对 CIS 的实施进行监控和管理,编列专门预算支持 CIS 作业。同时,经营者必须按照 CIS 计划严格执行,保证 CIS 实施的一贯性。在实施中不断进行评估,并对不适应的地方做出调整。① 实施督导。当 CIS 策划设计完成后,对 CIS 委员会应进行改组,建立相应机构监督 CIS 计划的执行。CIS 推行的管理主要是企业内部的事情,主要涉及总经理办公室、人力资源管理部、公关企划部门和市场营销部门的工作,CIS 管理委员会应由这些部门的主管和专职人员负责。② 效果评估。对 CIS 导入效果进行评估,了解 CIS 导入所取得的成效,可以从中发现导入中的不足,对下一步的推行工作进行改进,以求得更好的效果。根据企业导入 CIS 的战略目标,可以确定评估内容的重点与评估标准。如,湖北劲牌酒业有限公司导入 CIS 战略的目标是建立标志品牌的统一识别系统,其评估重点放在了企业新标志、品牌的视觉印象以及识别力与标准化表现上。同时,企业导入 CIS 的目标在实施推进过程中应逐步具体化,不仅有长期目标,还有中、短期目标,在不同的期限到来时,应及时对 CIS 导入的效果进行评估,从而得到阶段性的效果评估结论。③ 调整改进。通过对 CIS 的实施督导以及及时地进行效果评估,CIS 导入执行机构应对实施中发现的问题进行分析,改进推行实施方案,修正作业计划,完善 CIS 的制度化惯例。若需调整改进推行方案,应写出书面报告,提交CIS 委员会讨论,根据此报告修改和进一步完善推行方案,由企业主管审批后执行,从而使CIS 的导入取得更佳效果。

二、掌握企业形象策划的基本内容

(一) 企业形象系统的构成

企业形象系统(CIS)主要由三大基本要素构成,即理念识别系统(MIS)、行为识别系统(BIS)、视觉识别系统(VIS)。

1. 理念识别系统

理念识别系统(Mind Identity System),即企业的经营理念,是 CIS 战略运作的原动力和实施基础,是 CIS 的灵魂,被称为企业识别系统的"心"。其主要内容包含企业的事业领域、价值观、企业精神、企业使命、经营宗旨、企业风格、行为准则、座右铭等内容。完整的企业识别系统的建立,有赖于企业经营理念的确立。

2. 行为识别系统

行为识别系统(Behavior Identity System),是企业经营理念的动态化体现,被称为企业识别系统的"手"。其主要内容包括对外回馈、参与活动、对内组织、管理和教育,是企业实现经营理念和创造企业文化的准则。企业的行为识别系统基本上由两大部分构成,一是企业内部识别系统,包括企业内部环境的营造、员工教育及员工行为规范化;二是企业外部识别系统,包括市场调查、产品规则、服务水平、广告活动、公共关系、促销活动、文化性活动等。

3. 视觉识别系统

视觉识别系统(Visual Identity System),是企业形象的静态表现,也是具体化、视觉化的传达形式,它与社会公众的联系最为密切,影响面最广,从而使其成为企业对外传播的一张"脸"。视觉识别系统分为基本要素系统和应用要素系统两方面。基本要素系统主要包括企业名称、企业标志、标准字、标准色、象征图案、宣传口语等;应用系统主要包括办公事务用品、生产设备、建筑环境、产品包装、广告媒体、交通工具、衣着制服、旗帜、招牌、标识牌、橱窗、陈列展示等。视觉识别在 CI 系统中最具有传播力和感染力,最容易被社会大众所接受,据有主导的地位。

4. 三者关系

CIS 是一个整体系统,MIS、BIS、VIS 三个子系统有机结合,相互作用,共同构成了 CIS 的完整内涵,并塑造了各具特色的企业形象。

MIS 比较抽象,是企业的宗旨、灵魂,是企业赖以生存的原动力,是企业的独特价值观的设计,它规定了 CIS 策划系统的整体方向,BIS 和 VIS 都是由它来引导和发展的。

BIS 是动态的识别形式,它规范着企业内部的组织、管理、教育以及社会的一切活动,实际上是企业选择的运作模式。通过这种运作模式,既实现了企业的经营理念,又产生一种识别作用,即人们可通过企业的行为性去识别认知企业。

VIS 是静态的识别符号,是 CIS 最外露、最直观的表现,也是 CIS 中分列项目最多、层面最广、效果最直接的向社会传递信息的部分。总之,MIS 规定了 BIS,并且通过 VIS 来展示,三者共同塑造了企业独特的形象,达到了企业识别的目的。

(二)企业形象策划的基本内容

1. 企业理念识别系统的策划

理念是企业的灵魂。理念的设计在企业形象策划中占有核心地位。策划企业理念要弄清决定和影响企业理念的主要因素。市场营销理念的设计既要准确地提炼企业的主导理念,也要全面规划由主导理念辐射到各个层面和各个侧面的分支理念。理念设计要有正确的理论依据和实践依据。理念设计要围绕经营方向、经营思想、经营道德、经营作风、经营风格等内容展开。理念要发挥作用必须向视觉识别系统和行为识别系统渗透,以促进抽象理念的具体化、行为化。

从宏观层面看,最先进的超前发展的企业已确立社会营销理念,一般先进的企业也树立了适时型的市场营销理念,尚未实行经营机制转换的企业还停留在滞后型的生产理念阶段,代表中国当前理念水平状态的应该是市场营销理念。

从微观层面看,同一企业有不同的发展阶段,每一阶段应该拥有相应的理念,这构成了纵向多元理念。同一企业当它实行多角化经营时,应针对发展的多角领域,以有差别的不同理念去适应各领域的发展,这构成了横向多元理念。这种纵横交织形成的多元理念组成了企业理念识别系统。但在企业成长过程中的某一时点上,总有一种理念作为企业营销状态的主导理念。

(1)企业理念系统策划的原则。在进行企业理念系统策划过程中,应该遵循如下原则:① 差异化原则。它是指理念策划应有自己的独特风格,能鲜明地把本企业与其他企业的理念区别开来。② 民族化原则。它是指理念策划应根据自身的民族特点。日本企业的理念策划非常注重"和谐"这一民族特点。所以,日本佳友生命公司于 1983 年调查了日本全国 3 600 家公司,其中以"和谐"为企业理念的有 548 家,占 15.2%。而美国企业在策划理念时,十分注意贯彻美国民族的特点,强调个性。据调查,在美国企业里几乎有三分之一的企业明确强调要让每个员工充分展示出自己的个性,让每个员工的潜力得到最大限度发挥。③ 概括化原则。它是指企业理念策划应该简洁扼要,既便于企业内部的掌握,也便于向企业外部传播。IBM 的企业理念概括为:科学、进取、卓越。这个理念就显得非常简洁明了。

(2)企业理念识别系统策划的内容。企业理念识别系统包括企业的经营方向、经营思想、经营道德、经营作风、经营风格等具体内容。

经营方向是指企业的经营领域和企业的经营方针。

经营思想是企业生产经营活动的指导思想和基本原则,是企业领导者的世界观和方法论在企业经营活动中的运用和体现。经营思想一般有三个层次,第一层次是经济。企业全部活动以赢利为目的,任何一种经济行为,它的首要目标都是实现利益;第二层次是经济、社会。企业全部活动除了追求经济效益外,还要实现社会效益,绝不能因为经济效益的追求而忽视了企业的社会义务;第三层次是经济、社会、文化。这类企业,不仅追求利润,追求社会效益,更注重文化建设,而且把建立独特的企业文化、管理文化作为企业的第一任务。

经营道德是人们在经营活动中应该遵循的,靠社会舆论、传统习惯和信念来维系的行业规范的总和。企业经营道德以"自愿、公平、诚实、信用"为基本准则。

经营作风指企业的行为方式或存在方式。

企业的经营风格是企业精神和企业价值观的体现。

(3)企业理念识别系统的渗透策划。企业理念识别系统的渗透策划应从如下几个方面进行:① 企业理念在视觉识别中的渗透。企业形象策划是对企业形象各子系统进行综合又促进彼此渗透的过程。理念识别系统要与视觉识别系统、行为识别系统结合,才能形成完整的企业形象识别系统。就是说,理念的表现必须通过渗透到视觉、行为才能得以完成;反过来,视觉、行为只有灌输了企业理念才富有内涵。如,建筑物设计要传达企业的理念,商品的包装设计也要传达企业的理念,员工制服及其他应用系统也要通过色彩、款式、材料等元素体现出来。理念和视觉是"心"和"脸"的关系。② 企业理念在行为识别系统中的渗透。如果说理念识别系统是 CIS 的"想法",那么,行为识别系统就是 CIS 的"做法"。企业的对内、对外行为都由企业的理念支配,都为表达企业理念服务。企业理念在行为识别系统中的渗透是自始至终、无所不及的。企业环境的营造也应该突出企业理念这个中心,优秀企业应营造出优美、和谐、向上的环境,以体现企业的卓越追求和高超管理。③ 企业理念的行为化。企业理念渗透到视觉识别系统和行为识别系统的过程,是企业理念的行为化过程。企业理念行为化可通过仪式化、环境化、楷模示范、培训教育、象征游戏等方法来实现。

2. 企业行为识别系统的策划

(1)企业组织群体规范策划。企业组织群体规范策划主要有:① 企业管理制度策划。企业管理制度是规范企业组织群体的行为、塑造良好企业形象的主要约束机制。企业管理制度的策划和建立是一个系统工程,主要包括企业宏观管理制度和各职能部门制度两部分。

企业宏观管理制度策划主要有:

企业管理体制,即以产权制度为核心的企业管理体制。

企业领导制度,包括企业领导原则、体制、领导权限等,其核心内容是解决企业内部领导权的归属、划分和如何行使的问题。

企业规章制度,即企业全体员工共同遵守的各种规则、章程、程序和办法。

企业经济责任制度,即以提高经济效益为目的,实行经济责任、经济权利和经济利益相结合的经济责任制。

各职能部门管理制度策划主要有:

计划管理制度策划,包括战略管理计划制度、年度计划管理制度、经济合同管理制度、统计工作制度等。

财务管理制度策划,包括企业内部经济核算制度、成本管理制度、固定资产管理制度等。

人力资源管理制度策划,包括企业员工招聘录用制度、新老员工教育培训制度、员工考评制度、员工激励和奖惩制度、人才调配和流动制度等。

生产管理制度策划,包括生产作业计划制度、生产调度工作制度、生产协作制度、全面质量管理制度、设备管理制度、安全生产和事故报告制度等。

技术管理制度策划,包括科研和新产品开发管理制度、科技情报管理制度、技术档案管理制度、工艺管理制度、材料消耗定额制度等。

市场营销活动管理制度策划，包括市场调研与预测制度、目标市场管理制度、产品销售管理制度、价格管理制度、分销渠道管理制度、广告宣传和推广管理制度、售后服务管理制度等。

行政管理制度策划，包括行政生活管理制度、治安保卫工作制度、消防安全管理制度、文书档案与保密管理制度等。

② 企业组织行为策划。组织是指为实现企业的目标及执行企业的战略策略，对企业人力资源进行调配所建立的社会机构。企业组织行为策划主要通过组织设计，制定企业组织的目标，确定企业的组织结构、劳动分工和责权范围，塑造良好的企业形象的动态行动。主要包括企业环境营造、员工教育设计、产品和服务规划、宣传活动策划等。

（2）企业员工行为规范规划。企业员工行为规范规划主要包括：① 企业员工的工作规范。企业员工的工作规范策划是根据企业的现行制度和各部门、各岗位的职责，规划出员工共同遵守的行为准则及实现的条件。

员工行为准则策划应有利于企业员工富有进取心、责任感和敬业精神，积极、热忱地做好本职工作。企业通过制定规章制度和合理、规范的奖惩制度，并设计出有利于实现企业员工行为规范的个体工作环境和群体工作环境，来保证企业员工行为规范的实现。

个体工作环境策划应从企业员工个体方面分析，特别是对企业员工积极性、达到行为规范有重要影响的因素分析，如知识和技能方面的差异、对自身价值实现和发展方面的要求的差异、对环境因素满意程度的差异等。针对这些影响因素，实现企业员工行为规范的个体工作环境应注意因人善任、岗位培训、各项工作的重要性和可鉴别性，发挥激励机制。

② 企业员工的礼仪规范。如果企业的员工个个精神焕发、衣着整洁、语言文雅，待人落落大方、热情周到，那么，每一位光临该企业的人都会有一种心情愉快的感觉，从而有很高的回头率，也更利于业务活动的开展。相反地，如果企业员工精神萎靡、衣冠不整、语言粗俗、态度冷淡，就会给人一种该企业毫无生命力的感觉，从而使该企业在客户、顾客及公众中的印象较差，以致无人愿意光顾或合作。塑造良好的员工形象可通过文艺演出、舞会、书画展览、企业展览、庆典活动等方式来实现。

3. 企业视觉识别系统策划

企业视觉识别系统是一个完整的符号系统，它由标志、标准字、标准色等基本要素，以及产品包装、广告、运输工具、标识牌、办公用品等应用要素所组成。

☞ 小贴士

企业视觉识别系统策划的特征

1. 独创性

企业视觉形象的独创性来自于设计对象的特征，而设计对象的特征又源自于设计者的认识主体。独创性要求设计师具有不满感、好奇心、成就感、专注性等心理因素，还具有设计思维的流畅力、变通力、超常力、洞察力等智力条件。

2. 情趣性

当现代社会越来越多地创造物质财富时，当人们为紧张的生存危机而奋斗时，情感和趣味等精神需求也在与日俱增。在这种情况下，企业形象的趣味图形开始越来越广泛地应用于各种指示符号、企业标志、商业广告招牌、商品包装、展示陈列等,它们不仅积极发挥着介绍产品、促进销售的作用,也在人一商品一社会之间,协调着各种矛盾和紧张关系。

3. 针对性

企业视觉形象的选择要求针对不同的诉求对象、不同民族的文化背景、不同地域的历史条件进行设计。选择符合审美规律并且和谐统一的审美表现手法,可以营造出值得信赖的购物环境和文化氛围,诱导消费者产生认同。

4. 艺术性

企业视觉形象的可视性是通过准确、生动的艺术形象,来表现审美主体对审美对象在形式、结构、表现技法认识上的完美程度。如产品自身的造型,产品的包装、装潢,企业的标志、徽章、造型等。当这些视觉媒介被赋予神韵、意趣、形态时,注入其中的思想情感及象征寓意便有了特殊的意义。

（1）企业视觉识别系统的基本要素。企业视觉识别系统的策划分为基本要素和应用要素两大部分。基本要素主要包括企业名称、品牌标志、标准字体、标准色、象征图案等;应用要素主要包括办公用品、办公设施、招牌旗帜、建筑外观、衣着服饰、产品设计、广告宣传、场区规划、交通工具、包装设计等。

① 名称。这里的名称是指企业名称、商品名称和品牌名称。由于统一性的原则,这三者应该尽量统一。在理念识别和行为识别确立之后,首先应做的是给企业取个好名称。取名在这里有两层含义,其一是新成立的公司应有一个名称;其二是旧公司在导入 CI 时,因企业名不符合企业形象原则而必须更改名称。

② 标志。标志是将抽象的企业理念精神,以具体的造型图案形式表达出来的视觉符号。在企业视觉设计中,标志是启动并整合所有视觉要素的主导和核心。按照标志设计的主题素材分类,可分为文字标志、图形标志、组合标志。按照标志造型分类,可分为以点为标志设计的造型要素、以线为标志设计的造型要素、以面为标志设计的造型要素、以体为标志设计的造型要素。

 **小案例**

海德电梯销售有限公司标志

海德电梯销售有限公司标志是由英文缩写 H 和 T 两个字母为造型骨架,设计成竖长的造型。将电梯井架、轿厢的特征组合在一起。蓝色代表技术,黄色代表人性化的服务,红色代表企业的远大目标,永无止境。

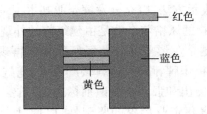

③ 标准字。标准字是将产品或企业的全称加以熔铸提炼,组合成具有独特风格的统一字

体。通过文字的可读性、说明性和独特性,可将企业的规模、特征与经营理念传达给社会公众。由于文字具有明确的说明性,容易产生视听同步印象。因此,具有强化企业形象、补充标志内涵、增强品牌诉求力的功效,其应用频率绝不亚于标志出现的频率。与普通铅字和书写体不同,标准字不仅外观造型不同,而且在文字的配置关系上也有很大的不同。根据标准字的功能不同,可分为企业标准字、字体标志、品牌标准字、固有名产品标准字、活动标准字、标题标准字等。

④ 标准色。标准色是推广某一特定的色彩或一组彩色系统的实际刺激和心理反应,传导企业经营理念和产品特质的重要识别要素。企业标准色的设定可从三个方面进行,第一,企业形象。根据企业的经营理念或产品特质,选择能够表现其安定性、信赖感、成长趋势的色彩;第二,经营战略。为了扩大市场影响,强调经营特色,选择抢眼夺目、与众不同的色彩来突出品牌,增强视觉识别效果;第三,成本技术。尽量选择合理的印刷技术、分色制版的色彩,避免选用金银等昂贵材料或多色印刷。标准色分为单色标准色、复色标准色、标准色配以辅助色。

⑤ 吉祥物。吉祥物是借助于适宜的人物、动物、植物的造型化视觉效果,塑造企业形象识别的造型符号。通过幽默、滑稽的造型捕捉社会公众的视觉焦点,往往比抽象的标志、标准字更具有视觉冲击力。因此,选定并设计经装饰化后的特定形象作为企业吉祥物,容易唤起公众的亲和力与通俗感。吉祥物的设计应注意宗教信仰的忌讳和风俗习惯的好恶。

(2) 企业视觉识别系统的应用要素。企业视觉识别的应用要素是指基本要素组合应用的传递媒体,主要包括办公用品、办公设施、衣着服饰、交通工具、建筑外观、广告宣传、产品设计等。

① 办公用品。办公用品包括信封、信纸、便笺、名片、徽章、工作证、请柬、文件夹、介绍信、备忘录、资料袋、公文表格等,是企业信息传递的基础单位,也是企业视觉识别的有力传播手段。办公用品具有公务的实用功能和视觉识别功能。由于用量大、扩散面广、渗透力强、使用时间长,直接影响着公众对企业的整体印象。

② 衣着服饰。员工衣着服饰同样具有传达企业经营理念、行业特点、工作风范、精神面貌的作用,并且能够使员工明确自己工作岗位的性质、特点,区分各自的职责和义务.成为员工思想观念、言行举止的行为规范。

对衣着服饰的设计不仅要体现企业基本视觉要素,强化形象设计的基本规律和要求,还要符合服装设计的基本规律,在造型、质地、色彩、款式等方面创造出独特的个性风格。如,酒店的员工衣着服饰是一个既严谨而又多样化的视觉体系,既要有酒店总体的统一特点.又要充分注意各种工作岗位的性质。

③ 交通工具。交通工具是一种流动性、公开化的企业形象传播方式,其多次地流动会给人瞬间的记忆,有意无意地建立起企业的形象。交通工具的视觉识别设计,应根据不同类型的交通工具的外形采用不同的表示方法,以充分发挥企业基本视觉要素的延展作用。

④ 建筑外观。企业建筑物的风格与个性是由建筑物的外观造型和内在的功能所决定的。

企业外部建筑环境设计是企业形象在公共场所的视觉再现,主要包括建筑造型、公司旗帜、企业门面、企业招牌、公共标识牌、路标指示牌、广告塔、霓虹灯广告、庭院美化等。在设计上借助企业外部建筑的环境,突出和强调企业识别标志,并贯穿于周围环境当中,充分体现企业形象统一的标准化、正规化和企业形象的坚定性,以便社会公众一眼便获得认知并产生好感。

　　企业内部建筑环境是指企业的办公室、销售店、会议室、休息室、厂房内部等环境形象,主要包括企业内部各部门标示牌、常用标识牌、楼层标示牌、企业形象牌、吊旗、吊牌、印 POP 广告、货架标牌等。设计时,应把识别标志贯穿和渗透于企业室内环境之中,从根本上塑造、渲染、传播企业识别形象。并充分体现企业形象的统一化、标准化和正规化,保持高度的识别同一性。

　　⑤ 广告宣传。企业选择各种不同媒体的广告形式对外宣传,是一种长远、整体、宣传性极强的传播方式,可在短期内和最广泛的范围内,以最快的速度,将企业信息传达出去,是现代企业传达信息的重要手段。在进行设计时,应把各种传播媒介结合起来,纳入企业识别系统和企业识别形象的信息传播过程之中,做到文字简明扼要、语言简练生动,图形出神入化、含意深刻。

　　⑥ 产品设计。产品是企业市场竞争的武器,产品形象不仅直接影响着广大消费者的心理偏好,而且也影响着企业的整体形象。产品设计一般包括符号寓意、审美特征、构成表现。

　　产品设计的符号寓意是指通过产品的造型元素来实现产品与人的沟通,如节奏、比例、韵律、联想、暗喻、类推以及产品的空间视觉效果与环境和谐。

　　产品设计的审美特征是指通过视觉语言和设计手法对产品的功能、材料、构造、形态、色彩和表面处理等进行形象构筑,突出显示产品的美感。

　　产品设计的构成表现是指运用产品设计的审美规律对影响产品设计的抽象与单纯、量感与张力、多样与统一、均衡与对称、节奏与韵律等构成要素进行科学的配置。

　　(3) 视觉识别系统的策划程序。企业视觉识别系统的策划程序应符合完整的逻辑推理方法,从设计目标开始,经程序设计、资料收集、分析判断、提出构想、绘制草图、评价方案、优选方案,进而绘制构图、效果等全过程的完成,都必须在周密的计划下进行。

　　① 资讯调查。视觉形象的资讯调查,主要涉及企业形象调查和沟通效果调查两方面。企业形象调查的内容有公众认知、基本形象、辅助形象、规模形象、服务形象、名称形象、标志形象等,也应包括原来的标志、标准字、公司名称、商品陈列方式、交通运输工具、业务用品及各种情报传达媒体。沟通效果调查的内容有对外宣传渠道、对内沟通方式等,包括公众平时对公司的印象和感觉,对公司的商品和服务工作的意见和评价,对公司今后工作的建议和意见等。

　　② 设计定位。它是指通过影响人们的认知来建立企业和产品的形象信誉,促使消费者产生特殊偏好,以获得稳定销路和市场占有率的一项营销技术。掌握一定的设计导向,并科学地选择媒介组合,是设计定位的关键。因此,首先,要了解企业的现有规模、发展历史、经营能力、分销渠道等基本情况,以丰富设计构想;其次,要了解市场空隙和企业的经营特色,以确定企业的战略性市场地位。另外,也要认真研究社会公众对企业的看法、要求和希望,寻求沟通语言和形式,以找准容易形成共鸣的诉求点。

　　③ 创意甄别。创意甄别是对策划对象进行想象、加工、组合和创造的思维活动。企业视觉形象的设计开发,首先是将识别性的抽象概念转换为象征性的视觉要素,并将这些视觉要素反复斟酌,直到设计概念明确化为止。其次是创造出以象征物为核心的设计体系,建立起整体的传播系统。另外,还要以基本设计要素为基础,展开应用设计要素的开发作业,导入统一的整体视觉形象。

　　④ 实施管理。一经确定新的视觉符号后,需立即着手制作企业识别手册,将所有的设计要素,包括视觉识别的基本要素、应用要素等全部收录其中,统一标准,详细规范标准化的使用

方法,以便保持使用过程中的一致品质和统一形象。同时,应动员企业全体员工和媒体,通过行为识别,配合外在传播渠道,持续不断地传达企业情报讯息,逐渐完成消费者以"视觉形象"的思路向深入人心的"真实形象"转化。另外,对企业视觉形象需不断培植和更新,密切注视企业发展的最新动态,依时代而变迁。

三、掌握企业形象策划的时机及应注意的问题

(一) 企业形象策划导入的条件

企业形象策划的导入并非每个企业都可行,它有明确的条件限制和前提。一是领导条件,企业形象的导入必须受到企业领导层及有关主管领导的高度重视,而且需要其充当主角。没有领导的高度重视,企业形象导入是完全不可能的;二是认识条件,企业形象导入是企业重大的活动,对于广大员工和领导者来说都需要从头学习,使认识统一到企业形象策划所要求的境界。没有统一认识,企业形象导入就会步入误区,或走过场。提高统一认识的办法就是组织学习、加强学习,对企业形象系统导入的积极分子培训和普及性的报告宣传,使全体员工知道企业形象系统是什么,怎么实施;三是素质条件,导入企业形象系统是现代管理行为,它既是领导决策层的事,也是广大员工作业层的事。因此,领导管理层和员工作业层都要提高素质,不仅认识上要统一,而且行动上要有自觉性,严格按照企业形象系统的规范进行作业。

(二) 企业形象策划导入的时机

企业形象策划导入工作是一项复杂的系统工程,在导入过程中,必须注意要选择适当时机。一般来说,企业形象策划导入的恰当时机主要有以下几种情况:

1. 企业成立、变更或重组

企业成立、变更或重组对于企业来说是一个新起点,新起点需要新形象。一是新企业成立。新企业成立是企业导入企业形象策划的第一个时机。因为企业刚刚成立,一切从零开始,新企业可能没有任何知名度,通过运用企业形象集中资源,集中视觉焦点,能够快速建立企业形象资产;二是企业并购重组。两个或更多企业为了彼此更加长远的利益,可能会发生合并、兼并、收购等重组行为,这时通过导入企业形象系统,重新设计规划,以让社会大众认识到企业重组后的企业形象和企业定位。同时,重组企业间存在着文化差异,通过对重组后的企业导入形象系统,有利于消除企业间在文化上的差异,并推动重组企业向着共同目标前进。或者说企业形象系统能够对企业跨文化并购起到重要作用;三是企业设立分支机构。企业发展到一定阶段,通常会衍生出一些分支机构,有些分支机构与母公司距离遥远,通过运用统一的企业形象系统,可以使母子公司之间遥相呼应,以此维系企业的向心力和凝聚力;四是企业变更名称。随着企业的发展,经营范围的扩张、产业的不断延伸、企业法人的变更等因素都可能导致企业名称的变更,可能导致企业理念的变化,这时导入企业形象系统可以让社会大众认识企业的重新定位,认知企业新的经营理念和企业形象。

2. 重塑企业理念

企业的最大惰性来源于企业员工在思维和观念上的惰性,而解决这个问题需要为员工在理念上进行"洗脑"。一是变更企业经营理念。企业更换领导人,或是原有经营理念已不适应,

这时可运用导入新的企业形象系统的办法,效果直接而明显;二是企业缺乏凝聚力。如果一个企业缺乏凝聚力,就如一盘散沙,无法形成经营企业的合力,这时可通过企业形象策划,使企业拥有良好的企业形象,促进企业员工更加主动地接受企业价值观,并将其内化为个人价值的一部分,进而拥有较高的员工士气和更高的工作热情。

3. 企业实施品牌战略

品牌的最大特性之一是易于识别性和不可复制性,在产品与服务日趋同质化的今天,品牌战略似乎更为重要。一是企业自创品牌。自创品牌是企业导入企业形象的动机中最直接的一个,自创品牌一般称为品牌识别系统。运用品牌识别系统,可以快速建立品牌全系列的一致形象;二是企业打造强势品牌。当一家企业的产品拥有了品牌之后,并不意味着企业具有绝对的竞争优势。只有强势品牌、名牌才是企业的最大品牌资本。所以,打造强势品牌是企业梦寐以求的一件大事。而打造强势品牌有很多工作要做,诸如选择品牌代言人、确定广告标语、策划个性化的视觉形象识别系统等。

4. 企业实施形象战略

一是旧形象已不适应新形势发展的需要。市场有其规律性也有其突变性,可谓瞬息万变。新市场在不断取代旧市场,所以企业必须时刻展现出适应市场的企业形象,不断地更新和创新,紧扣时代和市场的脉搏。如,广东科龙集团的视觉形象识别系统曾做过多次调整,实践证明这是极其必要的;二是在同业中企业形象处于劣势。市场竞争愈演愈烈,品牌越来越多,而良好的品牌形象是企业竞争获胜的保障。形象处于劣势的企业要积极导入企业形象系统,使品牌形象得到强化,为品牌脱颖而出奠定基础;三是修复受损的企业形象。企业在生产经营过程中,难免有来自企业内部或企业外部的各种意外事故或灾难,如消费者投诉、劳资纠纷、媒体恶意炒作等。事故或灾难一旦发生,将给企业造成巨大的损失,这就需要企业以崭新的形象出现在消费者或公众面前,让消费者或公众对企业重新认识,让消费者或公众看到新的希望,而忘却过去的负面影响;四是企业推行客户满意战略。目前,许多企业已开始注重服务营销,并且已不局限于商业服务型企业,追求顾客满意已经成为厂商的共识。于是,顾客满意策略走入企业视野。同时,在推行顾客满意策略时,有的企业倡导全程满意策略,有的企业推行理念满意、视觉满意、行为满意、质量满意、服务满意等策略,这就与企业形象系统导入密切相关,需要企业形象支持。

5. 企业实施规模经营战略

资产与资本的集中.要求企业素质的高度提升,当然企业形象是构成企业综合素质的最重要方面之一。一是企业实施多元化经营。企业在发展壮大过程中,多元化经营战略常常被企业采用。随着多元化经营战略的实施,必然要出现一些新的、刚刚涉足的业务领域,这时原有的企业形象系统必然出现无法适应新的发展战略的情况,从而需要重新树立企业形象;二是企业建立集团体系。企业发展到一定阶段,子公司或分支机构达到一定数量,资产达到一定数额,集团规模就会形成。这时需要导入集团公司识别系统,这样可使整个集团形象整齐划一,还可以通过统一形象识别系统而使集团各成员企业共享广告资源;三是企业市场国际化。未来的市场是大流通、大循环的国际化市场,一些企业的优势品牌和优势产品必然要走出国门,参与国际竞争。这时,难免在国外增设代表处、办事处、分公司等分支机构,通过把分支机构与国内公司形象统一化,使企业品牌、产品品牌效应得以良好发挥和展现;四是企业间组建企业联盟。随着竞争的深入发展，一些企业的竞争观念发生了改变，竞争企业之间由过去的竞争转变为现在的竞合，向着共赢的道路上迈进。在很多情况下，企业联盟也要有自己的理念、章程、价值观等一整套联盟形象识别系统，通过联盟导入企业形象系统，可以增强联盟合力，树立联盟形象。

6. 企业实施其他战略

当企业面对公众并要征服公众时，一个好的形象是吸引公众眼球的注意点，也是取得公众认可与信赖的基点。一是企业股票计划上市。企业股票计划上市，将吸引众多的股民和投资者，一些企业由于面临着全国性知名度不高的问题，这时需要通过运用企业形象及媒体运作，可以将企业形象迅速传播出去，让更多的股民接受；二是企业发展连锁体系。企业大型化、连锁化是商业企业发展的必然趋势，尤其是连锁商贸企业更是出现了空前的连锁扩张热潮。通过建立连锁店识别系统可以快速直接地树立商店形象，使各连锁店以同一企业形象、同一品牌形象出现在客户面前，扩大连锁店品牌力，这对于特许连锁、自愿连锁、加盟连锁模式都适用，能够有效提升企业的经营业绩。

（三）企业形象导入应注意的问题

1. 认识层面的问题

企业形象是企业的经营战略的一部分，是现代企业塑造品牌、商战制胜的利器。但不是包打天下的万能工具。企业形象能解决企业的一些问题，但不能解决企业的所有问题。如果一个企业不追求技术进步，产品定位不准，营销战略错位，即便导入企业形象，也难以塑造品牌。

2. 指导思想层面的问题

一些企业在企业形象导入过程中，片面追求速度，不讲质量，陷入急功近利的误区。企业形象导入是一项系统工程，并非一朝一夕就能完成的。它牵涉到企业经营的方方面面，既是企业外在形象的更新，更是企业内在形象的革命。形象塑造是一个渐进的过程，只有经过长期的量的积累，才会有希望达到质的飞跃。综观世界，诸多企业在其成长过程中，无不以企业理念为核心，始终如一地以企业确定的价值取向为原则，坚持不懈地规范企业行为，自始至终追求卓越的产品质量和完善的服务，经过几十年甚至上百年的努力才塑造出名牌形象，在竞争中显示了强大的威力。

3. 内容层面的问题

企业形象策划是一个系统工程，是由理念识别、行为识别、视觉识别组成的一个有机整体，但在实践中普遍表现为重视视觉识别，轻视理念识别和行为识别。许多企业导入企业形象时，热衷视觉形象设计，不惜重金，借助报纸、杂志等大众传播媒体广泛征集商标、广告用语等，就认为这时在导入企业形象系统，而不是从自己的企业理念、企业行为等方面去检讨。不考虑如何提高员工素质、改进产品质量、规范职工行为、完善服务，完全忽视了企业自身形象的变革。

4. 程序层面的问题

企业形象导入是一门艺术，也是一门科学，具有客观规律可循的科学管理活动。要保证企业形象策划的科学性，必须遵循一定的规律。企业形象策划程序依次是导入确立、形势调研、企划、设计开发和实施五大步骤。而目前我国一些企业在导入企业形象系统时，往往缺乏前期的导入确立与形势调研,忽略后期实施。前期调研准备是企业形象系统导入成功的基础。一些设计公司在为企业导入企业形象系统时,很少做切实的市场分析、内部员工调查、竞争对手研究及现有企业形象诊断等,使企业形象导入缺乏可靠的基础。后期实施也是一个薄弱环节,有些企业即使有实施,也是时冷时热。

5. 操作层面的问题

由于现阶段理论的不成熟,认识上的偏差以及实践经验的缺乏,我国许多企业在企业形象系统导入的具体操作层面上还存在许多不尽如人意之处,其中在理念识别系统上表现得尤为突出。一是模糊,即形象传达模糊。如企业目标"争创一流",这一目标的设立很模糊,没有明确指出企业发展的方向,无法激发职工的内在热情,对外无法获得社会公众的认同;二是片面。制定企业理念时,缺乏综观全局的思想。有些理念对企业有用,但社会效果不好。如企业目标"争创最大利润",利润多了对企业当然是好事。但在消费者看来又有什么用呢?因此,企业制定理念时,必须把经济利益与社会利益、眼前利益与长远利益有机地结合起来。

 小案例

中石化重塑企业形象

近年来,中石化常常处在舆论的风口浪尖,从雾霾天气由油品质量低造成的误解,到对环境保护的高度持续关注,再到多起PX群体事件,公众对石化企业的误解已经到达顶点。而造成这种误解的重要原因就是企业与社会公众信息的不对称,沟通渠道不畅通。对此,中国石化"开门开放办企业"。集团公司要求各所属企业组织"走进中国石化""公众开放日"等主题活动,让更多人了解和理解中国石化。镇海炼化邀请社区居民、学校师生、行业专家等参观生产装置、污水处理车间,还参与科普知识答题,扬子石化集中组织"万人进扬子"活动。环保问题一直是公众关注石化企业的焦点问题。2013年7月,中国石化宣布3年投资228亿元实施"碧水蓝天行动"计划。为了让整个活动处在公开透明的环境中,中国石化所有分到项目的83家下属单位,在当地分别组织新闻发布会或媒体沟通会,介绍投资情况、具体治理项目情况、改善效果等内容。"一个开放的企业"。这是一年来接近中国石化的社会公众、媒体和投资者等利益相关方对中国石化最大的感受。从原来"多干少说、只干不说"的闷葫芦到开门开放,是其在重视声誉管理行动上的又一个重大转变。

任务总结

企业要想在激烈的市场竞争中生存下来并立足于不败之地,最基本的前提是在其社会公众心目中树立良好的企业形象。企业形象识别系统是企业理念识别系统、企业行为识别系统和企业视觉识别系统等三个子系统组成,这三个子系统是相互促进、彼此渗透的关系。企业形象策划要求从企业理念识别系统着手,以强调企业理念整合为核心,通过行为识别建立企业独特的制度规范,并经视觉识别系统统一企业的整体形象。

企业形象策划程序可分为五大步骤:企业形象导入确立、企业形象形势调研、企业形象

企划、企业形象设计开发和企业形象实施。文中针对企业形象系统的三个子系统的构成要素的设计进行详细阐述,并指出在进行企业形象策划过程应注意策划时机的选择和应注意的问题。

任务检测

一、选择题

1. 企业的形象一般从那些方面来评价(　　　)。

A. 专家评价　　　B. 自我评价　　　C. 竞争对手评价　　D. 公众评价

2. (　　　)是 CIS 的灵魂,它是最高决策层次,是导入企业识别系统的原动力。

A. 理念识别系统　　B. 行为识别系统　　C. 视觉识别系统　　D. 情感识别系统

3. 在 VI 视觉要素中,(　　　)是核心要素。

A. 名称　　　　B. 颜色　　　　C. 标志　　　　D. 理念

4. 下列(　　　)属于企业视觉识别系统的应用要素。

A. 办公用品　　　B. 办公设施　　　C. 衣着服饰　　　D. 广告宣传

5. 对于企业来说,(　　　)需要重新建立新形象。

A. 企业成立　　　B. 变更或重组　　　C. 设立分支机构　　D. 开发新市场

二、判断题

1. 认知度是指一个企业被公众知晓、了解的程度,是评价组织名气大小的客观尺度,侧重于"量"的评价,包含被认识的深度和被知晓的广度两个方面。　　　　　　　(　　　)

2. 美誉度是一个组织受公众赞赏的程度,是公众给予组织形象的美丑、好坏、优与差评价的舆论倾向性指标。　　　　　　　　　　　　　　　　　　　　　　　(　　　)

3. CIS 是一个整体系统,MIS、BIS、VIS 三个子系统有机结合,相互作用,共同构成了 CIS 的完整内涵,并塑造了各具特色的企业形象。　　　　　　　　　　　　　(　　　)

4. 视觉识别系统属于动态系统。　　　　　　　　　　　　　　　　　　(　　　)

5. 行为识别系统属于动态系统。　　　　　　　　　　　　　　　　　　(　　　)

三、填空题

1. 塑造(　　　)形象是塑造企业形象的基础。

2. 企业形象系统包括(　　　)、(　　　)和(　　　)。

3. 行为识别系统是企业经营理念的动态化体现,被称为企业识别系统的(　　　)。

4. 视觉识别系统是企业形象的静态表现,也是具体化、视觉化的传达形式,它与社会公众的联系最为密切,影响面最广,从而使其成为企业对外传播的一张(　　　)。

5. 企业的最大惰性来源于企业员工在(　　　)和(　　　)上的惰性,而解决这个问题需要为员工在理念上进行"洗脑"。

四、简答题

1. 企业形象策划的基本程序是什么?

2. 企业形象系统策划的内容有哪些?

3. 企业形象策划导入的条件是什么?

4. 企业形象导入应注意的问题有哪些?

参考答案

案例分析

唐时宫廷酒 今日剑南春——剑南春(糖酒会)形象策划

在今年刚结束不久的全国秋季石家庄糖酒会上,四川的剑南春集团高达10米的企业形象展示模型"贵妃醉酒"成为糖酒会的亮点,赢得了众多经销商对剑南春酒的青睐,并签下了15亿元的订单。此次剑南春的糖酒会形象策划方案由深圳金必得名牌策划推广中心策划实施。该策划不仅在糖酒会众多的形象展示中赢得头彩,而且还巧妙地将剑南春的传统文化内涵表现得淋漓尽致。

一、背景:三大一高

糖酒会因其规模大、效果显著,因而被国内行业参会代表誉为"天下第一会"。糖酒会有"三大一高"的特点。

规模大。参会企业达数千家,参展商品达数万种,参会代表最多时突破十万人,展场面积突破六万平方米,成交额一般在一百亿元人民币左右。

作用大。中国糖酒类集团公司组织各省市糖酒公司作为糖酒会的固定成员参会,这一完整的糖酒经销网络对于糖酒食品生产企业具有很大的吸引力。参加糖酒会不仅对生产企业销售产品、购买原料等具有事半功倍的良好作用,而且对于了解行情、认识市场、把握方向也有十分显著的成效。

影响大。"民以食为天"。糖酒会上交易的商品很多都是日常消费品,糖酒会的交易活动将直接影响到广大人民群众的日常生活。其成效不仅影响商贸业,而且也影响着数量庞大的食品加工业。近几年来,糖酒会已形成多种经济成分竞相参会的格局,特别是境外客商逐渐增多,全国糖酒商品交易会已显露出国际食品博览会的雏形。

信誉高。糖酒会历史悠久,其前身为全国糖酒商品供应会,是以分配计划商品为主的系统内专业性行业会议。商业部在每年春秋两季召集全国糖酒系统一二级和大中城市主营公司,进行计划商品分配和对部分三类商品进行调剂,其权威性和信誉显而易见。

二、宣传:综合实力的体现

糖酒会有着一种不可抗拒的诱惑力,令广大食品企业由衷感叹:可以不参加其他交易会,但不能不参加全国糖酒交易会。但要取得实际的参会成效,企业就不能不对糖酒会中的广告宣传进行解剖和分析。弄清楚广告宣传在糖酒会中的地位和作用,制定出切合实际、行之有效的广告宣传策略及方案,确保参会目标的实现。

糖酒会期间,会场内成了条幅与气球的海洋;展厅设计与装修别树一帜,力求充分展示产品的个性和企业的实力,礼仪小姐花枝招展,充气模型争奇斗艳;而场外的主要街道和建筑物,则成了糖酒会广告宣传的发布媒体,广告彩旗飘扬数十里。可以说,凡是能够被参会代表看到的地方都被参会企业和广告宣传经营者挖空心思地利用起来了。

对于生产企业而言,参加糖酒会最直接的目标,就是开拓和建设全国的销售网络,而糖酒会中的广告宣传就是为这个目标服务的。一年春秋两届的糖酒会是糖酒行业的盛大节日。规模最大时参会单位上万家,参会代表超过十万人,要在会期几天时间里脱颖而出,建立并拓展销售渠道,没有广告宣传的支撑和帮助,是根本无法实现的。在糖酒会上做广告,就等于在全国的经销商面前做广告。而糖酒会广告宣传的目的和作用,就是告诉经销商企业的实力、产品的特性、经销的政策等。

如今的糖酒会,已经演变成各企业间综合实力的展示会,产品的竞争更是一种综合实力的角逐,而一定规模的广告宣传本身就是企业实力的体现。这时的广告宣传,不仅仅是实现销售这一目标的手段,而且展示自身形象也成为企业参会的另一个重要目的。有实力,企业就有广阔的发展前景;企业有前景,就能对经销商产生强大的吸引力,就能在经销商中树立信心。

三、策划:找到市场和文化的结合点

深圳金必得名牌策划推广中心认为,在展会上取胜必须做到两点:第一,必须占领展会的制高点。由于剑南春集团是国内同行业中名列前茅的企业,所以一定要以突出的广告宣传形象夺取客商的注意力;第二,在实施的策划中,要体现出剑南春酒的文化内涵,就必须找准剑南春文化与市场的最佳结合点。

剑南春,在唐朝就因是宫廷御用酒而成为酒中翘楚。放眼当今白酒行业,剑南春品牌亦是驰誉中外,盛名远播。如何展现剑南春"唐时宫廷酒"的文化内涵就成了铸造"今日剑南春"的关键之处。

经过金必得总裁沈清的深思熟虑,认为"气若花郁、色似檀霞、状如琼浆、香若清露"的剑南春酒,必会使人想起盛唐文明。继而,又会让人联想起"回眸一笑百媚生"的杨贵妃。

"贵妃醉酒"是中国人都熟知的故事,用贵妃醉酒来表现剑南春是最合适的了。糖酒会开幕的时候,身高 10 米,立于莲花宝座,发髻高挽,绫罗披身,面含春色的杨贵妃一手托着剑南春酒,一手持"唐时宫廷酒,今日剑南春"的条幅,迎风而立,出现在了千万消费者和几十万经销商的面前。莲花台下,一位身着唐装的专业乐师,演奏着古筝、洞箫、琵琶、笛子等民族乐器,悠扬的唐乐仿佛把人们带进了盛唐宫廷之中,感受着剑南玉液,浓香四溢,醉倒皇妃的场景。

四、效果:五大亮点和 15 亿元订单

亮点一:理念把握,诉求策略制定准确。剑南春集团以白酒为本,白酒以文化为根,策划展现了剑南春酒的文化内涵。

亮点二:形象定位,诉求表现完美。品牌表现必须与"唐时宫廷酒,今日剑南春"的口号相辅相成。否则挖会给人以"挂羊头卖狗肉"的错觉,如果形象表现力不够,又不免会落入俗套。表现形象稍有不适,卖点就会黯然失色。

亮点三:展示物制作精良。有了好的策略和创意,如果没有精美的制作,也会失去魅力。

亮点四:品牌推广的延续性。当贵妃献酒成为亮点的时候,剑南春的品牌影响力已在糖酒会上表现得淋漓尽致。为了让其威力不减,金必得公司充分运用强大的媒体网络传播系统,在石家庄世纪饭店为剑南春集团举行了高规格、大影响的新闻发布会。

亮点五:主会场唯一的动感形象。创意如果只能把握准确度是远远不够的,唯有奇、唯有特,才能放射思想的光芒。进行品牌推广,就是要赋予品牌以生命力。

由于人们对贵妃醉酒的形象赞誉有加,几十万经销商对剑南春酒的青睐,使剑南春集团一举卷走订单 15 亿元,再创全国糖酒会订单的新高。

问题

1. 在本案例中,剑南春为了塑造品牌形象运用了哪几种策略?
2. 在本案例中,剑南春是如何展现品牌的文化内涵的?

分析

在市场竞争日益激烈的今年,许多企业都开始重视企业形象策划。但由于社会公众有一个共同的特性,那就是"喜新厌旧"。因此,要进行企业形象策划,没有奇、没有特,那是很难取得社会公众的认同的。此次糖酒会上,金必得名牌策划推广中心牢牢把握住了企业产品文化渊源与企业形象策划的关系,从历史故里、杨贵妃醉酒等历史文化出发,进行奇特的文化创意策划,创造了多个亮点,赢得了社会公众的认同,签订了15亿元的订单。

实训操作

认识企业形象策划

1. 实训目的

通过本次实训,使学生明确企业形象策划的本质及其意义,掌握企业形象策划的程序与内容,具备企业形象策划的基本技能。

2. 实训要求

基于小王创业网络人才招聘平台项目为主题,写一份"职白网"形象策划报告,内容要求包括网络人才招聘理念系统、行为系统和视觉识别系统三部分,字数不少2500字。

3. 实训材料

纸张、计算机网络、笔或打印机等。

4. 实训步骤

(1) 选择"职白网"网络人才招聘平台;

(2) 通过上网了解其他网络人才招聘平台;

(3) 围绕形象策划的要素进行资料收集与整理;

(4) 结合大学生的网络求职的需求与特征,抓住最关键的要素进行形象策划。

5. 成果与检验

每位学生的成绩由两部分组成:学生实际操作情况(40%)和分析报告(60%)。

实际操作主要考查学生实际执行实训步骤以及撰写企业形象策划报告的能力;分析报告主要考查学生根据创业项目的需要,执行网络人才招聘平台形象的内容和步骤的正确性和合理性,分析报告建议制作成PPT。

项目五　市场运营策划专员岗位实务

通过企业形象策划专员对市场定位和形象策划的设计,形成具有一定价值的企业形象策划报告,这将为其他有关市场营销策划岗位专员开展营销策划工作提供参考依据。首当其冲的是市场运营策划专员,它需要思考如何根据企业形象系统来向目标顾客群提供更加合理的产品或服务,以合适的价格,通过合理的分销渠道以及合适的促销进行传播,使企业形象系统得到目标顾客群的认同。

本项目包括产品策划、价格策划、分销策划和促销策划等四个任务,通过具体任务的学习,使学生掌握市场运营策划的基本知识,并能根据企业形象和目标顾客的需要,设计合理的产品策略、价格策略、分销策略和促销策略。

任务九　产品策划

 **知识目标**

1. 了解新产品开发与推广策划。
2. 理解产品策划。
3. 理解品牌与包装策划。
4. 掌握产品组合策划。
5. 掌握产品生命周期策划。

 **技能目标**

1. 能对产品的不同层次进行分析。
2. 能根据企业具体的产品进行产品组合、产品生命周期策划。

 **任务导入**

通过对互联网络上的许多相关的人才招聘平台的调查,小王感到网络人才招聘活动竞争相当激烈。要想在激烈的市场竞争中取胜,首先还得针对目标市场提供给顾客最需要的产品和服务,包括对人才招聘项目的介绍,图片展示、本网站可以提供哪些服务等。如果顾客有异议,又如何得到及时的沟通等。这些都需要提供优质的产品和服务来实现。而且有比这更为重要的是,小王通过调研发现,许多大学生在网络上求职会直接上智联网等进行投放简历,这

又存在一个网络品牌问题。因此,在开展实质性网络营销活动之前,还得为自己的网络平台,设计所要销售的服务组合,并且还要赋予一定的品牌,让其与竞争对手区别开来,方便顾客购买。

任务分析

在网络营销中,消费者是不能触摸到实体产品,这就需要将实体产品转化为以信息为主要内容,利用计算机多媒体等功能将产品的性能、特点、品质以及为用户提供的服务来显示。但在显示之前,一定要思考顾客到底需要什么。因此,必须从产品整体概念出发,来寻求顾客所需要的产品层次和服务类型,并在营销过程中,不断完善网络平台经营的产品组合,实时开发网络新产品及其服务,以适当的网络营销工具传递给顾客,使之需求得到满足。在此过程中,为了使自己的产品及服务得到消费者的认识,提升企业和客户的价值,还必须对产品及其服务赋予一定的品牌,采用合适的网络手段进行宣传,使之得到客户的认同。

知识精讲

一、理解产品策划

(一)产品的概念

在现代市场营销学中,产品概念具有极其宽广的外延和深刻的内涵。产品是指能够通过交换满足消费者或用户某一需求和欲望的任何有形物品和无形的服务。

菲利普·科特勒等营销学者认为,五个层次的表述方式能够更深刻和更准确地表述产品整体概念的含义。

1. 核心产品

核心产品又称为实质产品,是指向顾客提供的产品的基本效用或利益,从根本上说,每一种产品实质上都是为解决问题而提供的服务。如,人们购买空调机不是为了获取装有某些电器零部件的物体,而是为了在炎热的夏季,满足凉爽舒适的需求。又如,在旅馆,夜宿旅客真正购买的是"休息与睡眠"。任何产品都必须具有反映顾客核心需求的基本效用或利益。

2. 形式产品

形式产品是指核心产品借以实现的形式,如一个旅馆的房间应包括床、浴巾、毛巾、桌子、衣橱、卫生间等。形式产品由五个特征构成,即品质、式样、特征、商标及包装。即使是纯粹的服务产品,也具有与此类似的五个特征。产品的基本效用必须通过特定形式才能实现,市场营销人员应努力寻求更加完善的外在形式以满足顾客的需要。

3. 期望产品

期望产品是指购买者在购买该产品时期望得到的与产品密切相关的一整套属性和条件。如,旅客在寻找一旅馆时期望干净的床、新的毛巾、台灯和相对的安静。由于大多数旅馆能满足这最低的期望,所以,旅客通常没有什么偏好并且找最方便的旅馆留宿。

4．附加产品

附加产品是指顾客购买产品时所获得的全部附加利益与服务，包括安装、送货、保证、提供信贷、售后服务等。如，旅馆能增加它的附加产品，包括电视机、洗发水、鲜花、结账快捷、美味晚餐和良好房间服务等。如今的竞争主要发生在附加产品的层次，这正如美国学者西奥多·莱维特指出的："现代竞争的关键，并不在于各家公司在其工厂中生产什么，而在于它们能为其产品增加些什么内容。"

5．潜在产品

潜在产品是指最终可能实现的全部附加部分和新转换部分，或者说是指与现有产品相关的未来可发展的潜在性产品。潜在产品指出了产品可能的演变趋势和前景，如彩色电视机可发展为录放影机、电脑终端机等。

许多最成功的公司在它们的产品和服务中增加了额外的优惠和好处，使得不仅让顾客满意，而且令顾客愉悦。愉悦是指对提供物表现出出乎意料的惊喜。如旅馆客人在枕下发现了糖果，或发现了一束花，或旅店为其提供了因特网服务。

以上五个层次，就构成了营销学中的产品整体概念的基本内容。

 小案例

Iphone 在延伸产品层次上创新

苹果公司通过 Apple Store 介绍了相关产品的使用、bug 收集、创意及意见。凡是苹果手机用户都可以直接登录商城去看如何使用 iMovie，看使用的小窍门，下载相关产品。完美地取代了以往的热线电话和投诉电话，让用户真正体验到 Apple 大家庭的欢乐。同时，苹果的软件工程师也在忙于开发新软件、新的插件，让用户下载使用。Apple Store 同时会发布一些有趣的新闻，不管是原创还是搜集的，都能快速分享给用户。

（二）产品策划的概念

在企业的营销组合因素中，最基本、最核心的是产品。它是企业与顾客的桥梁。产品策划是指在有限时间内，为实现最好的利润，把产品推入市场的具体操作步骤的规划。产品策划涉及从产品开发、上市、销售至报废的全过程的规划。产品策划从类型上包括产品的定位策划、新产品开发策划、产品组合策划、产品生命周期策划、产品推广策划以及产品品牌策划等。产品策划是整个营销策划的基点，它的好坏可能影响到整个营销战略与战术的运用，会影响到企业的发展。

（三）产品策划的原则

1．以消费者需求为中心的原则

市场营销一切活动都是以消费者需求为中心，产品策划更要以消费者需求为中心。据权威资料表明，一个产品策划成功与否，取决于产品满足消费者需求程度。同时，产品策划成功

与否最终是要由消费者检验的。

2. 凸显市场竞争力的原则

现代市场经济环境下,市场竞争日益激烈,企业如何立足市场,必须要做好产品策划,以高品牌、高价值、高吸引力、高服务来满足消费者的需求,提高自身竞争力。

3. 勇于创新的原则

创新是产品策划的灵魂。在产品策划中坚持勇于创新的原则,就是要展开想象的翅膀,发挥创造的激情。要想创新就需要不断探索、致力于问题的发现以及创造性地解决问题。

4. 善于抓住时机的原则

商场如战场,商情瞬息万变。企业要抓住机遇,不失时机。一方面在产品策划方向上要当机立断,另一方面整个产品策划及实施过程要讲究实效,只有这样才能使企业立于不败之地。

☞ 小贴士

统一产品,策划无处不在

统一润滑油专注于车用润滑油领域,并且不断地细分市场,现在产品已经发展到 10 000 多个品种,3 000 多个品级,几乎每年都在央视推广四款新产品,2005 年主推了统一防冻液、夏粘宝、摩托车润滑油、省燃料润滑油等四款新品,并做到每一个细分产品领域的领先位置。看来,统一与其他润滑油品牌在央视上投广告的侧重点也不同:统一即使在央视也是力推新产品,而其他竞品更多的是宣传企业形象、品牌形象。换句话说,统一更"现实"。统一的"现实"不仅体现在电视广告传播上,连赞助一些重大赛车赛事,也不忘借势力推自己的新品。去年,统一赞助了参加第 27 届达喀尔拉力赛的中国帕拉丁车队,在比赛期间,力推统一专门为 SUV 车型特制的润滑油产品,在赞助的 16 天里,一炮打响,销售了 30 000 桶 SUV 专用油,到现在仍热热销,并在自己新开的细分市场里做到了第一。李嘉说:"做赞助也要赞助与车有关的活动,同时也要借势推广新品,更要围绕销售的中心,一切为了形成销量并迅速占领这一细分市场。"

二、理解新产品开发与推广策划

现代社会竞争日趋激烈,没有一种产品能永久畅销,作为产品的经营者——企业不能单纯地依靠现有产品求得发展,必须顺应市场变化开发出适销对路的新产品。

(一)新产品的概念

从企业的角度来说,新产品是指在某个市场上首次出现的或者是企业首次生产销售的整体产品。只要产品整体概念中任何一部分进行创新、革新或者改良,都可视为新产品。从市场的角度来说,新产品是指与旧产品相比,在结构、功能、用途或形态上发生改变后,能够满足新的市场中的顾客需求的产品。新产品根据创新程度的高低划分,可以分为全新产品、换代新产品、改进新产品、革新新产品和仿制新产品。

全新产品是指采用新原理、新材料、新工艺、新结构,依靠企业自己的人员和力量开发的新产品。

换代新产品是指根据市场上原有的产品进行仿制,同时有局部的改进与更新的产品。

改进新产品是指采用各种改良技术,对现有新产品的性能进行不断改进,以求得规格型号的多样和款式花色的翻新。

革新新产品是指在产品开发中,运用科学技术的进步的成果对原有产品的原理、结构、功能进行革新,以提高产品的科技含量,适应消费者的需要。

仿制新产品是指市场上已有同类产品,本企业仿制竞争者的产品。

（二）新产品开发的意义与原则

1. 新产品开发的意义

（1）新产品开发是企业生存和发展的根本保证。任何一个企业不可能单纯依靠现有产品求得生存与长远发展。

（2）新产品开发能够更好地满足人们日益增长的生活需求。现代经济迅猛发展,人们生活水平日益提高,可任意支配收入也日益增加,导致人们的物质与文化生活要求也日益增长。

（3）新产品开发是提高企业竞争能力的重要手段。产品是市场竞争的主要要素之一,任何企业能开发出适销的新产品,就具有产品竞争优势,提高自身的市场竞争能力。

（4）新产品开发是提高企业经济效益的重要手段。企业开发新产品意味着开发新市场,满足新市场的需求,提高企业的销量,增加企业的收入,提高企业的经济效益。

小案例

苹果公司开发手表

苹果公司自成立以来,一直以产品创新闻名于世。其主要产品线包括苹果计算机、iPod及相关音乐产品、iPhone 手机、iPad、显示器等配件以及软件。更为新鲜的是,苹果在开发智能手表了。美国苹果公司在美国加州旧金山举行 2015 年春季发布会,推介苹果手表。几乎每一款苹果公司新推出的产品,都能轻易"搞出个大新闻"。经历了半年的等待,尽管批评家对姗姗来迟的 Apple Watch,颇为不屑,但毫无疑问它依旧是社交媒体上的热点之首。有趣的是,这次的手表争论居然和之前苹果产品的争议不同,体现出了鲜明的"性别战争"。女性苹果粉丝多惊叹于 Apple Watch 时尚的设计、充满质感的蓝宝石镜面和全新的压感触屏,哀叹"姐的肾都不够用了"！男性用户,无论是苹果爱好者还是前年苹果黑,则更多地在质疑库克"顾左右而言他"的电池问题,以及 Apple Watch 高达 2 588 元人民币的最低售价。

相比于手机,手表有其独特价值。比如不需要如智能手机那样关注待机时间,随时随地可看;可以随身佩戴,看时间方便;又比如手表具有更好的防水、防尘功能,适用范围更广。然而如果你认真思考的话,腕表已经成为一种装饰！这一功能是手机现在无法替代的。正是这一功能,使得高端手表一直不缺乏用户市场。

Apple Watch 的涌现,让手表再一次成为了全球关注的焦点。如前文所述,无论对这一产品有着怎样的负面评价和争议,苹果的每一款新产品,几乎都能大卖。因此,Apple Watch 的热卖,也是意料之中的事。

2. 新产品开发的原则

（1）根据市场需求开发适销对路的产品。市场需求,精确为顾客需求,永远是企业进行市

场营销需要考虑的第一要素与基础要素。产品是企业进行一切经营活动的基点,开发出适销对路的产品在企业生存与发展中占有举足轻重的地位。

(2)从企业实际出发确定开发思路。企业开发新产品时,需要结合自身发展目标,可运用的研发与营销资源。

(3)密切关注新产品开发的动向。企业不仅仅要考虑开发新产品过程中自身的优劣势,还需要关注行业发展状况与竞争对手情况。

☞ **小贴士**

可口可乐不得不随大流

可口可乐进入中国市场,为了随中国消费者需求这一大流,于2008年4月6日宣布在中国推出全新茶饮料——"原叶"系列调味茶饮料。据介绍,"原叶"系列茶饮料与目前市场上其他各类茶饮料的区别在于"原叶"是100%用真正茶叶泡制。目前,该系列茶饮料主要有冰红茶和绿茶两种,由可口可乐公司和雀巢公司的合资企业——全球饮料伙伴有限公司生产。可口可乐公司有关人士介绍,"原叶"茶饮料面对16—50岁消费者,目前已在全国30个省份100多万个网点进行了铺货,销售势头良好。

(三)新产品开发的方式

在现代市场中,企业要获得新产品的方式与渠道非常多,既可以自行开发,又可以获得现成的新产品。在选择新产品开发的方式时,企业需考虑消费者需求特点、自身研发与营销能力、市场竞争状况等因素,量力而行,以取得较好的经济效果。

1. 独自研制

独自研制是一种独创性的研制,依据市场状况与消费者的需求,或者针对现有产品存在的问题,探讨产品的原理与结构,开展有关新技术、新材料等方面的研究,并在此基础上研制出具有本企业特色的新产品。

独自研制方式有:一是从基础理论研究到应用技术研究,再到产品开发研究的全部过程都靠自己的力量进行;二是利用社会上基础理论研究的成果,自己只进行应用技术研究和产品开发研究;三是利用社会上应用技术的研究成果,自己只进行产品开发研究。企业应该根据自身实际情况选择合适的独自研制方式。凡是具备科研开发条件的企业,都应当组织独立研制,以便充分发挥企业的现有科学技术能力,促进科学技术的发展。海尔电脑立足用户的需求相继研发并推出让"眼睛不干不痛不流泪"的润眼电脑、润眼笔记本以及海尔22寸超宽润眼酷睿轰天雷。

2. 技术引进

技术引进是指企业发展某种主要产品时,国际市场上已有成熟的制造技术,通过与外商进行技术合作、补偿贸易,向国外购买专利技术、关键设备等,引进比较先进和成熟的新技术,把产品制造出来以填补国内空白的一种方式。

技术引进能够利用有限的资金和技术力量,较快地掌握先进的生产技术,缩短与国外产品的技术差距,提高企业的竞争能力;但技术引进的成本较高,只能有选择地重点引进,引进以后,要在一定时间、一定范围内造成产品市场优势才是可取的。所以应用这种新产品开发方式时要注意引进的技术应该是较为先进的,对于本企业生产技术水平的提高具有推动和启发作用的。随着国家节能政策出台,节能产品将成为百姓的消费热点。海尔集团通过引进航天技术,海尔生产出一系列如"环保双动力"等节能产品。

3. 技术协作

技术协作是独自研制与技术引进相结合的一种新产品开发方式。它是将企业内外技术力量结合起来开发新产品方式。如从社会上请专家、教授、研究员、工程师等来企业进行技术知道、审查设计方案;或与科研单位、大专院校组成联合设计小组,共同攻关;还可组成各种形式的科研—生产联合体,共同开发新产品等等。这种联合开发、技术协作的形式,是我国开发新产品的一种有效、良好的形式。例如,四川大学国家技术转移中心以工程总承包的建设模式,与贵州宏福实业开发有限总公司合作,建成了我国最大的磷酸一铵生产线。在国家 863 计划项目的支持下,清华大学与齐齐哈尔第二机床(集团)公司日前联合研制成功了我国首台重型混联机床 XNZH2430。

4. 仿制方式

产品仿制是按照样品仿制国内外的新产品,是迅速赶上竞争者的一种有效的开发新产品的形式。优点是成本低、成功率高。缺点是市场占有率较低。如果能在仿制时加以创新,则可会起到后发制人的功效。注意这种方式的运用不能违反有关新产品专利权和其他知识产权的法规。泰华是世界上最大的仿制药企业集团,该公司的 500 mg 克拉霉素缓释片剂为雅培制药的大环内酯类抗生素 Biaxin XL 的仿制产品,并获得美国 FDA 批准进行上市。

(四)新产品开发的程序

为了提高新产品开发的成功率,必须建立科学的新产品开发管理程序。不同行业的生产条件与产品项目不同,管理程序也有所差异,一般企业研制新产品的管理有以下几个程序。

1. 新产品构思

构思是为满足一种新需求而提出的设想。在新产品构思阶段,营销部门的主要责任是:寻找,积极地在不同环境中寻找好的产品构思;激励,积极地鼓励公司内外人员发展产品构思;提高,将所汇集的产品构思转送公司内部有关部门,征求修正意见,使其内容更加充实。营销人员寻找和搜集新产品构思的主要方法有如下几种:

(1)产品属性排列法。将现有产品的属性——排列出来,然后探讨,尝试改良每一种属性的方法,在此基础上形成新的产品创意。

(2)强行关系法。先列举若干不同的产品,然后把某一产品与另一产品或几种产品强行结合起来,产生一种新的构思。比如,组合家具的最初构想就是把衣柜、写字台、装饰柜的不同特点及不同用途相结合,设计出既美观又较实用的组合型家具。

(3)多角分析法。这种方法首先将产品的重要因素抽象出来,然后具体地分析每一种特性,再形成新的创意。如洗衣粉最重要的属性是其溶解的水温、使用方法和包装,根据这三个因素所提供的不同标准,便可以提出不同的新产品创意。

(4)聚会激励创新法。将若干名有见解的专业人员或发明家集合在一起(一般以不超过10 人为宜),开讨论会前提出若干问题并给予时间准备,会上畅所欲言,彼此激励,相互启发,提出种种设想和建议,经分析归纳,例如用"头脑风暴法",便可形成新产品构思。

（5）征集意见法。指产品设计人员通过问卷调查、召开座谈会等方式了解消费者的需求,征求科技人员的意见,询问技术发明人、专利代理人、大学或企业的实验室、广告代理商等的意见,并且坚持经常进行,形成制度。

 **小案例**

本田公司的奇妙构思

我们知道,汽车销售与植树原本是一对矛盾,道理很简单,汽车的排气污染会使城市的绿树枯萎,直接影响着城市环境。然而,日本横滨本田汽车社长青木勤,却别出心裁地做出一个令人击案称绝的为销售汽车而绿化街道的"本田妙案",使本田汽车独领风骚。

每天乘车外出的青木勤社长,从公路上多如蚂蚁的汽车行驶中,突获灵感:假如我们如此这般卖车卖下去,汽车排气将直接污染着城市的环境,这个问题应当由产业者加以解决才是,所以不能只顾卖车,理当通过卖车来促进城市绿化。于是,青木勤社长便定下一个方针:"今后每卖一部车,便在街上种一棵纪念树。"嗣后,本田汽车公司将卖车所得利润的一部分,转为植树费用,以美化城市街道。为销售汽车而绿化城市的绝妙方案,在消费者中形成了一种特有观念:"同样汽车,何不买绿化街道的本田汽车?"这种"你买我汽车,我为你植树"的公害防止销售方法,使得本田汽车的销售量由此猛增,一路领先。"本田妙案"始创者青木勤社长因此风头大出,成为汽车业的佼佼者。

2. 筛选

取得足够的新产品构思之后,要对这些构思加以评估,研究其可行性,并挑选出可行性较强的构思,这就是筛选。筛选的主要目的是选出那些符合本企业发展目标和长远利益,并与企业资源相协调的产品构思,摒弃那些可行性小或获利较少的产品构思。筛选应遵循如下标准:

（1）市场成功的条件。包括产品的潜在市场成长率,竞争程度及前景,企业能否获得较高的收益。

（2）企业内部条件。主要衡量企业的人、财、物资源,企业的技术条件及管理水平是否适合生产这种产品。

（3）销售条件。企业现有的销售结构是否适合销售这种产品。

（4）利润收益条件。产品是否符合企业的营销目标,其获利水平及新产品对企业原有产品销售的影响。

这一阶段的任务是剔除那些明显不适当的产品构思。在筛选过程中除了要综合考虑以上因素外,还要尽量避免两种错误:"漏选"与"错选"。漏选是指未能认识到某项好的创意的开发价值而轻率舍弃;错选则是把没有发展前途的创意仓促投产。这两种错误都会给企业造成损失,在筛选阶段应特别注意。

3. 产品概念的形成与测试

经过筛选后保留下来的产品构思还要进一步发展成更具体、更明确的产品概念。这里,应当明确产品构思、产品概念和产品形象之间的区别。所谓产品构思，是企业从自己的角度考虑能够向市场提供的可能产品的构想。所谓产品概念，是指企业从消费者的角度对这种构思所做的详尽的描述，是指已经成型的产品构思，即用文字、图像、模型等予以清晰阐述，使之在顾客心目中形成一种潜在的产品形象。一个产品构思能够转化为若干个产品概念。而产品形象，则是消费者对某种现实产品或潜在产品所形成的特定形象。企业必须根据消费者的要求把产品构思发展为产品概念。企业在确定最佳产品概念，进行产品和品牌的市场定位后，就应当对产品概念进行检验。所谓产品概念试验，就是用文字、图画描述或者用实物将产品概念展示于一群顾客面前，观察他们的反应。

每一个产品概念都要进行定位，以了解同类产品的竞争状况，优选最佳的产品概念。选择的依据是未来市场的潜在容量、投资收益率、销售成长率、生产能力以及对企业设备、资源的充分利用等，可采取问卷方式将产品概念提交目标市场有代表性的消费者群进行测试、评估，如案例 10-4 中三种产品概念的问卷可以包括以下问题：你认为这种饮品与一般奶制品相比有什么优点？该产品是否能够满足你的需求？与同类产品比较，你是否偏好此产品？你能否对产品属性提供某些改进的建议？你认为价格是否合理？产品投入市场，你是否会购买？问卷调查可帮助企业确立吸引力最强的产品概念。

4. 初拟营销规划

企业选择了最佳的产品概念之后，必须制订把这种产品引入市场的初步市场营销计划，并在未来的发展阶段中不断完善。初拟的营销计划包括三个部分，一是描述目标市场的规模、结构、消费者的购买行为、产品的市场定位以及短期（如三个月）的销售量、市场占有率、利润率预期等；二是概述产品预期价格、分配渠道以及第一年的市场营销预算；三是分别阐述较长期（如 3～5 年）的销售额和投资收益率，以及不同时期的市场营销组合等。

5. 商业分析

即从经济效益分析新产品概念是否符合企业目标。包括两个具体步骤：预测销售额和推算成本与利润。

预测新产品销售额可参照市场上类似产品的销售发展历史，并考虑各种竞争因素，分析新产品的市场地位、市场占有率等。

6. 新产品研制

主要是将通过商业分析后的新产品概念交送研究开发部门或技术工艺部门试制成为产品模型或样品，同时进行包装的研制和品牌的设计。这是新产品开发的一个重要步骤，只有通过产品试制，投入资金、设备和劳力，才能使产品概念实体化，发现不足与问题，改进设计，才能证明这种产品概念在技术、商业上的可行性如何。应当强调，新产品研制必须使模型或样品具有产品概念所规定的所有特征。

7. 市场试销

如果企业的高层管理者对某种新产品开发试验结果感到满意，就着手用品牌名称、包装和初步市场营销方案把这种新产品装扮起来，把产品推上市场进行销售。这是新产品开发的第七阶段。其目的在于了解消费者和经销商对于经营、使用和再购买这种新产品的实际情况以及市场的大小，然后再酌情采取适当对策。

新产品试销应对以下问题做出决策：试销的地区范围、试销时间、试销中所要取得的资料、试销所需要的费用开支、试销的营销策略及试销成功后应进一步采取的战略行动等。

8. 商业性投放

新产品试销成功后，就可以正式批量生产，全面推向市场。这时，企业要支付大量费用，而新产品投放市场的初期往往利润微小，甚至亏损，因此，企业在此阶段应对产品投放市场的时机、区域、目前市场的选择和最初的营销组合等方面做出慎重决策。

 小案例

7天酒店产品创新全过程

不同饭店相对的目标顾客不同，决定开发的新产品也具有不同的情况，这就要求饭店应根据自身的实际情况选择适当的开发程序。7天是典型的经济型酒店，它的顾客群体主要是商务旅游和出差的客人，从7天酒店的产品创新和营销创新中可以看出该酒店产品创新全过程。

1. 通过详细的市场调研，识别顾客的体验需求。根据商务型顾客的需求和酒店自身的资源体验确定7天经营主题——"天天睡好觉"，对该主题进行策划和设计，然后制定企业切实可行的顾客体验设计方案，为酒店下一步具体实施做好准备。

2. 分别进行有形产品、服务和环境的体验设计。按照饭店体验产品设计的原则和经营主题的要求，综合运用多种手段和方法，突出、强化主题，力求为顾客提供一种积极的难忘的体验。7天连锁酒店提倡的"天天睡好觉"这一朴素的品牌理念，为了让广大的消费者能够真正体验和感动到，不仅仅提供有助睡眠的热牛奶，还提供10秒速热，恒温恒压淋浴，以及1.8米大床，在全国多个乡村分店已启用了宝洁、高露洁等高端品牌，并供给了具有3项安康舒睡设想并有凹凸软硬可供旅客挑选的荞麦枕头，更为此投入巨资提供更加促进睡眠的床垫。

3. 体验设计的饭店产品，必须接受市场的考验。对于饭店体验产品而言，采用体验营销的策略将其推向市场，更有利于顾客接受和消费产品。另外，在市场化的进程中，构建体验性饭店产品的品牌，用品牌凝聚和传递体验，可使企业获得更多的竞争优势，并有利于顾客的忠诚。7天酒店网络营销的"抢、逼、围"策略，不仅显示了7天的主动营销能力，也说明了对手在这方面远远不如7天。在各大知名大型搜索引擎中，7天连锁酒店在关键词优化、排序、网站说明等方面也远远好过竞争对手，其他酒店基本上网络活动性和推广信息较少，打开7天连锁酒店的网站，各种吸引眼球的推广活动和介绍扑面而来，许多商务及旅行者通过网络订房的时候，看到这样的内容，怎么能不心动呢？

4. 企业必须建立体验性产品设计的支持系统，保证饭店产品体验设计的顺利进行。在其中，设计的控制系统尤为重要，它可以了解顾客消费过程中的感受，并发现顾客的潜在需求，通过对反馈信息的处理，发现体验性饭店产品存在的不足，并知道企业对饭店产品的设计进行修改，以适应顾客的体验需求，获取高的经济价值。

在"77元"大床房促销策略推出并取得收效显著之后，7天酒店又陆续推出"88元新店大床体验""99元限时特惠大床抢购"等一系列营销活动，并且在官网上设置了专为会员服务的"我的7天"和"7天会"，建立良好的服务回馈系统，时刻了解顾客的真实感受，进一步提高服务质量。

三、掌握产品组合策划

（一）产品组合的概念

产品组合是指企业生产销售产品的各条产品线及其产品品种、规格的组合或相互搭配。它反映了企业提供给市场的全部产品项目和产品线系列构成，也是企业的生产经营范围和产品结构。产品线是产品组合的一大类，是指能够满足同类需要，在功能、使用和销售方面具有类似性的一组产品，产品线内一般有许多不同的产品项目；产品项目是指产品大类或产品线中各种不同的品种、规格、质量的特定产品，在企业产品目录中列出的每一种产品就是一个产品项目。现代企业进行产品组合策划的出发点是要开发出多样化、个性化的产品，形成不同的产品组合来满足不同消费者的需要。

（二）产品组合的具体内容

企业产品组合的特点一般通过其宽度、长度、深度和关联性来表现。产品组合是通过研究产品线的宽度、广度、深度、关联性进行产品组合决策的，来确定合理的产品线和产品项目。

产品组合的广度，又可称为产品组合的宽度，是指产品线的总数。企业如果拥有雄厚的资源，回避单一经营风险，要扩大经营领域和经营范围，就必须扩大产品线。产品组合的深度是指在某一产品线中产品项目的多少。产品组合的长度是指企业产品项目的总和，即所有产品线中的产品项目的累积之和。如果企业为迎合广大消费者的不同需要和爱好，以招徕吸引更多的顾客，就增加产品组合的长度和深度，即增加产品项目，增加产品的花色式样规格等。

产品组合的相关度是指各个产品线在最终用途方面、生产技术方面、销售方式方面以及其它方面的相互关联程度；如果企业增强产品组合的关联性，可以利用已有的生产资源、渠道优势和品牌优势，能降低产品成本，提高产品的市场影响度和市场占有率。

（三）产品组合策略

产品组合不是一成不变的，企业在调整和优化产品组合时，依据不同的情况，可以选择不同的策略。产品组合策略一般有扩展策略、填充策略、剔除策略、改造策略与品牌优化策略。

1. 扩展策略

产品组合的扩展策略就是突破企业现有经营档次范围，使产品线加长扩展的策略。如果企业服务的顾客范围发生变化，根据重新进行的目标顾客定位情况，可以采用产品线"扩展"策略。具体有"向上的扩展"、"向下的扩展"或是"双向的扩展"策略，如图9－1产品组合的扩展策略所示。

产品线向上扩展是企业从定位于低档产品扩展到高档产品的生产与经营；产品线向下扩展是企业从定位于高档产品扩展到低档产品的生产与经营；产品线的双向扩展是指企业定位于中端的产品朝向上向下两个方向扩张的产品生产与经营。这三种策略都是以市场需求的变化，目标市场的调整为依据的，都能保证企业产品组合最优化。不论采取哪一种策略，企业都会存在一定的风险。如对于向下的扩展，有可能使原来高档的产品形象受到损害，所以建议低档产品最好使用新的品牌和商标；而向上扩展，有可能使未来顾客产生怀疑，怀疑高档产品是

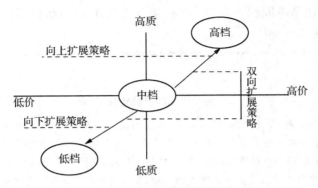

图 9-1　产品组合的"扩展"策略

否物有所值。所以,每一种产品线扩展方式的选择都将面临如何开发新顾客,如何维持老顾客。例如,联想家用台式电脑就开发出天骄系列、锋行系列以及家悦系列等。企业必须充分了解市场需求,了解自身的研发与营销能力,制定适宜的产品线扩展策略。

2. 填充策略

产品组合的填充策略是指企业通过增加产品组合的宽度或深度从而增加产品组合的长度的策略。如果企业决定围绕现有顾客提供现有产品线和产品项目,为使产品线更丰满,对产品经销商更具吸引力,企业声望更高,或使市场不留空隙,防止竞争者的入侵,或使企业生产能力充分利用,企业可以采取产品线的填充,适当增加产品项目,来满足目标顾客的各种不同的需要。产品线填充时必须注意保持每一个产品项目具有一定的差异性,要与目标顾客的需求差异相吻合。例如小护士的清泽产品系列与美白产品系列是选用的产品组合的填充策略。

3. 剔除策略

产品组合的剔除策略是指企业减少产品大类数或者减少某一产品线内的产品项目数从而减少产品组合长度的策略。如果发现企业目标顾客数量的减少或转移,就需要检查现有产品线上产品项目对顾客需求的满足能力如何,从而决定剔除产品线上不获利或不能满足要求的产品,集中力量去生产那些可以为顾客服务的产品项目,来维持目标顾客群。如,娃哈哈非常系列进行产品组合剔除策略后,选择非常可乐与非常柠檬两项产品。

4. 改造策略

产品组合的改造策略是指企业产品线的宽度与深度不适应顾客需求必须加以改造的策略。如果产品线的深度适中,由于老化导致竞争力不断下降,就必须进行产品线的现代化改造,否则,现有顾客可能因为企业一成不变的做法而产生流失现象。

5. 品牌优化策略

在每条产品线上能够找到有特色的产品项目,通过品牌建设来吸引顾客,带动其他产品项目的销售。因为品牌上蕴含着产品特征、利益和服务的一贯性承诺,最佳的品牌就是最好质量的保证,而品牌又与企业的文化和价值观念相融合,品牌就是企业的象征。企业可以通过品牌建设来优化产品组合。如,丝宝集团的洗涤用品、卫生用品等经营产品组合中凸显出"舒蕾、美涛、风影、顺爽、洁婷"等知名品牌。在选用此策略中,企业要明确是所有产品采用同一品牌，还是不同的产品线、产品项目采用不同的品牌；可以运用品牌决策，使其产品组合达到最有效。

☞ **小贴士**

海尔集团的产品组合

　　海尔集团现有家用电器、信息产品、家居集成、工业制造、生物制药和其他 6 条产品线，表明产品组合的宽度为 6。产品组合的长度是企业所有产品线中产品项目的总和。根据标准不同，长度的计算方法也不同。如，海尔现有 15 100 种不同类别、型号的具体产品，表明产品组合的长度是 15100。产品组合的深度是指产品线中每一产品有多少品种。如，海尔集团的彩电产品线下有宝德龙系列等 17 个系列的产品，而在宝德龙系列下，又有 29F8D-PY、29F9D-P 等 16 种不同型号的产品，这表明海尔彩电的深度是 17，而海尔宝德龙系列彩电的深度是 16。产品组合的关联度是各产品线在最终用途、生产条件、分销渠道和其他方面相互关联的程度。如，海尔集团所生产的产品都是消费品，而且都是通过相同的销售渠道，就产品的最终使用和分销渠道而言，这家公司产品组合的关联度较大；但是，海尔集团的产品对消费者来说有各自不同的功能，就这一点来说，其产品组合的关联度小。

四、掌握产品生命周期策划

（一）产品生命周期阶段

任何产品在市场营销过程中，都有一个发生、发展到被淘汰的过程，就像任何生物都有其出生、成长到衰亡的生命过程一样。在市场上，同一种用途的新产品问世并取代了旧产品以后，旧产品的市场生命也就结束了。一般说来，新产品一旦投入市场，就开始了它的市场生命。

1. 产品生命周期的概念

产品生命周期就是指产品从进入市场销售到最后被淘汰的全过程，也就是产品的市场生命周期。产品进入市场销售，其市场生命周期开始，产品退出市场，其市场生命周期结束。产品生命周期是现代营销管理中的一个重要概念。为加深对这一概念的理解，应明确以下四点。

第一，产品生命周期是指产品的市场寿命，而不是产品的使用寿命。产品的使用寿命是指一种产品从进入消费领域被使用，到失去其使用价值的时间间隔；而产品的市场寿命是指一种产品从进入市场时算起，到被淘汰退出市场的时间间隔。因此，有些产品品种的使用寿命很短，而市场寿命却很长，如火柴、食品等。而有些产品品种的使用寿命较长，而市场寿命却很短，如服装、电器、计算机等更新换代很快的产品。

第二，产品生命周期是指产品品种的市场生命过程，而不是指产品种类的市场寿命。相对而言，只有产品中的某一个特定品种，才会有市场生命周期问题，如车辆、船舶等，才有不同的市场生命周期。

第三，产品生命周期不能等同于产品在流通领域内停留的时间。许多产品在市场销售中已被淘汰，但这些产品由于没有最终进入消费领域，仍然停留在流通领域中。因此，观察某种产品生命周期的最后阶段，不能以流通领域中是否存在此产品为标准，而应观察其销售情况和其他因素。

第四,产品生命周期的曲线图与正态分布曲线相类似,但这只是理论上的概括,实际上许多产品生命周期的曲线变异较大,这是由多种因素影响所致。

2.产品生命周期的四个阶段

典型的产品生命周期一般可分为介绍期、成长期、成熟期和衰退期四个阶段。见图9-2产品生命周期与销售利润曲线所示。

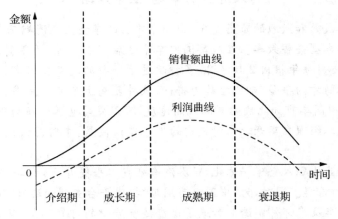

图9-2　产品生命周期与销售利润曲线

（1）介绍期。介绍期是指某种产品刚刚投入市场的试销阶段。在此阶段,产品销售呈缓慢增长状态,销售量有限。企业由于投入大量的新产品研制开发费用和产品销售费用,几乎无利可赚。

（2）成长期。成长期是指某种产品在市场上已打开销路后的销售增长阶段。在此阶段,产品在市场上已被消费者所接受,销售额迅速上升,成本大幅度下降,企业利润得到明显的改善。

（3）成熟期。成熟期是指某种产品在市场上普遍销售以后的饱和阶段。在此阶段,大多数购买者已经拥有这种产品,市场销售额从显著上升逐步趋于缓慢下降的阶段。

（4）衰退期。衰退期是指某种产品在市场上已经滞销而被迫退出市场的衰亡阶段。

产品生命周期是一种理论抽象,在现实经济生活中,并不是所有产品的生命历程都完全符合这种理论形态。

3.一般产品生命周期和高科技产品生命周期

一般产品的生命周期形态具有以下特征,第一,产品引入期短,因此公司新产品研制开发成本较低;第二,成长期短,新产品的销售额和利润迅速增长,很快进入高峰,这意味着在产品生命初期即可获得最大的收入;第三,成熟期持续的时间相当长,这实质上延长了公司的获利时间和利润数量,这一趋势对企业是极为有利的;第四,衰退期非常慢,它意味着销售额和利润缓慢下降,而不是突然跌落。

一般来说,高科技产品往往面临着比较困难的产品生命周期,其产品生命周期曲线是最不理想的。研制开发时间长的产品引入期长,并且相应地要付出高成本;引入、成长期时间长,成熟期短,市场衰退快。如某些高科技公司必须投入大量的时间和成本研制开发新产品,新产品为用户所接受的介绍期相当长,在市场上持续的时间较短;最后,由于技术更新,产品比较快地进入衰退期。

小案例

耐人寻味的车型"生命周期"

由于技术日臻成熟和激烈的市场竞争,中国车市上的车型生命周期正变得越来越短,甚至超过了国际市场的车型更替频率。在观察国内车市之后可以发现,两年引进一款新车已不是什么新鲜事,每家公司每年推出 2 款集 20 多种改进于一身的改良款新车,更是司空见惯的事情。赛欧在车市驰骋才两年多,却已堪称老将;而风神蓝鸟上市才两年多,今年却已将推出第 4 代车型……对于中国车市如此快的新陈代谢速度,跨国公司也感到压力很大,以至丰田在中国一位已经离职的总经理在离开北京时提出的唯一建议便是:丰田应该调整在中国市场的产品生命周期战略。

当今的中国车业已融入全球一体化,世界汽车研发水平提升及新车研发周期的缩短是"中国车市周期"出现的前提。同时,为"中国车市周期"提供平台支持的还有"供应链物流管理"体制的导入。由于汽车及零部件制造商加速了供应链物流中的订货环节,使产品的上市周期缩短 2/3。在中国,车型生命周期缩短,除了有上述诞生条件外,更缘于国内有别于海外的独特市场环境和市场特点。在来华 4—5 年之后,各跨国汽车公司渐渐摸清了中国消费者的脾气和喜好,发现中国消费者对新车型极端渴望,这不仅使大量新款被引进国内,许多改良车型也被不断推出。上海通用别克系列中经过改进后被冠以君威的名称重新上市,市场立时火爆起来,在上市 14 个月后,仍然供不应求。有记者询问通用系统的一位高层管理人员:如果是在欧美市场,新世纪会摇身一变成为君威吗?回答是否定的,原因很简单,因为中国消费者和欧美人不同。在中国,消费者似乎更容易喜新厌旧。汽车生产商为迎合国内消费者容易变换的口味,便加速推出新车型,使汽车生命周期越来越短。

市场产品生命周期可以分为投入期、成长期、成熟期和衰退期四个阶段。在投入期,企业通常很难获利,而在眼下的国内车市中,由于购买力旺盛,新车上市当年即赢利的情况比比皆是,使国内市场新车型普遍出现"早熟"。而到了成熟期产品在市场中所占的份额已达到顶峰,降价也开始出现。许多车型一降再降,当利润空间荡然无存之时,就立刻为新产品所代替。因而,几乎没有成长期和衰退期。对此专家指出,快速变幻的市场动态将挤压企业的反应时间,在产品生命周期较短的市场中,投入产出时间较短,资本回报率较高,但风险的集聚过程也会变短,而且一旦爆发,缺乏准备的企业必然将难于承受。

(二)产品生命周期各阶段的特点与营销策略

1. 介绍期的市场特点与营销策略

(1)介绍期的市场特点。消费者对该产品不了解,大部分顾客不愿放弃或改变自己以往的消费行为,因此产品的销售量小,而单位产品成本相应较高;尚未建立理想的营销渠道和高效率的分配模式;价格决策难以确立,高价可能限制购买,低价则可能难以收回成本困难;广告费用和其他营销费用开支较大;产品的技术、性能还不够完善;利润较少,甚至出现经营亏损,企业承担的市场风险最大。但这个阶段市场竞争者较少,企业若建立有效的营销系统,即可以将新产品快速推入市场。根据上述特点,介绍阶段一般有四种可供选择的策略。

(2) 介绍期的营销策略。在介绍期的营销策略主要有:① 快速撇取策略。即以高价格和高促销费用推出新产品。实行高价格是为了在每一单位销售额中获取最大的利润,高促销费用是为了引起目标市场的注意,加快市场渗透。成功地实施这一策略,可以赚取较大的利润,尽快收回新产品开发的投资。实施该策略的市场条件是市场上有较大的需求潜力;目标顾客具有求新心理,急于购买新产品,并愿意为此付出高价;企业面临潜在竞争者的威胁,需要及早树立名牌。② 缓慢撇取策略。即以高价格、低促销费用将新产品推入市场。高价格和低促销水平结合可以使企业获得更多利润。实施该策略的市场条件是市场规模相对较小,竞争威胁不大;市场上大多数用户对该产品没有过多疑虑;适当的高价能被市场接受。③ 快速渗透策略。即以低价格和高促销费用推出新产品。目的在于先发制人,以最快的速度打入市场,该策略可以给企业带来最快的市场渗透率和最高的市场占有率。实施这一策略的条件是产品市场容量很大;潜在消费者对产品不了解,且对价格十分敏感;潜在竞争比较激烈;产品的单位制造成本可随生产规模和销售量的扩大迅速下降。④ 缓慢渗透策略。即企业以低价格和低促销费用推出新产品。低价是为了促使市场迅速地接受新产品,低促销费用则可以实现更多的净利。企业坚信该市场需求价格弹性较高,而促销弹性较小。实施这一策略的基本条件是市场容量较大;潜在顾客易于或已经了解此项新产品且对价格十分敏感;有相当的潜在竞争者准备加入竞争行列。

小案例

针锋相对

美国有一家名为"高露洁"的清洁用品公司,在把产品打进日本市场之前,首先在日本本土之外的琉球半岛开展了一连串的推销活动,如免费赠送产品,使琉球每一个家庭都用上了高露洁的免费牙膏。这一措施,不仅成为琉球当地的新闻,而且日本本土的电视、报刊也大加报道。高露洁公司的目的达到了,她们的主要目的就是通过琉球这个桥头堡,让日本人都知道"高露洁"这一产品,以便为高露洁公司的其他产品进入日本市场打下基础。

有趣的是,后来日本许多工业产品在打进美国市场时,日本人回报的也是这种战略战术。比如,日本企业准备把彩电打入美国市场,他们遇到了许多问题。首先,美国是当时世界上彩色电视机的最大生产国,生产技术也是当时最为先进的,产品价格也定得无懈可击,看起来是很难下手了,但日本人经过细致周密的调查,发现美国电视机生产厂的弱点,即美国厂商为了追求高利润,而不太重视小尺寸电视机的生产。日本人心中有谱了,他们就"有的放矢"选择了十二寸以下的彩电市场进攻,等站稳脚跟后,再逐渐推出尺寸较大的产品。最后,才以品种齐全的市场策略,富有竞争力的低价策略,以批发、零售为主的渠道策略以及多方位的广告策略,向美国彩电市场发动攻击,主导了美国的彩电市场。

2. 成长期的特点与营销策略

(1) 成长期的市场特点。消费者对新产品已经熟悉,销售量增长很快;大批竞争者加入,市场竞争加剧;产品已定型,技术工艺比较成熟;建立了比较理想的营销渠道;市场价格趋于下降;

为了适应竞争和市场扩张的需要,企业的促销费用水平基本稳定或略有提高,但占销售额的比率下降;由于促销费用分摊到更多销量上,单位生产成本迅速下降,企业利润迅速上升。

(2)成长期的营销策略。企业营销策略的核心是尽可能地延长产品的成长期。具体说来,可以采取以下营销策略:① 根据用户需求和其他市场信息,不断提高产品质量,努力发展产品的新款式、新型号,增加产品的新用途;② 加强促销环节,树立强有力的产品形象。促销策略的重心应从建立产品知名度转移到树立产品形象。主要目标是建立品牌偏好,争取新的顾客;③ 重新评价渠道、选择决策,巩固原有渠道,增加新的销售渠道,开拓新的市场;④ 选择适当的时机调整价格,以争取更多顾客。

企业采用上述部分或全部市场扩张策略,会加强产品的竞争能力,但也会相应地加大营销成本。因此,在成长阶段,面临着"高市场占有率"或"高利润率"的选择。一般来说,实施市场扩张策略会减少眼前利润,但加强了企业的市场地位和竞争能力,有利于维持和扩大企业的市场占有率,从长期利润观点看,更有利于企业发展。

3. 成熟期的特点与营销策略

(1)成熟期的市场特点。产品的销售量增长缓慢,逐步达到最高峰,然后缓慢下降;市场竞争十分激烈,竞争者之间的产品价格趋向一致;各种品牌、各种款式的同类产品不断出现;在成熟期的后段,消费者的兴趣已开始转移,企业利润开始下降。

(2)成熟期的营销策略。对许多产品来说,成熟期持续时间最长。对成熟期的产品,企业宜采取主动出击策略,使成熟期延长,或使产品生命周期出现再循环。为此,可以采取以下三种策略:① 市场改良策略。也称市场多元化策略,这种策略不需要改变产品本身,即开发新市场,寻求新用户。通常有三种形式:一是寻找新的细分市场,使产品进入尚未试用过的市场;二是刺激现有顾客,增加使用率;三是重新树立产品形象,寻找新的买主。② 产品改良策略。也称为"产品再推出",是指改进产品的品质或服务后再投放市场。这种策略是通过产品本身的改变来满足消费者的不同需要。产品整体概念的任何一个层次的改良都可视为产品再推出,包括提高产品质量、改变产品的款式和特色,为顾客提供新的服务等。③ 营销组合改良策略。即通过改变定价、分销渠道及促销方式来延长产品的成熟期。营销策略是营销因素组合的巧妙运用,可以通过改变一个因素或改变几个因素的搭配关系来刺激和扩大消费者购买。如,产品质量不变,降低价格就可以扩大销售;也可以采取增加分销渠道,增加销售网点等办法来促进销售。

4. 衰退期的特点与营销策略

(1)衰退期的市场特点。销售量由缓慢下降变为迅速下降,消费者对该产品已不感兴趣,价格降到最低点;多数企业无利可图,纷纷退出市场;留在市场上的企业,通常采取削减促销费用、简化分销渠道、调低价格、处理存货等措施,以维持微利或保本经营。

(2)衰退期的营销策略。判断一种产品是否已进入衰退期,企业需要进行认真的研究分析,然后决定是继续留在市场还是退出市场。在衰退期可采取的营销策略主要有:① 集中策略。即企业把资源集中使用在最有利的细分市场、最有效的销售渠道和最易销售的品种、款式上。概言之,缩短战线,以缩短产品退出市场的时间,以最有利的市场赢得尽可能多的利润。② 维持策略。即保持原有的细分市场和营销组合策略,仍然保持原来的细分市场,使用相同的分销渠道、定价和促销方式,把销售维持在一个低水平上。待到适当时机,便停止该产品的经营,退出市场。③ 榨取策略。即大幅度降低销售费用,如广告费用削减为零、大幅度精简推销人员等,这样可能导致产品在市场上的衰退加速,但可以争取产品被淘汰前的最后一部分利润。④ 转移策略。这种策略一般有两种方式,一是立即转移,企业停止生产经营衰退期的产品,出卖、转让产品商标及存货,处理好善后事宜,将企业的资源转向新的经营项目;二是逐步转移,即企业及早开发出新产品,对处于衰退期的产品逐步停产,有序地完成新老产品的更替,以尽量减少停产、转产给企业带来的损失。

如果企业决定停止经营衰退期的产品,应在立即停产还是逐步停产问题上慎重决策,并应处理好善后事宜,使企业有秩序地转向新产品经营。

五、认识品牌与包装策划

(一)品牌策划

1. 品牌与品牌策划的概念

品牌,又称厂牌或牌子,它是企业为识别与区别产品或服务的一种名称、标记、符号或特殊设计,或者是以上四种的组合。整体品牌概念通常包括品牌名称、品牌标志和商标,它属于产品整体概念中的形式产品。

品牌名称,即品名,是指品牌中可以用语言发音表达的部分,如"百事可乐"、"联想"、"海尔"、"农夫山泉"、"玉兰油"等都是著名的品牌名称。

品牌标志,即品标,是指品牌中可被识别又不能用语言发音表达的部分,如符号、字体、图案、色彩等。如福特旗下的捷豹汽车的"美洲虎",奥迪的"四环"、奔驰的"三叉星"等。

商标,按照法定程序向商标注册机构提出申请,经审查予以核准,并授予商标专用权的品牌或品牌中的一部分。企业在政府有关主管部门注册登记以后,就享有使用某个品牌名称和品牌标志的专有权,这个品牌名称和品牌标志受到法律保护、其他任何企业都不得仿效使用。我国习惯上对一切品牌不论其注册与否,统称商标,而另有"注册商标"与"非注册商标"之分。注册商标受法律保护,非注册商标不受法律保护。

品牌策划是指策划人按照一定的程序,运用一定的方法,为产品或服务设计、制作与策划品牌标志与品牌名称的过程。

☞ **小贴士**

华润雪花品牌定位策划

华润策划"雪花啤酒,勇闯天涯",通过"在全国范围内招募志愿者"、"在《绝对挑战》的 6 名入围志愿者中招聘一位'探索成长之旅'形象代言人"、"启动雅鲁藏布助学捐款"等一系列活动。雪花啤酒的核心诉求点是"畅享成长",面向的消费者是 20—35 岁这一年龄段的年轻人。这群人正处于人生的黄金时段,充满激情、积极进取、敢于挑战自己、懂得享受生活,同时承受很多压力(买车、买房)。瞄准消费群体的情感特征来策划品牌活动、传播品牌内涵,倡导和鼓励消费者去选择自己的生活方式——在工作、事业上积极努力,敢于挑战,在生活上也要积极享受。这一系列活动使得雪花啤酒受益匪浅,众多消费者积极响应,品牌形象迅速提升。

2. 品牌策划的程序

企业营销实战中,为产品设计合适的品牌标志和品牌名称是营销策划的重要组成部分。一般来说,比较完整规范、科学有序的品牌策划包括策划说明会、策划任务会、品牌策划、正式提案与商标注册五大活动过程,如图 9-3 品牌策划程序所示。

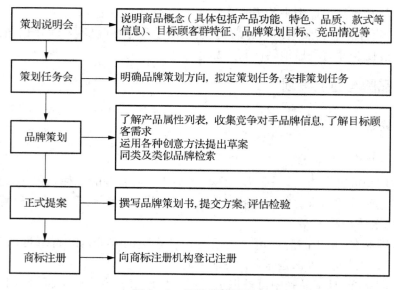

图 9-3　品牌策划的程序

品牌包括品牌名称与品牌标志两部分内容,因此,品牌策划一般包括品牌名称策划与品牌商标策划。

企业在进行品牌策划过程,需遵循以下原则:

(1) 简洁明了。在品牌众多的市场经济社会中,人们不会特意去记忆某一个品牌,只有简单明了的标志才留在了人们的脑海中,至于复杂的标志在行色匆匆的人们眼里,简直就是累赘。例如苹果电脑的"被咬了一口的苹果"标志非常简单,却让人过目不忘,使得该品牌电脑一经面市便大获成功。耐克品牌的"红色一勾",可以说是最简单的标志了,代表着正确、表扬、顺利、圆满,它无处不在,给人以丰富的联想。

(2) 准确表达品牌特征。品牌的标志,归根到底是为品牌服务的,标志要让人们感知到这个品牌是干什么的,它能带给我什么利益。比如食品行业的特征是干净、亲切、美味等,房地产的特征是温馨、人文、环保等,品牌的标志要很好地体现这些特征,才能给人以正确的联想。"M"只是个非常普通的字母,但是在许多小孩子的眼里,它不只是一个字母,它代表着麦当劳,代表着美味、干净、舒适。同样是以"M"为标志,与麦当劳(McDonald's)圆润的棱角、柔和的色调不一样,摩托罗拉(Motorola)的"M"标志棱角分明、双峰突出,以充分表达品牌的高科技属性。

(3) 设计有美感。造型要优美流畅、富有感染力,保持视觉平衡,使标志既具静态之美,又具动态之美。百事可乐的圆球标志,是成功的设计典范,圆球上半部分是红色,下半部分是蓝色,中间是一根白色的飘带,视觉极为舒服顺畅,白色的飘带好像一直在流动着,使人产生一种欲飞欲飘的感觉,这与饮用百事可乐后的舒畅、飞扬感官享受相呼应。

(4)适用性与扩展性。标志的设计要兼具时代性与持久性,如果不能顺应时代,就难以产生共鸣,如果不能持久,经常变脸,就会给人反复无常的混乱感觉,也浪费了传播费用。例如中国驰名品牌白象方便面,出口受众,白象(WhiteElephant)在一些国家是笨重的意思,反正很不佳,当然没法打开市场。

(5)产品品牌在字体与色彩的运用上也有一些策略与技巧。① 字体。首先字体要体现产品特征;其次,字体要容易辨认;字体要体现个性,以区别于同类品牌。② 色彩。首先,不同的色彩会有不同的含义,给人不同的联想,适用于不同的产品。由于人们的生活经历不同,对于色彩的感觉有时会差异很大;红色容易联想到暴力和恐怖,白色容易联想到生病、死亡等等。其次,相同的颜色也会因为地区、文化、风俗习惯的差异而产生不同的联想。因此,企业进入不同的国家或地区市场,需要对色彩因地制宜,进行调整。

3. 品牌策略策划

品牌策划是企业营销活动的一项重要内容,企业常用的品牌策略策划如下图 9-4 品牌策略策划流程图所示。

图 9-4　品牌策略策划流程图

(1)品牌化策略策划。企业首先要决定是否给产品建立一个品牌。并不是所有产品都必须使用品牌,但市场上大多数产品都是使用品牌的。运作比较成功的品牌给企业带来的益处是不可低估的。任何企业,如果不管其自身状况,一味去争创名牌很可能适得其反、得不偿失。对于实力较差的中小企业,如采取无品牌化策略,以退为进,不失为其立足市场,以求生存和发展的良策。创品牌是一项耗费大量人力、物力和财力的长期艰苦劳动。

(2)品牌使用者策略策划。品牌使用者策略就是品牌归属问题决策。对此,企业有三种可供选择的策略:① 使用自己的品牌,这种品牌叫制造商品牌或生产者品牌;② 使用中间商品牌,是企业将产品售给中间商,由中间商使用他们自己的品牌将产品转卖出去。例如超级市场中出现中百牌、武商量贩牌纸巾。③ 使用混合品牌,即企业对部分产品使用自己的品牌,而对另一部分产品使用中间商品牌。

(3)品牌名称策略策划。任何产品走向市场必须有一个名字,企业如何为产品命名,一般有以下几种策略可供选择:① 个别品牌策略。即不同的产品使用不同的品牌。如宝洁进入中国市场的洗发护发用品有"飘柔、潘婷、海飞丝、沙宣、伊卡璐"等不同品牌。② 统一品牌策略。即企业所有的产品都使用同一个品牌。如 TCL、创维、飞利浦等公司的产品都使用一个统一的品牌。③ 分类品牌。即企业对所有产品在分类的基础上各类产品使用不同的品牌。如法国欧莱雅集团公司拥有不同价位的产品线,面对富有阶层,美宝莲、欧莱雅等则走大众路线。④ 主副品牌策略。通常可以以企业名称作为主品牌,同时给各产品打一个副品牌,以副品牌来突出产品的个性形象。如"海尔—小神童"洗衣机,副品牌小神童传神地表达了"体积小、电脑控制、全自动、智能型"等产品特点和优势,消费者对产品的认可主要是基于对海尔作为一个综合家电品牌的信赖。⑤ 品牌延伸策略。即品牌扩展,是指企业利用已经成功的品牌推出改良产品或新产品。耐克品牌最初从运动鞋起步,后来逐步扩大到运动服和其他运动产品;百事可乐公司在饮料市场获得成功后,又向市场推出了同一品牌的运动鞋、衣、牛仔裤等。这样做可以降低广告宣传费用,有利于新产品投入市场,也有利于企业创名牌。⑥ 多品牌策略。指同一企业在同一种产品上设立两个或多个相互竞争的品牌。如美国的宝洁公司,它在洗发水、清洁剂等产品上都同时使用多个品牌。

 小案例

美国汽车产品品牌的个性化策略

美国人在自己的汽车名称中赋予他们所喜欢的专有名词或形容词词汇,如金牛庄、土星、野马等,这说明在美国,人与汽车的关系带有明显的个性特征,品牌变成了另一类型的汽车名称。有时为了适应广告需要,美国汽车的品牌名称是很长的词的组合,这种广告旨在让人相信,汽车会"喜欢"自己的驾驶者并"信赖"他(她)。美国汽车的名称同样有"使邻居震惊"的使命,因为美国有的消费者就要求这样,这些名称要么借助于标志缩写来实现,要么借助于一系列标志去实现,如 prowler(漂游者);有时,名称伴随着数字组合,或使用古老的名称。在美国,汽车品牌中有约 60%是英语词汇,对汽车企业而言,它们也愿意使用外来词汇,前提是这些词汇能够给消费者形成印象并创造汽车理想形象。在美国汽车商标中,提供产品直接信息的比例是世界上最高的,这是美国汽车工业的又一特点,它们能够以简单而适宜的形式向消费者提供必要的信息:汽车所有者要求的速度(如野马、火箭)和所有者的社会地位(凯边拉克);还有一些需要是属于美国年轻人的,如"海盗"、"眼镜蛇"等。另外,虽然有福特这样的公司创造者的名称,但以公司创造者的名字命名在美国基本不符合大众的普遍心理,所以很少使用。

(二)包装和包装策划

大多数产品,在从生产到消费的过程中需要有适当包装。包装是产品实体的一个重要组成部分。包装在现代经济生活中越来越受到人们的重视,它会直接影响产品的心理价值、使用价值、美观价值。企业通过设计良好的包装,成为了品牌的载体,有助于消费者在琳琅满目的商品中迅速辨认出生产企业与品牌。

1. 包装和包装策划的定义

包装是指产品外面的容器或包装物及装潢设计,包装可以保护产品,便于产品的使用和存放,同时可以提供重要的营销信息。产品包装一般包括内包装、中层包装、外包装三层次。

所谓包装策划,实际上就是帮助企业为其产品创意设计、指导、生产并策划使用包装物的一系列活动。

2. 包装设计策划

产品包装设计通常包括外包装设计和内包装设计两大类。外包装设计即运输包装的设计，主要着眼于保护商品和便于运输；内包装也称为销售包装，这种包装随同商品一起出售给消费者，内包装的设计着重考虑美化商品、促进销售和便于使用。从市场营销角度看，包装设计策划应符合下列基本要求：包装的造型要美观大方，图案生动形象；包装应与产品自身的价值或质量水平相配合；包装的造型和结构应考虑使用、保管和携带的便利；包装上文字的设计应能够增加消费者的信任感，并能指导消费；包装所采用的色彩、图案要符合消费者的心理要求，并且不能和民族习惯、宗教信仰发生抵触；包装的材料应选择"可降解"和"可再生"的环保材料。

3. 包装策略策划

（1）类似包装策略策划。它指企业生产经营的各种产品，均采用相同或相近的图案、色彩等共同的特征以使消费者容易辨认。对于忠诚顾客，类似包装起到促销作用，企业还可因此而节省包装的设计、制作费用。但类似包装策略只能适宜于质量相同的产品，对于品种差异大，质量水平悬殊的产品则不宜采用。如美国柯达公司生产的各种类型的彩色胶卷、彩色相纸、套装药水等感光材料就是采用类似包装策略；日本三洋家用电器公司的电器产品包装都是蓝色，而日产公司的包装都是红色。

（2）配套包装策略策划。它又称系列包装策略，指把几种相关联的产品放在同一包装内销售的做法。如夏日防晒补水系列套装、家用工具箱等。这种策略便于消费者购买、携带与使用，有利于扩大产品销售。

（3）习惯使用量包装策划。它指根据消费者的使用习惯来设计不同分量的包装。例如家庭装可口可乐、飘柔和咖啡等产品，为适应家庭消费的习惯，采用大号包装；为了适应外出旅游、出差、户外野餐的需要，采用各种各样的小包装等。这样的包装既能给消费者带来方便，又可以起到促销的作用。

（4）复用包装策略策划。它是原包装的产品用完以后，包装物可以再做它用。这种策略从而提高包装的利用率，也有利于激发消费者的购买兴趣，促进产品销售。浙江一家酒厂利用当地久负盛名的青瓷制成酒的包装，犹如仿古花瓶，造型优美，别具一格，酒用毕后，还可以当作很好的装饰品。

（5）附赠品包装策略策划。它是在商品包装物里附上赠品或奖券，以吸引消费者购买和重复购买。如可口可乐赠送杯子、小旋风泡面附送卡片、旺旺大礼包里附送贴纸等。这种包装策略对少年儿童和低收入者非常有吸引力。

（6）等级包装策略策划。它是对于同一种产品，按其价值不同分为若干质量等级，对不同质量等级的产品分别设计和使用不同的包装。对高档商品采用精美包装，对低档产品采用简略包装，可以适应和满足不同层次消费者的购买力和购买心理。

（7）性别包装策略。它就是根据性别的不同而设计不同的包装。女性用品包装体现温馨、秀丽、典雅、新颖等风格，男性用品包装追求刚正、质朴、潇洒等风格。如汇源集团的他（她）功能饮料包装。这一包装策略的目的在于满足不同性别消费者的需求。

综上所述，企业在合理使用各种包装策略时需与市场营销因素互相适应，利用包装来推广整体产品，拓宽市场，促进销售，提高市场占有率，实现企业的营销目标。

小案例

罗林洛克啤酒的包装策略

随着市场竞争的加剧和消费者消费水平的下降,美国的啤酒行业变得越来越残酷,像安豪斯·布希公司和米勒公司这样的啤酒业巨人正在占据越来越大的市场份额,把一些小的地区性啤酒商排挤出了市场。出产于宾夕法尼亚州西部小镇的罗林洛克啤酒在20世纪80年代后期勇敢地进行了反击。营销专家约翰·夏佩尔通过他神奇的经营活动使罗林洛克啤酒摆脱了困境,走上了飞速发展之路。而在夏佩尔的营销策略中,包装策略则发挥了关键性的作用。

包装在重新树立罗林洛克啤酒的形象时,扮演了重要角色。夏佩尔为了克服广告预算的不足,决定让包装发挥更大的作用。他解释道:"我们不得不把包装变成牌子的广告。"该公司为罗林洛克啤酒设计了一种绿色长颈瓶,并漆上显眼的艺术装饰,使包装在众多啤酒中很引人注目。夏佩尔说:"有些人以为瓶子是手绘的,它跟别的牌子都不一样,独特而有趣。人们愿意把它摆在桌子上。"事实上,许多消费者认为装在这种瓶子里的啤酒更好喝。

公司也重新设计了啤酒的包装箱。"我们想突出它的绿色长颈瓶,与罗林洛克啤酒是用山区泉水酿制的这个事实。"夏佩尔解释道,"包装上印有放在山泉里的这些绿瓶子。照片的质量很高,色彩鲜艳、图像清晰。消费者很容易从10米外认出罗林洛克啤酒。"

任务总结

菲利普·科特勒等营销学者认为,五个层次的表述方式能够更深刻和更准确地表述产品整体概念的含义。这五个层次是:核心产品、形式产品、期望产品、附加产品和潜在产品。

本章介绍了产品组合及其相关概念、产品组合策略、产品生命周期阶段、产品生命周期各阶段的特点与营销策略。

为了提高新产品开发的成功率,必须建立科学的新产品开发管理程序。不同行业的生产条件与产品项目不同,管理程序也有所差异,一般企业研制新产品的管理程序为新产品构思、筛选、产品概念的形成与测试、初拟营销规划、商业分析、新产品研制、市场试销、商业性投放。

品牌是指是用以识别某个销售者或某群销售者的产品或服务,并使之与竞争对手的产品或服务区别开来的商业名称及标志通常由文字、标记、符号、图案和颜色等要素或这些要素的组合构成。品牌策略是企业产品营销策略的重要组成部分,也是培育名牌的根本途径。常见的品牌策略有:统一品牌策略、多品多牌策略、分类品牌策略、贴牌策略、本土品牌策略及无品牌策略等。

产品包装不仅是产品的容器、包扎物或外观装饰,更是整体产品的一个重要组成部分。产品包装对市场营销有着重要的影响,它既可以充当产品广告的媒体,又可以提高产品的档次和形象,增加产品的附加值;产品包装的不同档次和规格,又是产品差异化和特色的重要体现。包装设计中包装要素的不同使用与组合,形成了不同的包装策略。

任务检测

一、选择题

1. 在整体产品概念中最基本、最主要的部分是( )。

A. 核心产品 　　B. 形式产品 　　C. 潜在产品 　　D. 附加产品

2. 在原有产品的基础上,采用或部分采用新技术、新材料、新工艺研制出来的新产品称为( )。

A. 换代产品 　　B. 改进产品 　　C. 仿制产品 　　D. 全新产品

3. 在产品生命周期的( )阶段,促销显得十分重要。

A. 成熟期 　　　　　　　　B. 引入期

C. 引入期和成熟期 　　　　D. 成长期

4. 以高价格、低促销费用的形式进行经营,以求得到更多利润的决策是( )。

A. 快速撇脂策略 　　　　　B. 缓慢撇脂策略

C. 快速渗透策略 　　　　　D. 缓慢渗透策略

5. 有些大公司在一个市场上往往有多个品牌,如宝洁公司的洗发精有"飘柔"、"潘婷"、"海飞丝"等,这种做法属于( )。

A. 品牌扩展决策 　　　　　B. 多品牌决策

C. 统一品牌决策 　　　　　D. 品牌更新定位决策

二、判断题

1. 增加产品组合的广度,可以最大限度地满足需要,并获得最大利润。　( )

2. 所谓新产品,是指通过新发明创造的产品。　　　　　　　　　　　( )

3. 每一种产品都需要经历导入期、成长期、成熟期和衰退期。　　　　( )

4. 联想计算机的"联想"二字是品牌名称。　　　　　　　　　　　　( )

5. 对于拥有良好声誉、生产质量水平相近产品的企业宜采用分类包装策略。( )

三、填空题

1. ( )是指向顾客提供的产品的基本效用或利益,从根本上说,每一种产品实质上都是为解决问题而提供的服务。

2. 产品整体概念中的五个层次是指( )、( )、( )、( )和( )。

3. ( )是指采用新原理、新材料、新工艺、新结构,依靠企业自己的人员和力量开发的新产品。

4. ( )是产品组合的一大类,是指能够满足同类需要,在功能、使用和销售方面具有类似性的一组产品。

5. ( )就是指产品从进入市场销售到最后被淘汰的全过程。

四、简答题

1. 简述产品在成熟期的营销策略。

2. 什么是新产品? 新产品有哪几种形态?

3. 简述常见的品牌名称策略。

4. 简述包装在品牌营销中的作用。

参考答案

5. 简述产品策划的原则。

案例分析

××品牌中草药牙膏上市推广策划

一、市场分析

1. 市场机会

随着人们对牙齿健康问题的关注,中草药牙膏也越来越为人们所重视,中草药牙膏的市场需求在相当长的一段时间内仍将十分巨大。

2. 市场潜力

中草药牙膏占据着40%～50%的国内市场份额,而且比例每年还在不断增长。

3. 竞争环境

(1) 国外品牌的进入

① 随着外资品牌不断的资本运作及市场开拓,占据了较大的市场份额,如×××。

② 随着牙膏"中草药热"的出现,外资品牌也开始重视中草药牙膏的研发,如×××、×××都在××××年推出中草药牙膏。

(2) 本土品牌的迅速崛起

① 以×××为代表的传统中草药牙膏品牌借着"中草药热"的东风,迅速建立起行业的领导地位。

② 以×××为代表的新兴牙膏品牌也初露端倪。

4. 产品上市优劣势分析

(1) 有利条件

① 中草药牙膏市场潜力大。

② 消费者已接受产品,无开发风险。

(2) 不利条件

主力竞争品的历史久、市场强、财力足、市场占有率高,有一定的忠诚顾客。

二、企业战略选择

目标说明企业欲向何处发展;战略则说明如何达到目标。每个企业必须制定达到目标的恰当战略,包括技术战略和资源战略。对于可以提出的许多战略,归纳为三类类型:全面成本领先、差别化及集中化。

根据对企业整体的优势、劣势、机会和威胁分析,差别化战略应该成为企业长期发展的主方向。

三、产品定位

1. 产品用途

(1) 主要用途

清洁口腔、牙齿保健、消除口臭等。

(2) 特殊功能

具有护龈固齿,防治牙龈炎、牙周炎、牙过敏、抗菌斑等作用。

2. 产品名称

产品的名称应该能够表示产品独特的优点与用途，并且易读、易懂、易记，还要与众不同。

3. 目标消费群

4. 颜色：白色

5. 容量。针对不同的消费需求，推出不同的产品系列：90 克小包装与 210 克大包装。

6. 价格：90 克小包装市场定价为 3.90 元；210 克大包装市场定价为 9.00 元。

四、新产品上市安排

1. 上市时间：2015 年 5 月 1 日

2. 上市区域：湖北

3. 媒体宣传支持

（1）广告策略

入市初期以理性诉求为主强调其功能；后期主要以产品新的功能、创新理念来引导客户的消费需求。

（2）广告语："中草药让您的牙齿更健康！"

（3）宣传形式及费用。根据预定的销售目标，按其目标的 15% 作为广告费用。

4. 销售地域

（1）以经济发达的地区为主力，应重点经营。

（2）对商业比较活跃、人口较多的地区，也应特别重视。

5. 销售渠道

（1）以各省会城市为中心，建立销售中心。

（2）在地级市设立代理商，开展经营活动。

问题

1. 根据案例，请你设计该款产品的名称。

2. 根据该款牙膏的定位，请你设计该牙膏的卖点。

分析

在市场竞争日益激烈的今年，许多企业都使出浑身解数，力争使自己立于不败之地。那么产品整体概念为企业进行创新提供了依据，即可以从产品的五个层次进行创新，与竞争对手形成差异，制造更多的卖点，获得竞争优势，提高了产品的知名度和形象，促进了产品的销售，这就是营销策划的威力所在。

实训操作

产品策划

1. 实训目的

通过本次实训，使学生明确产品策划的相关内容，具备产品策划的基本技能。

2. 实训要求

基于小王创立网络人才招聘平台项目，选择适合大学生求职的相关项目，写一份产品报告，内容要求包括人才招聘平台栏目的设计、内容、特点、优劣势等内容，字数不少于 1 500 字。

3. 实训材料

纸张、计算机网络、笔或打印机等。

4. 实训步骤

(1) 选择网络人才招聘平台;

(2) 分析其发展的历史;

(3) 分析人才招聘平台的各栏目特点;

(4) 分析各栏目内容的优劣势;

(5) 进行有效的栏目和平台包装;

(6) 撰写网络人才招聘平台服务项目策划报告。

5. 成果与检验

每位学生的成绩由两部分组成:学生实际操作情况(40%)和分析报告(60%)。

实际操作主要考查学生实际执行实训步骤以及撰写实训报告的能力;分析报告主要考查学生设计网络人才招聘平台服务组合、网络品牌设计及三者的推广策略的正确性和合理性,分析报告建议制作成PPT。

任务十　价格策划

知识目标

1. 了解影响定价的主要因素。
2. 理解定价目标。
3. 掌握定价方法与策略。
4. 掌握价格调整策划及其风险防范。

技能目标

能根据企业定价目标进行定价策略策划,并适应市场变化进行调整。

任务导入

在网络人才招聘平台上,设计好了网络服务项目组合及其品牌,对小王来说,下一步的工作就是为这些产品或服务制定一个合适的价格,在这些产品中,有畅销的,有不畅销的;有求职培训技巧,有简历撰写,有用人单位招聘信息等,这些项目的服务对象也有所不同,并且对服务要求也不同,必须依据具体产品和服务的市场情况选择合适的定价策略进行定价。

任务分析

在网络营销策略中,价格策略总是最为让顾客敏感的营销策略,也是最富有灵活性和艺术性的策略,是企业网络营销组合中的重要组成部分。因此,在定价过程中,首先应明确定价的目标是什么,然后根据需要,选择合适的定价方法或策略对适当的网络产品或服务进行定价。为了实现企业的定价目标,如何选择定价方法与策略,并能做出应对价格变化进行调整及防范措施尤为重要。

 **知识精讲**

一、认识价格策划

俗话说"没有卖不出去的产品,只有卖不出去的价格"。价格策划是产品营销策划的关键。

(一)价格策划的定义

一般来说,价格策划是指企业如何使产品的价格或价格体系能适应企业的战略或营销目标的过程。事实上,价格策划是一个以消费者需求的经济价值为基础,综合考虑企业自身能力、市场需求以及竞争情况等方面因素,具体包括产品定价策划与产品调价策划两部分。

随着同质化竞争激励程度的加剧和消费者需求的不断变化,产业和市场的逐渐成熟,理性的价格策划在市场竞争要素中的地位日益凸显。主要表现在,首先,价格策划关系到企业成败,是维持企业生产的基础;其次价格策划是争取当期最大利润的手段;再次,价格策划是保持,扩大市场占有率的武器;最后,价格策划是抑制或应对市场竞争的方法之一。

(二)价格策划的类型

1. 以获取利润为目标的价格策划

获取利润是企业从事生产经营活动的最终目标,具体可通过产品定价来实现。获取利润目标一般分为以下三种。

(1)以获取投资收益为定价目标。投资收益定价目标是指使企业实现在一定时期内能够收回投资并能获取预期的投资报酬的一种定价目标。采用这种定价目标的企业,一般是根据投资额规定的收益率,计算出单位产品的利润额,加上产品成本作为销售价格。

(2)以获取合理利润为定价目标。合理利润定价目标是指企业为避免不必要的价格竞争,以适中、稳定的价格获得长期利润的一种定价目标。采用这种定价目标的企业,往往是为了减少风险,保护自己,或限于力量不足,只能在补偿正常情况下的平均成本的基础上,加上适度利润作为产品价格。条件是企业必须拥有充分的后备资源,并打算长期经营。临时性的企业一般不宜采用这种定价目标。

(3)以获取最大利润为定价目标。最大利润定价目标是指企业追求在一定时期内获得最高利润额的一种定价目标。利润额最大化取决于合理价格所推动的销售规模,因而追求最大利润的定价目标并不意味着企业要制定最高单价。最大利润即有长期和短期之分,又有企业全部产品和单个产品之别。有远见的企业经营者,都着眼于追求长期利润的最大化。当然并不排除在某种特定时期及情况下,对其产品制定高价以获取短期最大利润。还有一些多品种经营的企业,经常使用组合定价策略,即有些产品的价格定得比较低,有时甚至低于成本以招徕顾客,借以带动其他产品的销售,从而使企业利润最大化。

2. 以提高市场占有率为目标的价格策划

市场占有率是一个企业经营状况和企业产品在市场上竞争能力的直接反映,关系到企业的兴衰存亡。较高的市场占有率,可以保证企业产品的销路,巩固企业的市场地位,从而使企业能够稳步增长。

以提高市场占有率为目标定价,企业通常有两种做法:即定价由低到高和由高到低。定价由低到高,就是在保证产品质量和降低成本的前提下,企业入市产品的定价低于市场上主要竞争者的价格,以低价争取消费者,打开产品销路,挤占市场,从而提高企业产品的市场占有率。待占领市场后,企业再通过增加产品的某些功能,或提高产品的质量等措施来逐步提高产品的价格,旨在维持一定市场占有率的同时获取更多的利润。定价由高到低,就是企业对一些竞争尚未激烈的产品,入市时定价可高于竞争者的价格,利用消费者的求新心理,在短期内获取较高利润。待竞争激烈时,企业可适当调低价格,赢得主动,扩大销量,提高市场占有率。

3. 以应付和防止竞争为目标的价格策划

企业对竞争者的行为十分敏感,尤其是价格的变动状况更甚。事实上,在市场竞争日趋激烈的形势定价前,都要广泛收集资料,仔细研究竞争对手的产品和价格情况,然后有意识地通过自己的定价目标去对付竞争对手。根据企业的不同条件,一般有以下四种决策可选择:实力较弱的企业,应采用与竞争者相同或略低的价格出售产品;实力较强的企业,同时又想扩大市场占有率,可采用低于竞争者的价格出售产品;实力雄厚并拥有特殊技术或产品品质优良或能为消费者提供更多服务的企业,可采用高于竞争者的价格出售产品;为了防止其他竞争者加入同类产品的竞争行列,在一定条件下,往往采用低价入市的方法,迫使弱小企业无利可图而退出市场或阻止竞争对手进入市场。

4. 以树立和维护企业形象为目标的价格策划

良好的企业形象是企业的无形资产和宝贵财富,也是企业经过长期努力后,在消费者中具有一定声望和地位的结果。因此,企业对此不可小视。企业形象同样也体现在定价决策中。以树立和维护企业形象为定价目标,首先,要考虑价格水平能否被目标消费者群所接受,是否有利于企业整体策略的有效实施;其次,产品价格要使人感到质价相称,货真价实。从定价整体而言,应具有一定特色,或以价廉物美著称,或以价格稳定见长;还有,企业定价要依照社会和职业道德规范,不能贪图企业一时的蝇头小利而损害消费者的利益,自损信誉,自毁形象;另外,企业定价还要符合国家宏观经济发展目标,自觉遵守政策指导和法律约束。

(三)价格策划的影响因素

1. 定价目标

定价目标是指企业在对其生产或经营的产品制定价格时,有意识地要求达到的目的和标准。它是指导企业进行价格决策的依据。企业的定价目标规定了其定价的水平和目的。某一个产品的定价目标最终取决于企业的经营目标。一般说来,企业定价目标越清晰,价格越容易确定。而价格的设定,又都影响到利润、销售收入以及市场占有率的实现,因此,确定定价目标是制定价格的前提。

不同行业的企业,同一行业的不同企业,以及同一企业在不同的时期、不同的市场条件下,都可能有不同的定价目标。企业应根据自身的性质和特点,权衡各种定价目标的利弊而加以取舍。

2. 产品成本

成本核算是定价行为的基础。企业要保证生产经营活动,就必须通过市场销售收回成本,并在此基础上形成盈利。产品成本是企业制定价格时的最低界限,即所谓成本价格。低于成本出售产品,企业不可避免地要产生亏损,时间一长,企业的营销就难以为继。在市场竞争中,产品成本低的企业拥有制定价格和调整价格的主动权和较好的经济效益;反之,就会在市场竞争中处于不利地位。

3. 产品差异性

产品差异性是指产品具有独特的个性,拥有竞争者不具备的特殊优点,从而与竞争者形成差异。产品差异性不仅指实体本身,而且包括产品设计、商标品牌、款式和销售服务方式的特点。拥有差异性的产品,其定价灵活性较大,可以使企业在行业中获得较高的利润。这是因为:一方面,产品差异性容易培养重视的顾客,使顾客产生对品牌的偏爱,而接受企业定价;另一方面,产品差异性可抗衡替代品的冲击,从而保持企业的有利地位,使价格敏感性相对减弱。

4. 企业的销售能力

可以从两方面来衡量企业的销售力量对定价的影响。一方面,企业销售能力差,对中间商依赖程度大,那么企业最终价格决定权所受的约束就大;另一方面,企业独立开展促销活动的能力强,对中间商依赖程度小,那么企业对最终价格的决定所受的约束就小。

5. 消费者需求

消费者需求对企业产品定价的影响可以从以下三方面反映出来:第一,需求价格。企业的产品定价应充分考虑消费者愿意并且能够支付的价格水平下,它决定企业产品在市场中的价格上限;第二,需求强度。即消费者想获取某种商品的欲望程度。消费者对某一产品的需求强度大,则其价格的敏感差,反之亦然;第三,需求层次。不同需求层次的消费者对同产品的需求强度不一样,因而对其价格的敏感亦有不同,一般来讲,高需求层次的消费者对价格的敏感差,反之亦然。而对于高需求层次的市场定位,则应采取高价格政策与之相适应。

6. 政府力量

在当今市场经济舞台上,政府扮演着越来越重要的角色。作为国家与消费者利益的维护者和代表者,政府力量渗透到企业市场行为的每一个角落。在企业定价方面的政府干预,表现为一系列的经济法规,如西方国家的《反托拉斯法》、《反倾销法》等,在不同方面和不同程度上制约着企业的定价行为。这种制约具体地表现在企业的定价种类、价格水平等几个方面。因此,企业的价格政策必须遵循政府的经济法规。

7. 竞争者力量

企业的定价无疑要考虑竞争者的价格水平。在市场经济中,企业间的竞争日趋激烈,竞争方式多种多样,其中最原始、最残酷的就是价格竞争,即价格大战。竞争的结果可能是整个行业平均利润率的降低。尽管如此,处于竞争优势的企业往往拥有较大的定价自由,而处于竞争劣势的企业则更多地采用追随性价格政策。所以,企业产品的定价无时不受到其竞争者定价行为的影响和约束。

小案例

<h2 style="text-align:center">英特尔(Intel)公司的定价策略</h2>

一个分析师曾这样形容英特尔公司的定价政策:"这个集成电路巨人每12个月就要推出一种新的、具有更高盈利的微处理器,并把旧的微处理器的价格定在更低的价位上以满足需求。"当英特尔公司推出一种新的计算机集成电路时,它的定价是1 000美元,这个价格使它刚好能占有市场的一定份额。这些新的集成电路能够增加高级个人电脑和服务器的性能。如果顾客等不及,他们就会在价格较高时去购买。随着销售额的下降及竞争对手推出相似的集成电路对其构成威胁时,英特尔公司就会降低其产品的价格来吸引下一层次对价格敏感的顾客。最终价格跌落到最低水平,每个集成电路仅售200美元多一点,使该集成电路成为一个面向大众市场的处理器。

通过这种方式,英特尔公司从各个不同的市场中获取了最大量的收入。

(四)价格策划的程序

价格策划作为产品营销策划中的一个重要内容,有一定的工作程序。企业在选择与决策营销策划时需要经过反复调研、评价、分析与筛选。一个完整的价格策划过程应包括营销环境分析、成本的估算、明确定价目标、选择定价方法和策略、最后价格的敲定以及适应市场需要的价格调整。

1. 营销环境分析

企业价格的制定是在特定的营销环境下进行的。因此,在制定价格前需对影响价格的因素和力量进行分析。价格策划的环境因素涉及营销环境因素很多,有宏观环境,如政治与经济环境、科学技术环境,社会文化环境,人口自然环境等,有中观环境,如产业环境,也有微观环境,如供应商、分销商、消费者、竞争对手、社会公众等,策划人员都要仔细地进行分析研究。

2. 成本估算

产品成本是定价的主要依据和最低经济界限。因此,策划应重点掌握产品本身价值量的大小和成本构成,尤其是产品的供求关系对产品短期成本和长期成本的影响等。应尽量在最低成本的规模水平下进行生产。

3. 明确定价目标

价格策划的目标是定价和调价的指导方针,直接影响和制约着企业的价格行为。在不同的市场条件下,不同的企业在不同的时期会有不同的价格目标。价格目标通常是在对消费者、竞争者、成本、市场环境、营销组合策略等因素综合分析之后确定的。企业选择的价格目标通常有当期利润最大化目标、适度利润目标、最大销量目标、保持或扩大市场占有率目标、应对和避免竞争目标、维持企业生存目标、最优产品质量目标等。

4. 选择定价方法和策略

企业制定价格时,应全面考虑到所有影响因素。但是,在实际工作中往往只侧重某一方面的因素。大体上,企业的定价方法有成本导向定价法、需求导向定价法和竞争导向定价法。而

定价策略就很多,如心理定价策略、差异定价策略等。这可以根据实际需要进行选择。

5. 制定具体价格

根据定价目标、以某种定价方法所制定的价格通常并不一定是该产品的最终价格,而只是该产品的基本价格。因此,还应根据产品的竞争力及对顾客的吸引力等方面的因素,在产品的基本价格的基础上进行适当调整,形成具体价格。

6. 进行价格调整

企业所确定的价格不可能是一成不变的,随着市场环境的变化.企业也应审时度势,对价格进行及时的调整。固化的价格,只会给企业带来巨大的经济损失。价格调整也不可能一次完成,价格的调整应与营销环境的变化保持一致,直至产品生命周期结束,产品退出市场。

 **小案例**

卡特匹勒公司的定价

卡特匹勒公司为其拖拉机定价为 10 万美元,尽管其竞争对手同类的拖拉机售价只有 9 万美元,但卡特匹勒公司的销售量仍然超过了其竞争者。一位潜在顾客问卡特匹勒公司的经销商,买卡特匹勒的拖拉机为什么要多付 1 万美元,经销商回答说:90 000 美元是拖拉机的价格;与竞争者的拖拉机价格相比,加 7 000 美元是最佳耐用性的价格,加 6 000 美元是最佳可用性的价格,加 5 000 美元是最佳服务的价格,加 2 000 美元是零件较长保用期的价格,而 11 万美元是拖拉机总价值的价格,然后再减去 10 000 美元折扣,因此 10 万元是卡特匹勒公司拖拉机的最终价格。

顾客惊奇地发现,尽管从表面上看他购买卡特匹勒公司的拖拉机需多付 1 万美元,但实际上他却得到了 1 万美元的折扣。结果,他选择了卡特匹勒公司的拖拉机,因为他相信卡特匹勒拖拉机的全部使用寿命操作成本更低。

二、掌握价格策划的基本策略

(一)定价方法策划

定价方法是指企业在特定的定价目标指导下,依据对影响价格形成各因素的具体研究,运用价格决策理论,对产品价格进行测算的具体方法。定价方法的选择和确定是否合理,关系到企业定价目标能否实现和定价决策的最终成效。

1. 成本导向定价法

成本导向定价法是以企业的生产或经营成本作为制定价格依据一种基本定价方法。按照成本定价的性质不同,又可分为以下几种。

(1) 完全成本定价法。完全成本定价法是指以产品的全部生产成本为基础,加上一定数额或比率的利润和税金制定价格的方法。价格中的利润一般以利润率计算。利润率有以成本和销价为基数计算的两种方法,因而销售价格也有外加法和内扣法两种计算方法。

① 外加法。其计算公式为

$$产品价格 = \frac{完全成本 \times (1 + 成本利润率)}{1 - 税率}$$

② 内扣法。其计算公式为

$$产品价格 = \frac{完全成本}{1 - 销价利润率 - 税率}$$

完全成本定价法具有计算简便,能保证企业生产经营的产品成本得到补偿,并取得了合理利润的优点。主要适用于正常生产、合理经营的企业以及供求大体平衡、成本相对稳定的产品。但这种定价方法缺乏对市场竞争和供求变化的适应能力,同时还有成本和利税重复计算,定价的主观随意性较大的缺点。

(2)目标成本定价法。目标成本定价法是指以期望达到的目标成本为依据,加上一定的目标利润和应纳税金来制定价格的方法。

目标成本是企业在充分考虑到未来生产经营主客观条件变化的基础上,为实现企业定价目标,谋求长远和总体利益而拟定的一种"预期成本",一般都低于定价时的实际成本。目标成本定价法适用于经济实力雄厚,生产和经营有发展前途的企业,尤其适宜于新产品的定价。其计算公式为

$$产品价格 = \frac{目标成本 \times (1 + 目标成本利润率)}{1 - 税率}$$

式中

$$目标成本 = \frac{固定成本}{目标产量} + 单位产品变动成本$$

$$目标成本利润率 = \frac{要求提供的总利润}{目标成本 \times 目标产量} \times 100$$

目标成本作为一种"预期成本",虽然不是定价时的实际成本,但也不是人们主观出来的,它是建立在对"量、本、利"关系的科学测算的基础上,利用盈亏平衡分析的原理加以确定的。企业通过市场预测,在确定一种产品的可销价格以后,根据固定成本总额和单位产品平均变动成本,可以先测定保本量,即在销售量运态曲线上,价格减去单位产品平均变动成本和税金后的销售收入与产量的乘积余额正好补偿固定成本总额时的某一点。这个点称为盈亏平衡点,如图 10-1 盈亏平衡原理图所示。

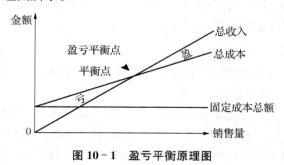

图 10-1 盈亏平衡原理图

盈亏平衡点上的产量可以通过下列公式求得：

$$Q = \frac{TFC}{P\left(1 - \dfrac{At}{P}\right) - AVC}$$

式中：Q——盈亏平衡点上的产量（销售量）；

　　　P——单位产品价格；

　　　AVC——单位产品平均变动成本；

　　　At——单位产品税金；

　　　TFC——固定成本总额；

　　　Tt——单位产品税率。

据此，目标成本所依据的目标产量的取值区域就是盈亏平衡点上的产量＜目标产量≤产量极限。

采用目标成本定价法，能保证企业按期收回投资，并能获得预期利润，计算也较方便。但产品价格根据预计产量推算，并非一定能保证销量也同步达到预期目标。因此，企业必须结合自身实力、产品特点和市场供求等方面的因素加以调整。

（3）变动成本定价法。变动成本定价法又称边际贡献定加法，在单位变动成本的基础上，加上预期的边际贡献计算价格的定价方法。其计算公式为：

价格 ＝ 单位变动成本 ＋ 边际贡献

边际贡献就是销售收入减去变动成本后的余额。单位产品的销售收入在补偿其变动成本之后，首先用于补偿固定成本费用。在盈亏平衡点之前，所有产品的累积贡献均体现为对固定成本费用的补偿，企业无盈利可言。在到达盈亏平衡点之后，产品销售收入中的累积贡献才是现实的盈利。所有产品销售收入中扣除其变动成本后的余额，不论能否真正成为企业盈利，都可视为是对企业的贡献，它既可以反映为企业盈利的增加，也可以反映为企业亏损的减少。从短期决策来看，企业增加生产只要能获得边际贡献，就是有经济效益的，即所增加的那部分边际产量对提高企业经济效益是有贡献的，产量可一直增加到边际贡献等于零为止。

变动成本定价法通常适用于以下两种情况：一种情况是，当市场上产品供过于求，企业产品滞销积压时，如坚持以总成本为基础定价出售，就难以为市场所接受，其结果不仅不能偿还固定成本，连变动成本也无法收回，此时，用变动成本为基础定价，可大大降低售价，对付短期价格竞争；另一种情况是，当订货不足，企业生产能力过剩时，与其让厂房和机器设备闲置，不如利用低于总成本高于变动成本的低价来扩大销售，维持生存，同时也能减少固定成本的亏损。

2. 需求导向定价法

需求导向定价法是以消费者对产品价格的接受能力和需求程度为依据制定价格的方法。它不以企业的生产成本为定价的依据，而是在预计市场能够容纳目标产销量的需求价格限度内，确定消费者价格、经营者价格和生产者价格。具体可分为以下几种方法。

（1）价格倒推法。价格倒推法又称反向定价法，是指企业根据产品的市场需求状况，通过价格预测和试销、评估，先确定消费者可以接受和理解的零售价格，然后倒推批发价格和出厂价格的定价方法。其计算公式为：

$$出厂价格 = 市场可销零售价格 \times (1— 批零差价率) \times (1— 销进差率)$$

采用价格倒推法的关键在于如何正确测定市场可销零售价格水平。测定的标准主要有：产品的市场供求情况及其变动趋势；产品的需求函数和需求价格弹性；消费者愿意接受的价格水平；与同类产品的比价关系。

按价格倒推法定价具有促进技术进步，节约原料消耗，强化市场导向意识，提高竞争能力等优点，符合按社会需要组织生产的客观要求。

（2）理解价值定价法。理解价值即消费者对各产品价值的主观评判，它与产品的实际价值往往会发生一定的偏离。理解价值定价法是指企业以消费者对产品价值的理解为定价依据，运用各种营销策略和手段，影响消费者对产品价值的认知，形成对企业有利的价值观念，再根据产品在消费者心目中的价值地位来制定价格的一种方法。

有些营销学家认为，把买方的价值判断与卖方的成本费用相比较，定价时应侧重考虑前者。因为消费者购买产品时，总会在同类产品之间进行比较，选购那些既能满足其消费需要，又符合其支付标准的产品。消费者对产品价值的理解不同，会形成不同的价格限度。如果价格刚好定在这一限度内，就会促进消费者购买。为此，企业定价时应对产品进行市场定位，研究该产品在不同消费者心目中的价格标准，以及在不同价格水平上的销售量，并做出恰当的判断，进而有针对性地运用市场营销组合中的非价格因素影响消费者，使之形成一定的价值观念，提高他们接受价格的限度。然后，企业拟定一个可销价格，并估算在此价格水平下产品的销量、成本和盈利状况，从而确定可行的实际价格。

（3）需求差异定价法。需求差异定价法指根据消费者对同种产品或劳务的不同需求强度，制定不同的价格和计费的方法。价格之间的差异以消费者需求差异为基础，其主要形式有，一是以不同消费进群体为基础的差别定价；二是以不同产品式样为基础的差别定价；三是以不同地域位置为基础的差别定价；四是以不同时间为基础的差别定价。

按需求差异定价法制定的价格，并不与产品成本和质量的差异程度相应成比例，而是以消费者需求的差异为标准。一般应具备以下条件：市场能够根据需求强度的不同加以细分，需求差异较为明显；细分后的市场之间无法相互流通，即低价市场的消费者不可能向高价市场的消费者转手倒卖产品或劳务；在高价市场中用低价竞争的可能性不大，企业能够垄断所生产经营的产品和劳务；市场细分后所增加的管理费用应小于实行需求差异定价所得到的额外收入；不会因价格差异而引起消费者的反感。

3. 竞争导向定价法

竞争导向定价法是以市场上竞争对手的价格作为制定企业同类产品价格的主要依据方法。这种方法适宜于市场竞争激烈，供求变化不大的产品。它具有在价格上排斥对手，扩大市场占有率，迫使企业在竞争中努力推广新技术的优点。一般可分为以下几种具体方法。

（1）随行就市定价法。随行就市定价法即与本行业同类产品价格水平保持一致的定价方法。这种"随大流"的定价方法，主要适用于需求弹性较小或供求基本平衡的产品。在这种情况下，单个企业提高价格，就会失去顾客；而降低价格，需求和利润也不会增加。所以，随行就市成为一种较稳妥的定价方法。它既可避免挑起价格竞争，减少市场风险，又可补偿平均成本，增加相互信任，获得适度利润，而且易为消费者接受。如果企业能降低成本，还可以获得更多的利润。因此,这是一种较为流行的定价方法,尤其为中小企业所普遍采用。

(2)竞争价格定价法。竞争价格定价法即根据本企业产品的实际情况及与竞争对手的产品差异状况来确定价格。这一种主动竞争的定价方法,一般为实力雄厚或产品独具特色的企业所采用。定价时,首先,将市场上竞争产品价格与企业估算价格进行比较,分为高于、等于、低于三种价格层次;其次,将本企业产品的性能、质量、成本、产量等与竞争企业进行比较,分析造成价格差异的原因;再次,根据以上综合指标确定本企业产品的特色、优势及市场地位,在此基础上,按定价所要达到的目标,确定物品价格;最后,跟踪竞争产品的价格变化,及时分析原因,相应调整本企业的产品价格。

 **小案例**

<h3 style="text-align:center">竞争定价策略</h3>

休布雷公司在美国伏特加酒的市场上属于营销出色的公司,其生产的史密·孝夫酒,在伏特加酒的市场占有率达23%。而另一家竞争对手推出一种新型伏特加酒,其质量不比史密诺夫酒低,每瓶价格却比它低一美元。按照惯例,休布雷公司有3条对策可选择:(1)降低一美元,以保住市场占有率;(2)维持原价,通过增加广告费用和销售支出来与对手竞争。(3)维持原价,听任其市场占有率降低。由此看出,不论该公司采取上述哪种策略,休布雷公司都处于市场的被动地位。

但是,该公司的市场营销人员经过深思熟虑后,却采取了对方意想不到的第4种策略。那就是,将史密诺夫酒的价格再提高1美元,同时推出一种与竞争对手新伏特加酒价格一样的瑞色加酒和另一种价格更低的波波酒。这一策略,一方面提高了史密诺夫酒的地位,同时使竞争对手新产品沦为一种普通的品牌。结果,休布雷公司不仅渡过了难关,而且利润大增。实际上,休布雷公司的上述3种产品的味道和成分几乎相同,只是该公司懂得以不同的价格来销售相同的产品策略而已。

(3)投标定价法。投标定价法即在投标交易中,投标方根据招标方的规定和要求进行报价的方法。一般有密封投标和公开投标两种形式。主要适用于提供成套设备、承包建筑工程、设计工程项目、开发矿产资源或大宗商品订货等。

企业的投标价格必须是招标单位所愿意接受的价格水平。在竞争投标的条件下,投标价格的确定,首先要根据企业的主客观条件,正确地估算完成指标任务所需要的成本;其次要对竞争对手的可能报价水平进行分析预测,判断本企业中标的机会,即中标概率。企业中标的可能性或概率大小取决于参与投标竞争企业的报价状况。报价高,中标概率小;报价低,则中标概率大;报价过低,虽概率极大,但利润可能很少甚至亏损,对企业并非有利。因此,如要使报价容易中标且有利可图,企业就要以投标最高期望利润为标准确定报价水平。所谓投标期望利润,就是企业投标报价预期可获得利润与该报价水平中标概率的乘积。例如,某企业准备参加某项工程的招标,在确定投标报价时,企业须根据同行业竞争对手的数量、实力及其可能采取的投标策略,预测分析本企业的报价、成本水平、预期利润、中标概率和期望利润等情况,从而选择最佳报价。

（二）价格策略策划

1. 价格折让策略

企业为了鼓励顾客及早付清货款、大量购买、淡季购买，还可以酌情降低其基本价格。这种价格调整叫做价格折扣和折让。价格折扣和折让有五种：

（1）现金折扣。这是企业给那些当场付清货款顾客的一种定价。如，顾客在 50 天必须付清货款，如果 10 天内付清货款，则给以 2％的折扣。

（2）数量折扣。这种折扣是企业给那些大量购买某种产品的顾客一种减价，以鼓励顾客购买更多的货物。因为大量购买能使企业降低生产、销售、储运、记账等环节的成本费用。如，顾客购买某种商品 10 单位以下，每单位 10 元；购买 10 单位以上，每单位 9 元。这就是数量折扣。数量折扣可按每次购买量计算，也可按一定时间的累计购买量计算。

（3）功能折扣。这种价格折扣又叫贸易折扣。功能折扣是制造商给某些批发商或零售商的一种额外折扣，促使他们愿意执行某种市场营销功能，如推销、储存、服务等。

（4）季节折扣。也称季节差价。制造商为保持均衡生产、加速资金周转和节省费用，鼓励客户淡季购买。如，雪橇制造商在春夏季给零售商以季节折扣，以鼓励零售商提前订货。

（5）折让。这是另一种类型的减价。例如，一辆小汽车标价为 4 000 元，顾客以旧车折价 500 元购买，只需付给 3 500 元，这叫作以旧换新折让。如果经销商同意参加制造商的促销活动，则制造商卖给经销商的货物可以打折扣，这叫作促销折让。

2. 心理定价策略

（1）声望定价。声望定价是指企业利用消费者仰慕名牌商品或名店的心理来制定商品的价格，故意把价格定成整数或高价。质量不易鉴别的商品的定价最适宜采用此法，因为消费者有崇尚名牌的心理，往往以价格判断质量，认为高价代表高质量。现在人们提到领带，人们都会想到金利来；提到旅游鞋，人们会想到阿迪达斯、耐克、双星。这些名牌产品不仅以质优高档而闻名于世，更以其价格昂贵而引人注目。

 **小案例**

贵的就是好的

以前日本电视台曾推出一个节目，其中一项是报告厂牌来购买的测验，结果把同样价格的手帕排列出好几件，有的挂上瑞士名牌厂的商标，标上令人咋舌的高价；有些挂上名不见经传的厂牌，然后请几位妇女观众对这些手帕进行评价，选出其中较优者。结果她们众口一词地说价格比日本手帕贵得多的瑞士手帕好。

问她们理由，有的说布料比较好，有的说花样很不错，也有的说外表及质感比日本货好。接下来，主持人又拿出一大堆真正瑞士制手帕，不过早就换成了日本小厂的商标，价格也都写得很便宜，又请妇女观众进行评价。结果，妇女们不约而同地说，这些手帕外表不好看，洗了会褪色，线缝得不好，反正到处都是缺点。

这一实验充分反映了很多消费者"贵的就是好的"的消费心理。正是因为消费者有这样的心理,一些厂家就在新产品刚推出时,定高价来促销。

(2) 尾数定价。定价时保留小数点后的尾数,使消费者产生价格较廉的感觉,还能使消费者留下定价认真的印象。从而使消费者对定价产生信任感。这种方法多用于需求弹性较大的中低档商品。如 9.80 元,而不是 10 元。

(3) 招徕定价。利用部分顾客求廉的心理,特意将某几种商品的价格定得较低以吸引顾客。某些商店随机推出降价商品,每天、每时都有一至两种商品降价出售,吸引顾客经常来采购廉价商品,也因此推动正常价格商品的销售。

2. 差别定价策略

差别定价就是根据交易对象、交易时间、地点等方面的不同,定出两种或多种不同价格,以适应顾客的不同需要,从而扩大销售量,增加收益。但这种价格上的差异并非以成本的差别为基础。

(1) 按不同顾客差别定价。即企业按照不同的价格把同一种产品或劳务卖给不同的顾客群。如,某汽车经销商按照价目表价格把某种型号汽车卖给顾客 A,同时按照较低价格把同一种型号汽车卖给顾客 B。这种差别定价在有些国家要受到法律限制,即限制"价格歧视"。

(2) 按产品不同形式差别定价。即企业对不同型号或形式的产品分别制定不同的价格,但是,不同型号或形式产品的价格之间的差额和成本费用之间的差额并不成比例。

(3) 按产品不同部位差别定价。即企业对于处在不同位置的产品或服务分别制定不同的价格,即使这产品或服务的成本费用没有任何差异。如剧院,虽然不同座位的成本费用都一样,但是不同座位的票价有所不同,火车卧铺的上下铺票价不同等。

(4) 按不同销售时间差别定价。即企业对于不同季节、不同时期甚至不同钟点的产品或服务也分别制定不同的价格。如旅游经营者在淡季和旺季分别制定不同的价格。企业采取需求差别的定价必须具备以下条件:市场必须是可以细分的,而且各个市场部分须表现出不同的需求程度;以较低价格购买某种产品的顾客没有可能以较高价格把这种产品倒卖给别人;竞争者没有可能在企业以较高价格销售产品的市场上以低价竞销;细分市场和控制市场的成本费用不得超过因实行价格差别所得的额外收入,这就是说,不能得不偿失;价格差别不会引起顾客反感,放弃购买,影响销售;采取的价格差别形式不能违法。

小思考

打 1 折 的 销 售

商家打折大拍卖是常有的事,人们绝不会大惊小怪,但有人能从中创意出"打 1 折"的营销策略,实在是高明的、枯木抽新芽的创意。

日本东京有家银座绅士西装店,就是首创"打 1 折"销售的商店,曾经轰动了东京。当时销售的商品是"日本 GOOD"。

具体的操作是这样的:先定出打折销售的时间,第一天打 9 折,第二天打 8 折,第三天第四天打 7 折,第五天第六天打 6 折,第七天第八天打 5 折,第九天第十天打 4 折,第十一天第十二天打 3 折,第十三天第十四天打 2 折,最后两天打 1 折。

　　商家的预测是：由于是让人吃惊的销售策略，所以，前期的舆论宣传效果会很好。抱着猎奇的心态，顾客们将蜂拥而至。当然，顾客可以在这打折销售期间随意选定购物的日子，如果你想要以最便宜的价钱购物，那么你在最后的那两天去买就行了。但是，你想买的东西不一定会留到最后那两天。

　　实际情况是：第一天前来的客人并不多，如果前来也只是看看，一会儿就走了，从第三天就开始一群一群地光临，第五天打6折时客人就像洪水般涌来开始抢购，以后就连日客人爆满，当然等不到打1折，商品就全部买完了。

　　那么，商家究竟赔本了没有？你想，顾客纷纷急于购买到自己喜爱的商品，就会引起抢购的连锁反应。商家运用独特的创意，把自己的商品在打5、6折时就已经全部推销出去。"打1折"只是一种心理战术而已，商家怎么能亏本呢？

　　4. 新产品定价策略

　　(1) 撇脂定价。即高价策略，指在新产品投入市场时，将其价格尽可能定高，以攫取最大利润。企业之所以能这样做，是因为有些购买者主观认为某些商品具有很高的价值。从市场营销实践看，在以下条件下企业可以采取撇脂定价：市场有足够的购买者，他们的需求缺乏弹性，即使把价格定得很高，市场需求也不会大量减少；产品的质量与高价格相符；竞争者在短期内不易打入该产品市场。

 **小案例**

锤子手机定价

　　进入2014年以来，随着4G牌照的发放，手机新品集中爆发的态势更加明显。中兴、华为、酷派、OPPO、努比亚、IUNI、小米、一加……众多厂商在上半年接连推出新机，而2014年5月20日罗永浩旗下锤子科技携SmartisanT1的亮相，又再度让业界反响强烈。

　　锤子发布的这款手机之所以引起业界广泛关注，除了罗永浩本身作为互联网公众人物的话题性外，更重要的是触碰了国内手机行业一直以来需要思考的一个问题：国产手机到底应该卖多少钱？

　　对于锤子科技这样一个全新的品牌而言，自然是一开始就得面对的问题。但事实上，对于大部分国内手机厂商而言，这也是近年来一直在探索的问题。特别是国内厂商传统依赖的运营商定制低价手机难以带来持续盈利，国内厂商也都希望在中高端市场有所作为，提升品牌价值，真正在市场竞争中获取利润，而不仅仅是销量。锤子手机是一个全新的品牌，但它的模式事实上相当具有典型性。这款手机选择由苹果前工业设计总监RobertBrunner创办的ammunition提供的工业设计，并且采用了高通、索尼、富士通、康宁等供应商提供的硬件解决方案。锤子的核心创新点，在于SmartisanOS，官方对其定义是"七年一遇的美观、易用和人性化"。这种描述或许有些夸张，不过在软件方面的创新，的确成为这款手机的核心竞争力。

　　在智能手机时代，随着行业门槛降低，加上国产手机不断努力进步，和国际品牌的产品在设计、性能、体验诸方面的差距已经缩小，某些方面甚至已经超越国际品牌手机。在这样的情况下，国产手机并非只能卖低价。事实上，很多国内品牌已经在2 000元价位站稳脚跟，并且开始进一步向 2 500 元、3 000 元甚至更高价位的市场迈进。但这也绝不意味着国产手机可以盲目卖高价。目前来看,国内品牌超过 2 000 元的产品中,有过不错销量的,往往都是在某些方面有过人之处的产品,并且比起国际品牌的同档次产品,依然有着明显的价格优势。锤子手机根据手机的内存大小不同定制了相应的价格,如手机内存为 16G 的,价格为 3 000 元,手机内存为 32G 的,价格为 3 150 元。2014 年 5 月份,锤子手机发布会不久,罗永浩高调晒出锤子手机订单,目前已经下单的用户超过 6 万,需要注意的是,锤子手机预订是要交 300 元定金的。此外,罗永浩还强调,6 万多订单中有 3251 人是索性付了 3 000 元全款的。

(2) 渗透定价。即低价策略,与撇脂策略相反,是将投入市场的新产品价格定得尽量低,使新产品迅速为顾客接受,以迅速打开和扩大市场,在价格上取得竞争优势。从市场营销实践看,企业采取渗透定价需具备以下条件:市场需求显得对价格较为敏感。因此,低价会刺激市场需求迅速增长;企业的生产成本和经营费用会随着生产经营经验的增加而下降。

5. 产品组合定价策略

(1) 产品线定价。企业通常开发出来的是产品线,而不是单一产品。当企业生产的系列产品存在需求和成本的内在关联性时,为了充分发挥这种内在关联性的积极效应,企业可采用产品线定价策略。在定价时,首先确定某种产品线中的其他产品;其次,确定产品线中某种商品的最高价格,它在产品线中充当品牌质量和收回投资的角色;再者,产品线中的其他产品也分别依据其在产品线中的角色不同而制定不同的价格。

(2) 非必需附带产品定价。许多企业在提供主要产品的同时,还会提供一些与主要产品密切相关的附带产品。如汽车用户可以订购电子开窗控制器、扫雾器和减光器等。但是,对非必需附带产品的定价却是一件棘手的事。例如汽车公司就必须考虑把哪些附带产品计入汽车的价格中,另行计价。这就需要根据市场的环境、购买者的偏好等因素认真分析。

(3) 必需附带产品定价。必需附带产品又称连带产品,指必须与主要产品一同使用的产品。例如照相机和胶卷、计算机软件和硬件等都是不可分开的连带产品。生产主要产品的制造商经常为产品制定较低的价格,同时对附属产品制定较高的价格。如,柯达照相机的价格很低,原来它从销售胶卷上盈利。而那些不生产胶卷的照相机生产商为了获取同样的总利润,而不得不对照相机制定高价。但如果补充产品的定价过高,就会出现危机。

(4) 分部定价。服务性企业经常收取一笔固定费用,再加上可变的使用费。如,游乐园一般先收门票,如果游玩的地方超过规定,就再交费。一般而言,固定收费部分应较低,以推动人们购买,而收益则可以从使用费中获取。

(5) 副产品定价。在生产加工肉类、石油产品和其他化工产品的过程中,经常有副产品。如果副产品价值很低,处理费用昂贵,就会影响到主产品定价。制造商确定的价格必须能够弥补副产品的处理费用。如果副产品对某一顾客群有价值,就应该按其价值定价。副产品如果能带来收入,将有助于公司在迫于竞争压力时制定较低的价格。

(6) 产品群定价。为了促进销售,有时营销者不是销售单一产品,而是将相关联的产品组成一个群体,一并销售。如,化妆品、计算机、假期旅游公司为顾客提供的一系列活动方案。这一组产品的价格低于单独购买其中生产品的费用总和。因为顾客可能并不打算购买其中所有的产品,所以这一组合的价格必须有较大的降幅,来推动顾客购买。有些顾客不需要整个产品系列,假设一家医疗设备公司免费提供送货上门和培训服务,而某一顾客要求免去送货和培训服务,以获取较低的价格。有时,顾客要求将产品系列拆开。在这种情况下,如果企业节约的成本大于向顾客提供其所需商品的价格损失,则公司的利润会上升。

6.地区定价策略

地区定价策略是根据买卖双方地理位置的差异,考虑双方分担运输、装卸、仓储、保险等费用而分别制定不同价格的策略。主要有以下几种形式:

(1)产地交货价格。产地交货价格是卖方按出厂价格交货或将货物送到买方指定的某种运输工具上交货的价格。在国际贸易术语中,这种价格称为离岸价格或船上交货价格。交货后的产品所有权归买方所有,运输过程中的一切费用和保险费均由买方承担。产地交货价格对卖方来说较为便利,费用最少,风险最小,但对扩大销售有一定影响。

(2)目的地交货价格。目的地产货价格是由卖方承担从产地到目的地的运费及保险费的价格。在国际贸易术语中,这种价格称为到岸价格或成本加运费和保险费价格。还可分为目的地船上交货价格、目的地码头交货价格以及买方指定地点交货价格。目的地交货价格由出厂价格加上产地至目的地的手续费、运费和保险费等构成,虽然手续较繁琐,卖方承担的费用和风险较大,但有利于扩大产品销售,提高市场占有率。

(3)统一交货价格。统一交货价格也称送货制价格,即卖方将产品送到买方所在地,不分路途远近,统一制定同样的价格。这种价格类似于到岸价格,其运费按平均运输成本核算,这样,可减轻较远地区顾客的价格负担,使买方认为运送产品是一项免费的附加广告价,易于管理。该策略适用于体积小、重量轻、运费低或运费占成本比例较小的产品。

(4)分区运送价格。分区运送价格也称区域价格,指卖方根据顾客所在地区距离的远近,将产品覆盖的整个市场分成若干个区域,在每个区域内实行统一价格。这种价格介于产地交货价格和统一交货价格之间。实行这种办法,处于同一价格区域内的顾客,就得不到来自卖方的价格优惠;而处于两个价格区域交界地的顾客之间就得承受不同的价格负担。

(6)运费津贴价格。运费津贴价格是指为弥补产地交货价格策略的不足,减轻买方的运尽可能费、保险费等负担,由卖方补贴其部分或全部运费。该策略有利于减轻偏远地区顾客的运费负担,使企业保持市场占有率,并不断开拓新市场。

三、掌握调价策划

(一)降低价格策划

在现代市场经济条件下,产品降价的主要原因有:企业生产能力过剩,因而需要扩大销售,但又无法通过产品改进和加强销售工作来达到。在这种情况下,企业就须考虑降价;在强大竞争者的压力之下,产品的市场占有率下降。如,美国的汽车、消费者用的电子产品、照相机、钟表等行业,由于日本竞争者的产品质量较高,价格较低,已经丧失了一些市场阵地。在这种情况下,美国一些公司不得不削价竞销;企业的成本费用比竞争者低,企业通过降价来掌握市场或提高市场占有率,从而扩大生产和销售量,降低成本费用。在这种情况下,企业也往往主动降价。

(二)提高价格策划

虽然提价会引起消费者、经销商和企业推销人员的不满,但是一个成功的提价措施可以使企业的利润大大增加。引起企业提价的主要原因有:由于通货膨胀,物价上涨,企业的成本费用提高,因此许多企业不得不提高产品价格;企业的产品供不应求,不能满足其所有的顾客的需要。在这种情况下,企业就必须提价。提价方式包括:取消价格折扣,在产品大类中增加价格较高的项目,或者开始提价。为了减少顾客不满,企业提价时应向顾客说明提价的原因,并帮助顾客寻找节约途径。

（三）顾客对价格变动反应的策划

企业对产品的提价或降价都必然影响购买者、竞争者、经销商和供应商。这里首先分析购买者对企业变价的反应。顾客对于企业的某种产品的降价可能会这样理解:这种产品的式样老了,将被新型产品所代替;这种产品有某些缺点,销售不畅;企业财务困难,难继续经营下去;价格还要进一步下跌;这种产品的质量下降了。降价本应带来销售增加,但在上述情况下往往是适得其反。

企业提价通常会影响销售,但是购买者对企业的某种产品提价也可能会这样理解:这种产品很畅销,不赶快买就买不到了;这种产品很有价值;卖主想尽量取得更多利润。一般地说,购买者对于价值高低不同的产品价格的反应有所不同。购买者对于那些价值高、经常购买的产品的价格的反应有所不同。购买者对于那些价值高、经常购买的产品的价格变动较敏感,而对于那些价值低、不经常购买的小商品,即使单位价格较高,购买者也不大注意。此外,购买者虽然关心产品价格变动,但是通常更为关心取得、使用和维修产品的总费用。因此,如果卖主能使顾客相信某种产品取得、使用和维修的总费用较低,那么,也就可以把这种产品的价格定得比竞争者高,取得较多的利润。

（四）竞争者对价格变动反应的策划

企业在对竞争者价格变动做出适当反应之前,须调查研究和考虑以下问题:为什么竞争者变价? 竞争者打算暂时变价还是永久变价? 如果对竞争者的变价置之不理,将对企业的市场占有率和利润有何影响? 其他企业是否会做出反应? 竞争者和其他企业对于本企业的每一个可能的反应又会有什么反应?

在现代市场经济条件下,市场领导者往往遭到一些较小的企业进攻。这些较小企业的产品比得上市场领导者的产品,它们往往通过"侵略性的降价"和市场领先者争夺市场阵地,提高市场占有率。在这种情况下,市场领导者有以下几种选择:

一是维持价格。因为市场领先者认为,如果降价就会使利润减少过多;保持价格不变,市场占有率不会下降太多;以后能恢复市场阵地。

二是保持价格不变,同时改进产品、服务、沟通等,运用非价格手段来反攻。采取这种战略比削价和低价经营更合算。

三是降价。市场领先者之所以采取这种战略,那是因为他认为,第一,降价可以使销售量和产量增加,从而使成本费用下降;第二,市场对降价的反应会使竞争对手的市场占有率下降;第三,市场占有率下降,以后就难恢复。但是企业降价后,应当尽力保持产品质量和服务水平,而不应降低产品质量和服务水平。

四是提价,同时推出某些新品牌,以围攻竞争对手的品牌。受到竞争对手进攻的企业必须考虑产品在其生命周期中所处的阶段;它在企业产品投资组合中的重要性;竞争者的意图和资源;市场对价格和价值的敏感性;成本费用随销售量和产量的变化的情况。

在变动价格时，花很多时间分析企业的选择是不可能的。竞争者可能花了大量时间来准备变价，而企业可能必须在数小时或几天内明确果断地做出适当的反应。缩短价格反应决策时间的唯一途径是预计竞争者的可能价格变动，并预先准备适当的对策。

 **小案例**

房地产项目的价格调整策略

房地产项目的价格调整策略是指在房地产项目整体定价确定的前提下，在销售过程中，采取何种策略，根据房地产项目及市场的发展情况，引导价格发展走势的价格方案。在不同的房地产项目中，由于房地产项目自身的各项素质差异很大，加之市场状况不同，每个房地产项目会根据自己的特点采取不同的价格调整策略，以引导房地产项目价格的正确发展。概括来说，房地产项目的调价策略分为以下四种：

1. 高开低走

在房地产项目综合素质高，而市场状况不好，竞争又较为激烈的情况下，房地产项目往往采取突出房地产项目优秀品质，高报价树立房地产项目形象和知名度，而实际以较低成交价争客户和市场份额的"高开低走"的策略。

2. 低开高走

在房地产项目综合素质较高，但初期优势不明显，而市场状况不好或市场发展趋向不明朗的情况下，为取得市场认同，房地产项目应采取低价入市，根据销售工作的开展，视具体情况适时调价的"低开高走"策略，根据销售进展的好坏，决定价格的提升。

3. 平稳推进

在房地产项目素质一般，规模较大，各楼座素质差距较小，而市场状况很好的情况下，有些项目也采取"平稳推进"的策略，报价符合房地产项目实际成交价，价格提升较为平稳，给客户以放心的心理满足，最终追求较好的市场业绩。

4. 波浪螺旋

"平稳推进"的调价策略是一种较为理想的调价策略，在现实中很难维系。实践证明，很多项目其中的各楼座素质因为位置、景观、交通等因素的影响而差距较大，而且市场状况的好与坏在很多的情况下也是很难判断的。所以在房地产项目素质一般，规模较大，而市场发展趋势不很明朗的情况下，多数项目采取的是"波浪螺旋"的调价策略。这种调价方式是一种结合房地产市场周期波动而调整价格发生同步的周期性波动策略。调价周期以房地产市场周期、项目的销售速度和最终利润的回收作为判断标准；同时，可根据工程进度及销售情况，对提价幅度及周期进行进一步细化调整；此外，应考虑不同楼座在销售速度上的差异，分别调整提价幅度，避免"一刀切"的做法，并最终给整个项目的营销工作带来了快速销售速度和良好的业绩。

四、注意价格策划中的风险防范

价格策划是对未来价格的预测，存在一定的风险，企业要充分认识价格方案实施过程中可能出现的各种风险,及时采取合理措施,尽可能减少风险损失。

（一）价格行为风险

价格行为风险是指企业实施某种价格方案或采取某种价格行为后,由于这一方案或行为的失误而导致损失的可能性。价格行为风险的情形主要有:

一是市场拒绝。价格实施后难以被市场所接受,特别是难以被潜在消费者所接受,从而使企业难以达到获取规模效益所必需的产销规模。

二是价格固化。价格一成不变,缺乏灵活性,不能适应不断变化的市场环境。

三是影响其他产品。定价不当,影响到企业其他产品的销售及企业整体利益的最大化。

四是危及产品及企业形象。定价不当,危及到企业形象。

五是招致报复。价格定位不当,引起了本企业不希望出现的竞争对手的报复。

六是触犯相关法律。企业价格行为与有关的政策法规相抵触,如违反了国内有关的价格管理规定,或是在国际贸易中构成倾销行为等。

七是实施混乱。内部员工对企业价格政策未能充分理解,在执行价格政策的过程中,出现了相互矛盾的情形,引起公众不满。

 **小案例**

定价策略及时调整

苹果 iPod 在最初采取撇脂定价法取得成功后,就根据外部环境的变化,而主动改变了原来的定价方法。苹果推出了 iPod shuffle,这是一款大众化产品,价格降低到 99 美元一台。之所以在这个时候提出大众化产品,一方面市场容量已经很大,占据低端市场也能获得大量利润;另一方面,竞争对手也推出了类似产品,苹果急需推出低价格产品来抗衡,但是原来的高价格产品并没有退出市场,而是略微降低了价格而已。苹果公司只是在产品线的结构上形成了"高低搭配"的良好结构,改变了原来只有高端产品的格局。苹果的 iPod 产品在几年中的价格变化是撇脂定价和渗透式定价交互运用的典范。调整撇脂定价的方法,不是简单地把价格降下来,而是要与推出的新产品相结合,通过丰富产品结构,推出更高性价比的产品的方式积极调整撇脂定价法,或者把产品和服务打包,在整体上降低客户的购买成本,而不是直接诉诸低价,以保护自己的赢利能力。

（二）价格策划中的风险防范措施

1. 强化分析和预测

为防范价格策划中的风险,企业要分析和预测以下几个方面的状况:一是产品或劳务的市场供求现状及其变化趋势;二是产品或劳务的成本水平及变动趋势;三是竞争对手的可能性反应;四是价格行为综合影响分析;五是国家对行业产品的价格干预分析。

2. 选择合适的价格规定方式

在企业与外部的合作中,特别是长期合作,价格的规定方式也与企业承受的风险大小有密切关系。在与对方商谈、签署合约时,选择合适的价格规定方式,也有助于企业防范某些风险。

价格规定方式,即有关交易各方规定价格的形式。在交易中,价格规定的形式通常分为两种,即固定价格和非固定价格。

(1) 固定价格。固定价格是指在双方交易时明确交易双方最终结算的价格,在合约有效期内,双方不再对价格进行调整。固定价格方式具有便于结算的优点,在交易双方的短期性合作中,运用极为广泛,但在企业与外界的长期购销合作中,采用固定价格形式,就要承受巨大的风险。

(2) 非固定价格。非固定价格是指双方在签订合约时,并不明确最终的结算价格,而只是约定最终价格的确定方法。采用非固定价格方式时,由于最终价格要待将来再商定,可以避免固定价格方式可能带来的风险。但是,如果交易双方约定将来价格由交易双方通过再谈判来确定,则有可能因双方未来不能在价格问题上达成一致而影响到合约稳妥地履行,也会影响到双方之间的合作关系。在采用非固定价格时,为防止价格不固定对双方的稳定性可能带来的损害,企业在与对方商定有关交易条件时,应明确规定将来如何确定最终价格,届时只在暂定价格的基础上,依据双方事先约定的计算方法,运用某些客观数据,即可不经过再谈判而确定出最终价格,避免因再谈判失败而使双方的合作关系受到损害。

任务总结

价格是现代市场营销中的重要策略。应综合考虑市场、消费者、竞争对手、产品成本等诸多因素加以确定。

企业定价目标可以是为了生存,为了实现当期利润最大化,为了市场份额最大化,或为了产品质量领先地位等。在制定具体价格时,公司应选择一种定价方法,主要有成本加成定价法、目标定价法、认知价值定价法、随行就市定价法和投标定价法。公司选定最后价格时,应与其他营销组合要素配合使用,检查其是否与公司的定价政策相一致,确保分销商和经销商、公司销售人员、供应商和政府能接受该价格。

公司要根据市场条件的变化来调整价格。第一种是新产品定价,可以采取撇脂定价和渗透定价二种方式;第二种是价格折扣和折让,公司可提供现金折扣、数量折扣、功能折扣、季节折扣和折让;第三种是差别定价,公司针对不同的顾客细分市场、产品类型、品牌形象、地址和时间来制定不同的价格;第四种是产品组合定价,公司可为一种产品大类中的几种确定价格范围,也可为选择品、补充品、副产品和产品群定价;第五种是心理定价。整数、尾数、奇数、偶数的运用都成为价格影响消费者心理的有效定价技巧。

当公司考虑改变价格时,必须认真分析顾客和竞争对手的反应。当竞争对手发动变价时,公司必须尽力理解对手的意图以及变价延续的可能时间。如果必须作出迅速反应,公司就应事先计划好对付竞争对手各种可能的变价的反应。

任务检测

一、选择题

1. 准确地计算产品所提供的全部市场价值是(　　)的关键。

A. 理解价值定价法　　　　　　　　　B. 反向定价法

C. 需求差异定价法　　　　　　　　D. 成本导向定价法

2. 为鼓励顾客购买更多物品,企业给那些大量购买产品的顾客的(　　)减价。

A. 功能折扣　　　B. 数量折扣　　　C. 季节折扣　　　D. 现金折扣

3. 按照单位成本加一定百分比的加成来制定产品销售价格的策略的定价方法称之为(　　)定价法。

A. 成本加成　　　B. 竞争导向　　　C. 理解价值　　　D. 诊断

4. 非整数定价方法一般适用于(　　)产品。

A. 价值较高　　　B. 高档　　　　C. 价值较低　　　D. 奢侈品

5. 在折扣定价策略中,(　　)折扣方法并不是对所有商品都适宜。

A. 业务　　　　　B. 季节　　　　C. 数量　　　　D. 现金

二、判断题

1. 单位产品价格越高,越能实现企业利润最大化。　　　　　　　　　　(　　)

2. 尾数定价法就是要使购买者感到产品价格低廉和企业对定价工作的认真。(　　)

3. 商品价格与其需求量成反比,与其供应量成正比。　　　　　　　　(　　)

4. 在一定情况下,通过价格与供求的相互作用关系,能够达到供求平衡和均衡价格。

(　　)

5. 获取利润是企业从事生产经营活动的最终目标,具体可通过产品定价来实现。(　　)

三、填空题

1. 价格策划是一个以消费者需求的经济价值为基础,综合考虑企业自身能力、市场需求以及竞争情况等方面因素,具体包括(　　)策划与(　　)策划两部分。

2. 价格策划的原则,主要有(　　)、(　　)、(　　)和(　　)。

3. (　　)是定价的主要依据和最低经济界限。

4. (　　)就是销售收入减去变动成本后的余额。

5. (　　)是指在新产品投入市场时,将其价格尽可能定高,以攫取最大利润。

四、简答题

1. 企业定价的方法有哪些?

2. 简述价格策划的类型。

3. 简述影响价格策划的因素。

4. 价格行为风险主要有哪些情形?

5. 简述需求差别定价的主要形式。

参考答案

案例分析

中国移动营销管理策略

2013 年,中国移动业务收入 6 302 亿元,是中国联通的 2.13 倍。净利润 1 217 亿元,是中国联通的 11.8 倍,这种局面的形成,导致了双方在营销战略的很多方面更加趋于理性,从某种程度上来说,国内的两家移动运营商在市场营销战略上已经类似于西方发达国家通信运营商之间的竞争战略——不再一味地进行价格战,更加强调品牌推广和消费者研究。

　　拥有长期忠诚的客户以及由此整合的客户资本是一个企业特别是服务性企业生存发展的重要基础。企业的任何经营决策都必须将满足用户需求、培养客户忠诚度放在重要位置。中国移动目前已不再处于简单的扩大再生产阶段，而是进入了集约发展时期，只有实施合适的新营销策略，才能真正提升核心能力。因此新营销策略的制定成为一个刻不容缓的重要问题。

　　1. 产品/服务策略

　　在服务方面，要考虑到我国消费者在消费时，容易受到群体和个人的影响。具体地说，比较关注每次的营销活动；强调节省，即物超所值；强调共性，即人群偏好；强调地位，如高收入者偏好的影响；强调面子，如注重外观或外包装；社会和家庭的影响，如一个不良产品所引起的不良反应，会不止一个消费者，很可能是一大群的连锁反应；另外还有个人的年龄、职业、性格等。

　　在品牌方面，中国移动做了较好的规划，目前已形成了"全球通"、"神州行"、"动感地带"三大全国统一的主导产品品牌，分别涵盖高端用户、流动性较强的用户和收益潜力大的潜在中高端用户；此外还有大量针对区域市场而推出的临时性品牌。品牌经营是避开低层次价格竞争的有力武器，是电信运营商面向未来的战略性投资，是企业持久竞争优势之所在。选择品牌经营，必将为中国移动通信运营商赢得通信市场竞争夺得先机。这是因为："产品是在工厂里生产的东西，而品牌是消费者要购买的。产品可以被对手仿效，而品牌是独一的。产品会很快过时，而成功的品牌，若是管理适当则会永远存在。"选择品牌经营，其内涵在于实现品牌本体（企业预期的消费者感受）和品牌形象（消费者的实际感受）之间的和谐统一。

　　综合上述我认为，中国移动应该持续走品牌经营之路，努力降低企业营销成本，赢得用户忠诚，使企业轻松应对市场竞争。对于中国移动新推出的"动感地带"，要继续树立清晰的品牌定位，进行强大的营销传播，扩大在年轻人中的声誉。

　　2. 价格策略

　　作为电信行业的老大哥——中国移动公司应该勇敢地跳出这个恶性竞争的怪圈，充分认识到竞争的目的是促进共同发展，不是你死我活。不要主张恶性竞争，不要主张竞相压价去获得市场占有率。要制订合适的价格策略，要讲究有效益的发展。对于公司的三大品牌可以采取鲜明的"价格歧视"战略，即针对不同话费支出的客户制定差异性的资费调整政策，所有价格策略的制定要注重有效益的发展。具体可以如下：

　　（1）针对"全球通"用户，主要运用"套餐"的方式进行优惠，并且在"全球通"用户内还要根据贡献度大小而制定不同的费率；

　　（2）针对"神州行"用户，主要运用"亲情号码"的方式局部适度降价；

　　（3）针对"动感地带"用户，实行新业务捆绑策略来提高客户的使用价值；

　　（4）针对区域用户，实行限制业务功能来限制中高端用户的转网。

　　3. 分销渠道策略

　　分销渠道最主要的有两个方面，一是经销商的选择；二是销售渠道的控制和管理上。在经销商的选择这方面，中国移动应广泛依靠营业厅自办、社会渠道代办合办、客户经理一对一办三种模式发展新用户和维系老用户。一方面依托原有邮电遗留下来的自有渠道，努力发挥其销售功能和示范功能，同时加大对自有渠道的投资，体现自身服务领先的战略追求；另一方面积极发展社会代经销渠道，延伸产品的覆盖范围和市场控制力。在社会渠道的管理上，实施"百店"统一 CI 活动。中国移动通信公司执行以移动营业厅为主的多元化分销渠道策略，而代销点主要是各通信经营店,建议今后可实施"百店"统一 CI 活动,也就是凡是中国移动通信公司的代销点必须统一形象,并真正做到"布局合理、不留死角"。中国移动应抓住零售商注重流通的特点,以差异化的地区性产品来刺激最终市场,进而启动渠道的积极性。逐步提高自有渠道的数量和质量,与总体处于"守势"的现状相适应。同时继续建设排他性营业厅。可以采取自办、合办等形式,建设排他性营业厅。中国联通的 CDMA 网络在广东推广时,由于采取了提高代办商提成的办法,使得移动的代办点大面积叛逃,给广东移动造成巨大的损失。为避免这种情况再次出现,中国移动通信公司还应加大排他性自办代办点建设力度,实现对销售渠道有效的控制。

4. 促销策略

目前中国移动通信公司合法的促销手段主要是广告,并且投入了大量的资金在各种报纸、电视及网络等媒体上进行了大规模的广告攻势,取得了良好效果。公司的广告主要是企业形象广告,集中突出在服务质量、社会公益等诸多方面的良好形象,以赢得广大用户和社会公众的认知与支持。另外建议中国移动多采用灯箱广告、路牌广告等诸多形式来加强公众的印象与认同。同时,在各类财经类、IT 类专业杂志中,移动公司也要进一步加大版面的广告投入。

问题

1. 结合案例,分析中国移动采取的是什么样的服务和品牌策略?
2. 结合案例,分析中国移动实施的是什么样价格策略?这种价格策略和品牌策略有什么关系?

分析

在市场竞争日益激烈的今年,许多企业都使出浑身解数,力争使自己立于不败之地。但由于产品的同质化程度严重,使得价格成为了许多企业的竞争手段。价格是一把双刃剑,一方面可以给企业能带来销售的增加;但另一方面,如果价格变动不合理,仍会给企业自身带来很大的伤害。

实训操作

价格策划

1. 实训目的

通过本次实训,使学生明确价格策划的本质及其意义,具有根据企业定价目标进行价格策划的能力。

2. 实训要求

基于小王创办"职白网"项目,针对网上招聘平台提供的不同服务项目等进行定价,写一份定价策划报告,内容要求包括定价目标、影响定价的因素分析、定价方法与策略等,字数不少于1 500字。

3. 实训材料

纸张、计算机网络、笔或打印机等。

4. 实训步骤

(1) 选择"职白网"平台;

（2）分析定价目标；

（3）分析定价的因素；

（4）选择定价方法与策略；

（5）按照定价程序撰写定价策划报告。

5. 成果与检验

每位学生的成绩由两部分组成：学生实际操作情况（40%）和分析报告（60%）。

实际操作主要考查学生实际执行实训步骤以及撰写报告的能力；分析报告主要考查学生根据创业项目定价目标，运用定价程序，选择定价方法和策略的正确性和合理性，分析报告建议制作成PPT。

任务十一　分销渠道策划

知识目标

1. 了解分销渠道策划的基本理论及策略。

2. 理解连锁经营策划。

3. 掌握分销渠道管理设计与管理策划。

技能目标

能根据营销目标进行分销渠道设计与管理策划。

任务导入

在网络人才招聘平台上，虽然设计好了网络服务项目组合及其定价，但是网络平台上的服务项目如何让目标受众知道并登录平台进行搜索、请求服务呢？对小王来说，下一步的工作就是为这些产品或服务进行宣传。当然，更为重要的，是要选择适当的分销渠道来销售，除了在传统媒体上进行宣传之外，还可以利用当前大学生最常用的一些网络营销工具进行宣传，如搜索引擎等，这些分销策略如何实现整合，达成一致的目标，这都是小王必须思考的问题。

任务分析

在网络营销策略中，网络人才招聘平台上的服务最终要提供给顾客，要完成这一过程，就离不开分销。在设计分销过程中，首先应明确分销所承担的功能以及实现这样的功能需要选择什么样的分销渠道类型，其中，有许多因素在影响着企业对分销渠道的选择，必须要弄明白这些影响因素。如果不能对多样化的分销渠道进行有效管理，就会造成分销的混乱，所以，还必须运行分销渠道过程中，需要不断地对分销渠道进行整合、完善。

知识精讲

一、认识分销渠道设计策划

（一）分销渠道

1. 分销渠道的含义

美国市场营销学教授菲利普·科特勒（Philip Kotler）说："分销渠道是指某种货物或劳务从生产者向消费者移动时，取得这种货物或劳务所有权或帮助转移其所有权的所有企业或个人。"用简单的语言来表达，分销渠道就是商品或服务从生产者向消费者转移过程中的通道或路径，又称销售通路、流通渠道、销售渠道等。

2. 分销渠道简单模型与特点

在市场上充满了形形色色的购买者，包括消费者、产业购买者、转卖者、组织购买者等。通过归类，可以将购买的终极者分为两类，即消费者和生产性团体用户。由于个人消费者与生产性团体用户使用的主要商品或服务不同，消费目的与购买特点等具有差异性，客观上使企业的分销渠道构成三种基本模型。

（1）工业品分销渠道简单模型与特点。工业品分销渠道简单模型，如图 11-1 所示，从图中看出，制造商对生产性团体用户的分销渠道模式主要有四种：制造商—生产性团体用户；制造商—批发商—生产性团体用户；制造商—代理商—生产性团体用户；制造商—代理商—批发商—生产性团体用户。

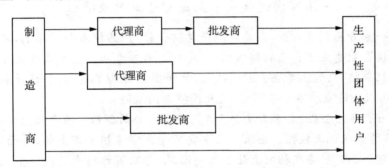

图 11-1　工业品分销渠道简单模型

它们之间共同的特点为：一是面对的都是生产性团体用户，且这些用户数量少，较为分散；二是生产性团体用户对工业品的需求大多是大批量的，购买量大，从需求弹性来看，工业品的市场需求更缺乏弹性，受宏观经济等影响的波动性较大；三是在渠道流转的对象大致可分为原材料和初加工的二级原料、易耗的辅助材料、零配件、生产专用设备和 OEM（original equipment manufacturer）产品等，因此，企业的经营决策行为等对分销渠道影响较大；四是随着电子商务的兴起，厂商渠道管理的扁平化、契约关系的多样化和分销环节服务的专业化发展，使得传统的工业品分销由过去单一的产品分销分解出，诸如许可证分销、品牌分销、渠道分销、增值分销甚至进行虚拟生产等多样化的变革。

（2）消费品分销渠道简单模型与特点。消费品分销渠道简单模型，如图11-2所示。从图中看出，制造商对消费者的分销渠道模式主要有四种：制造商—消费者；制造商—零售商—消费者；制造商—批发商—中转商—零售商—消费者；制造商—代理商—零售商—消费者等。

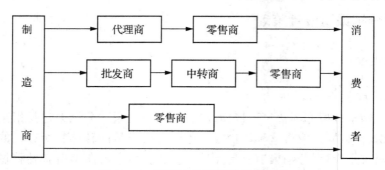

图 11-2　消费品分销渠道简单模型

它们之间共同的特点为：一是面对的都是个人消费者或家庭消费者，且这些用户数量多，分布较为集中；二是消费者对消费品的需求大多是多品种、少量的购买，从需求弹性来看，消费品的市场需求富于弹性，受宏观经济等影响的波动性较小；三是在渠道流转的对象大致可分为日用产品等，因此，消费者购买行为等对分销渠道影响较大；四是分销渠道的层级比较复杂，厂家往往主要依靠分销商进行分销，由于市场竞争激烈，使得分销商对厂家的忠诚度和依赖度比较低。

用事实说话——渠道对企业的重要性

A企业是一家音箱制造企业，主要产品是电脑音箱，产品技术含量不高，与竞争对手倾向于同质化。但该企业建立了自己的销售渠道，有自己的专卖店。企业最近几年一直保持高速成长。金融危机来临，飞利浦等企业收缩战线，只保留品牌和渠道，而将设计和生产的部分转给了A企业，所以公司业绩不但不下滑，反而面临新的机遇。

B企业是一家日化企业，主营头发护理系列产品。公司创始人原来做上游原材料供应，对行业理解深，品牌意识也比较强。企业产品主要通过大型连锁超市出售，全面进入沃尔玛、家乐福等大型超市。公司产品在档次上处于第一团队，与欧莱雅同台竞技。企业这几年稳步按照自己的发展规划前进，金融危机对企业基本没有影响。

A企业和B企业对渠道都很重视。A企业一直坚持两条腿走路，做好国内市场同时积极发展国外市场，和经销商建立了稳固的关系。与客户零距离接触，对市场的反应也快。B企业老板对品牌建立很重视，公司一直坚持高端定位，没有因为短期的销售压力而混淆自己的品牌定位。同时企业对渠道的选择也很慎重，没有在萎缩的日化渠道发力，也没有在混乱的美发院线渠道抢业绩，公司多年的品牌和渠道积累保证了公司面对金融危机的从容。

（3）服务分销渠道简单模型与特点。服务分销渠道简单模型，如图11-3所示。从图中看出，服务提供商对消费者的分销渠道模式主要有四种：服务提供商—消费者；服务提供商—服务零售商—消费者；服务提供商—代理商或经纪人—消费者；服务提供商—服务代理商—服务零售商—消费者等。

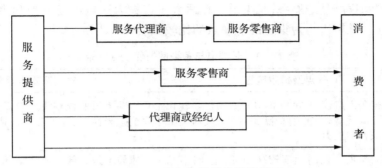

图 11-3　服务分销渠道简单模型

它们之间共同的特点为：一是面对的都是个人消费者或家庭消费者，且这些用户数量多，分布较为集中；二是消费者对服务的需求大多具有不确定性，从需求弹性来看，服务的市场需求富于弹性；三是由于服务的生产与消费同时发生，所以在分销渠道的层次上，服务的分销渠道绝大多数应为零层渠道；四是可控性强，正由于服务分销渠道具有层次少的特点，因此，在日常的运作过程中，服务提供商可以对自身产品的分销进行直接的控制。

（二）分销渠道的结构

1. 分销渠道的长度结构

分销渠道的长度是指从制造商到最终消费者之间所经历的渠道层次的数目。不同企业采用不同长度的分销渠道。当企业需要确定组织中分销渠道的长度时，可以参考以下几种因素：

（1）分销渠道的级数。分销渠道按照中间商的数量多少来分类，可以分为零级渠道、一级渠道、二级渠道和三级渠道。

① 零级渠道。零级渠道是指制造商直接将商品销售给最终用户，中间不经过任何环节，又称直接渠道。它是分销渠道中最短的、最直接的渠道结构，主要形式有上门推销、邮寄、电话推销、电视直销以及网上销售等。

② 一级渠道。一级渠道是指制造商在开展商品的分销过程中引入且仅引入一个中间商。对于生活消费类产品而言，其中间商通常就是零售商；对于生产资料类产品，其中间商通常是代理商或者经销商。随着渠道扁平化，以前只在生产资料流通中被采用的一级渠道日益受到重视，在消费品的渠道设计中也往往被采用，已经渗透到了服饰、餐饮、文化等领域。

③ 二级渠道。二级渠道包括两级中间商的渠道，这两级中间商大多由批发商和零售商组成。这种渠道形式在日常消费品的流通中被使用得更为广泛。例如，洗发水制造商在某个区域市场选定一家批发商，由批发商向零售商分销，再由零售商销售给最终用户。

④ 三级渠道。三级渠道是指包含三级中间商的渠道。一些消费面宽的日用品，如肉类食品及包装小食品，需要大量零售机构分销，其中许多小型零售通常不是大型批发商的服务对象。对此，需要在批发商和零售商之间增加一级专业性经销商，为小型零售商服务。

对于制造商来说，渠道级数越多，越难控制，获得最终消费者的信息也越困难；对于消费者来说，渠道级数越多，获得的渠道服务水平也越高，商品的价格也就越高。

（2）长渠道与短渠道。为分析和决策的方便，有些学者将零级渠道与一级渠道定义为短渠道,而将二级渠道、三级渠道和三级以上渠道定义为长渠道。很显然,短渠道比较适合于在小区域市场范围销售产品或服务;长渠道比较适合于在较大区域市场范围和更多的细分市场销售产品或服务。长渠道与短渠道的优缺点的比较如表 11-1 所示。

表 11-1　长渠道与短渠道的优缺点比较

渠道类型	优点及适用范围	缺点及基本要求
长渠道	市场覆盖面广,厂家可以将中间商的优势转化为自己的优势,一般消费品销售较为适宜,减轻厂家费用压力	厂家对渠道的控制程度较低,增加了服务水平的差异性,加大了对中间商进行协调的工作量
短渠道	厂家对渠道的控制程度较高,专用品、时尚品及顾客密度大的市场区域较为适宜	厂家要承担大部分或者全部渠道功能,必须具备足够的资源方可;市场覆盖面较窄

(3) 直接渠道与间接渠道。直接渠道是指没有中间商参与,商品由制造商直接销售给消费者或用户的渠道,如上门推销、电视直销和网上直销等。直接渠道是工业品销售的主要方式,特别是一些大型、专用、技术复杂、需要提供专门服务的商品。直接渠道的优点是:对于用途单一、技术复杂的商品,可以有针对性地安排生产,更好地满足需要;制造商直接向消费者介绍商品,便于消费者掌握商品的性能、特点和使用方法;由于直接渠道不经过中间环节,可以降低流通费用,掌握价格的主动权,积极参与竞争。但直接渠道也存在不足,如制造商在销售上投入大、花费大,而且销售范围也受到限制。间接渠道是指商品经由一个或多个中间环节销售给消费者或用户的渠道。它是消费品销售的主要方式。间接渠道的优点是:中间商的介入使交易次数减少,节约了流通成本和时间,降低了产品价格;中间商着重扩大流通范围和商品销售量,制造商可以集中精力于生产,有利于整个社会的制造商和消费者。间接渠道的不足是:中间商的介入使制造商与消费者之间的沟通不便。

2. 分销渠道的宽度结构

分销渠道的宽度是指分销渠道每一层级中使用同种类型中间商数目的多少。若制造商选择较多的同类中间商经销其商品,则这种商品的分销渠道称为宽渠道;反之,若制造商选择较少的同类中间商经销其商品,则称为窄渠道。分销渠道的宽度结构主要有以下三种类型:

(1) 独家型分销渠道。独家型分销渠道是指制造商在某一地区市场仅选择一家批发商或零售商经销商品而形成的渠道。采用独家型分销渠道的制造商要与被选中的独家分销商签订独家经销合同,约定独家经销商只能经销该制造商提供的产品,不得经销其他制造商与该制造商相同的或类似的商品。制造商在商品供应、运输、仓储和服务等方面支持经销商,同时也控制经销商。反过来,经销商由于只有一家,如果经销商表现不佳,对制造商的影响是很大的,所以制造商与经销商的通力配合是独家型分销渠道发挥作用的关键。

(2) 密集型分销渠道。密集型分销渠道是指制造商通过尽可能多的批发商、零售商经销其商品所形成的渠道。密集型分销渠道通常能扩大市场覆盖面,或使某产品快速进入新市场,使众多消费者或用户随时随地都能买到这些产品。消费品中的便利品(如方便食品、饮料、牙膏、牙刷等)和工业品中的作业品(如办公用品等),通常使用密集型分销渠道。由于密集型分销渠道的中间商很多,各个中间商一般不愿意进行有可能为其他中间商带来利益的促销活动,所以,采用密集型分销渠道策略的制造商要多做一些促销工作。

(3) 选择型分销渠道。选择型分销渠道是指制造商按一定条件选择两个或两个以上同类中间商经销其商品而形成的渠道。与密集型分销渠道相比,选择型分销渠道通常由实力较强的中间商组成,可以集中使用制造商的资源,节省一定的费用。同时,选择型分销渠道也有利于制造商管理和控制分销渠道,能较有效地维护制造商品牌信誉,建立稳定的市场和竞争优势。这类渠道多适用于消费品中的选购品和特殊品、工业品中的零配件等。现将分销渠道宽度结构的三种类型进行比较,如表 11 - 2 所示。

表 11 - 2　独家型、密集型及选择型分销渠道比较

分销渠道类型	含　义	优　点	不　足
独家型 分销渠道	在既定市场区域内每一渠道层次只有一个中间商运作	市场竞争程度低,厂家与商家关系较为密切,适用于专用产品分销	因缺乏竞争导致分销效率不高,经销商对厂家的反控力较强
密集型 分销渠道	凡符合厂家最低要求的中间商均可参与分销	市场覆盖率高,比较适用于日用消费品分销	市场竞争激烈,导致市场混乱,破坏了厂家的营销意图;渠道管理成本较高
选择型 分销渠道	从入围者中有针对性地选择几个作为分销商	通常介入独家型分销和密集型分销渠道之间	

3. 分销渠道的系统结构

(1)传统渠道系统。传统渠道系统是指由独立的制造商、批发商、零售商和消费者组成的分销渠道。渠道成员之间各自都为追求自身利益最大化而激烈竞争,甚至不惜牺牲整个渠道系统的利益,最终使整个分销渠道效率低下。因而,传统渠道系统又称为松散型渠道系统。在传统渠道系统中,很难有一个渠道成员能完全控制其他渠道成员,这种渠道系统正面临着严峻的挑战。

(2)垂直渠道系统。垂直渠道系统指由制造商、批发商和零售商纵向整合组成的统一的联合体。在垂直渠道系统中,每个成员把自己视为渠道系统中的一分子,关注整个系统的成功。垂直渠道系统主要有以下三种形式:① 公司式垂直渠道系统。公司式垂直渠道系统也称产权式垂直渠道系统,是由一家企业拥有和管理若干工厂、批发机构和零售机构,控制渠道的若干层次,甚至整个分销渠道,综合经营生产、批发和零售业务。公司式垂直渠道系统又分为两类:一类是由大工业公司拥有和管理的,采取工商一体化经营方式;另一类是由大型零售公司拥有和管理的,采取商工一体化经营方式。② 管理式垂直渠道系统。管理式垂直渠道系统是指通过渠道中某个有实力的成员来协调整个产销过程的渠道系统。在此系统中,有一个规模大、实力强的牵头企业作为系统核心,辅助分销策略、规划与发展方向,各个渠道成员围绕着这个核心从事各种各样的分销活动,自然地构成一个相对紧密、团结互助的渠道系统。例如,名牌产品制造商柯达、宝洁,以其品牌、规模和管理经验优势出面协调批发商、零售商的经营业务和政策,采取共同一致的行动。③ 契约式垂直渠道系统。契约式垂直渠道系统又称合同式垂直渠道系统,是指不同层次的、独立的制造商和中间商之间通过法律合同来确定他们之间的分销权利与义务,形成一个独立的联合渠道系统,如批发商组织的自愿连锁店、零售商合作社、特许专卖机构等。它与公司式垂直渠道系统的最大区别是渠道成员之间不形成产权关系,与管理式渠道系统的最大区别是用法律合同来规范各渠道成员之间的行为,而不是用权力和实力。

(3)水平渠道系统。水平渠道系统是指由两家或两家以上的企业相互联合在一起,共同开发新的营销机会的分销渠道系统,发挥各自优势,实现渠道系统有效、快速运行,它实际是一种横向联合经营。这些企业或因资金、生产技术、营销资源不足,无力单独开发市场机会;或因惧怕承担风险;或因与其他企业联合可实现最佳协同效益,因而组成共生联合的渠道系统。这种联合可以是短期的,也可以组成一家新公司,使之长期化。

（4）复合渠道系统。复合渠道系统又称多渠道系统,是指企业同时利用多个渠道销售其产品的系统,即多种流通模式并存,既有直营也有间接分销。企业采用复合渠道系统的主要原因有:一是随着消费者细分程度的提高以及零售业态的丰富,单一的流通模式不足以覆盖所有的或大部分的消费群以及零售卖场、网点;二是厂家在分销渠道变革的过程中,原有的渠道体系和新导入的渠道体系同时存在,从整个渠道体系的横截面看,呈现出"多元,复合"的特征;三是市场研究结果表明,高端消费者愿意通过多渠道购物的趋势十分明显,对采用复合渠道的企业具有较高的满意度和忠诚度;四是网络销售等新兴渠道的快速发展,使企业复合渠道成为可能。

（三）分销渠道设计的流程

分销渠道设计是指企业在分析渠道环境内部条件和外部因素的基础上,以顾客需求为导向,为实现分销目标,对各种备选渠道结构进行评估和选择,从而开发出新型的分销渠道或改进现有的分销渠道的过程。

作为分销渠道管理者,在进行分销渠道设计时,应重视分销渠道设计的流程。一般来说,分销渠道设计的流程主要包括六个步骤,如图11-4所示。

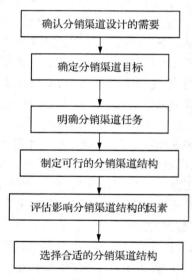

图11-4　分销渠道设计的流程

1. 确认分销渠道设计的需要

只要企业生产的产品或提供的服务不是为了自给自足,就需要进行分销,就有设计分销渠道的需要。一般而言,当企业遇到下列情形时,是需要考虑分销渠道设计的:企业刚新建时;当企业的产品或市场发生变化时;产品所处的生命周期阶段发生变化时;产品价格政策出现重大变化时;企业分销渠道政策发生变化时;分销渠道中发生严重的危机时;竞争格局发生变化时;分销渠道环境发生变化时等。

2. 确定分销渠道目标

在明确分销渠道设计的必要性之后,分销渠道管理者的下一步工作就是确定分销渠道目标。如果没有目标,分销渠道设计与管理就会迷失方向。分销渠道目标应以目标市场顾客的期望的服务水平来描述,同时,也要考虑企业自身生存与发展的需要。分销渠道的目标应尽可能明确而又具体,在执行方面应具有可操作性。

3. 明确分销渠道任务

分销渠道目标是企业分销渠道建设的方向。要实现分销渠道目标,就需要对分销渠道目标进行细化,使目标成为分销渠道管理工作者的具体任务。因此,分销渠道任务需要从分销渠道的功能的角度来提出,使渠道的功能与渠道成员所扮演的角色相对应,形成责权利一体化的行动主体。

4. 制定可行的分销渠道结构

确定分销渠道目标与任务后,就需要考虑有哪些分销渠道形式有助于实现分销渠道的目标。一套完整的分销渠道结构应包括长度结构、宽度结构和系统结构,并与企业分销渠道环境相适应。在企业有限资源的支持下和分销渠道管理者的共同努力下,应能执行得下去,具有实际操作性。

5. 评估影响分销渠道结构的因素

影响分销渠道结构设计的因素有很多,有宏观层面上的因素,如政治、经济、技术等;也有微观层面上的因素,如企业自身条件、产品特性、顾客特性、竞争特性等。这些因素对分销渠道中不同成员的影响是不一样的,从而影响渠道成员对制造商的选择。同样,这些因素对不同的制造商的目标的影响也是不一样的,从而影响制造商对分销渠道成员的评价与选择。

6. 选择合适的分销渠道结构

管理者根据市场调查收集到的信息,列出各种可能的分销渠道结构设计方案,然后结合企业自身资源、企业文化与结构以及分销渠道的目标,通过选择适当的评估方法,对各种可能的设计方案进行评估,在满足实现分销渠道目标的同时,分销渠道的开发与管理成本最低的基础上,选择最佳分销渠道结构设计方案。应注意到,任何方案的执行都是需要时间的,在这一段时间内,分销渠道环境可能会发生变化,从而导致原有最佳方案执行起来非常困难。因此,在选择分销渠道结构时,还应选择备选方案,以应付不测。此外,不同企业还应结合企业实际选择合适的分销渠道策略。

☞ **小贴士**

汽车收音机的分销渠道

汽车收音机厂家在设计其分销渠道时,其选择方案有:

(1) 与汽车厂家签订独家合同,要求汽车厂家只安装该品牌的收音机。

(2) 借助通常使用的渠道,要求批发商将收音机转卖给零售商。

(3) 寻找一些愿意经销其品牌的汽车经销商。

(4) 在加油站设立汽车收音机装配站,直接销售给汽车使用者,并与当地电台协商,为其推销产品并付给相应的广告费。

（四）影响分销渠道设计的因素

影响分销渠道设计的因素很多，有宏观环境因素，如政治与法律环境、人口环境、经济环境、社会文化环境、科技与自然环境等；有中观环境因素，如产业环境，波特"五力"模型等；有微观环境因素，如企业自身状况、供应商、营销中介、顾客、竞争对手等环境因素；还有其他一些影响因素，如产品特性因素、市场因素、中间商因素等。

小案例

"伊人净"的营销渠道设计

以新近上市的海南伊人生物技术有限公司（以下简称伊人公司）生产的"伊人净"在上海地区销售渠道为例，结合上述分销渠道设计的影响因素分析如下。

1. "伊人净"的产品特性

"伊人净"是泡沫型妇科护理产品，剂型新颖，使用方便，但与传统的洗液类护理产品不同，首次使用需要适当指导，因此最好采用柜台销售的方式；且产品诉求为解决女性妇科问题，渠道因尽量考虑其专业性，如药店和医院。

2. 上海地区健康相关产品的渠道分析

统称为健康相关产品的药品、食品、保健品和消毒制品，目前主要的销售渠道为药店、商场、超市（含大卖场）和便利店。其中，药店多为柜台销售且营业员有一定的医学知识，而且目前药店仍然是以国营体制为主，资信好，进入成本低，分布面广。商场、超市和大卖场近几年来蓬勃发展，在零售中处于主导地位，销量大，但进入成本高，结款困难，且多为自选式销售，无法与消费者进行良好的沟通。便利店因营业面积小而以成熟产品为主。

3. 未来两年渠道变化趋势分析

目前各大上市公司和外资对中国医药零售业十分看好，医药零售企业也在不断地做变革，加之医保改革使大量的药店成为医保药房，药店在健康相关产品的零售地位将会不断提高，其进入门槛也会越来越高，比起日渐成熟的超市大卖场而言发展潜力巨大。

4. 伊人公司的营销目标

随着上海经济的快速发展，人们收入的不断提高，人们的观念也在不断地更新，对新产品更易于接受。伊人公司希望产品能够快速进入市场，成为女性日用生活的必需品，像感冒药一样随处可购买，从而改变中国女性传统的清水清洗和洗液清洗的习惯。最终，像卫生巾取代卫生纸一样成为女性妇科护理市场的主导产品。这个过程需要很大的广告投入进行引导和时间积累，而在公司成立初期大量的广告费和经营费意味着高度的风险。相关人员的口碑传播可能比较慢，但却是一种更安全和低投入的方式。努力使相关人员如营业员推荐和介绍本产品是优先考虑的方式。

5. "伊人净"上海地区的渠道结构及评价

根据以上分析，伊人公司在上海建立了如下的渠道策略：分步完善渠道结构，优先发展传统国营医药渠道，在有限的广告中指定仅在药店销售，保证经销商的合理利润，在产品成熟后再发展常规渠道。因第一年度在渠道选择上的指定性，使得现有渠道对公司产品有良好的印象,从而有利于后继产品的快速上市。医药在价格上的稳定性,也使公司在产品价格上易于控制,保证其他区域的招商的顺利进行。虽然起初的销量未能达到最大化,在零售终端的陈列上也不够活跃,但考虑公司的成本控制和长远发展和公司在成长性渠道上的良好印象,本方案仍不失为成功的渠道策略。

(五)渠道成员选择

1. 渠道成员选择的流程

作为厂家的渠道管理人员,在进行分销渠道成员选择时应遵循以下步骤:第一步,需要考虑企业的分销渠道目标与策略,渠道目标与策略是支持营销目标与策略;第二步,根据已有的详尽的信息资料,依据选择标准对渠道成员进行评价,找出符合企业渠道目标和策略的渠道成员;第三步,对符合企业渠道要求的渠道成员进一步深入洽谈,达成合作意向,将企业渠道所需的成员确定下来;第四步,将企业分销渠道的整体任务进行细分,更加具体地落实到每个渠道成员,以便对渠道成员进行绩效考核与利益分配;第五步,保持渠道成员的稳定性,现代分销渠道管理理念强调企业与其渠道成员是战略合作伙伴关系。企业选择渠道合作伙伴不是仅仅为了一桩买卖或一次交易,而是要长期合作共赢。

2. 选择中间商的标准

(1)中间商的经济性标准。① 地理位置。如果中间商处于交通主干线,或者接近于工厂或制造商中转仓,进货必然容易;如果中间商处于目标中间商购物活动范围之内,或者说目标中间商能够方便地从中间商那里购货的话,那么该中间商的商品销售就有优势。② 经营历史与经验。长期经营某种商品的中间商,通常会积累比较丰富的专业知识和经验。一方面可以根据产品的特点进行有针对性的营销活动,因而在市场行情变动中,能够掌握经营主动权,保持销售稳定或乘机扩大销售量;另一方面,经营历史较长的中间商通常拥有一定的市场声望和一批忠诚的顾客,会增强顾客对公司产品的信任感。③ 经营范围与实力。中间商的经营范围通常有批发商、零售商、批零兼营中间商和代理商之分。中间商的经营范围如果与企业所要建立的分销渠道功能要求相吻合,就是一种分销优势。经营实力表现为中间商在商品购销规模、市场开发等方面的投资行为力度。经营规模大的中间商购销流量也较大,而在市场开发方面能够保持较高投资的中间商,其商品购销流量也绝不会少,因而他们在商品分销方面具有优势。④ 经营机制和管理水平。经营机制是指企业经营者在所有权的约束下,对市场机会或威胁灵活制定对策,并组织资源努力提高经济效益的制度性安排。经营机制灵活的中间商能适应市场环境的变化,抵御市场风险。管理水平主要是指计划体系、组织结构、激励机制以及控制系统的完善程度、现代化水平。一般来说,管理水平较高的中间商能适应市场变化,保持企业经营稳定与发展,提高资本收益。⑤ 经营方式。经营方式在一定程度上影响着有关中间商的市场定位。从批发业来说,经营方式主要是指为厂家提供的订货、收购、融资、物流等功能以及为零售商提供的商品组合、配销、库存、采购等功能的选择,如总经销制、总代理制、外包生产等;从零售业来说,经营方式就是指零售业态的演变,主要是指为顾客提供的购物环境特色和零售服务特色,例如,从杂货店演变出来的百货店、从柜台售货方式演变出来的超级市场、从单店销售演变而来的连锁店。市场竞争推动着经营方式的变迁,新的经营方式总是能够吸引顾客、扩大销售。⑥ 自有分销网络。一些批发商、连锁企业等拥有自己的零售商店和固定的零售商,相当于拥有自己的分销渠道,使得他们经常保持一定的顾客流量维持其商品销售额水平。一个中间商拥有自有分销网络越多,说明该企业商品销售量也越大。⑦ 信息沟通与货款结算政策。分销渠道应当承担多方面的功能,如信息沟通与货款结算。良好的信息沟通和货款结算政策可以提高制造商的资金周转率,降低制造商的融资成本是保障分销渠道正常连续运行的重要条件之一。因此,在选择中间商,还应了解中间商的信息沟通系统与货款结算政策,如中间商能否按时结算货款,包括在必要时的预付款。⑧ 中间商的服务能力。服务已经成为产品销售过程中必不可少的一部分。由于顾客更接近于中间商,因此,这就需要中间商向顾客提供更多的顾客服务,例如,数控机床在销售中需要提供技术支持或财务帮助(如赊购或分期付款),液态产品需要专门的运输存储设备。因此,厂家在评价中间商时,不能忽视其顾客服务能力。合适的中间商应具有一定的顾客服务能力,提供的顾客服务项目应与企业产品分销所需要的服务要求相一致。

(2)企业对中间商控制性标准。① 控制内容。从控制内容进行评价渠道中间商的可控制性,就是要指出企业可从哪些方面对渠道中间商进行控制。例如,企业可控制或可影响渠道中间商的营销决策有哪些;企业可控制或可影响渠道中间商的职能有哪些;企业能否控制渠道中间商可能发生的投机行为。② 控制程度。从控制程度进行评价渠道中间商的可控制性,就是要指出企业在哪些方面对渠道中间商进行控制需要达到的程度。例如,渠道中间商在产品的价格上是否会完全按企业的政策行事;渠道中间商会在多大程度上接受厂家在其渠道职能上所提出的建议;对渠道中间商可能发生的投机行为,企业能否使用相应的处罚措施。③ 控制方式。从控制方式上评价渠道中间商的可控制性,就是要分析企业可采用什么方法,在哪些方面控制渠道中间商。例如,厂家能否通过建立合理的渠道治理结构来控制渠道中间商的投机行为吗;企业能使用自己所拥有的渠道权力来影响渠道中间商在产品价格等方面的决策吗;企业能否通过建立良好的合作关系或彼此之间的信任来影响和控制渠道中间商。

(3)中间商的适应性标准。① 适应原有渠道能力。评价渠道中间商对企业原有分销渠道的适应能力,既可通过拜访来了解渠道中间商的经营理念和发展思路,也可通过实地考察来了解渠道中间商的基础设施及其人员素质,以判断其融入企业原有分销渠道的难易程度和所需时间。例如,在信息化管理时代的今天,厂家在选择其渠道中间商时,对计算机、互联网、办公自动化等办公设施都要有硬性条件的规定。② 对渠道环境变化的应变能力。评价渠道中间商对企业分销渠道环境变化的应变能力,可通过调查来了解渠道中间商的发展历史及特殊事件,以便判断其处理危机的能力和应变能力。例如,在当前世界金融危机的环境下,渠道中间商是采取什么样的渠道策略和措施来应对的,取得的效益如何。

3. 选择中间商的方法

对中间商的选择,可以通过定性分析和定量分析方法进行,具体方法有评分法、销售量评估法和销售成本评估法等。下面只介绍评分法。

评分法在实践中应用很广泛,其实施步骤如下:

(1)选定标准,确定影响因素。一家制造商要先根据自己的实际情况,来确定选择中间商最重要的因素。

(2)分配权数。由于每个影响因素的重要性是不同的,因此要根据每个影响因素的重要性来为其分配权数。

(3)评定得分。对潜在的候选若干中间商进行逐项评价、打分,综合评定后,得分最多者最优。

　　某厂家认为其选择中间商的最重要的因素有7个:地理位置、经营历史与经验、经营范围与实力、经营机制和管理水平、经营方式、自有分销网络、信息沟通与贷款结算,各个因素分配的权数分别为0.20、0.15、0.15、0.10、0.15、0.05、0.20。然后,该厂家对三个中间商1,2,3进行逐项评分,综合得分的结果是:2最高,为78.5;3次之,为77.75;1最低,为77.5,因此,中间商2是厂家最理想的搭档,如表11-3所示。

表11-3　评分法的举例

评价标准	权数	中间商1		中间商2		中间商3	
		打分	加权分	打分	加权分	打分	加权分
地理位置	0.20	85	17	70	14	80	16
经营历史与经验	0.15	90	13.5	85	12.75	90	13.5
经营范围与实力	0.15	70	10.5	80	12	85	12.75
经营机制和管理水平	0.10	75	7.5	80	8	85	8.5
经营方式	0.15	80	12	90	13.5	75	11.25
自有分销网络	0.05	80	4	60	3	75	3.75
信息沟通与货款结算	0.20	65	13	75	15	60	12
总分	1.00		77.5		78.5		77.75

　　4. 招募中间商

　　招募渠道中间商的方法有:

　　(1)通过在传统专业媒体与大众媒体中投放广告来招募中间商。在传统媒体上做广告来寻找合作伙伴是十分常用的方式。

　　(2)通过互联网来招募中间商。互联网覆盖的市场范围相当广泛,招募费用低,信息沟通充分。

　　(3)通过中介机构,如行业协会或商会、各种招商代理等来招募中间商。一般来说,中介机构拥有比较多的行业信息与经验,具有强大的行业影响力与号召力,厂家可以将整个招募工作委托中介机构来做,付一笔费用即可。中介机构承担招募工作的好处是较为公正和客观。

　　(4)通过顾客来推荐中间商。通过市场调查,厂家可以了解当地市场上的顾客更喜欢哪种类型的中间商。

　　(5)通过参加国内外同类展会、参展企业等方式来招募中间商。参加商业展览和年会也是厂家招募中间商的有效途径。

　　(6)通过招投标来选择中间商。

　　(六)渠道成员的责任与权利

　　渠道成员的具体任务是分销渠道总任务在具体成员身上的落实。任务的分配是与渠道成员的权利和责任的确定密切相连,常常在与渠道成员达成合作意向时就进行了明确的规定,并且通过签订销售合同的方式固定下来。厂家与渠道成员间各自的权利、义务、责任的界定会依

据渠道合作方式的不同而不同。一般来说,厂家与渠道成员签订的合作协议的条款基本上会涉及以下内容:

1. 双方的任务和责任

在不同的合作模式下,厂家与渠道成员间的权利和责任是各不相同的。例如,肯德基公司采取特许经营模式,总公司向加盟的受许商提供人员培训、促销支持、记账制度、房屋、技术协助和一般的行政管理,而加盟商必须在物资设备方面符合公司的要求,对公司的促销方案给予支持,提供公司需要的信息,并向特定的买主购买原料。

2. 价格政策

价格政策对厂家而言具有两个含义:一是指厂家针对中间商制定的价格表和折扣细目单,使中间商能够明确自己的利益;二是指厂家针对分销渠道体系而制定的产品销售价格方面的要求,以避免渠道价格的混乱,发生窜货现象。

3. 交易条件

在销售合同中要对交易条件进行明确的规定,交易条件具体包括付款条件与方式、厂家的担保条件等。付款条件常常规定了支付货款的结算办法、支付时间,以及当中间商不能及时付款时与厂家的协商机制和处理办法。一些厂家常常对于付款较早的中间商给予现金折扣,以鼓励其提早付款。制造商的担保包括产品质量担保,或产品价格下跌时对中间商的风险担保。

4. 地区保护

地区保护就是对中间商销售区域的权利规定,例如,统一公司对特约一级经销商给予其一定地区范围内独家代理的权利,并且严厉打击窜货现象,使特约一级经销商的地区权利能够得到落实和保障。

(七) 渠道成员保持

1. 提高渠道成员忠诚度

为了保持渠道成员的相对稳定性,企业可通过提高分销渠道成员的忠诚度来实现。从厂家的角度来讲,主要是做好如下几个方面的工作:一是向分销渠道成员提供质量好、利润高的产品;二是对中间商给予渠道资源支持;三是对于中间商给予管理援助;四是厂商之间在友好合作的气氛中进行公平交易。

从渠道成员行为的角度,厂商之间良好的长期合作关系是怎样建立和发展起来的,怎样才能更好地维护渠道关系,这方面的内容将在第八章讲到。

2. 保持渠道成员间的利益均衡

利益均衡包含着两层含义,一是指企业、中间商和消费者之间的均衡和利益分配的纵向关系;二是指中间商之间的均衡和利益分配的横向关系。

首先从渠道成员的纵向关系来看,企业在选择分销渠道模式时,对企业、中间商和消费者三者关系的处理不当往往会导致渠道利益的失衡。一方面表现为中间商的利益受到损害,挫伤了其积极性,虽然企业能够提供较好的产品,市场需求较大,但由于中间商对企业产品失去信心,最终导致利益失衡;另一方面表现为企业充分注意到中间商在产品分销过程中的作用,但挤压了消费者的利益,企业产品价格相对较高,消费者需求受到抑制。因此,企业必须充分考察、调研，妥善处理企业、中间商和消费者三者之间的利益关系，防止渠道价值链的断裂，保持渠道成员的稳定。

利益均衡的第二层涵义为渠道成员之间的平衡的问题。很多企业往往以渠道覆盖面广来试图扩大其市场份额，然而不同的渠道成员由于公司政策的不合理而互相挤对，往往会导致渠道利益的失衡。企业要想实现渠道平衡，保持渠道成员，可以采用的方法包括以下几种：

3. 建立完善的信息共享机制

建立完善的信息共享机制是保持渠道成员运作的关键。只有实现了渠道信息及时、准确的双向流动，才能使厂商间的配合协调、高效率。畅通高效的信息传递不仅可以保持渠道系统的稳定性与灵活性，而且可以避免企业渠道系统的僵化，保持对市场和消费者信息变化的灵敏反应。

例如，日本花王公司通过一个高效的渠道信息系统，将公司的主要部门与渠道中间商连接起来，公司可以看到每天的销售、库存和需求数据，并实现在 24 小时内向所有的 28 万家商店发送产品的物流机制。同时，公司运用一套回音系统的分销检测程序，与重点调查组、消费者反馈以及从各零售商那里获得的 POS 系统数据一起，收集新产品发售的快速信息，及时掌握产品的销售情况和追踪消费者需求的变化，保持了渠道成员良好的稳定性与弹性。

4. 发展信任关系

信任可以减少渠道成员间彼此顾虑所带来的经营和管理成本，促进渠道成员间的沟通，更好地实现分销渠道的目标，进而达到保持渠道成员的稳定。企业在发展渠道成员之间的信任关系时，要注意以下几个方面：

（1）渠道成员以往的表现。相互信任的关系是以厂商真诚合作为基础的，如果一方带有某种投机性心理或私人目的，企业单方面发展信任关系是十分危险的。对渠道成员以往的表现要进行深入考察和分析，加强对渠道成员的了解，从而提高对其行为预期的准确性，降低合作的风险。

（2）渠道成员的美誉度。渠道成员的美誉度是消费者的口碑，代表了渠道成员在消费者心目中的形象与影响力，同时也反映了渠道成员的经营理念和追求。美誉度越高，说明其越注重自身的长期发展，企业与其发展相互信任的关系风险就越低，彼此合作的效果就越好。

（3）关系投资的规模。关系投资是渠道成员为了发展彼此间的合作关系所投入的成本，具有不可转移和沉没性的特点。因此，关系投资规模越大，不可转移和沉没性成本就越高，从而增加了渠道成员退出的壁垒，使渠道成员发展彼此合作关系的欲望增强，彼此间的信任得到强化。

二、掌握分销渠道管理策划

（一）渠道成员的培训

1. 渠道成员培训的内容

（1）产品培训。产品培训主要是提高渠道成员的专业化水平，实现厂家与渠道成员间在产品、制造技术、服务体系、业务模型、管理模式等方面的同步。专业化的渠道可以对内提高企业素质，对外提高服务质量，提高用户对厂家的信任度。渠道是产品在市场销售的执行者，所以渠道成员是厂家形象的代表,其服务质量所产生的影响对厂家至关重要,用户会更多地将其归于厂家的服务质量。厂家向中间商提供相关产品的专业技术、服务支持,以及相关的业务运作,是企业专业化向最终消费者的有效延伸。因此,产品培训一直是渠道培训的首要内容。如科龙电器产品培训的主要内容是介绍各类家电的生产技术规程、原材料及其性能、各类产品的卖点以及如何根据用户的需要提供完整的解决方案等。

(2)销售培训。对于任何一位用户来说,销售人员对产品的理解、对产品能够给用户带来好处的理解以及对用户的使用环境的理解,都会对销售的成败产生重要影响。销售培训的重点在于介绍产品的性能、竞争优势、竞争对手分析、成功案例分析、销售技巧以及报价方法等。

(3)管理培训。管理培训主要集中在企业文化、营销策略、市场战略及厂家经营理念等方面,使渠道成员对厂家的经营理念、发展目标等有深刻的认识和认同,把厂家的经营理念、科学销售方法、服务理论和技能传递给渠道成员。例如,LG 公司在培训中十分重视企业经营理念的培训,LG 把统一经营理念作为渠道建设的立身之本,同时也满足了渠道成员能与 LG 共同成长的愿望。

2. 渠道成员培训的方式

(1)公开课培训。公开课培训是最为常见的培训方式之一,已经为许多企业经常性采用。这种培训方式是选择一位职业讲师,将需要培训的渠道成员集中在一个特定的空间内,由讲师运用一定的专业培训设备和技巧对渠道成员进行为期半天至三天不等的专门主题的训练。这一培训方式的特点是在一个特定空间里集中学习,避免了各种可能的干扰,学习效果相对较好;培训师有专业培训经验,了解受训者学习的特点,善于使用专业的培训技术和技巧,容易调动学习者的学习兴趣;培训师具有丰富的经验和知识,可以为渠道成员带来新的观念、知识和技能;由于这类培训师是"外来的和尚",他们容易给受训者造成权威感,有利于受训者接受培训师的观点。

(2)项目现场培训。对于一些技术性强的培训,采取项目现场培训方式,培训效果好。如进销存系统管理软件的培训,通过现场培训和示范,深层次地培训渠道成员掌握系统的使用、维护和各种日常操作等。

(3)建立培训学院。许多有实力的大公司专门建立培训学院,以承担对渠道成员及自身员工培训的职能。如联想公司成立了"大联想学院",作为专门为代理商提供各类培训服务的机构。1997 年,联想提出"大联想渠道策略",即把联想和合作伙伴构建成一个风雨同舟、荣辱与共、共同发展的"共同体",把联想的渠道合作伙伴纳入到联想的销售体系、服务体系、培训体系、分配体系和信息化体系中来,形成一体化建设。为了建设"大联想",加强对渠道成员的培训,联想公司于 1998 年正式成立了"大联想学院",其职责就是规划并建立渠道培训体系,策划并组织实施渠道培训。

(4)送中间商到高校参加培训。一些厂家将中间商送到高校参加相关的项目培训。如科龙公司曾经选送 30 多名优秀中间商到清华大学进行学习培训,使中间商接受现代营销理念。科龙公司负责人表示,这是基于企业可持续发展战略的长远考虑,中间商是维系企业与消费者最直接的桥梁,其眼界与素质的提高能使企业更加深入了解消费者的需求,这不仅有利于企业产品战略的调整和创新,也有利于厂商及消费者的多方共赢。

(5)视频学习。视频学习包括两种具体方式:一是购买视频课程,让渠道成员集体观看;二是购买培训公司的网络视频课程,让渠道成员随时上网学习。这一方式目前正在为许多小公司所采取。但是，在"自由放任"的条件下通过视频学习往往效果并不好，要解决视频学习的效果问题，需要"创造性学习"。视频学习具有突破时间和空间的限制、节约培训成本、培训双方互动性强、实施方式灵活便捷等特点。

☞ **小贴士**

创造性学习

"创造性学习"是指要采取两种辅助性学习手段。一是在要求渠道成员自行上网收看视频课程时，培训经理要为每一个要求学习的课程列出相对的试题，以便对渠道成员的学习情况进行评估，并与绩效考核指标挂钩，否则渠道成员可能并不认真收看视频；二是培训经理在组织渠道成员集中进行视频课程学习时，自己要事前"消化"视频课程，并将视频课程中老师所讲述的内容与本公司的实际渠道工作结合列出若干问题，在学习的过程中，每收视一部分的内容后，询问大家"记住了哪些概念、观点和方法"，同时抛出一个或多个与现实工作联系紧密的问题，让大家充分展开讨论。

（6）读书活动。这是一种成本极小，但效果较好的培训方式。一方面，它可以使渠道成员从读书中学习到知识和技能；另一方面，可以培养渠道成员自我学习的能力。如格力空调将公司总经理董明珠编写的《棋行天下》一书送给其渠道成员学习，要求相关人员在业余时间阅读，并在规定的学习周期结束时将渠道成员集中起来，让每一位渠道成员分享留在脑海里的概念、观点和方法，以及与公司现实工作的联系。为了有效地激励渠道成员真正地看书学习和积极分享心得，可以采取一些有意义的奖励和处罚手段。

（二）渠道成员的激励

1. 直接激励

直接激励是指通过给予物质或金钱奖励来肯定渠道成员在市场销售活动、行为规范操作等方面的绩效。直接激励主要有以下几种形式：

（1）返利。返利是指厂家根据一定评价标准，对达到标准的渠道成员进行奖励的激励制度。根据评价标准的不同，返利可以分为销售额返利和综合返利，其中，销售额返利又可分为销售额现金返利和销售额贷款折扣返利；根据返利的时间不同，返利可以分为月返、季返和年返；根据返利的方式不同，返利可以分为现金返利和非现金返利。

（2）职能付酬。职能付酬是指厂家根据渠道成员完成的职能、相应的业绩及合作程度给予报酬激励。如厂家不是将一定比例的佣金直接付给渠道成员，而是安排这样一个奖励计划：如完成基本销售任务付 30%，并保持有 30 天的存货付给 5%，按时支付 10% 货款，提供消费者购买信息再付 5%，以激励渠道成员完成重要的单项任务。

（3）补贴。补贴是指厂家针对渠道成员在专项职能中所付出的努力，给予奖励性的各种专项补贴，如广告补贴、运输补贴、商品陈列补贴、样机补贴、新品推广补贴等。

（4）放宽回款条件。资金回笼是任何企业都非常关心的问题，因此，厂家常常将能否及时回款作为激励渠道成员的重要条件，并在合作协议中有明确的关于回款期限的规定。一些有实力的渠道成员常常将及时回款甚至提前付款作为其承担职能的重要内容，以体现其竞争优势。然而，对于财力不足的渠道成员来说，放宽回款条件是极大的优惠条件，能够提供充分的激励。

（5）渠道建设投入。厂家在渠道建设中进行一定的专有资产的投入，使渠道成员承担较长期的责任，能够在这个支持的过程中逐步建立"双边锁定关系"。同时，渠道建设投入本身也是对渠道成员的极大的物质激励。如美的空调每年对"4S"店的投资给予一定的补贴，成为对"4S"店的一个重要的激励政策。

2. 间接激励

间接激励是指通过帮助渠道成员进行销售，以提高销售的效率和效益来激励渠道成员的积极性，从而提高渠道成员销售绩效。间接激励主要有以下几种形式：

（1）关系激励。厂家通过与渠道成员及时地进行信息交流，加强沟通，让渠道成员参与到渠道计划工作中来，共同制定渠道发展规划，明确各自在渠道发展的责权利关系。同时，进行经常性的感情交流，发展长久的紧密关系，能够对中间商起良好的激励作用。① 建立经常性的磋商或沟通机制。建立经常性的磋商或沟通机制，能使沟通和交流工作常规化、制度化。如格力空调建立的股份制销售公司就是经销商参与渠道规划工作的一个重要的交流平台。公司定期召开会议（如定期的高级和中级领导层的会谈），征求经销商们对格力空调渠道建设的意见和建议，共同商讨渠道发展大计，起到了良好的沟通和激励的作用。② 开展经常性的情感沟通活动。厂家可以策划开展形式多样的非正式活动，加强感情的交流，进一步强化合作关系。这类活动包括定期的走访、节日联谊活动、年末的答谢活动，甚至店庆祝福活动等，这类活动能够使渠道成员获得较强的满足。

（2）发展激励。经销商参与到渠道工作中来，进行一定的渠道投入，不仅希望获得短期的利益回报，还希望获得长期的事业发展，不断成长。因此，厂家对经销商的发展激励在整个激励体系中具有举足轻重的地位。发展激励主要体现在以下几个方面：① 产品的市场前景好，业务发展潜力大。厂家要与经销商充分沟通企业的发展战略、市场开拓等方面的远景目标，使经销商充分理解和认同厂家的事业目标，对事业发展有信心，有热情，有自豪感。② 厂家渠道管理工作规范有序，可以将优秀的管理方法向经销商传授。经销商愿意和强大的厂家合作，不仅是因为其产品流量有保证，获得好的利润，也因为强大的厂家有先进的企业管理理念和管理经验。强大的厂家将先进的管理经验和方法向经销商传授，能使经销商的素质获得提高。③ 共同开发新的市场机会，帮助经销商成长。共同开发新的市场机会，帮助经销商成长是符合厂家发展的长远目标。因为，随着市场的扩展、企业实力的增强，就需要经销商同步提高，才能提升产品的品牌形象和提高产品的市场总体竞争实力。当然，厂家实力增强以后，也可以发展实力强的新的渠道合作伙伴，但渠道成员不可能完全改换，这样交易成本太大，而且风险也极大。稳妥之策是帮助原有的渠道伙伴一起成长，使渠道整体实力获得提高，竞争力增强。

（3）渠道支持。渠道支持主要有：① 信息支持。信息支持是指厂家通过给渠道成员提供产品相关的信息，帮助渠道成员提高销售能力，扩大销售量。信息服务对于渠道成员来说尤其重要，因为渠道成员如果不能先于竞争对手及时掌握最新信息，就会在竞争中处于劣势；如果不能及时向用户提供最新的产品信息和准确的产品性价比，就会失去用户的信任。因此，许多公司通过开通专门的互联网站点来提供相关的信息支持。② 市场支持。市场支持是指厂家围绕开拓市场而对渠道提供的一系列支持，包括广告、市场推广活动、提高核心渠道向下一级渠道的拓展力度等。有时厂家也针对区域提供市场推广活动支持，如帮助个别区域代理召开渠道大会，从会场布置到一切活动的安排，都由厂家来做，这样弥补了区域代理能力的不足。③ 技术支持和维修服务。技术支持是指厂家针对渠道在技术方面的不足所提供的包括技术指导、技术人员培养等一系列支持。厂家通过在大区设立专门技术支持人员的方式,对渠道提供技术上的帮助和指导。对渠道成员来说,由于技术能力的相对落后,对厂家的技术支持依赖性比较强。维修服务是中间商销售的后盾,厂家良好的维修服务能够使中间商专心做销售,没有后顾之忧。同时,优质的售后服务能够在顾客心中树立对品牌的信心,促使更多用户向中间商购买产品,并且中间商也能赢得许多回头客。总之,完善的维修服务网络能够提高中间商在市场竞争中的生存能力。④ 融资支持。融资支持是指厂家为合作伙伴提供直接的融资,或帮助渠道成员借用外部资金,包括从银行、租赁公司、投资公司或上市公司等机构获取资金。

（三）渠道成员间的合作与冲突

1. 渠道成员间的合作

渠道合作是指渠道成员为了共同及各自的目标而采取的互利互惠性的行动和意愿。渠道成员的合作是创造渠道价值的重要基础。渠道合作的形式很多,主要有联合促销、联合储运、信息共享、提供专卖产品、联合培训和地区保护等。

（1）联合促销。联合促销主要包括联合广告活动、联合产品展示活动、联合销售活动、联合调研活动、联合担保活动等。另外,在价格竞争十分激烈时,为了让渠道成员更灵活地应对,厂家还常常向渠道成员提供价格补偿。

（2）联合储运。联合储运主要包括制造商和中间商联合加入适时管理（JIT）系统、联合加入电子数据交换系统,厂家或批发商发起或参与对中间商的紧急货运活动,以及厂家帮助批发商和零售商筹措存货资金等。

（3）信息共享。信息共享主要包括制造商、批发商和零售商共同加入电子数据交换系统,方便、快捷地交换信息;制造商和中间商共同发起或加入销售商联合会,增加同业交流与沟通;渠道成员分享渠道调研成果。

（4）提供专卖产品。提供专卖产品（又称定制产品）是指厂家向自己的渠道成员提供专门为其设计的产品,以应对或减轻价格竞争对他们的影响。这是因为专卖产品设计独特,且只在专门指定的范围内销售,使消费者不太容易与类似的产品在价格上进行比较,从而降低价格竞争的效应。

（5）联合培训。联合培训这种形式主要包括批发商和零售商联合加入制造商的销售培训及产品培训项目。例如,一些厂家利用自己的教育基地,如海尔公司利用海尔大学,对中间商的业务骨干进行教育培训。

（6）地区保护。地区保护即厂家特许中间商的地区独家代理权,以防同一地区多家经营同一厂家产品形成恶性竞争。因此,渠道合作会因为这种地区保护政策得到加强。

 小案例

海螺服饰与 Shirt OnLine

海螺服饰的网络销售主要是通过两个平台进行销售,即自有的电子商务网站 www.iconch.com.cn 以及 C2C 平台淘宝网海螺衬衫专卖店,但效果不佳。Shirt OnLine 定位于国

内高档男装的平价提供商,在其网络平台上销售的产品包括 Shirt OnLine 自有品牌商务衬衫、红领休闲裤、禧牌西服羊绒大衣定制以及永正手工定制等品牌服装,基本上体现了其中高端的定位。同时,Shirt OnLine 能够为会员提供免费索取面料、免费上门量体以及身材信息库管理等互动服务,从而在有效促成消费者第一次消费行为的同时提高其用户粘性。海螺服务看到 Shirt OnLine 平台的优势,通过谈判与 Shirt OnLine 达成协议,推出专门用于网络直销的品牌 iconch,并授权 Shirt OnLine 独立运作其网络直销业务。海螺衬衫与专业性的男装销售平台 Shirt OnLine 合作,是其对网络直销渠道的一次突破,可以达到有效触及目标消费人群,转嫁市场营销成本,提升专业品牌形象等目的。

(7) 分销渠道中的战略联盟。分销渠道中的战略联盟是指渠道关系发展到一定阶段的产物,是处于同一分销渠道中的双方或多方成员通过协议形成的长期的利益共同体。在渠道联盟中,渠道成员按照商定的渠道策略和游戏规则,共同开发市场,共同承担市场责任和风险,共同管理和规范销售行为,公平地分享合作利益和合作成果。分销渠道战略联盟有很多不同的形式,根据其联系的密切程度可分为会员制、销售代理制、特许专营、联营公司等形式。

2. 渠道成员间的冲突

渠道成员间要进行合作,就必须相互依赖。一般情况下,相互依赖性越严重,对渠道目标干涉就越多,矛盾或冲突就越难以避免。

(1) 渠道冲突的概念。渠道冲突是指一个渠道成员意识到另一个渠道成员正在从事损害、威胁其利益,或以牺牲其利益为代价获取稀缺资源的活动,从而引发渠道成员间的争执、敌对和报复的行为。对于渠道冲突,企业应该用中立的眼光来看待,并不是每种冲突都是消极的,某些冲突实际上还加强和改善了分销渠道。

☞ 小贴士

冲突与竞争

冲突与竞争意思相近,经常可以相互替代,不过两者是有区别的。用一个例子来说明。有两个人同时去应聘一个职位,如果两人都以尽量展示自己实力的方法力争得到那个职位,那么他们在进行竞争。如果其中至少有一个人通过其他方法,如想方设法阻止另一个人应聘,或在另一个人应聘时捣乱,那么在他们中间就存在着冲突。竞争就像游泳和田径比赛,一个人只要比其他的竞争对手游得快或跑得快,他就可以得胜;相反,冲突就像拳击和足球比赛,一个人不打击对方,就不可能得胜。具体到营销渠道中,当一个渠道成员需要跨越的障碍是另一个渠道成员而不是市场本身时,那么他就感受到了冲突。

---

(2) 渠道冲突的类型。第一种是水平渠道冲突,它是指在同一渠道模式中,同一层次中间商之间的冲突。产生水平渠道冲突的原因大多是制造商没有对目标市场的中间商分管辖区作出合理的规定,使得中间商为各自的利益而相互倾轧。例如,同在一个批发商采购商品的零售商之间为了抢占市场而引发的冲突。第二种是垂直渠道冲突,垂直渠道冲突是指在同一渠道中不同层次渠道成员间的冲突。例如,生产商与批发商之间、批发商与零售商之间,由于各种矛盾(如价格、利润、推销等)而引发的冲突。第三种是不同渠道间的冲突,不同渠道间的冲突是指厂家建立多种渠道系统后,不同渠道服务于同一目标市场时所产生的冲突。例如,原来的家电产品是通过百货公司来销售,当家电连锁店出现后,成为厂家的经销伙伴时,百货公司表现出强烈的不满。

　　（3）解决渠道冲突的方法。冲突并不都是消极的,有些冲突对渠道的发展还有促进作用。因此,解决渠道冲突最好的办法,就是不让有害的或高水平的渠道冲突产生。① 冲突的前期防范。防止渠道冲突可以从渠道运行的前期工作做起。一是做好分销渠道的设计和组织工作,确立企业基本分销模式、目标和管理原则,同时结合自身的状况,做好中间商的选择工作。中间商不是越大越好,而是适合企业自身特点的中间商才是最好的。二是明确渠道成员的角色分工和权力分配,明确各自的责权利,建立渠道成员之间的交流和沟通机制,实现信息共享。三是合理使用渠道权力,防止权力滥用,使用非强制权力有利于建立信任和加强合作,从而达到预防和化解渠道冲突的目的。② 冲突的中期降低。一是组织渠道成员进行共商共议活动,确立共同的目标和价值观,增进各个成员对环境威胁、渠道合作和渠道互依的共识,提高合作水平,防止恶性冲突的发生和尽量减少冲突发生的可能性。二是相互交换管理人员,让有关人员亲身体验某些渠道成员的特殊困难,从对方的角度来考虑有关合作问题,以增进相互了解。同时,也应倡导相互咨询,如果一个企业经常邀请一些重要的渠道成员参加董事会议和专题讨论会等,鼓励他们在相关问题上提意见和建议,会使他们感到有面子、受尊重,他们也会用同样的方法给予回应。三是对渠道成员中的弱者提供帮助。在别人最需要的时候给予帮助,不仅可以尽快恢复渠道功能,也能让渠道成员产生好感,增强合作的信心,减少恶性冲突的可能性。③ 冲突的后期处理。冲突的后期处理是指当冲突产生后,如何使冲突带来的不利影响最小化。一是沟通与调解。当冲突发生后,通过加强彼此之间的交流,如召集分销商参加咨询会议,及时听取反馈意见;或者进行角色互换,使不同的渠道成员更加了解对方的政策和立场。当冲突发展到双方无法再通过协商、说服等沟通方式达成谅解,双方均各抒己见,此时就可以引入第三方调解或仲裁,寻求利益的平衡点,相互理解,互相让步,停止冲突。二是法律手段。当冲突达到一定的程度时,就要通过法律诉讼来解决,请求司法机关依据法定程序在当事人之间对冲突产生的影响进行处理。虽然诉讼需要花费大量经费和时间,但它是解决冲突的最有力的方式。一般情况下,冲突双方都较倾向于采用仲裁而不是诉讼去解决争端,其原因一是为了不泄露商业机密,二是也能减少支出,维护企业形象。三是渠道重组。当渠道成员间的冲突达到无法调和的地步,严重影响了整个渠道系统的运行时,渠道领导者就不得不考虑进行渠道重组,剔除某些与厂家目标严重不一致的组织,增加新成员或改变渠道网络设计等方法来处理冲突。四是退出。解决冲突的最后一种方法就是使渠道成员退出分销渠道系统。从现有渠道中退出意味着中断与其他渠道成员的合作关系,因此,一个退出渠道的企业应该考虑到要么为自己留下后路,要么改变其根本不能实现的业务目标。

小案例

降价引纷争

　　百货大楼、民兴电器和国光连锁等是某区域市场的 3 家家电经销商,并同时经营 KC 公司的彩电产品。为了防止出现渠道冲突,KC 公司的陈经理通过签订协议,错开产品型号等策略,规定 3 家的经销责任和权利。一天,国光在未经陈经理同意的情况下,就直接在当地主流媒体发布“降价大优惠”信息,KC 品牌的一款彩电“荣幸”入选,而这款彩电恰好属于国光与KC 签订的协议框架中需要保护(即不能打价格战)的产品。更严重的是,这款彩电恰恰是由民兴独家经销且是民兴的畅销和主推的产品。国光在该市的卖场并没有经销这款彩电的权限,但国光从异地的连锁店调来产品,然后在该市场开打起价格战来,想借机打击民兴,提高自身"价格杀手"的形象,这马上引来民兴的抗议和反击。

(四)渠道控制

1. 渠道控制的内涵

分销渠道系统是一种跨组织系统,这使得渠道控制不同于一般的管理控制,即施控者与受控者分属于不同的组织。因此,渠道控制往往不是基于科层系统的命令、指挥与规范,而是指一位渠道成员对另一位渠道成员在某些方面的决策成功地产生了影响。例如,当甲使用某种方法影响乙,使乙采取了甲所希望的行为,甲就在一定程度上控制了乙;当甲对所有渠道成员都产生相当大的影响力时,甲就在一定程度上控制着整个渠道。

2. 渠道控制的内容

渠道控制的内容有很多,而且也比较复杂。一般来说,渠道控制的内容主要有以下几个方面:

(1)分销渠道覆盖策略控制。分销渠道覆盖策略主要有以下三种:① 密集型分销渠道策略,即尽可能地寻找批发商、零售商,经销某一品牌的商品。该策略一般较适用于便利店;② 选择型分销渠道策略,即在一个特定的区域,某一层次上只选择少量的中间商,经销某一品牌的商品。该策略一般较适用于百货公司、购物中心等大型卖场;③ 独家型分销渠道策略,即在一个特定的区域,某一层次上只选择一家中间商,经销某一品牌的商品。该策略一般较适用于专卖店。

在分销渠道覆盖控制策略的选择中,企业需要考虑多方面的因素,如消费者行为、产品特性、市场特性、网点特性、竞争状况等。

(2)分销渠道人员管理控制。分销渠道人员管理控制主要包括以下三个方面的内容:① 分销渠道销售队伍的建设,主要考虑销售人员数量、销售人员布局结构、销售组织发展制度和销售团队建设等四个方面。② 分销渠道人员的素质培训,主要从分销渠道人员的基本素质、基本知识、基本能力以及训练方式进行管理控制。③ 分销渠道人员的业绩评估与报酬,主要从分销渠道人员业绩资料收集方法、考核制度与方法、薪酬制度等方面来控制。

(3)分销渠道费用管理控制。在分销渠道运营中,费用支出的名目是一个非常复杂,涉及面较广的问题。对企业的分销渠道费用进行控制主要从以下三个方面着手:① 销售管理费用。由于销售管理费用的支出是为了业务的拓展和管理,所以对销售管理费用的预算、使用和审核等,既要严格化、程序化和标准化,也要公平合理、简单易行,重点应该放在费用控制方法、日常管理费用、差旅费用报销等几个方面。② 市场推广费用。由于中间商出于自身利益的考虑,总是诉说产品的市场推广如何难,希望从厂家得到更多的实惠和支持。因此,企业对推广费用的控制,应兼顾企业和中间商的共同利益,既要保证市场推广收到实效,又要减少不必要的开支,主要从渠道促销费用、广告宣传费用、市场辅助工具制作费用等方面来控制。③ 其他销售费用。在分销渠道运营中,除了销售费用、管理费用外,还有很大一部分是渠道折扣与折让、销售设施及市场设备等费用。折扣与折让是企业与竞争对手争夺中间商的有效武器,若控制不好,可能会造成企业大量资金的流失;而销售设施及市场设备的投入一般较大,管理不善也会导致巨大的损失。

（4）对营销组合因素的控制。分销渠道对营销组合因素的控制主要从以下四个方面进行：① 对产品和服务的控制。对产品和服务的控制主要内容有：控制产品的生产制造过程,企业的产品相关策略,提供各种服务的数量和质量,不使与本企业产品有关的假冒伪劣产品流入市场。② 对价格的控制。对价格的控制主要内容有：监督和控制自己产品的批发价格和零售价格,确保企业的定价策略在渠道中得到贯彻落实,监督和控制中间商对于企业价格政策的落实情况。③ 对促销的控制。对促销的控制主要内容有对中间商的促销控制和对终端购买者的促销控制。对于中间商的促销控制主要是做好促销本身的工作,如确定促销目标、制订促销计划、实施促销活动、评价促销结果等。而对于终端购买者的促销控制相对复杂,主要根据与中间商合作协议的规定,从事产品的促销活动,或根据竞争等需要推出产品促销活动;对促销活动的计划、实施过程和实施结果进行控制,以保证促销活动完成预定的目标;监督中间商对自己产品的促销活动和促销方式,保证促销活动得到中间商的贯彻和落实;对中间商自主安排的本产品促销活动进行监督,尽量避免自己的产品成为商家打折的牺牲品等方面着手控制。④ 对分销过程和分销区域的控制。对分销过程和分销区域的控制包括：控制分销过程,避免不同渠道成员之间发生冲突;控制物流过程,保证物流通畅;控制分销区域,避免不同区域渠道成员间发生窜货等冲突。

（五）渠道绩效评估与调整

1. 渠道绩效评估的概念

渠道绩效评估是指厂家通过系统化的手段或措施,对其分销渠道系统的效率和效果进行客观的考核和评价的活动过程。渠道绩效评估可分为宏观层面和微观层面两个方面的评估。宏观层面的渠道绩效评估就是指渠道系统表现出来的对社会的贡献,是站在整个社会的高度来考察的;微观层面的渠道绩效评估则是指渠道系统或渠道成员对厂家所创造的价值或服务增值,是从厂家自身的角度来考察的。

2. 渠道绩效评估的内容

渠道绩效是一个多维和纵深的结构,一般来说,渠道绩效评估的主要内容有财务状况评估,如偿债能力指标、营运指标和盈利能力指标等;有销售绩效评估,如销售分析、市场占有率分析、渠道费用分析等;有渠道运营状况评估,如渠道通畅性评估、渠道覆盖面评估、流通能力及其利用率评估、渠道冲突分析、终端管理分析等。

3. 渠道调整

企业分销渠道设计完成后,不能放任其自由运营。在企业分销实际运营过程中,由于客观经济条件发生变化,使得企业的发展战略随之而变,致使现有分销渠道不能达到发展的总体要求,自然会促使企业对分销渠道进行调整。

（1）分销渠道调整的方式。① 调整分销渠道结构。调整分销渠道结构就是对原有分销渠道的构成方式加以改变。例如,将企业原来以中间商渠道为主的渠道结构体系改变为以直销为主的渠道结构体系。② 调整渠道中的代理方式。渠道中的代理方式有总代理、独家代理和一般代理三种方式,原来采用独家代理的方式,为了制约独家代理商的行为,防止其过分扩张,可把独家代理方式改变为一般代理方式。③ 调整渠道政策。企业的渠道政策包括价格政策、市场推广政策、信用额度政策、铺货政策、奖惩政策等,它们服务于一定的营销环境。当环境发生变化时,应作出适时的调整。例如,在产品不太容易销售或者要加大产品的促销力度时,对于经销商采用"先给货,后付款"的政策;而在产品畅销时,为了减少信用风险,则采用"一手交钱,一手交货"或"款到送货"的政策。④ 调整渠道成员关系。为了更好地理顺渠道成员间的管理,企业可以根据渠道成员经营本企业产品的业绩,调整其在分销渠道中的地位,给予一些优惠政策。例如,对于经营本企业产品业绩突出的经销商,企业给予优先供货、价格打折、提高信用额度等优惠政策或者各种奖励;而对于那些业绩下降的中间商,则取消原有的一些优惠政策,直至淘汰。⑤ 调整区域市场的渠道结构。根据市场结构的变化,在不改变整个企业渠道体系的前提下,通过改变某个区域市场的渠道结构来调整渠道。例如,在某个区域市场上增加一条新渠道,以满足那个市场上某些消费者特有的需要。⑥ 重组和更新整个渠道体系。如果由于自身条件、市场条件、商品条件的变化,企业原有的分销渠道体系制约了企业的发展,这时就必须对整个分销渠道体系进行调整。这种调整涉及面很广,执行起来很困难。它不仅要突破企业原有的分销渠道网络,而且会引发整个渠道功能的重新安排和利益的重新分配,因此既可能遭到企业内部某些既得利益者的反对,也可能受到某些渠道成员的抵制。一般而言,这种比较彻底的渠道改造,只有在企业的渠道体系受到外部严重威胁或内部发生重大变化时才可使用。

(2) 分销渠道调整的时机。调整分销渠道的时机选择是非常重要的,过早过晚都不好。过早,问题没有充分暴露,企业内部和渠道内部成员对问题的严重性缺乏认识,渠道管理人员很难推动渠道的调整工作;过晚,错过了时机,即使各方面都努力推动渠道改革,改革本身很顺利,但是造成的损失已经无法挽回。一般来说,当出现下面几种情况时,企业应该考虑是否需要调整自己的分销渠道:① 消费者对渠道服务产出的不满意有上升趋势。消费者对于渠道服务产出的要求,会随着市场环境的变化而改变。随着买方市场形成,消费者变得越来越挑剔,对厂商服务产出的要求会越来越高。消费者对于渠道服务产生的不满意一旦形成上升的趋势,企业就应该在渠道方面作出改变,以降低消费者的不满意。② 企业的分销渠道没有被充分利用。消费者的需求存在差异,购买量、购买方式和购买习惯也不同,因此,单一的分销渠道很难满足所有的消费者的需求,于是很多企业就采用多渠道策略。不过,多渠道建立起来以后,企业常常发现,多渠道并不像原来想象的那样,有些渠道是多余的,没有得到很好的利用。这时,企业就应该根据不同渠道的效率,对企业的整个渠道体系作出调整。③ 企业渠道的辐射力与控制力不足。企业在经营初期一般实力比较弱,为了使自己的产品能够顺利进入市场,经常利用中间商。当中间商的投机行为严重时,企业的经营风险是很大的。随着企业规模的不断扩大,一方面,原有中间商可能在辐射力上已经达不到企业的要求;另一方面,为了规避分销渠道中的经营风险,需要加大对渠道的控制力。这时,企业就需要对分销渠道体系进行调整。④ 企业的营销战略改变对渠道提出了新的要求。分销渠道是企业的一个可控因素,因此,它要服从企业营销战略的要求。当企业的营销战略改变时,往往会对分销渠道提出新的要求。例如,科龙冰箱要成为一线品牌,就需要改变原来在小零售卖场销售的渠道,进驻大型高端的零售卖场渠道。

(3) 渠道整合。渠道整合是指企业为了达到分销渠道整体优化的目的,而将企业的渠道任务分解或分配给适当的渠道或适当的渠道成员的过程。渠道整合是企业对分销渠道的一种调整,当渠道管理人员对于分销渠道有了更深刻的认识,觉得有必要对企业的不同渠道或渠道中的不同功能重新组合时,才会进行渠道整合。

① 渠道系统内整合。这是指将企业某一渠道内的各项渠道任务,分配给比较有竞争优势的渠道成员去做,由此提高该渠道的运营效率。这种渠道整合既适合采用多渠道策略的企业使用,也适合采用单一渠道策略的企业使用。

② 渠道系统间整合。随着企业细分市场和可使用分销渠道的增加,企业倾向于建立多条分销渠道。通过使用多种渠道,企业可以增加市场覆盖面,更好地满足顾客需求。然而,多条分销渠道系统的使用,不可避免地会带来渠道系统之间的冲突,控制也更加困难,因此,需要进行整合,发挥多渠道营销系统的优势,减少内耗。这种渠道整合方式适合于采用多渠道策略的企业使用。

 **小案例**

娃哈哈的渠道调整

娃哈哈公司限于创立之初的人力和财力,主要通过糖烟酒、副食品、医药三大国有商业主渠道内的一批大型批发企业销售公司第一个产品——儿童营养液。随着公司的稳健发展和产品多元化,娃哈哈开始基于"联销体"制度的渠道再设计,通过自建销售队伍,在全国各地开发1 000多家业绩优异、信誉较好的一级代理商,以及数量众多的二级代理商,确保娃哈哈渠道重心下移到二、三线市场。为了保证渠道多元化战略的实施,避免出现冲突,娃哈哈针对多种零售业态,分别设计开发不同的渠道模式:对于机关、学校、大型企业等集团顾客,厂家上门直销;对于大型零售卖场及规模较大的连锁超市,采用直接供货;对于一般超市、酒店餐厅以及数量众多的小店,由分销商密集辐射。这种"复合"结构,既能够有效覆盖和分类管理,有利于在每种零售业态中都取得一定的竞争优势,同时,又很好地控制了终端渠道。

三、连锁经营策划

连锁经营的类型在各国有不同的划分方式。最常见的是将连锁经营分为三种类型,一是正规连锁,即总公司直接投资开设连锁店;二是自由连锁,即保留单个资本所有权的联合;三是特许连锁,即以经营权的转让为核心的连锁经营。

(一)三种连锁类型的特征

从正规连锁、自由连锁和特许连锁三种类型的产权关系、利益分配关系、经营管理关系等方面看,三种类型的主要特征如下所述。

1. 正规连锁的特征

正规连锁的特征主要表现在以下三个方面:① 正规连锁具有资产一体化的特征,即每一家连锁分店的所有权都属于同一主体,归一个公司、一个联合组织或单一个人所有。② 正规连锁实行总公司统一核算,各连锁分店只是一个分设的销售机构,销售利润全部由总公司支配。③ 正规连锁总公司与其下属分店之间的关系属于企业内部的专业化分工关系,所以在经营管理权上高度集中,各连锁分店不仅店名、店貌等完全统一。经营管理的决策权,如人事权、进货权、定价权、财务权、投资权等,也都高度集中在公司总部,公司总部为每个连锁分店提供全方位的服务，以保证公司的整体优势。

2. 自由连锁的特征

自由连锁的原意是自发性连锁或任意性连锁，因此，自由连锁也称"自愿连锁"、"志同连锁"等。自由连锁实际上是一种横向发展的合约系统，既可以由某一批发企业发起而组成批零一体化的合约关系，也可以由众多的零售企业联合组成一个具有采购和配送等功能的商业机构，为零售企业服务。自由连锁一般具有以下三个基本特征：① 成员店的所有权、经营权和财务核算都是独立的，可以使用成员店各自的店名、商标。但是，当自由连锁店发展到合股建立一家能为成员店提供服务的商业机构时，使用不同店名、商标的成员店往往会转换成使用统一店名、商标的连锁店。② 总店或主导企业通过商业信誉建立一种互助互利关系，以达到规模经营的目的。③ 总店与成员店之间是协商和服务的关系，总店主要负责统一进货和配送，各成员店在核算、盈亏、人事安排、经营方式及经营规模、经营策略上都具有很大的自主权。

3. 特许连锁的特征

一是特许连锁具有资产的独立性，即特许连锁店之间以及连锁店与总公司之间的资产都是相互独立的。二是特许连锁实行独立核算，即特许连锁店与其总公司都是独立核算的企业。特许连锁店在加盟时必须向总公司一次性交纳品牌授权金，并在经营过程中按销售额或毛利额的一定比例向总公司上缴"定期权利金"。三是总公司与其授权成立的特许连锁店之间的关系是平等互利的合作关系，所以在经营管理上往往不采取强制性的措施，而是一方面通过特许合同规定双方的权利义务，另一方面通过有效的服务、指导和监督来引导特许连锁店的经营行为。因此，对总公司来说，最重要的是履行特许合同的义务，并树立为特许连锁店服务的理念。

(二) 三种连锁类型的优势与缺点

1. 正规连锁的优势与缺点

正规连锁在市场竞争中体现的主要优势是能够通过大批量采购来大幅度降低经营成本和价格；可以统一调配资金、设备、商品及人员，有利于充分利用企业资源，提高经营效率。另外，由于各连锁分店不是独立主体，其关闭、调整和新店的开设基本上属于公司内部的事务，受外界制约相对较少，总公司对分店布局和新店开发具有较强的调控能力。连锁分店可以将主要精力用在商品管理和改善服务上。但是，采用正规连锁的方式，要求总公司必须具有较强的经济实力，而且能够处理好集中管理和分散经营的关系。

2. 自由连锁的优势与缺点

自由连锁既具有连锁经营的规模优势，同时又能保持独立小商店的某些经营特色。因此，在中小企业众多的地区发展自由连锁是比较合适的。自由连锁具有较好的灵活性、转换性和发展潜力，可以逐渐发展成为独资连锁或特许连锁。自由连锁的缺点是统一性较差，决策迟缓，组织不稳定，受地域限制较大。

3. 特许连锁的优势与缺点

采用特许连锁经营方式，对总公司、特许店及整个社会都有明显的益处。对总公司来说，能以较少的资本达到迅速发展公司业务的目的，实际上具有融资的功能。同时，通过经营权的转让也能为总公司积累大量的资本，使公司的无形资产变为有形的资产，从而增强公司的实力和发展能力。对于投资者尤其是那些具有一定资本,希望从事商业活动,但又苦于没有经营技术和经验的企业和个人来说,特许连锁是一个很好的方式。一旦加盟,既可以利用总公司的技术、品牌和商誉开展经营,又享有总公司全方位的服务,经营风险较小,利润比较稳定。另外,由于特许店是独立的经营实体,有内在的激励和发展机制,因而总公司不需要在调动其经营积极性方面花费精力。对社会而言,通过特许连锁方式来发展商业网点,不仅能提高商业的组织化程度,而且也有利于中小企业的稳定发展。但如果总公司片面追求品牌授权金,大量发展特许店而又缺乏有效的管理和强有力的服务能力,不仅会使企业形象受到严重损害,而且也会使投资者的权益受到侵犯,最终很有可能导致整个特许连锁系统的崩溃。

☞ 小贴士

开展连锁经营的行业分布

连锁经营从产生至今已有一百多年的历史了,从美国、英国、法国、德国、日本、中国香港地区、中国台湾地区等的发展情况看,连锁经营几乎渗透到了各个行业,主要包括零售业,如超级市场、百货店、专卖店、便利店等;餐厅,宾馆酒店,休闲旅游服务,汽车用品服务,汽车租赁服务;商业服务,如会计事务所、律师事务所等,印刷、影印、招牌服务,家庭清洁,建造装饰,洗衣店,教育服务,设备租赁,健身美容,娱乐业等等。

任务总结

分销渠道策划就是对企业分销渠道的谋划,完善的企业分销渠道谋划应包括设计和管理等环节。

设计分销渠道就是规划分销渠道的基本结构,为分销渠道的组建提供方向性指导,而影响分销渠道设计的因素主要有宏观环境因素、中观环境因素和微观环境因素。在分销渠道建立以后的运营过程中,渠道管理者必须重视渠道成员的培训与激励、渠道成员间的合作与冲突、渠道控制和渠道绩效评估与调整,努力提高分销渠道的运营效率与效益。

对渠道成员的培训是以提高分销商的分销能力为目标,以产品培训、销售培训和管理培训为内容,以公开课培训、项目现场培训、建立培训学院、送中间商到高校参加培训、视频学习与读书活动为培训方式来组织进行,使分销商的能力、知识与综合素质得到不断的提高。

对渠道成员的激励主要是以提高分销商的积极性为中心,根据分销商的需求采取不同的激励措施。直接激励主要有返利、职能付酬、补贴等不同形式,间接激励主要有关系激励、发展激励和渠道支持等不同形式。如果激励停止或减少,分销商的积极性就会丧失或减弱,因此,厂家还要根据不同销售时期的任务与目标,制定相应的分销渠道政策,进一步加强对渠道成员的激励,努力实现分销渠道的目标。

渠道成员间的合作与冲突是分销渠道运营过程中不可避免的现象。由于渠道成员具有相互依赖性,因而产生了渠道成员间的合作。合作的形式有联合促销、联合储运、信息共享、提供专卖产品、联合培训、地区保护以及战略联盟。从辩证思维角度出发,相互依赖性使得渠道成员间会发生相互干涉,冲突不免时而发生。渠道成员间冲突产生的原因主要来源于渠道内部与外部,其中,外部原因需要渠道成员间的合作才能解决。

为保证渠道目标实现,渠道控制是必不可少的一个环节。企业可以根据事先制定的渠道目标,对各个渠道成员的实际绩效进行考核,找出其中的差距,并采取相应的措施缩小目标与现实的差异。

各个方面的效率与效益都应从财务上得到合理反映。对渠道绩效评估与调整的分析,最终归结为财务绩效状况分析,依据投入、产出、投入产出对比分析,企业可以采用偿债能力指标、营运指标、盈利能力指标等财务分析工具,进行市场销售、市场占有率和渠道费用等方面的分析,在必要的情况下,对原有渠道进行适当的调整。

连锁经营当前比较流行的零售业经营模式,其主要有正规连锁、自由连锁和特许连锁,每种连锁都有其特征、优势和劣势。

任务检测

一、选择题

1. 营销行为的核心是( )。

A. 渠道计划　　　B. 渠道合作　　　C. 渠道控制　　　D. 渠道组织

2. 渠道合作的内容与形式有( )。

A. 联合促销　　　B. 联合储运　　　C. 提供专卖品

D. 信息共享　　　E. 联合培训和地区保护

3. 分销渠道中的战略联盟的主要特点有( )。

A. 期性　　　　　B. 参与自愿　　　C. 高水平承诺

D. 协议管理　　　E. 风险与利益共担

4. 对分销渠道成员的调整主要有( )。

A. 功能调整　　　B. 素质调整　　　C. 数量调整

D. 地区调整　　　E. 控制调整

5. 为了保持渠道成员的相对稳定性,提高分销渠道的忠诚度。从厂家的角度来讲,主要措施有( )。

A. 向分销渠道成员提供质量好、利润高的产品

B. 对渠道成员给予渠道资源支持

C. 对于渠道成员给予管理援助

D. 不断提高渠道成员的满意度

二、判断题

1. 工业用品的营销渠道比消费品的营销渠道类型多,种类也复杂。　　　　　( )

2. 分销渠道的长度是指从制造商到最终消费者的运输距离。　　　　　　　( )

3. 短渠道比较适合于在小区域市场范围销售产品或服务;长渠道比较适合于在较大区域市场范围和更多的细分市场销售产品或服务。　　　　　　　　　　　　　( )

4. 复合渠道系统又称多渠道系统,是指企业同时利用多个渠道销售其产品的系统,即多种流通模式并存,既有直营也有间接分销。　　　　　　　　　　　　　( )

5. 市场研究结果表明,高端消费者愿意通过单一渠道购物的趋势十分明显,对采用复合渠道的企业具有较低的满意度和忠诚度。　　　　　　　　　　　　　( )

三、填空题

1. 分销渠道按照中间商的数量多少来分类,可以分为(　　　)、(　　　)、(　　　)和(　　　)。

2. (　　　)是指没有中间商参与,商品由制造商直接销售给消费者或用户的渠道。

3. (　　　)指由制造商、批发商和零售商纵向整合组成的统一的联合体。

4. 关系投资是渠道成员为了发展彼此间的合作关系所投入的成本,具有(　　　)和(　　　)的特点。

5. (　　　)是指通过给予物质或金钱奖励来肯定渠道成员在市场销售活动、行为规范操作等方面的绩效。

四、简答题

1. 简述分销渠道的宽度结构的主要类型。

2. 试比较独家型、密集型及选择型分销渠道的优缺点。

3. 简述分销渠道设计的原则。

4. 简述分销渠道设计的流程。

5. 简述评分法在实践中应用的步骤。

参考答案

案例分析

开发电饭煲代理商

M城市属于二级城市,经济条件一般,消费者消费层次不高,老百姓习惯到大型卖场,如超市、家电连锁店去购买小家电,认为在这些地方买的家电产品才是正宗的,价格高一点也可以接受。小刘做的K电饭煲以前一直未在M地区找到合理的代理商,市场基本处于一片空白。因此,小刘要想在M市场上把K电饭煲做好,必须开发一个有实力的代理商,而且是一个有超市、家电连锁网络的代理商。

小刘经过几天辛苦的市场调查,得知在M市场上,电饭煲批发做得比较大的有H家电,主要代理美的;S厨具公司,主要代理苏泊尔、三角;D家电,主要代理容声、三角;其他的都是一些比较小的,以三、四级市场为客户的小户,操作的大多为杂牌。而H家电,S厨具在小刘接触后都表示不愿增加或改做其他的品牌,最后小刘只好把目标定在D家电上。决定好以后,小刘就开始行动了。

第一步,小刘发动分公司刘经理给D家电的张总打电话,让张总感到K电饭煲有诚意跟他做生意,也对小刘以后的进攻有帮助。

第二步,小刘登门拜访张总。小刘进入张总的办公室,递过名片简单地寒暄了几句后,就切入正题,向他说明了来意,张总并没有一口否决,这说明他对K电饭煲产品还是感兴趣的。张总非常谨慎,他仔细地询问了小刘做的K电饭煲产品的一些问题,比如K电饭煲在该省的代理情况及前期代理商的情况;电饭煲内胆用的是什么材料,售后服务怎样等。看得出他是个很精干的人,他又尖锐地问K电饭煲为什么不和烟灶给一家做。小刘告诉他这是公司的政策决定的,电饭煲必须跟烟灶分开操作,也是为了保护代理商的利益。接着小刘非常熟练地跟他讲起了K电饭煲的优点,比如得过什么发明奖、是国家食品科学技术学会推荐产品之一、获得了实用新型专利、有多项先进技术、煮饭省时省电等,张总终于答应考虑考虑。

第二天,小刘继续登门拜访,这次小刘突出讲张总主做的容声、三角市场上很多家都有货,价格比较透明,利润小,而小刘公司的 K 品牌是给他独家代理,市场保护好,利润空间大,而且 K 电饭煲的产品质量好,售后完善,并且 K 品牌企业规模大,发展时间长,可以长期合作。经过努力,最后张总终于答应合作。

问题

1. 试分析为什么小刘要把 D 家电作为合作伙伴进行接洽。
2. 结合案例,谈谈独家代理的利弊。

分析

在开发市场的过程中,应首先进行调查,对市场有一个大致的了解,然后要分析各渠道成员的经营特点及其优劣势,再结合企业的渠道目标,进行有针对性地开发中间商。在洽谈中,渠道开发人员一定要做好"内功",掌握好产品知识、渠道模式的优缺点以及与竞争对手相比的优劣势等,这样才能做到"知己知彼,百战不殆"。

实训操作

设计分销渠道结构

1. 实训目的

通过本次实训,进一步加深对分销渠道的结构的认识,能根据企业的实际需要,通过对渠道环境因素进行分析,设计并选择合适的分销渠道结构。

2. 实训要求

选择一个新创建的企业,基于分销渠道设计的程序,一步一步地按照设计的程序来选择合适的分销渠道结构。

3. 实训材料

纸张、笔、计算机网络、企业相关资料、竞争对手资料等。

4. 实训步骤

(1) 选择一家新创建的企业。

(2) 分析其分销渠道的目标和任务。

(3) 制定各种可行的分销渠道结构方案。

(4) 通过各种可能的手段来搜集渠道环境信息资料。

(5) 根据搜集的渠道环境信息资料对步骤(3)的各种可行的渠道结构方案进行评估,要求选择评估方法是较为合适的。

(6) 根据一定的选择标准,选择适合企业的分销渠道结构,要求该结构唯一,并有备用的方案。

5. 成果与检验

每位学生的成绩由两部分组成:学生实际操作情况(40%)和分析报告(60%)。

实际操作主要考查学生实际执行实训步骤以及撰写实训报告的能力;分析报告主要考查学生按照分销渠道设计的程序进行渠道设计的正确性和合理性,分析报告建议制作成 PPT。

任务十二　促销策划

知识目标

1. 了解促销策划的各种具体形式及其含义。
2. 掌握广告、营业推广、公关关系和人员推销策划的特点、要素等。
3. 掌握各种具体策划的内容和步骤。

技能目标

能根据企业营销目标，选择合适的促销形式，按照相应的步骤进行策划设计与实施。

任务导入

　　小王在互联网络平台上浏览了几家网上人才招聘市场，发现这些网络平台的服务项目很少搞促销活动。他想试图通过采取促销活动来增加销售收入，因为小王认为人才招聘是一种服务，可以通过收费来提高服务质量，比如，通过收取一定的费用，增加应聘者享受公司提供职业规划和求职技巧培训的次数，可以去高校做公关，采取企业招聘培训和宣讲活动，来提高网络平台的知名度和点击率等。在当前这样一种市场竞争环境中，小王的网上人才招聘服务也必须跟着形势走，也得对网上招聘服务项目开展促销活动。那采取什么样的促销方式比较有效，能吸引更多的顾客来购买呢？现在，小王必须为制定一个合理的促销方案而努力。

任务分析

　　在激烈的市场竞争中，要提高销售量，离不开促销活动。要开展促销活动，首先必须弄清楚促销的功能、促销组合以及实施促销的一般过程。在此基础上，根据服务项目的特征，目标顾客的购买心理与行为特征以及自身的条件来进行选择。在促销组合中，相对容易制定和实施的促销手段有营业推广、广告、公共关系等。

知识精讲

一、了解促销策划

（一）促销与促销策划的概念

　　促销是指企业通过人员推销或非人员推销的方式，向目标顾客传递商品或劳务的存在及其性能、特征等信息，帮助消费者认识商品或劳务所带给购买者的利益，从而引起消费者的兴趣,激发消费者的购买欲望及购买行为的活动。

促销是企业营销战略链上十分重要的环节,其成功与否会直接影响到企业的生存与发展。一旦促销失败,损失的不仅仅是短期销售额的降低,而是企业或品牌形象在消费者心目中的重新定位。这种定位将决定着消费者是否继续成为企业或品牌的忠诚客户。因此企业在进行促销活动前,需要制定周详而严密的促销计划,进行科学和准确的促销策划。

促销策划是指运用科学的思维方式和创新的精神,在调查研究的基础上,根据企业总体营销战略的要求,对某一时期各种产品的促销活动做出总体规划,并为具体产品制定周详而严密的活动计划,包括建立促销目标、设计沟通信息、制定促销方案、选择促销方式等营销决策过程。

(二)促销方式和组合

1. 促销方式

促销方式是指促销活动所采取的具体方法和手段。市场营销活动过程中,采用的促销方式包括人员促销和非人员促销两大类。具体又可以分为人员推销、广告、公共关系和营业推广四种方式。除人员推销外,其他三种方式属于非人员促销。

(1)人员推销。人员推销就是企业利用推销人员推销产品。一种是派出推销人员与消费者或用户直接面谈交易,沟通信息;另一种是企业设立销售门市部由营业员向购买者推销产品,沟通信息。这种方式具有直接、准确与双向沟通的特点。

(2)广告。广告是指企业通过大众传播媒体向消费者传递信息的宣传方式。采用广告宣传可以使广大消费者对企业及其产品和服务有所认识并产生好感。其特点是可以在推销人员到达之前或不能到达的地方宣传企业产品,传递信息。

(3)营业推广。营业推广是指人员推销、广告以外的用以增进消费者购买和交易效果的那些促销活动。例如商品陈列、商品展示会、赠送、免费试用等方式。其特点是用证实的方式有效吸引消费者,并刺激他们的购买欲望,能够起到短期内促进销售的显著效果。

(4)公共关系。公共关系是指企业为了向公众表示企业的经营方针和经营策略符合公众利益,也为有计划地加强与公众联系,建立和谐关系,树立企业信誉所举行的一系列活动。公共关系的核心是交流信息、促进相互了解,宣传企业,提高企业的知名度和社会声誉,为企业创造良好的外部环境,推动企业不断向前发展。

 小案例

五花八门的促销手段

1. 花旗银行的定向促销手段——划分不同的客户群

美国的花旗银行最早将定向促销手段引向零售业务。花旗银行通过对客户信息的处理,推出一项系列优惠服务计划。这项计划的主要内容如下:按照一定的标准划分不同的客户群,分别向各类客户提供相关的优惠服务,推出一整套极有吸引力的服务项目。这项计划包括为某些信用卡持卡人提供有关免费服务,对某些信用卡削减随机费用、核定年度收费标准,推出

"花旗就餐卡"、"花旗旅行卡"、"花旗购物卡"等系列性的优惠消费业务。此计划中的"花旗美元券"的发行为相当数量的家庭主妇购买成套商品提供了方便和价格优惠条件。

2. 美国储蓄机构聘请专业营销公司促销

美国储蓄机构为了推出其房产保证贷款,起初采用了传统的市场促销方式——直接让公众知道其存在。在6个月内,该机构花费几千美元做广告,但仅仅增加了25个贷款账户,每增加一个房产贷款至少开销280美元。后来,它改变了促销战术,聘请了一个专业的营销公司来制定并运作其新的营销战略。它们将促销目标调整为具有更多服务功能,给消费者以选择的机会,或选择无最高限额的、浮动利率的房产保证贷款,或选择固定利率的定期房产保证贷款,营销公司对每一种金融产品的税收还备有详细的资料,并采取了直接邮购或电话营销的方式促销。仅仅3个月,该机构就获得了近400个贷款账户,平均每个账户贷款额达2.6万美元。尽管这样让营销预算增加了许多,但由于贷款账户增加得更多,使每一个账户平均成本降低了一半。

2. 促销组合及其影响因素

促销组合指企业在营销沟通过程的各个要素的选择、搭配及其运用。促销组合是一种组织促销活动的策略思路,它主张企业应把广告、公共关系、营业推广、人员推销四种基本促销方式组合为一个策略系统,使企业的全部促销活动互相配合、协调一致,最大限度地发挥整体效果,从而顺利实现促销目标。影响促销组合选择的因素主要有:

(1)促销目标。促销的总目标是通过向消费者宣传,诱导和提示,促进消费者产生购买动机,影响消费者的购买行为,实现产品由生产领域向消费领域的转移。不同企业在同一市场、同一企业在不同时期及不同市场环境下所进行的特定促销活动,都有其具体的促销目标。促销目标是制约各种促销形式具体组合的重要因素,促销目标不同,促销组合必然有差异。

(2)产品性质。不同性质的产品,需要采用不同的促销组合策略。如生活消费品和工业生产资料因其自身性质的不同,采取的组合方式就不同。消费品因为消费者数量众多,可以较多地使用广告和营业推广;而生产资料多为专门用户,则更适合采用人员推销方式。

(3)产品生命周期。影响企业促销组合策略的另一个因素是产品在其生命周期中所处的阶段。不同的产品生命周期,促销的重点和促销目标不同,促销组合的方式也有区别。在产品投入期,企业的促销目标是让消费者认识和了解产品,需要进行广泛的宣传以提高产品的知名度。所以广告与营业推广效果最好;在产品成长期,企业的营销目标是进一步激发消费者的兴趣,对产品产生偏爱,因此广告和营业推广仍需加强;在产品成熟期,企业营销目标是巩固老主顾,开发新客户,提高市场占有率,这时大多数人已了解了产品,如果没什么新特点,只保留提示性广告即可,所以应当削弱广告,同时增加营业推广,开发新客户;进入衰退期,企业营销目标是促成持续的信任和刺激购买,所以应继续以营业推广方式促进购买。

(4)市场性质。不同的地理位置、市场类型和顾客群决定了不同的市场性质,也决定了不同的促销组合策略。一般来说,小规模的本地市场应以人员推销为主,若是广泛的全国市场或国际市场,则应以广告宣传为主的促销策略。市场集中、渠道短、销售力强,适合采用人员促销,而产品分散、渠道长而多,产品差异性大,消费趋势明显,则应选择非人员促销;消费者市场因买主多而分散,适合于广告宣传与营业推广,工业用户市场因买主少而集中则通常选用人员推销。

（5）促销费用。促销费用多少直接影响促销方式的选择。一般说来，广告宣传的费用较高，人员推销次之，营业推广花费较少，公共关系费用最少。企业在选择促销组合时，要综合考虑促销目标，产品特性，企业财力，市场竞争及状况，在可能的情况下估计必要的促销费用，然后综合分析比较各种促销手段的成本与效果，以尽可能低的促销费用取得尽可能好的促销手段。

（三）促销策划的基本环节

1. 确定促销活动的目标

促销的总目标是通过向市场和消费者传递信息，以促进销售、提高经营绩效。同时，它还有各种各样的具体目标，如鼓励消费者大量购买和重复购买；诱导消费者试用或购买某类产品；吸引潜在消费者走进商场，对企业和商品发生兴趣等。促销目标建立后，与销售促进配套的其他促销信息向谁传播就成为关键。传播的对象又称目标沟通顾客，目标沟通顾客将会极大地影响产品促销决策。目标沟通顾客有可能是企业的潜在消费者、目前使用者、决策者或影响者；也可能是充满个性的个人、严密的组织、特殊公众或一般公众。

2. 设计沟通信息

在确定促销的目标和了解顾客的心理反应模式以后，促销策划者进而应当设计一个与销售促进同步配套的有效沟通信息。所设计的沟通信息需要解决以下的问题：

一是表达什么。即促销策划者在产品促销中向目标市场传输的信息应包括哪些内容，才能使顾客产生预期的反应。一般来讲，向目标市场传输的信息主要有产品的特征和感情方面的促销。

二是按怎样的顺序叙述。即向目标顾客传输的信息的结构是怎样的。常见的促销信息的结构主要有结论式、单面式、双面式三种。结论式信息结构是指向目标市场传输的信息是已经被证明的，顾客只能接受这一结论。单面式信息结构是指在促销中只宣传产品的优点。双面信息是指在促销中优点、缺点同时宣传，以供顾客思考。一般来说，在产品促销中，双面信息更具有说服力，其效果也更好。

三是采用何种格式。即用什么符号进行叙述。促销策划者必须为促销信息设计具有吸引力的形式。例如，在杂志广告中，营销策划者应该确定广告的方案、标题、字形、构图、颜色等；在广播广告中，要仔细考虑播音员的声调、语音、语速、配音等问题，使它们能够协调统一，与广告的产品个性相适应；在人员促销中，促销人员要注意自己的面部表情、言谈举止，要选择适当的服饰、姿态、发型以及促销语言等。

四是由谁来表达。即选择何种信息载体。在电视广告促销中，对模特的选择常常决定着信息的效果。名人常常是促销策划者考虑的首选模特。

3. 选择促销方式

促销方式多种多样，企业应根据具体情况和销售目标，使用一种或多种促销组合工具，以实现最优的促销效益。选择促销方式还应考虑市场类型、消费者特点、竞争状况和促销预算及每种促销方式的成本效益等因素。

4. 制定促销方案

促销方案应包括的内容主要有，一是确定规模。根据费用与预期目标确定促销投入；二是激励对象。激励对象的范围、类型和数量会直接影响到促销的最终结果;三是促销信息。如何将促销信息迅速传递给促销对象,将关系到促销方案能否得到贯彻;四是促销时限。一般来说,促销时间不宜过长或过短。

5. 建立反馈系统,评估促销效果

促销策划者在促销方案执行完成以后,还要调查目标市场的消费者对这些活动的反应,对品牌或企业的态度的变化,对其购买行为产生的影响有哪些,以便评估产品促销的效果,为以后的促销决策提供客观依据。

二、掌握广告策划

(一)广告策划及其内容

1. 广告策划的含义

所谓广告策划是在广告调查基础上,围绕市场目标的实现,制定系统的广告策略,创意表现与实施方案的过程。这一定义包含三个相互连接、相互支撑的环节,即在市场调查基础上围绕市场目标设计策略;按照设计策略展开的创意与表现形态;向市场推广切实而可行的实施方案。

广告策划有宏观、微观之分。宏观广告策划又叫整体广告策划,它是对在同一广告目标统帅下的一系列广告活动的系统性预测和决策,即对包括市场调查、广告目标确定、广告定位、战略战术制定、经费预算、效果评估在内的所有运作环节进行总体策划。微观广告策划又叫单项广告策划,即单独地对一个或几个广告运作全过程进行的策划。无论是整体的还是单项的广告策划,其目的就是以创意的方式提供产品的“附加价值”,增加企业在竞争中的机会,使产品提升为“品牌”,引发顾客从竞争对手的品牌产生转移和对自己的品牌产生忠诚。

2. 广告策划的要素

一个完整的广告促销策划,包括以下五大核心要素:

(1)策划者。即广告的作者,是广告促销策划活动的中枢和神经,在广告策划中起着“智囊”的作用,广告促销策划者必须思维活跃、知识渊博、想象力丰富,并且具备多学科以及营销的知识,具有创新精神和素养。

(2)策划依据。它是指策划者必须拥有的信息和知识。一般包括两个部分,一是策划者的知识结构和信息存储量,这是进行科学策划的基本依据;二是有关策划对象的专业信息,如企业现状、产品特征、市场现状、广告投入等这些信息是进行策划活动的重要依据。

(3)策划对象。它是指广告主所要宣传的商品或服务。策划对象决定着广告促销策划的类型,以广告主为对象的广告促销策划属于企业形象广告策划,以某一商品或服务为对象的广告策划为商品销售广告策划。

(4)策划方案。它是策划者为实现策划目标,针对策划对象而设计创意的一套策略、方法和步骤。策划方案必须具有指导性、创造性、操作性和针对性。

(5)策划效果评估。它是对实施策划方案可能产生的效果进行预先的判断和评估,据此可以评判广告促销策划活动的成败。

广告策划的五大要素是相互影响,相互制约,构成一个完整、系统的有机体系。

小案例

褚橙——打造高溢价的农产品形象

本来生活网在做褚橙 2013 年的品牌营销的时候,考虑到的问题是如何将非标准化的东西做成一个标准化的东西,以及如何面对年轻人做推广。于是本来生活网以"讲故事＋文化包装＋食品安全＋社会化媒体营销＋产销电商一条龙"打造了 2013 年褚橙大卖。其中将大数据技术和社会化广告技术进行结合,通过"褚橙故事"传播＋预售促销活动相互配合的形式为褚橙的售卖做预热的方式值得借鉴。一是利用大数据技术为社会化广告投放提供方向和依据,精准锁定目标人群,进行定向推广(搜集信息范围包括产品潜在粉丝、竞品消费者、达人意见领袖等);二是为产品传播进行内容营销,制定了三组适合社会化传播的内容方向,包括褚橙产品安全方向、褚时健故事励志方向、微博粉丝独享优惠方向,建立起与目标消费者联系的桥梁;三是将大数据技术捕捉到的精准画像与内容方向进行匹配,制定不同投放组合计划,测试出互动率最高的传播组合进行重点推广,确保每一分推广费用都花在刀刃上;四是邀请达人品尝励志橙活动,开展"无任何门槛"形式的馈赠活动,邀请了 1 000 名不同行业的 80 后创业达人进行褚橙无偿激励赠送活动,30% 的达人接受了赠送,后续带来了更多围绕褚橙的热议话题。

(二)广告策划的运作过程

1. 前期准备

企业与广告公司洽谈,介绍企业情况和要求,签署合作协议,初步掌握企业和市场基本情况。

2. 调研分析

通过问卷、访谈等方式进行市场调查,并对调查内容归纳、整理、分析。对营销环境及经济、产业政策、政治、法律、文化等进行定量分析和定性分析,提出结论性意见。

3. 产品分析

企业与广告公司一起研究找出产品在市场上存在的威胁、机会点、消费者购买理由、竞争产品比较等。

4. 广告受众分析

根据前期分析,寻找出现的和潜在的目标消费群,进行有针对性的广告促销宣传活动。

5. 竞争分析

对现有的和潜在的竞争对手,从企业发展、产品特征、营销广告策略等方面进行分析研究,找出自身的优势与差距。

6. 广告目标确定

在以上分析的基础上,确定具体的广告目标。如提高知名度、抑制对手、品牌价值宣传、劝

服消费者、改变消费观念、短期的消费量提升等。

7. 确定目标市场和产品定位

选择确定和细化目标市场，确定产品进入策略。结合市场和广告定位，寻找出产品在市场中的位置，进行不同的市场产品定位。

8. 广告诉求与创意策略

提炼确定广告所传达的中心思想，针对诉求的对象、内容、要点和方法，提出创意的概念和具体操作要求。其中诉求点是企业产品广告的"卖点"，卖点要能给消费者带来实际利益。

9. 广告表现执行策略确定

针对以上分析，需要将广告诉求和创意策略付诸实施、确定广告的创意方案、媒体的发布策略、促销组合策略等，最后以强有力的表现以整体的媒体组合运作传播给目标受众。

10. 制定实施计划

将广告策略具体化，制定出实施的方法步骤等计划方案。

11. 确定广告预算分配

广告预算分配方案一般由广告合作公司制定提出。广告经理要及时与企业沟通，使广告公司按企业资金状况制定预算。

12. 广告计划实施的效果评估

为确保广告计划的有效实施，应对广告效果进行评估监控，及时反馈各种信息，修正调整不合理的内容。广告效果包括三方面：一是广告的经济效果，指广告促进商品或服务销售的程度和企业的产值、利税等经济指标增长的程度；二是广告的心理效果，指消费者对所作广告的心理认同程度和购买意向，购买频率；三是广告的社会效果，指广告是否符合社会公德，是否寓教于销。

13. 广告工作总结

在广告计划实施结束后，对整个广告的运作做出总结评价。尤其对工作中存在的问题做出客观的分析总结，提出可操作性的改进方案，对其中成功的典型案例可在企业内外进行宣传，形成二次传播，扩大影响力。

（四）广告媒体的选择

广告所发出的各种信息，必须通过一定的媒体才能传达到消费者。广告所运用的媒体大致有报刊、杂志、广播、电视、电影、户外招贴、广告牌、霓虹灯、传单、商品陈列等。

1. 印刷品广告

印刷品广告包括报纸广告、杂志广告、电话簿广告、画册广告、火车时刻表广告等。

（1）报纸广告。报纸广告的优势是覆盖面宽，读者稳定，传递灵活迅速，新闻性、可读性、知识性、指导性和纪录性"五性"显著，白纸黑字便于保存，可以多次传播信息，制作成本低廉等。报纸广告的局限是它以新闻为主，广告版面不可能居突出地位，广告有效时间短，日报只有一天甚至只有半天的生命力，多半过期作废。

（2）杂志广告。杂志广告是指利用杂志的封面，封底，内页，插页为媒体刊登的广告。杂志广告的优势是阅读有效时间长,便于长期保存,内容专业性较强,有独特的、固定的读者群,如体育杂志、医药保健杂志等,有利于有的放矢地刊登相对应的商品广告。同时杂志广告也有其局限性,周期较长,不利于快速传播,由于截稿日期比报纸早,杂志广告的时间性、季节性不够鲜明。

2. 电子媒体广告

电子媒体广告包括电视广告,电影广告,电台广播广告,电子显示大屏幕广告,以及幻灯机广告,扩音机广告等。

(1)电视广告。利用电视为媒体传播放映的广告称为电视广告。电视广告可以说是所有广告媒体中的"大哥大",它起源较晚,但发展迅速。电视的优势很明显,它收视率高,插于精彩节目的中间,观众为了收看电视节目愿意接受广告,虽然带有强制性,但观众一般可以接受。电视广告形声兼备,视觉刺激强,给人强烈的感观刺激。而且看电视是我国家庭夜生活的一项主要内容,寓教于乐,寓广告于娱乐,收视效果佳,其广告效果是其他广告媒体无法相比的。不过,它的局限性也很明显,主要是电视广告制作成本高,电视播放收费高,而且瞬间消失,使企业通过电视做广告的费用很高,小型企业无力问津。

(2)广播广告。广播广告是指利用无线电或有线广播为媒体播送传导的广告。由于广播广告传收同步,听众容易收听到最快最新的商品信息,而且它每天重播频率高,收播对象层次广泛,速度快,空间大,广告制作费也低。广播广告的局限性是只有信息的听觉刺激,而没有视觉刺激,而据估计,人的信息来源60%以上来自于眼睛视觉,而且广播广告的频段频道相对不太固定,需要经常调寻,也妨碍了商品信息的传播。

(3)户外广告。户外广告主要指路牌广告,除在铁皮、木板、铁板等耐用材料上绘制、张贴外,还包括广告柱,广告商亭,公路上的拱形广告牌,以及霓虹灯广告和灯箱广告,交通车厢广告,招贴广告(或称海报),旗帜广告,气球广告等。

(4)邮寄广告。邮寄广告是广告主采用邮寄售货的方式,供应给消费者或用户广告中所推销的商品。它包括商品目录、商品说明书、宣传小册子、明信片、挂历广告以及样本、通知函、征订单、订货卡、定期或不定期的业务通讯等。邮寄广告是广告媒体中最灵活的一种,也是最不稳定的一种。

(5)POP广告。英文 Point of Purchasing Advertising 的大写字母缩写,译为售点广告,即售货点和购物场所的广告。世界各国广告业都把 POP 视为一切购物场所,如商场、百货公司、超级市场、零售店、专卖店、专业商店等,场内场外所做广告的总和。

POP广告的种类就外在形式的不同分为立式、悬挂式、墙壁式和柜台式四种;就内在性质的不同分为室内 POP 广告和室外 POP 广告两种,室内 POP 广告指商店内部的各种广告,如柜台广告、货架陈列广告、模特儿广告、圆柱广告、空中悬转的广告、室内电子广告和灯箱广告。室外 POP 广告是售货场所门前和周围的 POP 广告,包括门面装饰、商店招牌、橱窗布置、商品陈列、传单广告、活人广告、招贴画广告,以及广告牌、霓虹灯、灯箱和电子显示广告等。

(6)其他广告。其他广告指除以上五种广告以外的媒体广告,如馈赠广告,赞助广告,体育广告,以及包装纸广告,购物袋广告,火柴盒广告,手提包广告等等。

小案例

宝洁公司的广告策略

在利用广告这一促销工具方面，宝洁公司做得相当出色，取得了良好的广告效果。早在"象牙"肥皂问世时，他们就利用杂志封面刊登有母亲用"象牙"香皂为婴儿洗澡画面的广告，画面中婴儿身上洗到的地方和没有洗到的地方的黑白反差，生动而又鲜明地向人们展示了产品的魅力。在我国市场上推出的"海飞丝"洗发精，海蓝色的包装首先让人联想到蔚蓝色的大海，给人带来清新凉爽的视觉效果；"头屑去无踪，秀发更出众"的广告语，更进一步在消费者心目中树立起"海飞丝"去头屑的信念。

三、掌握人员推销策划

（一）人员推销策划

1. 人员推销策划的含义

人员推销策划是指对企业派出推销人员直接与消费者或客户接触，直接进行产品推荐和介绍工作进行系统化设计的活动，目的在于达到销售商品或服务和宣传企业的促销活动。这是自商品交换出现后的一种最古老、最常用、最富技巧性的产品推销方式。在现代市场经济条件下，人员推销策划在促销策划中仍具有十分重要的作用。

2. 人员推销的基本形式

（1）上门推销。上门推销是指推销人员携带样品、说明书等走访顾客、推销商品的方式。这是最常见的也是被企业和公众所广泛认可和接受的一种推销方式。

（2）柜台推销。柜台推销是指营业员接待进入商店的顾客，销售商品的方式。各大商场、卖场的营业员为顾客介绍商品、回答问题，促成交易。与上门推销相比，这是一种"等客上门"式的推销方法。

（3）会议推销。会议推销是指利用各种会议的形式介绍和宣传商品，开展推销活动。如推销会、订货会、商品展示会等。这种推销形式方便了生产企业与消费者或用户的沟通，并能为双方提供广泛、深入的接触，具有接触面广、推销集中、成交额大的特点。特别适合于企业用户的商品销售。

小案例

两家小店服务人员的推销

有两家卖粥的小店，每天的顾客数量相差不多，然而晚上结算的时候，左边一家总是比右边那家多出了百十元，天天如此。一天，一位好奇的顾客走进了右边那个粥店，服务小姐微笑着把他迎进去，给他盛好一碗粥。问他："加不加鸡蛋？"，客户说加。于是服务员给顾客加了一个鸡蛋。每进来一个顾客,服务员都要问一句:"加不加鸡蛋?"有说加的,也有说不加的,大概各占一半。

另一天,这位好奇的顾客又走进左边那个小店。服务小姐同样微笑着把他迎进去,给他盛好一碗粥。问他:"加一个鸡蛋,还是加两个鸡蛋?"顾客笑了,说:"加一个。"再进来一个顾客,服务员又问一句:"加一个鸡蛋还是加两个鸡蛋?"爱吃鸡蛋的就要求加两个,不爱吃的就要求加一个。也有要求不加的,但是很少。一天下来,左边的小店就要比右边的小店多卖出很多个鸡蛋。

(二)人员推销策划的步骤

1. 明确人员推销任务,了解推销对象

明确人员推销任务是人员推销策划的前提。首先建立在以满足顾客需求为中心,因为顾客购买企业特定产品或服务本身就包含着对企业的认识以及由认识所形成的良好印象和感情。其次,了解顾客的消费能力,明确顾客的购买动机是感性动机、理智动机还是偏爱动机。工业品是多层次的专家性购买,还是其他购买方式,从而决定人员推销产品的种类和数量。进而在对其他诸如顾客的分布状况、产品的特性等因素综合考虑后,确定合适的推销方案,执行合理的推销活动中去。

2. 确定人员推销方式

可供选择的方式有上门推销、柜台推销、会议推销、电话推销、信函推销、陪购推销等。

3. 推销人员设计

(1)促销人员数量的确定。一般可采用以下两种方法:一是工作量法。就是根据企业促销工作量来决定促销人员的数量。二是增量法。就是随着促销地区的扩大或销售量的增加而逐步增加促销人员数量。

(2)促销人员的分派设计。一是按地区分派推销人员,就是分配每个促销人员负责一个或几个地区的销售任务,在该地区代表企业推销所有的产品。其优点是责任明确,比较容易发现新顾客,节省费用,扩大产品的销售量。二是按产品类别分派推销人员,其主要优点是推销人员容易熟悉所推销的产品,适于推销技术复杂的产品。三是按用户类型分派推销人员,其最明显的优点是有利于推销人员掌握顾客的购买特点和购买规律,有针对性地满足顾客的需求。四是复合式分派,其特点是适用性、灵活性强,但组织管理较复杂,对推销人员的要求较高,适应产品品种繁多,顾客复杂,销售区域分散的情况。

(3)选择人员推销技术与方法。推销技术可以分为广义的推销技术与狭义的推销技术、传统的推销技术与现代的推销技术。广义的推销技术是指把自身的观点、主张、建议、形象、仪表、风格、信誉等推销出去的方法和技巧;狭义的推销技术是指通过寻找和接近顾客,把企业产品或劳务推销出去的方法和技巧。传统的推销技术是指以单纯的推销术为手段,只推销现有产品,不考虑顾客需要的各种方法和技巧。现代推销技术是运用各种现代工具和手段,针对顾客需要所采用的各种方法和技巧的总称,服从于顾客的需求。

4. 约见并接近顾客

推销人员应该事先征得顾客同意接见的情况下,访问顾客。一般来说,一般顾客都不大欢迎推销人员来访。在美国有的机构门口,甚至挂着这样的牌子:"推销员、狗、小偷、闲人,请勿

入内"。因此,推销人员贸然造访可能给双方带来不愉快。接近顾客指的是与潜在顾客初次或刚开始进行沟通。此时推销人员需要完成三个任务:首先给对方留下一个好印象;其次适当地了解顾客情况;第三要为以后的联系做好准备,比如留下自己的名片,索要对方名片。

5. 应付和处理异议

对待商品和服务,有时会出现推销人员与顾客的意见相反,产生异议的情况。推销人员应随时准备应付不同意见。一个有经验的推销员应具有与持不同意见的顾客洽谈的技巧,随时准备好应对异议的措辞和理由。一般来说,常见的导致异议产生的是商品的价格、质量、服务等因素。如何处理异议,最能体现推销人员的水平与技巧。要妥善处理各种异议,必须事先对种种可能的异议作出估计,设计相应的对策。推销过程中,要镇定、冷静,表示出真诚和温和。要善于运用资料和数据来证明,实事求是的解释,消除顾客心中的疑虑,要尽可能为以后的推销留下余地。

> ☞ **小贴士**
>
> #### 推销工作黄金法则
>
> 推销工作黄金法则:不与顾客争吵。在面谈中顾客往往会提出各种各样的购买异议,推销员处理异议时应注意语言技巧,但不管如何处理,切记不可与顾客争吵或辩论。即使你是对的,这样的处理方式也不会达到满意的效果。为了有效地防止异议的产生,推销人员应在语言处理上注意足够的技巧。如汽车加油站的职员,与其说"您需要加多少油?"不如说"我为您把油加满吧!"饮食店招待员把"您喝点什么?"改为选择问句"您是喝咖啡,还是吃点心?"这样的问话使顾客感到难以完全拒绝;而"来点点心吧"和"来一杯咖啡吧"这样两问句却达不到那样的效果。在推销过程中,语言表达得当,还会带来顾客额外购买某些产品的可能,反之,则会适得其反。例如很多推销人员会问顾客:"您看一看,想买些什么?"虽然这是表现对顾客的一种热情和关心,但这样的问话毫无意义,很多顾客会不加思索地回答"什么也不买"。

6. 达成交易

推销人员在排除异议后,要抓住适当时机,最后促使买卖双方达成交易。一般来说,接近和成交是推销过程中两个最困难的步骤。在洽谈的过程中,推销人员要随时注意把握成交的机会。一旦发现顾客有购买意愿的表示,应立即抓住时机,适当提供一些优惠条件或馈赠,促成交易。

7. 事后跟踪

事后跟踪是推销人员确保顾客满意并重复购买的重要一环。推销人员应及时交货,为顾客做好安装调试工作。对一些技术含量高的设备、仪器、机械等商品,还要提供技术指导、培训使用人员等。跟踪访问的目的在于了解顾客是否对自己的选择满意,发掘可能产生的各种问题,表示推销人员的诚意和关心,促使顾客做出对企业有利的购后行为。

四、营业推广策划

(一) 营业推广策划

1. 营业推广策划的含义与要求

营业推广是英文 SALES PROKPTION 的简称,译为销售促进,亦为营销推广或营业推广。菲利普·科特勒对营业推广所做的定义是"营业推广是刺激消费者或中间商迅速或大量购买某一特定产品的促销手段,包括了各种短期的促销工具。"营业推广策划的要求主要有以下几点:

一是营业推广策划通常是做短程考虑,为了立即反应而设计,所以常常有限定的时间和空间。

二是营业推广策划注重的是行动,要求消费者或经销商的亲自参与,行动导向的目标是即时的销售。

三是营业推广策划的工具是多样化。营业推广策划是由刺激和强化市场需求的花样繁多的各种促销工具组成。

四是营业推广策划在特定时间提供给购买者一种激励,以诱使其购买某一特定产品。通常此激励为金钱、商品、一项附加的服务等,这成为购买者购买行为的直接诱因。

五是营业推广策划见效快,销售效果立竿见影,对销售增加实质的价值。

总之,营业推广策划的最大特征在于,它主要是战术性的营销工具,而非战略性的营销工具。通常,它提供的是短期刺激,会导致消费者直接的购买行为。

2. 营业推广的形式

为了实现营业推广目标,企业可以在多种营业推广形式中进行选择,根据市场类型、营业推广对象、竞争形势及各种营业推广形式的成本及效果等因素做出选择,营业推广形式包括:

(1)针对中间商的营业推广形式。对中间商的销售促进,目的是吸引他们经营本企业产品,维持较高水平的存货,抵制竞争对手的促销影响,获得他们更多的合作和支持。其主要方式有:① 销售津贴。销售津贴也称销售回扣,这是最具代表性的销售促进方式。这是为了感谢中间商而给予的一种津贴,如广告津贴、展销津贴、陈列津贴、宣传津贴等。② 列名广告。企业在广告中列出经销商的名称和地址,告知消费者前去购买,提高经销商的知名度。③ 赠品。赠品包括赠送有关设备和广告赠品。前者是向中间商赠送陈列商品、销售商品、储存商品或计量商品所需要的设备,如货柜、冰柜、容器、电子秤等。后者是一些日常办公用品和日常生活用品,上面都印有企业的品牌或标志。④ 销售竞赛。这是为了推动中间商努力完成推销任务的一种促销方式,获胜者可以获得现金或实物奖励。销售竞赛应事先向所有参加者公布获奖条件、获奖内容。这一方式可以极大地提高中间商的推销热情。像获胜者的海外旅游奖励等已被越来越多的企业所采用。⑤ 业务会议和展销会。企业一年举行几次业务会议或展销会,邀请中间商参加,在会上,一方面介绍商品知识,另一方面现场演示操作。

(2)针对消费者的营业推广形式。对消费者市场的营业推广,其目的主要是鼓励老顾客继续使用,促进新顾客使用,动员顾客购买新产品或更新设备;引导顾客改变购买习惯,或培养顾客对本企业的偏爱行为等。其主要方式有:① 赠送样品。企业免费向消费者赠送商品的样品,促使消费者了解商品的性能与特点。样品赠送的方式可以派人上门赠送,也可以通过邮局寄送,可以在购物场所散发,也可以附在其他商品上赠送等。赠送样品是介绍一种新商品最有效的方法,费用也最高。因此,多用于新产品促销。② 有奖销售。这是通过给予购买者以一定奖项的办法来促进购买。奖项可以是实物,也可以是现金。常见的有幸运抽奖,顾客只要购买一定量的产品,即可得到一个抽奖机会,多买多奖,或当场摸奖,或规定日期开奖。也可以采取附赠方式,即对每位购买者另赠纪念品。③ 现场示范。利用销售现场进行商品的操作表演,突出商品的优点,显示和证实产品的性能和质量,刺激消费者的购买欲望。这是属于动态展示,效果往往优于静态展示。现场示范特别适合新产品推出,也适用于使用起来比较复杂的商品。④ 廉价包装。在产品质量不变的前提下,使用简单、廉价的包装,而售价则有一定削减,这是很受长期使用本产品的消费者欢迎的。⑤ 优惠券。这是可以以低于商品标价购买商品的一种凭证,也可以称为折价券、折扣券。消费者凭此券可以获得购买商品的价格优惠。折价券可以邮寄、附在其他商品中或在广告中附送。

 **小案例**

情侣苹果

　　元旦,某高校俱乐部前,一老妇守着两筐大苹果叫卖,因为天寒,问者寥寥。一教授见此情形,上前与老妇商量几句,然后走到附近商店买来节日织花用的红彩带,并与老妇一起将苹果两个一扎,接着高喊道:"情侣苹果哟! 两元一对!"经过的情侣们甚觉新鲜,用红彩带扎在一起的一对苹果看起来很有情趣,因而买者甚众。不到一会儿,全卖光了,老妇感激不尽,赚得颇丰。

　　(3)针对销售人员的营业推广。其目的重点是鼓励推销人员热情推销产品或处理某些老产品,或促使他们积极开拓新市场。其方式可以采用:① 销售竞赛。在推销人员内发起销售竞赛,奖优罚劣,调动推销人员的积极性。② 销售额提成。根据推销人员完成的销售额和利润等指标,按事先签订的契约从销售额提成,奖励推销人员。此外,还可以采取免费提供人员培训,技术指导等针对推销人员的营业推广。

　　3. 营业推广策划的方式

　　(1)营业性宣传推广方式。营业性宣传推广的方式既具有广告宣传的功能,又具有实现直接销售的有效手段。① 营业场所的装饰与布置。要根据可经营商品和目标市场消费者的行为特点,设计营业场所的装饰布置,为消费者提供一个赏心悦目、心情舒畅的购买环境,吸引更多现实购买者和潜在购买者。② 商品出样和陈列。样品是顾客所购商品的示范和证实,做好商品出样,让顾客检验,以诱导购买行为。商品陈列要根据经营商品的特点展示、摆布,一方面可以美化店容,另一方面展示商品本身的吸引力,吸引购买者。③ 橱窗布置。橱窗是广告的形式,也是营业推广的重要形式。它起着介绍商品、树立商品形象的作用。琳琅满目的商品橱窗还反映商品市场的发展形势,反映人民生活水平提高的新面貌。④ 商品试验。它是坚定购买者的购买信心,赢得顾客的重要手段。根据商品的自然属性和特点,采取不同的试验方法,来取信顾客,如视频商品可以试听试看,电动车可以试骑等。⑤ 提供咨询服务。为顾客提供信息,传授商品知识,解决顾客疑难问题,从而使顾客坚定购买信心。

　　(2)营业性销售推广方式。营业性销售推广是刺激和鼓励成交的重要手段。它包括对顾客的推广和鼓励推销人员积极推销等方面。现代营业推广方式不仅多样化,而且需要在售前做好一系列的软、硬条件准备,同时更注重售后服务工作,达到推销的最佳效果。

　　(二)营业推广策划的实施过程

　　一个公司在运用营业推广时,必须确定目标,选择工具,制订方案,实施和控制方案,及评价结果。

1. 确定营业推广目标

就消费者而言,目标包括鼓励消费者更多地使用商品和促进大批量购买;争取未使用者试用,吸引竞争者品牌的使用者。就零售商而言,目标包括吸引零售商们经营新的商品品目和维持较高水平的存货,鼓励他们购买落令商品,贮存相关品目,抵消各种竞争性的促销影响,建立零售商的品牌忠诚和获得进入新的零售网点的机会。就销售队伍而言,目标包括鼓励他们支持一种新产品或新型号,激励他们寻找更多的潜在顾客和刺激他们推销商品。

2. 选择营业推广方式

可供选择的营业推广方式多种多样,各有特色。在具体选择时,主要从如何实现营业推广的目标来考虑,同时要考虑市场的类型、竞争者的情况、组织的难度和费用的大小等因素。营业推广的形式的选择没有固定的模式,策划者应在借鉴与经验的基础上,充分发挥创造性思维,尽可能使每次营业推广活动有新意、有特色,增加活动的吸引力与刺激强度。一次别出心裁的营业推广活动,往往能收到意想不到的效果。

3. 制定营业推广方案

营业推广方案应该考虑这样几个因素:(1)营业推广的规模。营业推广的规模并非越大就越好。规模过大过广不仅要增加活动的费用,而且会减弱消费者对营业推广刺激的反应。抵消促销的效果。营业推广规模的大小,所用费用的多少,只有根据目标市场的实际情况适当确定,才能达到预期目的。(2)营业推广对象的范围。企业在制定营业推广方案时,可以选择目标市场中的一部分消费者作为活动的刺激对象,也可以把全部消费者作为营业推广的对象。不过,无论选择多大范围内的推广对象,都要针对他们不同的消费心理和购买特点,以便有的放矢。(3)营业推广的分配途径。规模、范围确定了之后,就必须研究采取何种途径和方法把营业推广的刺激物送达推广对象,这对营业推广的实际效果和费用有很大影响。一张兑奖券可以通过包装、商品邮寄广告、现场领取等多种途径发出去,但不同的途径的普及面的费用各不相同。企业应根据自己产品特点、选择的推广方式及销售组织能力等因素综合考虑。(4)营业推广实施期限。实施期限的长短,直接影响到目标市场消费者的利益。若实施期限过短,不少有希望成为企业产品购买者的潜在顾客,不能及时购买;如实施期限过长,消费者可能误认为是商品存在某种缺陷,从而降低营业推广活动的声誉与效果。购买调查表示:最佳的频率是每季有三周的销促活动,最佳持续时间是产品平均购买周期的长度。(5)营业推广的总预算。进行预算的目的是比较营业推广的成本与效益。营业推广活动的预算可采用两种方法来确定。一种方法是分项累计法,即把用于促销刺激的直接营业推广费用加上营业推广的管理费用(包括会议费、其他活动费等),由此测算出营业推广活动所需的总预算。另一种方法是比较分摊法,即按企业年度总的计划费用和习惯比例,大致安排,分摊到每项促销活动上。这两种预算方法各有利弊,实际处理时可结合起来考虑。

4. 方案试验

面向消费者市场的营业推广能轻易地进行预试,可邀请消费者对几种不同的、可能的优惠办法做出评价和分等,也可以在有限的地区进行试用性测试。

5. 实施和控制营业推广方案

实施的期限包括前置时间和销售延续时间。前置时间是从开始实施这种方案前所必需的准备时间。它包括最初的计划工作,设计工作,以及包装修改的批准或者材料的邮寄或者分送到家;配合广告的准备工作和销售点材料;通知现场推销人员,为个别的分店建立地区的配额,购买或印刷特别赠品或包装材料,预期存货的生产,存放到分配中心准备在特定的日期发放。销售延续时间是指从开始实施到大约95%的采取此销促办法的商品已经在消费者手里所经历的时间。

6. 评价营业推广结果

对营业推广方案的评价很少受到注意,以盈利率加以评价不多见。最普通的一种方法是把推广前、推广中和推广后的销售进行比较。

 **小案例**

某家电营业推广策略

1. 超级市场接力大搬家

凡自活动日起购买××公司产品价值10 000元以上者,以10 000元为一单位,可向各地总经销商索取幸运券一张,参加抽奖,多买多送。

2. "猜猜看"

任何人都可以参加,猜三地各区"接力大搬家"搬得最多之金额,猜中者可得同等额之奖品,若两人以上同时猜中,则均分其奖额。另选数字相近之5人,各赠××牌家庭影院一套。××月××日截止。

3. 幸运的新婚蜜月环岛旅游

凡被抽中为参加"接力大搬家"之幸运者,同时又是于此活动期间之新婚者,另赠蜜月旅游券两张,以刺激结婚期××公司产品之销售。

五、掌握公共关系策划

(一)公共关系策划

1. 公共关系策划的内容

公共关系策划是指公关人员通过对公众进行系统分析,利用已经掌握的知识和手段对公关活动的整体战略和策略运筹规划。这个定义包括如下几层含义:一是公共关系策划工作是公关人员的工作,是由公关人员来完成的;二是公共关系策划是为组织目标服务的;三是公共关系策划是建立在公关调研基础上的,既非凭空产生,也不能囊括所有公关活动;四是公共关系策划可以分为三个层次,第一层次是总体公关战略策划,如某企业的CIS导入、组织形象的五年规划、建设型公关、进攻型公关、防卫型公关等;第二层次是专门公关活动策划,如四通集团向科技奥运会获奖学生赠电脑的活动、壳牌公司为司机发放交通图的活动等;第三层次是具体公关操作策划,如典礼、联谊会、集资、赞助等;五是公共关系策划包括谋略、计划和设计三个方面的工作。

让公众了解企业,树立企业形象,增强公众的好感和信任,从而乐于接受企业的产品、服务、价格,这就是营销中公共关系策划的要旨。

☞ **小贴士**

公共关系策划在营销中的地位和作用

美国公共关系专家丹尼尔·罗克从十个方面阐述了公共关系促销策划在营销中的地位和作用,即:

1. 寻找新市场。公共关系宣传能从顾客中划分出最有希望的消费者,可以节省调研广告费用。

2. 接近边缘市场。通过公共关系宣传接近接触不多或尚未接触的市场,而无须斥巨资做广告。

3. 提供第三方认可。即新闻媒介的认可比广告与推销宣传更能增加公众的信任度。

4. 争取新消费导向。即通过新闻媒介提供咨询,引导消费新导向。

5. 为推销铺平道路。公众通过公共关系活动获得企业与产品的信息,推销便会变得很容易。

6. 把企业建成一个重要的信息源。因为编辑或新闻官员寻找一定领域的信息时,他们总是寻找那些在此领域已经成为带路人或专家的企业。

7. 有助于推销"次要"产品。利润很小的边际产品不可能进行广告宣传,编辑的努力能取而代之。

8. 有助于赋予企业人情味。公共关系宣传中主要有企业管理者与英雄的宣传,使他们的人情味也辐射到了企业形象之上。

9. 扩大促销努力。即通过公共关系活动,使促销宣传更为奏效。

10. 更有效地利用宣传品。公共关系人员能使各类小册子增加分量。

由此可见,营销中的公共关系促销策划,不是直接"推销企业",树立企业的良好形象,而是借助营销活动来间接实现公共关系意旨的。

---

2. 公共关系策划的功能

(1)树立企业形象。帮助企业建立起良好的内部和外部形象。首先从企业内部做起,使员工具有很强的凝聚力和向心力。此外,要加强企业的对外透明度,利用各种手段向外传播信息。让公众认识自己、了解自己,赢得公众的理解、信任、合作与支持。

(2)建立信息网络。公共关系是企业收集信息、实现反馈以帮助决策的重要渠道。由于外部环境在不断地发展,企业如果不及时掌握市场信息,就会丧失优势。公共关系策划可以使企业及时收集信息,对环境的变化保持高度的敏感性,为企业决策提供可靠的依据。

(3)处理公共关系。在现代社会环境中,企业不是孤立存在的,不可能离开社会去实现企业的经营目标,而是在包括顾客、职工、股东、政府、金融界、协作者以及新闻传播界在内的各方面因素组成的社会有机体中实现自身的运转。

(4)消除公众误解。任何企业在发展过程中都可能出现某些失误,而失误往往是一个转折点。处理不妥就可能导致满盘皆输。因此,企业平时要有应急准备,一旦与公众发生纠纷,要尽快掌握事实真相,及时做好调解工作。比如,化工厂的废气废水污染了环境,企业必须通过公关活动来调节与所在社区的居民和政府之间的关系。

(5)分析预测。及时分析监测社会环境的变化,其中包括政策、法令的变化,社会舆论、公众志趣、自然环境、市场动态等方面的变化。

（6）促进产品销售。即以自然随和的公共关系方式向公众介绍新产品、新服务，既可以增强公众的购买或消费欲望，又能为企业和产品树立更好的形象。

小案例

LG 微波炉深入社区推广

天津 LG 微波炉营业部，周末经常举行社区特卖活动，现场为居民提供优质及时的服务。特卖活动地点一般是社区的入口处，从早上九点至晚九点，居民可随时在活动地点购物。在促销现场，LG 电子的技术人员对顾客购买的微波炉进行现场检测，并负责将微波炉搬到居民家里，让顾客坐在家里就可享受全部服务。

社区的促销现场在晚饭时间过后常常人满为患，居民排成长长的队伍，争相购买 LG 微波炉。驻足观看的人也蜂拥而至，令现场热闹不已。晚上 7 点，LG 微波炉又在社区举行现场文艺演出活动，各种精彩的歌唱、舞蹈和魔术纷纷上台亮相，极大地丰富了广大居民的文化活动。LG 微波炉的社区现场促销活动，不仅提高了微波炉的销售，也提高了 LG 微波炉在当地市场的影响力。

（二）公共关系策划的程序与策略

1. 公共关系策划的程序

（1）收集公关信息。在公共关系策划中，主要收集的信息包括政府政治经济决策信息、新闻媒介信息、立法信息、产品形象信息、竞争对手信息、消费者信息、市场信息、企业形象信息和销售渠道信息等。对所收集的信息要经过整理、加工、分析、提炼等过程，最后归档入案，进行科学分类储存。

（2）策划公关目标。公共关系的总体目标是树立组织的良好形象。它具有四大要素：传播信息，这是最基本的公关目标；联络感情，这是公关工作的长期目标；改变态度，这是公关实践中所追求的主要目标；引起行为，这是公共关系的最高目标。

（3）公共关系对象策划。确定与组织有关的公众是公关策划的基本任务。舍此不能有效地开展公关工作。一般来说，公关对象策划有以下几个步骤：首先要鉴别公众的权利要求，公关在本质上是一种互利关系。一个成功的计划必须考虑到互利的要求，要做到这一点，就必须明确公众的权利要求。其次，对公众对象的各种权利要求进行概括和分析，先找出各类公众权利要求中的共同点和共性问题，把满足各类公众的共同权利要求作为设计组织总体形象的基础。进行概括和分析时，应注意不要简单地按照公众的规律地位或表面一致性来考察，而应从各种公关的意图、权利要求、观察和行为的一致性等方面来加以考察。

（4）公关策略策划。公关策略是公关策划者在公关活动过程中，为实现组织的公关目标所采取的对策和应用的方式方法与特殊手段。

（5）公关时机策划。"机不可失，时不再来"，时机对一个公关策划人员来说，可以说是命运之神。抓住机遇，及时公关，可起到"事半功倍"的效果。

（6）公关决策与公关效果评估。公关决策就是对公关活动方案进行优化、论证和决断。

方案的优化可以从三个方面去考虑：增强方案的目的性、增加方案的可行性、降低耗费。方案优化方法有重点法、轮变法、反向增益法、优点综合法等。

2. 公共关系策划的策略

不同的企业在不同的时期存在着不同的公关目标和内容，由此公关策划需要有不同的公关促销策略与之相对应。一般来说主要有以下几种：

（1）宣传性公关策划策略。即指公关人员运用各种传播媒介，直接向公众传递有关企业及其产品的各种信息，让公众充分了解、关心并支持企业，以形成有利于企业发展的社会舆论以及外部环境。其宣传形式，对内可用企业报、宣传栏、板报、广播、讨论会等。对外可利用一切大众传播媒介，如做广告、举办展览会、新闻介绍会等。

（2）交际性公关策划策略。即通过直接的人际交往进行情感上的联络，为企业广结良缘，建立广泛的社会关系网络，以形成有利企业发展的人际环境和社会环境。其活动形式有，一种是团体交际，如举办各种招待会、座谈会、工作午餐会、茶话会、宴会等；另一种是个人交际，如个人交谈、拜访、祝贺、个人信件往来等。交际策略的特点是直接性、灵活性、人情味强。

（3）服务性公关策划策略。即公关人员以提供优质服务的手段来博取公众的好感和支持，进而树立企业及其产品的良好形象。它要求：第一，注意实在性。对公众做的事情越实在，越具体，就越有可能使公众产生好的形象，对公众造成正面的影响力。第二，注重服务的实惠性。企业的公共关系活动要从公众的实际需要出发，要注意充分关照公众的利益，对公众让利，努力把服务性公共关系的性质体现出来。第三，提供优质服务。企业要从服务态度、服务内容、服务形式等多方面入手，全面提高公共关系的服务质量。

（4）社会性公关策划策略。即指企业公关人员直接参与或举办各种社会性、公益性、赞助性的活动来扩大企业的社会影响，提高其社会声誉，赢得公众的信任和支持。社会性公关促销策划策略的实施形式一般有三种：一是企业自己筹办社会公关活动。如企业的开业纪念日，推出新产品介绍展览会等，请来社会中各界宾客参加，借以渲染气氛，联络感情；二是企业赞助社会福利事业，如赞助慈善事业、文化教育、公共服务设施的建设等，借此在公众中树立企业注重社会责任的形象；三是资助大众传媒，举办各种有益社会文明和进步的活动，如举办冠以企业或产品名称的"海尔杯"体育比赛、歌唱比赛等，以此提高企业和产品的社会声誉。

（5）征询性公关策划策略。即指企业公关人员通过提供信息服务，建立企业与公众之间的联系，运用征询服务的手段，让公众了解企业和让企业了解公众的要求，从而进一步完善企业和产品的形象。企业公关策划中的征询策略的形式主要有征询调查、征文活动、民意测验、建立信访制度、设立监督电话、处理举报和投诉、进行企业发展环境预测等。这一策略的特点是长期性、复杂性，需要公关人员具有真诚耐心和智慧，持之以恒的工作，争取公众的信任和理解。

 小案例

华为M1追梦音乐计划

2014年6月，华为M1新品上市，高质量的音效为其主要卖点，并以"人生，因梦想而荣光"的口号进行推广，意在通过挖掘中国市场对音乐有梦想的年轻音乐人，帮助他们实现梦想，

借此传播此款产品的音乐特性及理念。

1. 营销目标

对华为 M1 新品上市进行推广,通过一系列音乐类互动,传达华为 M1 产品主打音乐的特性,并为销售引流;传达品牌"人生,因梦想而荣光"的理念,号召人们以音乐助力梦想,使品牌形象更具正能量。

2. 目标受众

在校大学生及年轻都市精英人群。

3. 传播策略

(1)媒体策略。选择拥有中国 90％独立音乐人,以及最大音乐粉丝群体的豆瓣网进行推广。充分撬动豆瓣网友原创音乐力量,及优质口碑传播力量。

(2)创意策略。针对"人生,因梦想而荣光"的情感诉求,分阶段开展线上到线下的"华为M1,追梦音乐计划"。第一阶段:针对所有音乐爱好者发起低门槛互动,唤起所有网友分享"追梦路上的那首歌";第二阶段,针对独立音乐人发起"华为 M1,追梦　音乐计划"原创音乐大赛,从线上海选,到线下决赛,华为将为优胜者圆音乐梦想。

(3)资源策略。打通 PC＋Mobile,线上＋线下整合资源。在 PC 端,充分利用豆瓣音乐优质原生广告进行曝光和沟通,包括华为小站深度定制互动、LuckyDay(一月仅售卖一次的 FM全站特殊曝光形式)、音乐人首页独占 mini 兆赫等。同时豆瓣 FM 微博、微信、豆瓣音乐人小站等软性、精准资源配合曝光。在 Moblie 端,将 PC 端互动同步至 Html5 页面活动专区,让音乐人、粉丝在手机、Pad 端随时随地上传、试听参赛音乐。在线下,在七夕节当晚,举办"华为M1,追梦　音乐计划"总决赛,掀起此次音乐盛典高潮。

4. 执行过程:

本次推广活动从 2014 年 6.12 到 8.12 为期两个月,分为三个阶段。第一阶段,预热期。邀请知名豆瓣乐队"旅行团"作为追梦代表,传播追逐音乐梦想的故事。第二阶段,原创音乐大赛。第三阶段,七夕当天总决赛。

任务总结

本章主要分析了促销策划在企业营销活动中具有重要意义、促销策划的含义和工作程序、人员促销策划、广告促销策划、营业推广策划和公关促销策划的基本理论。

促销策划在企业营销活动中具有重要意义,其成功与否直接影响到企业的生存与发展。不仅仅是产品市场占有率的下降,而且关系到企业或品牌形象在消费者心目中的形象定位。

促销策划的工作程序包括建立促销目标,确定促销活动的目标沟通顾客;设计沟通信息;制定促销方案;选择促销方式;建立反馈系统,评估促销效果等五个步骤。

人员推销策划的主要内容包括推销的概念。推销策划的要素、推销策划的技术和推销策划的基点;人员促销的步骤分为明确推销任务、确定推销方案、推销人员设计、推销技术与方法;推销的一般策略有试探性人员推销、针对性人员推销、诱导性人员推销等三种策略。

广告促销策划的要素包括策划者、策划依据、策划对象、策划方案、策划效果评估;广告促销的具体步骤为前期准备、调研分析、产品分析、广告受众分析、广告目标确定、目标市场和产品定位、广告诉求与创意策略等步骤。

营业推广策划的主要内容为促销形式、促销范围和促销策略；营业推广策划包括确定营业推广的目标、选择营业推广方式、制定营业推广方案、测试方案的促销效果和评估营业推广效果；营业推广的方式有营业性宣传推广和营业性销售推广两种方式；营业推广的策略主要有针对消费者、中间商、推销员三种策略。

公共关系策划的主要内容是树立企业形象、建立信息网络、处理公共关系、消除公众误解、分析预测、促进产品销售；公关策划的程序为收集公关信息、策划公关目标、公关对象策划、公关策略策划、公关时机策划、公关决策与公关效果评估；公关策划的策略有宣传性公关、交际性公关、服务性公关、社会性公关和征询性公关等五种策略。

任务检测

一、选择题

1. ( )是人员推销策划的起点。

A. 约见顾客　　　　B. 寻找顾客　　　　C. 接近顾客　　　　D. 了解顾客

2. 公共关系策划是一项( )的促销方式策划。

A. 一次性　　　　B. 偶然　　　　C. 短期　　　　D. 长期

3. 公共关系策划目标是使企业( )。

A. 出售商品　　　　B. 赢利　　　　C. 树立形象　　　　D. 占领市场

4. 广告策划传播的信息包括( )。

A. 商品信息　　　　B. 服务信息　　　　C. 竞争信息　　　　D. 观念信息

5. 针对最终消费者可以选择下列营业推广方式中的( )。

A. 优惠券　　　　B. 赠券　　　　C. 现场示范　　　　D. 组织展销

6. 针对中间商可以选择下列营业推广方式中的( )。

A. 批发折扣　　　　B. 推广津贴　　　　C. 工商联营　　　　D. 业务会议

二、判断题

1. 营业推广策划就是促销策划。　　　　　　　　　　　　　　　　　　( )

2. 营业推广周期策划的长度要根据不同产品种类乃至具体产品来确定。　( )

3. 广告投入越大，效果越好。　　　　　　　　　　　　　　　　　　( )

4. 公共关系策划具有新颖性和独特性。　　　　　　　　　　　　　　( )

5. 公共关系策划是一种公众关系的促销。　　　　　　　　　　　　　( )

6. 推销策划的核心是说服。　　　　　　　　　　　　　　　　　　　( )

三、填空题

1. 促销方式可以分为( )、( )、( )和( )四种方式。除人员推销外，其他三种方式属于( )。

2. 促销方案应包括的内容主要有( )、( )、( )和( )。

3. 广告所发出的各种信息，必须通过一定的( )才能传达到消费者。

4. 人员推销是一种( )沟通的促销方式。

5. 营业推广是刺激消费者或中间商迅速或大量购买某一特定产品的促销手段，包括了各种( )的促销工具。

四、简答题

1. 简述影响促销组合选择的因素。
2. 简述营业推广策划的实施过程。
3. 简述广告策划的运作过程。
4. 公共关系策划的类型主要有哪些?
5. 简述人员推销策划的步骤。

参考答案

案例分析

微软电脑营业推广策划

微软公司成立20多年来,其产品之所以能畅销世界,除了产品本身性能优良外,有效的营业推广策划更是重要原因。具体是:

1. 3E 策略的策划

为推动微软公司的新一代电脑操作系统 Windows95 的销售,进行了系列策划,其中最有创意的就是其开放性策略。微软在产品推出前18个月,就向广大用户提供试用版,使用户对产品的主要特点有所了解。这相对于其他公司的"封闭性策略"(即不到产品上市的那一刻,就不肯透露产品的特色)而言,是独具匠心的。

微软推广的策略称为"3E",即教育(educate)、参与(engage)、刺激(excite)三步:(1) 教育,是从1995年5月起,在全美23个城市巡回讲授 Windows95 的工作原理;(2) 参与,微软公司非常重视用户对软件提出的意见,得到了用户的认可;(3) 刺激,微软公司早在软件推出前,就把其详尽的推销资料寄给了全美2万多个零售商。之后,又通过电视向全国宣传,呼吁用户尽早订货,造成了先声夺人的势头。

在《纽约时报》上的广告中,他们用特大号的字体询问读者"还没听说过 Windows 95? 你究竟躲到哪儿去了?"借着这股旋风,"微软"坐稳了电脑王国霸主的宝座。

2. 连环套策略的策划

有家媒体曾以"势如破竹,直捣黄龙的 Office 97"为题,报道了微软公司的软件产品在市场上所取得的巨大成功。"自微软公司推出了 Office 软件以来,其他同类产品几乎完全被比了下去"。据微软公司资料显示,在《财富》杂志排名前1 000位的企业中,70%以上的公司已全面采用或正在准备采用微软公司的 Office 97 办公应用软件。微软公司的软件产品为什么能够行销全球,微软公司的策略又有何独到的地方呢? 在电脑软件行业中,产品快速地更新换代是企业的立足之本,微软公司当然也不例外。为了始终走在时代的前列,为了能始终控制对市场的主导权,微软公司大胆采用快速的产品更新策略,认清市场,适时地推出新产品、淘汰旧产品。独到之处是,微软公司在向市场不断推出新产品时,使用了连环套的策略。

连环套之一是新版本套旧版本,也就是微软公司在推出新的软件产品时,通常旧版本的文件也能在更新后的新版本中使用。作为工程技术人员出身的盖美先生清楚地知道,产品的品质的确是影响消费者购买商品的重要因素,但并非决定性因素。微软公司的软件产品更新换代是在老版本的基础上不断增添新内容,不断扩充新功能,使其产品能不断满足用户提出的各种各样的新需求。Windows 是如此,Office 也是如此。而新版本的推出并不排斥旧版本文件的使用。这样,新版本不仅吸引着更多的新客户,同时又牢牢地套着使用旧版本文件的老客户。

连环套之二是操作系统套应用软件,软件套硬件,将其产品发展成产业标准。DOS 操作系统软件,就是个人操作电脑领域事实上的工业标准。当微软公司的 Windows 软件推出以后,IBM 公司的操作系统软件 Os/2,苹果电脑公司的麦金塔软件系统,就都陷入了极度萎缩的局面。可以毫不夸张地说,没有 DOS 操作系统的成功,也就没有微软的今天。微软公司采取将 DOS 操作系统与 Windows 操作系统软件配合硬件出售的策略,使得微软产品的市场推广随着 IBM 公司个人电脑的推广成功而大获成功,成了个人电脑操作系统软件领域的业界标准。由于微软公司在操作系统市场有相当高的占有率,从而使广大软件开发商都选用 DOS 操作系统与 Windows 操作系统为应用软件开发平台,因而形成硬件、操作系统和应用软件之间彼此不可分的连环套效果。

问题

1. 认真分析微软公司的"3E"策略,相对其他公司的封闭性策略,"3E"策略的长处是什么? 这一策略能否用在任何一种新产品的推广上?

2. 微软公司的连环套策略为什么会成功? 请你作为一个 Windows 操作系统和 Office 办公应用软件的用户,谈谈对这一策略的感受。

分析

以强大的软件开发能力作为后盾,微软公司的软件连环套的魅力确实令人无法抗拒。电脑行业的人员都知道,操作系统的优势必须依靠应用软件的支持。而应用软件的获利大小又要根据其使用的操作系统平台的市场占有率,两者的关系实际上是相辅相成的。微软公司正是看准了这个关键点,以操作系统(Windows、DOS)的高市场占有率,稳稳地推出了 Word、Excel 等 Office 办公应用软件,牢牢地套住了近70%的电脑用户,也套住了一大批相应的软件开发商。微软公司正是通过产品的连环套策略强行抢占了市场。这种产品推广策略已变成了微软公司运作的习惯,其实同时也变成了消费者的习惯。

在渠道资源争夺中,大多数弱小的商家选择的是沉默。即便抗争,也是敢怒不敢言,更不敢行。实际上,渠道商并不存在什么与生俱来的权利,如果有,大多是上级渠道成员赋予的,不应存在畏惧的心理。只要对具体的卖场有所认识后,摸清脉络,分主分次,才能在门店管理上学到更多的知识,提高对一线终端、核心门店的掌控能力。及时处理各种突发事件,做好渠道销售,不断积累自己的经验,强化渠道经理的综合管理能力。

实训操作

认识促销策划

1. 实训目的

通过本次实训,进一步加深对促销策划的内容、程序等方面的知识的理解,培养学生实际策划的能力。

2. 实训要求

基于小王创建网络人才招聘平台服务项目,根据需要,合适选择促销的内容,设计促销方式,按照相应的促销程序,撰写一份促销策划报告,内容要求包括促销方式、促销媒体选择等,字数不少于1 500字。

3. 实训材料

纸张、计算机网络、笔或打印机等。

4. 实训步骤

(1) 分析网络人才招聘平台服务项目；

(2) 分析应聘者和招聘者的需求；

(3) 分析促销目标；

(4) 选择促销方式及相应的内容；

(5) 按照相应的促销程序进行促销设计；

(6) 撰写促销策划报告。

5. 成果与检验

每位学生的成绩由两部分组成：学生实际操作情况(40%)和分析报告(60%)。

实际操作主要考查学生实际执行实训步骤以及撰写实训报告的能力；分析报告主要考查学生根据服务项目促销的需要，分析客户的需求以及选择相应的促销形式的正确性和合理性，分析报告建议制作成PPT。

项目六　网络营销策划专员岗位实务

随着现代市场营销活动与互联网络技术的融合，网络购物逐渐成为一种新的购物方式，吸引着众多企业和个人的热衷参与，为网络营销活动提供了广阔的市场空间。同时，在网络市场发展过程中出现的许多网络平台，也为个人创业和企业开拓市场提供了商机。而要开展网络营销活动需要提前进行充分的准备，掌握必备的知识，才能达到事半功倍的效果。

由于网络营销是在传统市场营销活动基础上发展起来的，是对传统营销的延伸和发展。因此，在撰写本项目的网络营销工具策划和网络营销策略策划内容时，为了避免与传统市场营销策划内容的重复，尽量只介绍网络营销与传统营销有一定差异的内容。学生通过本项目两个具体任务的学习，可以树立网络营销策划的基本意识，培养营销策划师在网络营销策划方面的基本素质，掌握网络营销策划的基本职能和任务。

任务十三　网络营销工具策划

 知识目标

1. 了解网络营销的概念。
2. 掌握网络营销工具及其应用策划。

 技能目标

能对根据企业网络营销的需要对常见的网络营销工具进行灵活的运用。

 **任务导入**

小王通过对市场营销策划理论的学习，并在当前"互联网＋"的环境影响下，决定带领团队开创自己伟大的事业，创建"职白网"互联网络求职平台。但是在互联网络环境中，传递信息的媒介、手段等发生了变化，传统的一些方法和手段就有可能不适用了，例如，传统的人员推销在互联网络环境中就不适用，因为买卖双方难以像在现实世界那样面对面进行洽谈。那么，在网络环境中，又有哪些手段是经常被用来向客户传递信息的呢？这是摆在小王面前的问题。

任务分析

由于通信技术不断发展,互联网络为人们开展信息搜集与传递提供了许多方法和手段,如电子邮件、搜索引擎、网络社区及网络口碑营销等。首先,最为常用的是电子邮件。只要知道对方的邮箱地址,并经许可,就可以向其发送电子邮件,告知其相关信息。但不是每封电子邮件都会被用户阅读,为了增加电子邮件内容被阅读的机会,还必须掌握一定的技巧。其次,常用的是搜索引擎。当消费者需要了解某些方面的信息,但又不知道具体的来源时,这时,消费者就会利用常见的搜索引擎进行搜索。但是搜索引擎提供给用户的信息比较多,用户不可能一一浏览,而为了让产品或服务的信息被用户最先浏览,还得采用一定的策略尽量使企业的产品或服务信息排在诸多信息的前列。

知识精讲

一、网络营销概述

(一)网络营销的概念

网络营销是指以国际互联网络为基础,以现代信息技术为依托,利用数字化的信息和网络多媒体的交互性来辅助营销目标实现的一种新型的市场营销管理过程。

从广义而言,网络营销就是以互联网为主要手段开展的营销活动。其同义词有互联网营销、在线营销、网路行销等。

从狭义而言,网络营销是指组织或个人基于开放便捷的互联网络,对产品或服务所开展的一系列经营活动,从而达到满足组织或个人需求的全过程。

> ☞ **小贴士**
>
> **理解网络营销应注意的问题**
>
> 1. 网络营销不是网上销售
>
> 网络营销是为实现产品网上销售目的而进行的一项基本活动,网络营销并不仅限于网上,更不是仅仅有了网站就算网络营销。因此,网络营销本身并不等于网上销售,一个完整的网络营销方案,除了在网上做推广之外,还很有必要利用传统营销方法进行网下推广。可见,网络营销活动不一定都能实现网上直接销售,但网上销售活动可支持传统营销活动。
>
> 2. 网络营销不等于电子商务
>
> 电子商务就是利用计算机技术和网络技术对企业各种经营活动的持续优化,其核心是电子化交易,它强调的是交易方式和交易过程的各个环节。电子商务已渗透到企业的各项工作流程中,比如,产品的采购和销售等,它涉及的领域包括数字化沟通、数字化交易、在线市场调研等。
>
> 网络营销是企业营销战略的一个组成部分,注重的是以互联网为主要手段的营销活动,因此,网络营销是电子商务中的一个重要环节,尤其在交易发生之前,网络营销发挥着主要的信息传递作用。

3. 网络营销的实质是需求管理

消费者需求内容与方式的变化是网络营销产生的动力。网络营销的起点是顾客需求,力求实现的是顾客需求的满足和企业利润的最大化。

4. 网络营销需要依赖传统营销理论

网络营销不是简单的营销网络化,因为网络营销活动不能脱离传统营销环境而独立存在,网络营销理论也不能脱离传统营销理论,网络营销理论是传统营销理论在互联网环境中的应用与发展。

(二) 网络营销的种类

1. 按照商业活动的运作方式分

按照商业活动的运作方式不同,可将网络营销分为完全网络营销和非完全网络营销。

完全网络营销是指完全通过网络营销方式实现和完成完整交易的行为和过程。

非完全网络营销是指不能完全依靠网络营销方式实现和完成完整交易的行为和过程。非完全网络营销要依靠一些外部因素,如运输系统的效率等。

2. 按照开展网络交易的范围分

按照开展网络交易的范围不同,可将网络营销分为本地网络营销、远程网络营销和全球网络营销。

本地网络营销是指利用本城市或者本地区的信息网络实现的网络营销活动,网络交易的范围较小。本地网络营销系统是开展国内和全球网络营销的基础。

远程网络营销是指在本国范围内进行的网络营销活动,其交易的地域范围较大。

全球网络营销是指在全世界范围内进行的网络营销活动,其交易的地域范围最大。

3. 按照商务活动的内容分

按照商务活动的内容不同,可将网络营销分为直接网络营销和间接网络营销。

直接网络营销是指无形货物或服务的订货与付款等活动,如某些计算机软件、娱乐内容的联机订购、付款和交付,或者是全球规模的信息服务。

间接网络营销是指有形货物的订货与付款等活动,它依然需要利用传统渠道,如邮政服务和商业快递等送货。

4. 按照交易对象分

按照交易对象的不同,可将网络营销分为 B2B、B2C、B2G 和 G2C 等。

B2B(business to business)是指企业和企业之间进行网络营销活动,如阿里巴巴。

B2C(business to consumer)是指企业借助于 Internet 开展的在线销售活动,如亚马逊的在线销售书店。

B2G(business to government)是指企业与政府机构之间进行的网络营销活动。例如,政府采购清单可以通过 Internet 发布,公司可以通过电子化方式回应。

G2C(government to consumer)是指政府对个人的网络营销活动,如社会福利基金的发放及个人报税等。这类网络营销活动目前还没有真正形成,但随着政府网络营销的发展,各国政府将会对个人实施更为完善的电子化服务。

5. 按照网络设备移动状态分

按照网络设备移动状态的不同,可将网络营销分为固定互联网营销和移动互联网营销。

固定互联网营销是指利用电脑等固定通信设备与有线上网技术相结合,将各类网站、企业信息等导入固定互联网中,为企业提供固定的信息化应用平台的营销策略。本书大部分内容都是基于固定互联网开展企业营销活动而阐述的。

移动互联网营销是相对固定互联网营销而言的,是指利用手机、PDA、笔记本电脑等移动通信设备与无线上网技术结合,采用国际先进移动信息技术,将各类网站、企业信息和各种各样的业务引入到移动互联网中,为企业搭建一个适合业务管理需要的移动信息化应用平台,提供全方位、标准化、一站式的企业移动商务服务和电子商务的一种全新营销策略。由于移动互联网具有高度的便携性、灵活性、互动性、目标受众高度精准性、到达率高、成本相对低廉、可监测性强等特点,使得移动互联网营销成为了一种最具个性化、更精准、更及时、更持续、更智能的网络直接营销方式,可使企业随时随地掌握市场动态,了解消费者的需求,为消费者提供服务。虽然移动互联网营销很强大,但它并非适合所有的公司。如果公司没有足够的资源,没有清晰的目标,没有合适的技术能力,没有一定的人员储备,那就不适合开展移动互联网营销。

二、熟悉网络营销工具

(一)电子邮件营销

1. 电子邮件营销的定义

电子邮件(E-mail)营销就是指在客户事先许可的前提下,通过电子邮件的方式向目标客户传递价值信息的一种网络营销手段。电子邮件营销有三个基本因素:向哪些用户发送电子邮件、发送什么内容的电子邮件、如何发送电子邮件。这三个因素中无论缺少哪一个,都不能称之为有效的电子邮件营销。

根据电子邮件的定义,规范的电子邮件营销是基于用户许可而进行的。但实际上并不是所有的电子邮件都符合法规和基本的商业道德,不同形式的电子邮件营销也有不同的方法和规律,因此,很有必要明确电子邮件营销的类型。

2. 电子邮件营销的类型

(1)按是否经用户许可,可将电子邮件营销分为许可电子邮件营销和未经许可电子邮件营销。许可电子邮件营销就是基于用户许可而开展的电子邮件营销,它可以减少广告对用户的滋扰,增加潜在用户定位的准确度,增强与客户的关系,提高品牌忠诚度等。未经许可的电子邮件营销就是未经用户的许可而滥发电子邮件,也就是通常所说的垃圾邮件。

(2)按电子邮件地址的所有权不同,可将电子邮件营销分为内部电子邮件营销和外部电子邮件营销。内部电子邮件营销又称内部邮件列表,是指企业利用自己的网站等方式获得用户自愿注册的资料来开展的营销活动。内部邮件列表的主要功能在于通过对邮件列表系统和邮件内容建设以及客户资源的积累来增进顾客关系、为顾客提供服务、提升企业品牌形象等。外部电子邮件营销又称外部邮件列表,是指利用专业服务商或者具有与专业服务商一样可以提供专业服务的机构提供的电子邮件营销服务,企业自己并不拥有也无需管理与维护用户的电子邮件地址资料。外部邮件列表的主要功能在于通过对列表的选择、邮件内容设计、营销效果跟踪分析和改进等来进行产品推广、市场调研等。由于外部电子邮件营销资源大都掌握在各网站或专业服务商手中,因而要利用外部列表资源开展电子邮件营销,必须选择合适的服务商,主要考虑服务商的可信度、用户数量和质量、用户定位程度、服务的专业性和收费模式等。

(3) 按营销计划不同,可将电子邮件营销分为临时性电子邮件营销和长期性电子邮件营销。临时性电子邮件营销主要包括不定期的产品促销、市场调查、节假日问候、新产品通知等。长期性电子邮件营销通常以企业内部注册会员资料为基础,主要表现为新闻邮件、电子杂志、顾客服务等各种形式的邮件列表,这种列表的作用要比临时性的电子邮件营销更持久,其作用更多地表现在顾客关系、顾客服务、企业品牌等方面。

 小案例

优衣库电子邮件营销

为了加强对国内二、三线城市的覆盖,2009 年 4 月 23 日,优衣库淘宝旗舰店(如图 13-1 所示)正式上线。优衣库进驻淘宝网的当天,销售额即突破 30 万。至 6 月底,优衣库的网络总销售额已达到 1 800 万。11 月 2 日,优衣库的单日网络销售额更达到了惊人的 114 万。短短的半年,优衣库迅速成为服装企业网络销售的领头羊。在全球经济危机的浪潮中,消费环境萎靡不振,优衣库独树一帜,网络销售额持续增长,除了其令人信服的品质和适宜的价格,更是由于优衣库采用了高效的网络营销方式——EDM(e-mail direct marketing)营销。

2009 年,优衣库将在中国的市场推广工作全面委托给大宇宙咨询(上海)有限公司。大宇宙经过专业的分析和比较后,选择了上海亿业网络科技发展有限公司为优衣库量身订制电子邮件营销的解决方案,将电子邮件打造成优衣库重要的营销渠道。通过发送电子邮件邀请函,将对优衣库感兴趣的淘宝会员,转化为优衣库的活跃用户。定期向新老会员发送电邮杂志,开展 EDM 营销,定期向客户推荐新产品,提高客户的品牌忠诚度。经过半年的 EDM 运营,优衣库的活跃用户增长近 70%,电子邮件营销渠道产生了约 20%的销售额,电子邮件已成为优衣库重要的网络营销渠道。

3. 电子邮件营销的过程

(1) 电子邮件地址的选择。企业要针对其自身的产品特征及目标客户的特征来选择电子邮件的用户,以便提高宣传效率。例如,一家做儿童用品的公司应将目标用户锁定在年龄是 25—35 岁之间的女性电子邮件用户。获取客户电子邮件地址的方法主要有以下几种。一是查阅企业原有客户的通讯文件或数据库,以获得原有客户的电子邮件地址。二是通过让访问者在企业网站注册成为会员来获取邮件地址。三是在网站上建立与产品或者

图 13-1　优衣库淘宝旗舰店首页

服务内容相关联的讨论,以吸引客户参加并留下其邮件地址。四是通过专门的电子邮件地址服务商租用或者购买邮件地址。五是通过专用的电子邮件地址搜索软件,在特定的范围内搜集邮件地址等。

(2)确定电子邮件的内容。首先,邮件标题要醒目,让目标客户一目了然,看到标题就知道这就是他们所关心的内容。比如,如果目标客户是一群有上进心、有创业精神的人,那邮件主题就可以用"财富之路"来命名。其次,邮件正文内容要言简意赅,清晰明了,字数一般控制在200字以内。写具体内容时,要突出公司的标志,强化客户对公司品牌形象的认知;将重要的信息设计在邮件预览框中,使客户在第一时间看到;运用不同的颜色来强调重点;使用统一字体形成统一形象,必要时可用图片作为补充,切勿在图片中嵌入正文。最后,要确保邮件的内容准确,在发邮件之前一定要把所写的内容审核一遍,最好是营销团队的人集体审核确保无误。

(3)发送电子邮件。一般情况下,可以通过电子邮件直接派发,也可通过群发软件进行群发。但发送电子邮件时,一是要注意准确地称呼收件人;二是要选择合适的邮件格式;三是不要将附件作为邮件内容的一部分,而应该使用链接的形式来使客户进入公司想让他们看到的网页内容。四是掌握发信频率,一般情况下,每两周发送一次邮件就算高频率了。

(4)汇集反馈。电子邮件发送出去后,会得到一部分客户反馈的信息,因此,需要汇集反馈信件,以获取目标客户的信息,并计算点击阅读率,分析电子邮件营销的效果。此外,对客户需求的反馈一定要及时回复。

4. 撰写电子邮件的内容

(1)邮件主题。邮件主题一般为本期邮件最重要内容的主题,或者是通用的邮件列表名称加上发行的期号。一个网站可能有若干邮件列表,一个用户也可能订阅多个邮件列表,仅从邮件主题中不一定能完全反映出所有信息,需要在邮件内容中表现出列表的名称。

邮件主题一定要鲜明,能清楚阐述邮件的大意,以吸引邮件阅读者,避免被当作垃圾邮件进行处理。同时,如果涉及具体产品推销,还可以在主题上标明"AD"或"广告"字样。如果邮件主题含有"免费""派送""优惠",以及怪异字符标点,则很容易被认为是垃圾邮件。

(2)邮件的内容和形式。一般来说,邮件内容如主要的产品信息是邮件的核心,应放在中心位置。邮件的内容应尽量简短,以免占用客户太多时间,如在信中写明可以链接方式:"欲了解详情,请访问 http://www.×××.cn";信件内容要注意表达语气亲切,对有可能收到的不太礼貌的回信,要平心静气地回信;对客户所提的问题,要及时回答;邮件尽量使用纯文本格式,使用标题和副标题,不要滥用多种字体,尽量使电子邮件简单明了,易于浏览和阅读;文档留有足够的边距,把每行限制在 64 个字符或更少些;如果邮件信息较多,应给出目录或者内容提要。

(3)电子邮件的签名。电子邮件的签名经常会被人们忽略,但它的确可以起到非常突出的广告作用。为了使签名(一般为文本)能在电子邮件、邮件列表及新闻组等网络营销工具中正确地被识别出来,还需要建立一些 ASCII 码的文本签名,但尽量不要违背有关的规定。一般而言,在邮件列表或新闻组中发送消息,其签名行不要超过 6 行。此外,签名还因客户的不同而有所区别。

(4)制定退订邮件机制。应客户的要求,可以在电子邮件邮件"签名"文件中,含有隐私政策和退订链接,也可以在电子邮件中直接设计退订框,用户直接输入邮件地址进行退订。这样可以让客户不必担心由此招致其他的垃圾邮件,并随时退订不喜欢的邮件。这样不仅能够提高邮件的订阅率,而且还可证明其是一个许可电子邮件。

(5)其他信息和声明。如果有必要对邮件做进一步的说明,可将有关信息安排在邮件结尾处,如版权声明和页脚广告等。

(二)搜索引擎营销

1. 搜索引擎营销的定义

搜索引擎营销(search engine marketing,SEM)就是基于搜索引擎平台,利用人们对搜索引擎的依赖和使用习惯,在人们检索信息的时候尽可能将营销信息传递给目标客户。搜索引擎营销最主要的工作是扩大搜索引擎在营销业务中的比重,通过对网站进行搜索优化,更多地挖掘企业的潜在客户。

2. 搜索引擎的运行机理

由于互联网上的信息资源纷繁复杂,而用户对信息的需求又具有特定性,为了能从成千上万个网站中快速有效地查询所需要的信息,用户就可以通过搜索引擎对自己所需的信息进行搜索和定位,发现所需信息所在的站点,然后再去该站点查找所需要的相关资料。搜索引擎的运行机理主要包括收录页面、分析页面、排序页面和查询关键词等四个方面的内容。

(1)收录页面。收录页面就是指搜索引擎通过自动化的检索程序按照一定的规则在互联网上抓取相关页面,然后将这些页面储存在相关数据库中的过程,它是搜索引擎开展各项工作的基础。

（2）分析页面。搜索引擎在收录页面的基础上，按照一定的要求对收录的原始页面建立索引，实现对收录页面的定位，然后提取和分析收录页面的正文信息，得到关键词，并为之建立索引，从而形成页面与关键词之间的对应关系，最后搜索引擎对关键词进行重组，最终形成关键词与页面间对应关系的反向列表，从而能根据关键词快速链接到相应的页面。

（3）排序页面。搜索引擎结合页面的内外部因素（包括网页地址，编码类型，页面内容包含的关键词及位置、生成时间、大小，与其他网页的链接关系等），根据一定的相关度算法计算出页面与某个关键词的相关程度，并按照相关度数值对页面进行排序，形成与该关键词相关的页面排序列表。

（4）查询关键词。搜索引擎在接收到用户的查询请求后，开始对查询信息进行切词，并与收录页面的关键词进行匹配，再将搜索到的含有链接地址、内容摘要等内容的页面排序列表返回给用户。

3. 使用搜索引擎营销的流程

（1）构建与搜索引擎相匹配的信息源。与搜索引擎相匹配的信息源是取得搜索引擎收录页面的基础，也是企业开展搜索引擎营销的基础。一般来说，用户通过搜索引擎检索后，会到相关链接的信息源查询更多的信息。

（2）创造被搜索引擎收录的机会。将制作好的网页和网站发布到互联网上并不意味着可以实现搜索引擎营销的目的，因为网页和网站制作得再完美，如果不能被搜索引擎捕获，用户就无法通过搜索引擎查询到这些网页和网站中的相关信息，那更谈不上实现网络营销信息传播的目的。因此，让制作好的网页和网站被搜索引擎收录是开展搜索引擎营销的基础环节之一。

（3）让呈现在用户面前的网页和网站信息靠前。网页和网站能被搜索引擎收录，这仅仅是"万里长征"的第一步。更为重要的是要让这些信息呈现在用户页面的靠前位置，这就是开展搜索引擎营销所期望的结果。大量统计表明，80％以上的用户只关注前三页的内容，50％以上的用户只关注第一页的内容，而忽略后面的所有网页。因此，如果搜索引擎呈现给用户的企业信息出现在靠后的位置上，被用户发现的概率就会大大降低，搜索引擎营销的效果就得不到有效的保证。

（4）以有限的关键信息获得用户关注。用户通过搜索引擎进行相关信息查询时，并不对所有的检索结果进行点击浏览，而是根据呈现的内容概要、快照等进行判断，从中选择一些符合用户需要的相关性最强、最能引起关注的信息进行点击，浏览相应网页和网站获得更为完整的信息。因此，要使企业的信息被用户关注，就需要针对搜索引擎搜集信息的方式和用户查询信息的行为进行针对性的研究。

（5）为用户查询信息提供方便。用户通过点击搜索结果进入相关网站和网页，也许是为了了解产品的详细介绍，也许是为了成为注册用户。在此阶段，企业应将搜索引擎营销与发布信息、顾客服务、在线销售、流量统计分析等其他网络营销工作密切联系起来，在为用户查询信息提供便利的同时，注意与用户建立良好的客户关系，使其成为潜在顾客，甚至是现实客户。

 **小案例**

锚链生产商的搜索引擎营销

浙江某生产锚链的厂家在建立企业网站之后,为扩大宣传效果,将网站提交到了搜索引擎注册。由于了解搜索引擎的特点,事先将网站进行了专门的优化,因此其网站在各大搜索引擎中都占据了较好的位置,随着网站的访问量节节上升,产品出口量也大大增加。目前该厂年销售额已达 600 万美元,其中 60% 的订单都是来自网上。

那么该企业成功的秘诀到底在哪儿?要了解这一点,就需要对搜索引擎的工作原理有一个初步的认识。用过搜索引擎的人都知道,我们可以通过在搜索引擎中输入一些相关的文字来查找信息。而搜索引擎在以用户的查询条件检索信息时,它会根据一定原则判断数据库中哪些信息与用户所需相关。

以上述企业为例,当以"锚链"一词进行搜索时,搜索引擎会在其数据库中检索包含该词的网页,并根据特定的评判标准确定某个网页与用户查询条件的关联程度,并按关联度的高低顺序将结果返回给用户。

由于锚链生产厂家在登录搜索引擎之前做了充分准备,因此当客户以"锚链"一词搜索时,其网页在搜索引擎上的排名有时竟然能到第 1 位!所以该企业的网络营销能取得成功也是很自然的事了。

(三)网络社区营销

1. 网络社区及其形式

网络社区是互联网特有的一种虚拟平台,主要是通过把具有共同兴趣的、分散的目标客户和受众精准地聚合在一起,促进成员相互沟通。由于有众多用户的参与,网络社区已不仅仅具备交流的功能,实际上也成为一种网络营销场所。网络社区营销是以网络社区为平台,针对社区用户积极的参与性、开放的资源分享性以及网民之间频繁的互动性,借助网上网下活动、事件讨论、话题引导等方式而开展营销活动的行为。通过网络社区可以进行在线调查,搜集相关信息,了解相关会员对产品或服务的看法,进行意见反馈,促进相互之间的理解和信任,引导会员浏览企业网站,为用户提供相关的服务。

网络社区主要包括电子公告板、聊天室、讨论组等形式在内的网上交流空间。

(1)电子公告板。电子公告板是虚拟网络社区的主要形式,社区会员通过张贴信息或者回复信息来进行信息的交流。

(2)聊天室。聊天室也是虚拟网络社区的一种主要的表现形式,在线会员可以进行实时交流,对某些话题有共同兴趣的网友可以常常利用聊天室进行深入的交流。

(3)讨论组。如果一组成员需要对某些话题进行交流,那么通过基于电子邮件交流的讨论组会觉得非常方便,而且有利于形成大社区中的小专业组。

2. 网络社区营销的流程

(1)确定网络社区的定位及其主题。根据社区会员的规模和身份,可将网络社区分为综合性社区和专业性社区两种主要形式。每类社区常常又按照不同的主题分为若干版块。从网站的商业价值来看,综合性社区和专业性社区各有其优势,前者可吸引大量人气,吸引网民的注意,并通过网络广告等形式取得收益。而专业性社区通常直接蕴含着大量的商机,如一个关于房地产的社区,其会员中可能有大量潜在的购买者。不过应注意的是,社区成员之所以参与是因为可与其他成员交流信息,并了解自己希望得到的信息,同时,网络社区也是一个休闲的场所,会员希望在轻松愉快的气氛中进行交流,因此,在确定网络社区的定位及其主题时,不要使社区成为企业产品的专业论坛。

(2)确定网络社区的功能。网络社区中最常用的功能和服务包括论坛、聊天室、讨论组、留言系统等,可根据企业的需要进行合理地选择。

(3)推广网络社区。为了吸引尽可能多的用户参与社区,就需要对网络社区进行推广。网络社区的推广可提交给搜索引擎的相关分类目录,在分类广告中发布信息;到其他相关社区发布新社区开张的消息,甚至可利用网络广告、邮件列表等方式吸引目标用户的注意。另外,如果企业网站先于网络社区发布并拥有一定量的访问者,那就可充分利用企业网站来为网络社区开展推广活动,如在网站上发布社区开张的消息、宣传参与社区的好处、公布其他成员参加社区取得收获的证明材料或推荐书、定期邀请专家或名人作为嘉宾参加社区的活动等。

在推广网络社区过程中,首先,要注意会员利益共享,这是网络社区的基本出发点;其次,应营造一种开放、平等的氛围,无论新老会员,都可以自由参与讨论;最后,应净化社区环境,不要让喧闹的广告、与主题无关的帖子或其他非法言论、恶意中伤等信息出现在社区,以免使会员产生厌烦。应尽量为会员提供更多的附加价值,增进会员对社区的忠诚。

(四)网络口碑营销

1. 网络口碑及其营销

网络口碑(Internet word of mouth,IWOM),即网民通过论坛、博客、社交和视频分享等互动网络平台,与其他网民交流,共同分享关于企业产品或服务的各种信息,最终形成对企业产品、服务和品牌等各方面的口碑效应,从而对企业品牌形象、影响力、产品销售等多方面造成一定影响。

网络口碑营销就是指企业通过对自身产品和用户需求的深度分析,在网络社区平台上借助多种营销方式,在加强用户体验的基础上,提高用户分享良性体验的积极性,从而在用户中形成众口相传的口碑效应,达到提升企业品牌形象以及促进产品销售的目的。

2. 网络口碑产生机理

网络口碑形成的机理如图13-2所示。

(1)以优质产品为基础。口碑的产生必须有过硬的产品或服务质量作保障,然后在此基础上,借助网络社区平台,通过网上、网下结合的各种体验活动来促进购买行为的发生,从而产生积极的用户体验。

(2)搭建体验用户沟通平台。用户通过体验产生积极性的感受后,企业应通过各种方式为用户搭建交流体验感受的平台,并借助游戏、抽奖等多种方式促进用户表达自己的体验感

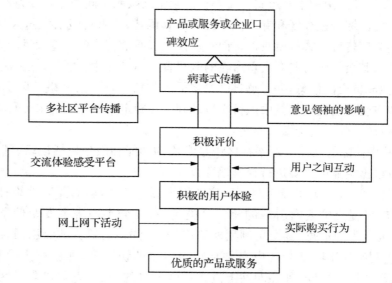

图 13 - 2　网络口碑产生机理

受,从而产生对企业产品的积极评价。

（3）促进积极评价的传播。在活动平台上形成的用户积极评价对企业的影响范围是很有限的,企业应趁势通过多社区平台进行广泛的传播以及各种交流平台之间的互相促进,扩大积极评价的传播范围,使其对企业产生更大的影响力。

（五）病毒性营销

1. 病毒性营销的基础

病毒性营销并非以传播病毒的方式开展营销,而是在网络上利用用户的口碑宣传,让信息像病毒一样呈爆炸式、指数级增长方式传向数以百万计的受众。由于这种传播是基于用户口碑的传播,是在用户之间自发进行的,因此,几乎是一种不需要费用的网络营销工具。病毒性营销常用于进行网站推广、品牌推广等。一个成功有效的病毒性营销应具备以下几个条件:① 提供有价值的产品或服务。大多数病毒性营销通过提供有价值的免费产品或服务,如免费的电子邮件服务等来吸引客户注意,以此带动客户注意到企业出售的其他东西,从而给企业提供电子商务销售的机会。② 具有易于传递的营销信息与媒体。病毒性营销在互联网上得以极好地发挥作用是因为即时通信变得容易而且廉价,数字格式使得复制更加简单,从营销的观点来看,必须把营销信息简单化,使信息容易传输,越简短越好。此外,用于病毒性营销的信息媒介必须具备易于传递和复制功能,如电子邮件、软件下载等。③ 信息传输方法快捷。为了使营销信息大规模扩散,信息传输方法必须向快速改变。④ 利用公共的积极性行为。巧妙的病毒性营销计划需要利用公众的积极性行为。只有真正调动起公共的积极性,主动传播企业的营销信息,才能产生大规模扩散的效果。⑤ 利用现有的通信网络。社会科学家发现,每个人都生活在一个 8—12 人的亲密网络之中,且在社会中的人际网络可能包括几十、几百甚至数千人。网络营销人员应认识到人际网络的重要性,把营销信息置于用户现有通信网络之中,把信息迅速地扩散出去。⑥ 善于利用别人的资源。最具创造性的病毒性营销计划是利用别人的资源达到自己的目的。例如,在别人的网站建立自己的文本或图片链接,来转发企业营销信息。

2. 实施病毒性营销的步骤

(1) 整体规划病毒性营销方案。整体规划病毒性营销方案,以确保方案符合病毒性营销的基本思想,即传播的信息或服务对用户是有价值的,并且这种信息易于被用户自行传播。

(2) 进行病毒性营销创意。最有效的病毒性营销往往是独创的,在设计方案时,应特别注意的问题是如何将信息传播与营销目的结合起来。如果仅仅是为用户带来了娱乐价值或者实用功能、优惠服务而没有达到营销的目的,这样的病毒性营销计划对企业的价值就不大。

(3) 设计信息源和信息传播渠道。虽说病毒性营销信息是用户自行传播的,但是这些信息源和信息传递渠道还是需要进行精心设计。例如,要发布一个生日祝福的动漫,首先应对这个动漫进行精心策划和设计,使其看起来更加吸引人,并且让人们自愿传播。但仅仅做到这一步还是不够的,还需要考虑这种信息的传递渠道,是在某个网站下载,还是用户之间直接传递文件,或是这两种形式的结合,这就需要对信息源进行相应的配置。

(4) 发布和推广原始信息。通过病毒性营销对原始信息进行发布和传播,应认真筹划,应把原始信息发布在用户容易发现,且用户愿意传递这些信息的地方。如果必要,也可在较大的范围内去主动传播这些信息,等到自愿参与传播的用户数量比较大之后,再让其自然传播。

(5) 评价病毒性营销的效果。虽然病毒性营销的最终效果实际上是无法控制的,但并不意味着可以忽视评价病毒性营销的效果。实际上,通过对病毒性营销效果的评价,不仅可及时掌握营销信息传播所带来的反应,也可发现整体病毒性营销方案中可能存在的问题及需要改进的思路,为下一次病毒性营销计划提供参考。

(六) 其他网络营销工具

1. 即时沟通工具

即时沟通工具就是基于互联网络通讯协议产生的点对点或点对面能够即时发送和接收消息等业务的一种软件,可以提供即时文件、文字、图像、语音、视频等多种格式的媒体数据使用户进行方便的沟通。即时沟通工具对每个互联网用户来说,已经成了必备的工具,如 ICQ、MSN、AOL、腾讯 QQ、网易 PP、新浪 UC、雅虎通等都属于此类工具。用户可在每一种即时沟通工具里面拥有全球唯一的号码及 ID 资源。

即时沟通工具自 1998 年面世以来,特别是经过近几年的迅速发展,功能日益丰富,逐渐发展成集交流、资讯、娱乐、搜索、电子商务、办公协作和企业客户服务等为一体的综合化信息平台,已经成为了人们利用其进行电子商务、工作、学习等交流的平台。

2. 会员制营销

(1) 会员制营销的定义。会员制营销又称"俱乐部营销",是指企业以某项利益或服务为主题将用户组成一个俱乐部形式的团体,通过提供适合会员需要的服务,开展宣传、销售、促销等活动,培养企业的忠诚顾客,以此获得经济利益。会员制营销在应用范围上,也不仅仅局限于网上零售,在域名注册、网上拍卖、内容销售、网络广告等多个领域都普遍采用。

(2)会员制营销的基本原理。如果说互联网是通过电缆或电话线将所有的计算机连接起来,实现了资源共享和物理距离的缩短,那么,会员制营销则是通过利益关系和计算机程序将无数个网站连接起来,将商家的分销渠道扩展到地球的各个角落,同时为会员网站提供了一个简易的赚钱途径。由此可见,一个成功的会员制营销涉及网站技术支持、会员招募和资格审查、会员培训、佣金支付等多个环节。

3. 网站资源合作

其实,每个网站都拥有一定的访问量、注册用户信息、有价值的内容和功能、网络广告空间等资源,充分利用网站的资源,与合作伙伴开展合作是实现资源共享,共同扩大收益的一种重要方法,其常见的形式有交换链接、互换广告、内容共享、用户资源共享、合作伙伴注册等,无论是哪种形式,其目的都是通过共享各自的营销资源达到共同发展。下面就对交换链接进行简单介绍。

(1)交换链接的定义。交换链接又称互惠链接、友情链接、互换链接等,是具有一定互补优势的网站之间的简单合作形式,即分别在各自的网站上放置对方网站的名称并设置对方网站的超级链接,使得用户可以从合作网站中发现自己的网站,达到互相推广的目的。通过交换链接,可增加网站在搜索引擎排名中的优势,获得直接的访问量;可提高网站的可信度,获得合作伙伴的认可和为用户提供延伸服务等。如图13-3所示为湖北省教育厅网站交换链接。

图13-3　湖北省教育厅网站交换链接

(2)建立交换链接的方法。一是分析潜在的合作对象。寻找合作网站的最简单的方法就是找几个先于自己发布的,和自己实力、现模规模、经营领域最接近的网站去浏览一下,逐个分析它们的交换链接对象,发现合适的网站作为备选对象,留待以后主动发出合作邀请。不过,随着新网站的不断涌现,这些早先网站链接的对象很可能不够全面,那么就需要开展更多的调研活动。二是向目标网站发出合作邀请。起草一份简短的有关交换链接的建议书,发给目标网站的负责人,积极寻求对方的合作。在撰写交换链接的建议书时,应注意以下几个问题:一是注意信件的主题,要明确告诉对方你的目的和诚意;二是信件的内容要礼貌,一般先简单介绍一下自己的网站,这样可以让对方对你的网站有个大概的印象,让人感受到你的诚意。对方很可能在看你的简介的同时就已经决定同意互换链接的请求,如果你事先已经为对方做好了链接,就礼貌地告诉对方,这样效果可能会更理想。三是实施交换链接。得到对方的同意后,应尽快为对方做好链接,回一封邮件告诉对方链接已经完成,并邀请对方检查链接是否正确,位置是否合理,同时也暗示对方,希望尽快将自己的链接也做好。

为合作网站建立链接之后,访问已建立友情链接的网站,看看自己的网站是不是已经被链接,看对方的网站是否正常运行,自己的网站是否被取消或出现错误,或者,因为对方网页改版、URL 指向转移等原因,是否会将自己的网址链接错误。当有多个合作伙伴时,需要重复上述过程。

(3)建立交换链接的常见问题。① 链接数量。建立多少个相互链接常常是一些网络营销人员比较关心的问题。其实,这是没有固定标准的,主要与网站所在行业领域的状况有关。一般来说,一个专业性较强的网站,与其内容相关或者互补的网站可能比较少,所能建立的交换链接的数量也自然少些。反之,大众型的网站可交换链接的对象要多些,所能建立的交换链接的数量也自然多些。此外,合作者的质量也是评价互换链接的重要参数。② 网站链接方式及下载速度。交换链接有图片链接和文字链接两种主要方式,如果采用图片链接方式,由于各网站的标志差异比较大,很难协调图片的格式、色彩等,从而影响网站的整体视觉效果,常常给人眼花缭乱的感觉,不仅不能给对方带来预期的访问量,而且对自己的网站也不利。另外,网站首页放置过多的图片会影响下载速度。因此,不要在网站首页放过多的图片链接。③ 链接质量。不要认为链接的网站数量越多越好,其实,大量无关的或者低水平网站的链接不但对自己的网站没有益处,相反地,还会降低那些高质量网站对你的信任,严重影响网站的声誉。另外,还应注意网站的无效链接,实际上,很多网站都不同程度地存在无效链接问题。即使网站内部链接都没有问题,但很难保证链接到外部的网站没有问题,或许链接网站经过改版,原来的路径已经不再有效。因此,每隔一定周期应对网站链接进行系统性的检查。

4. 在线表单

(1)在线表单的概念。在线表单是通过浏览器界面上的表单填写咨询内容,提交到网站,由相应的顾客服务人员处理。由于可以事先设定一些格式化的内容,如顾客姓名、单位、地址、问题类别等,通过在线表单提交的信息相对较容易处理,因此有为数不少的网站采用这种方式,如常用的用户注册、在线联系、在线调查表等都是在线表单的具体形式。通过设计在线表单,让访问者来填写,可达到信息搜集和反馈的目的。

(2)在线表单的类型及应用。① 反馈表单。反馈表单是用户可以在线填写反馈信息的网页。用户填写并提交后,该用户反馈信息内容将以邮件的形式发送至指定的信箱中,供网站管理方在线搜集用户针对性的反馈信息。表单系统对用户提交信息能够进行验证,如判断用户是否正确填写邮箱地址等;提交后自动发邮件或按设定的格式显示反馈内容信息。② 留言板。留言板是一种简单有效的在线交流的工具,用途广泛。网站浏览用户可以直接在留言板上留言,如提出问题或要求。网站管理员可对这些留言进行在线回复。留言板的功能主要有:对留言信息按发言时间进行自动排序;提供发言人备选头像及表情,提高乐趣;管理员可以回复留言和删除留言;等等。留言板一般适用于没有单独安装"论坛 BBS 系统"的咨询服务、游乐场、在线营销企业等网站。③ 用户注册。用户注册管理是一种使用非常广泛的在线管理工作,通过用户注册并为注册用户(会员)提供相应的登录页面与服务,以实现对不同用户提供不同级别的网站服务。用户注册适用于具有后台数据库支持的网站,一般会与如 BBS、在线预定、邮件订阅等手段结合使用,广泛应用在在线培训、网上订购、客户分级管理、旅游、娱乐、票务、网上商城商铺管理、批发分销、各类俱乐部等网站上。

5. 移动互联网营销工具

（1）短信。自从短消息服务兴起以来，在移动电话设备上的营销日益流行，商家开始搜集移动电话号码，然后给这些用户发送自己想要推销的内容。虽然有些短信是一些垃圾信息，但是仍有广告商为其买单。目前对于一些引导到位的移动运营商，短信已成为最流行的营销方式，它能够为移动营销行业带来数亿美元的广告收入。

（2）彩信。彩信可以包含图片、文字、音频和视频、定时幻灯片等，这是移动内容通过多媒体信息服务来提供的。企业通过移动网络既可以发送丰富的应用短信内容（如广告与销售、金融服务、信息确认、订票信息、预约短信、营销短信、管理短信等等）给移动用户，也可以从移动用户那里接收到应用丰富的短信内容。

（3）游戏。目前，手机游戏主要有交互式的实时 3D 游戏、大型多人游戏、社会网络游戏和休闲游戏等。企业通过在手机游戏内提供宣传讯息或赞助整个游戏来驱动消费者参与。

（4）移动广告。移动广告是通过移动设备访问移动应用或移动网页时显示的广告，主要包括图片、文字、插播广告、重力感应广告等。目前，移动广告主要有 Admob 和 Iad 两种形式。Admob 主要是在应用中嵌入 banner（横幅），点击广告后会通过浏览器打开网页。而 Iad 继承了苹果的优势，不用打开浏览器，直接在应用中展示炫酷的广告。移动广告的优势在于定位，位置相关的广告能够有效提高广告点击率。

（5）基于位置的移动营销。基于位置的移动营销即定位服务，是指通过移动终端和移动网络的配合，确定移动用户的实际地理位置，从而提供用户所需要的与位置相关的服务信息的一种移动通信与导航融合的服务形式。从用户角度来看，基于位置的移动营销主要需要有特定地区化的广告、特定地区周围的商场、旅行或出行的查询工具以及通过手机和当前定位地区的广告进行互动、参与等。从商家角度看，基于位置的移动营销应用主要有协助地区商家利用地图、打折信息、优惠券、定位式广告等进行推广；实体商家与社交网站结合，加强忠诚度，如星巴克与美国地理信息和微博社交网站 Foursquare 展开合作，推出"市长奖励"计划，用户只需进入 Foursquare 网站并建立自己的社区，并在社区中"检入"星巴克咖啡店，如果该某一用户进入次数最多即可获得该网络社区的"市长"称号，其也可以凭此在星巴克咖啡店购物时享受 1 美元的折扣奖励；与传统行业（如物流、交通、旅游、安全、城市规划、农林渔等）融合，促进众多传统产业的精确信息化管理，衍生无限价值，更加贴近大众生活。

（6）移动应用程序。移动应用程序（APP）是指在移动操作系统上可以执行的程序，包括移动终端、平台和环境下的应用程序。从表现形式上，移动应用程序主要有客户端形式和浏览器形式。客户端形式需要在手机上安装完毕后才能使用，如 Ios/Android 等；浏览器形式是通过手机自带浏览器或第三方浏览器访问，如 Html5 等。从内容功能上，根据苹果 App Store 分类标准，移动应用程序包括报纸杂志、财务、参考、导航、工具、健康、教育、旅行、商业、社交、摄影、生活、体育、天气、图书、效率、新闻、医疗、音乐、游戏、娱乐等 21 种应用。但通常，移动应用程序主要分为基础类，如浏览器；工具类，如下载工具；游戏类，如愤怒的小鸟；媒体类，如资讯或影音媒体或播放器；生活服务类，如大众点评、航班管家；商务类，如手机淘宝、手机凡客等。目前，衡量移动应用程序的用户数据主要有安装量、每月活跃用户数、每日活跃用户数、有效的千次展示费用和广告填充率等。

（7）移动搜索营销。移动搜索是指以移动设备（主要是手机）为终端，对互联网进行的普遍搜索，从而实现高速、准确的信息资源获取。目前，移动搜索引擎运营商主要分为两类：一类是以搜索 WAP 门户、图铃、新闻咨询、娱乐游戏等信息为主的综合类搜索引擎，其内容以娱乐服务为主，如彩铃下载、在线游戏、八卦咨询等，类似于 Web 网页娱乐门户的复制；另一类搜索是针对某一领域的专业信息为主，又称为垂直搜索。垂直搜索是对海量信息中某类专门的信息进行一次整合，是搜索引擎的细分和延伸。例如，日本拇指文化的生活垂直搜索已将信息细分得极其精细，如随手拿起桌上的一瓶酒，在手机搜索引擎上输入酒的名字，立即就可以获得与这瓶酒相关的大量信息，包括其原料、厂家、包装、出售情况等。在这个信息纷繁多样，用户搜索需求多样且日趋复杂化的时代，移动搜索市场在越来越精确细致化的同时，更多地为人们提供轻松便捷的信息获取服务，带来更加方便多彩的生活。

（8）二维码。二维码（2-dimensional bar code）是指用某种特定的几何图形按一定规律在二维方向的平面上分布的黑白相间的图形记录数据符号信息的。使用若干个与二进制相对应的几何形体来表示文字数值信息，通过图像输入设备或光电扫描设备自动识读以实现信息自动处理。在移动互联网中，利用手机扫描二维码就是通过手机拍照功能对二维码进行扫描，快速获取二维条码中存储的信息。手机二维码不但可以印刷在报纸、杂志、广告、图书、包装以及个人名片上，用户还可以通过手机扫描二维码，或输入二维码下面的号码即可实现上网、发送短信、拨号、资料交换、自动文字输入等功能，并随时随地下载图文、了解企业产品信息等。

三、创建营销型网站平台

（一）设计域名

1. 域名命名的规则

互联网的各级域名是分别由不同机构管理的，而各个机构管理域名的方式和域名命名的规则也有所不同。但域名的命名有其一些共同的规则，主要有以下几点。

（1）域名中只能包含 26 个英文字母，0—9 十个阿拉伯数字，英文中的连词号"－"，且域名的首位必须是字母或数字。

（2）在域名中不区分英文字母的大小写。

（3）对于一个中文域名长度一般限制在 2 到 15 个汉字之间的字词或词组，不区分繁简体；对于一个英文域名长度限制在 2 到 46 个字符之间。

（4）.cn 下域名命名除遵照域名命名的全部共同规则外，只能注册三级域名，三级域名用 26 个英文字母、0—9 十个阿拉伯数字和连接符"－"组成，各级域名之间用实点号"."连接，三级域名长度不得超过 20 个字符。

（5）在域名中，不得使用注册含有"China""Chinese""cn""national"等，需经国家有关部门（指部级以上单位）正式批准；不得使用公众知晓的其他国家或者地区名称、外国地名、国际组织名称；不得使用县级以上（含县级）行政区划名称的全称或者缩写，需相关县级以上（含县级）

人民政府正式批准;不得使用行业名称或者商品的通用名称;不得使用他人已在中国注册过的企业名称或者商标名称;不得使用对国家、社会或者公共利益有损害的名称;国际通用顶级域名长度不得超过 26 个字符;中国国家顶级域名长度不得超过 20 个字符。

2. 域名设计的技巧

(1) 在进行域名申请之前,应该做好一些准备工作,如明确域名注册的目的,域名涉及的业务范围,企业名称、性质、行业、商标、产品等方面的信息,建立网站的目标,中英文域名的选择,域名数量的确定等。

(2) 尽量简短易记。好记的域名首先要简短,以不超过 6 个字符为宜。其次要有意义,有意义的名字比无意义的名字要好记。最后应易输入、易辨别。数字、字母和"一"都可以直接输入,"_"则需借助"Shift"键,但"一"和"_"也不易于辨别,除非没有别的选择,否则域名里最好不要出现"一"或"_"。

(3) 域名与企业名称或商标保持一致。选择与企业名称、商标相一致的域名,便于企业品牌的宣传推广。

(4) 选择逻辑性符号组合进行域名命名。最好的域名就是英文单词了,像"buy. com""love. com"等域名价值千金。对中国人来说,一个好记的汉语拼音域名也许是不错的选择,如淘宝(taobao. com)就是用的汉语拼音域名。用纯数字域名逐渐被世人所接受,自 163 后,后来的 263、3721、8848 等都取得了成功。对于多个单词或者汉语拼音,一般取每个单词或者汉语拼音的首字母作为域名,如美国在线的域名 aol. com,其中,aol 就是 American on line 的缩写;对于一个长单词,一般取单词的前几个字母作为域名,如 com、edu、org 分别是 commpany、education、organize 的缩写。

(5) 字母＋数字等组合。英文单词或缩写、汉语拼音或缩写、数字,两两组合可以组合出多对组合,如数字和英文,此类最著名的域名应该算是 51job,hao123 等。

(6) 利用谐音设计域名。一般是网站先有中文名,然后根据谐音,生造出英文或者英文和数字的组合。例如,国内两个著名的电子商务站点爱购物(igo5)和好又多(hoyodo)。

小案例

购够乐网站域名设计分析[1]

公司中文名称的主体部分为"购够乐",根据域名设计的策划和技巧,则有 www. gougoule. com、www. gogole. com、www. gogo-le. com、www. go-go-le. com、www. go-gole. com 等 5 个域名备选。在这 5 个域名中,每个域名都可以让消费者直观地感受到这是购够乐的网站,但它们各有优缺。

(1) www. gougoule. com 虽然是 5 个域名中最长的一个域名,但其长度没有超过 8 个字

① 域名互联网的稀缺资源 购够乐为案例的域名营销[EB/OL]. 2010－07－27[2012－08－10]. http://blog. sina. com. cn/s/blog_6a2d804d0100k0sk. html.

符,所以从域名长度来说,可以接受。而且域名主体部分是"购够乐"的全拼,容易记忆,朗朗上口,对购够乐来说是一个不错的域名。

(2) www.gogole.com 在 5 个备选的域名中长度最短,是由英文单词"go"和汉语拼单"le"拼组而成,由于英文单词"go"对大多数中国来说都可以说是一个非常好理解的词,所以即使是英汉的组合,也没有给人以"乱"的感觉,对购够乐公司来说也是绝好的域名。但该域名已被购够乐公司以外的人先行注册,实在可惜。

(3) www.gogo-le.com,公司现在正在用的真实域名就是这个,此域名比 www.gogole.com 稍逊一筹,因为它中间含有一个"—"线,违反了域名设计技巧中的第 6 条——"慎用_和—"。因为域名中含有"—"会使相当一部分用户无法通过直接输入域名的形式访问公司网站。

(4) www.go-go-le.com 最致命的缺点就是它主体部分含有两个"—"。

(5) www.go-gole.com 与 www.gogo-le.com 十分相仿,但不及 www.gogo-le.com,因为在域名 www.gogo-le.com 中体现了"购"和"够"的谐音与并列的关系。

(二)建设营销型网站

营销型网站是指以现代网络营销理念为核心,以搜索引擎的良好表现、用户的良好体验为标准,以实现企业营销目标为目的,全面实现搜索引擎优化及推广,能够更好地将访问者转化为顾客的企业网站。由于营销型网站不同于专业 ICP 或者门户网站,不可能也没有必要小而全。营销型网站的内容应围绕企业的核心业务来设置,在满足用户需要的前提之下,充分发挥网站的营销功能。

1. 内容计划

网站内容是网站吸引浏览者最重要的因素。在建站之初,可以通过搜索引擎找出同类网站排名前 20 位的名单,逐个访问名单上所有的网站,然后制作出一个简单的表格,列出竞争对手的企业名称、所在地、产品价格、网站特点等,从中找出公司的产品优于或不同于其他竞争对手产品的优点或特色。同时,也应该清楚地认识到自己产品的不足之处,思考如何改进使产品更具竞争力,并制订出如何改进的方案。这实际上也是一个企业为适应竞争日益加剧的国际化市场而制定与网络相结合的经营策略的过程。

(1) 在充分了解了网上竞争对手的情况并研究了他们的产品和网页的基础上,设计人员就可以集众家之所长,突出公司产品的优点和与众不同的特色、突出帮助访问者辨别和判断同类产品优劣方面的内容、突出内容的毋庸置疑的正确性等,设计出更能体现产品特点的网页内容。

(2) 按重要程度列出网站所需的内容、资料,有时还需要图示或加入产品图片。如果有必要,将建站的内容问题整理成问卷,分发给同事、客户、朋友去做。

(3) 将问卷答案分门别类地整理出来,并尽可能地找出共性所在,这样需要哪些栏目和内容就很清楚了。如有需要,提请有关部门提供栏目所需的内容和资料。

(4) 网站栏目的设置一定要突出重点、方便用户。网站栏目的实质是一个网站内容的大纲索引,就好比一本书的目录,集中了各个章节的名称及页码。索引应该引导浏览者寻找网站里最主要、最有用的内容。在设置栏目时,要仔细考虑内容的轻重缓急,合理安排,突出重点。

2. 设计网站定位

（1）网站目标定位。由于企业产品、规模、技术、服务以及企业资源上的差异，网站设计的目标各有侧重点。一般来说，企业建立网站的目标主要有以信息发布为目标、以交易受理为目标、以服务顾客与建立客户关系为目标和以商务管理为目标等。

（2）网站的类型与核心业务定位。在确定网站目标后，企业可依据网站的类型与承担的核心业务来去设计网站应具有的主要栏目、功能以及网站的规模。网站的类型与核心业务如表 13-1 所示。

表 13-1 网站的类型与核心业务

划分依据	类　型	内　　涵	核心业务
服务内容	广告型	发布企业及产品信息	信息发布
	交易型	前端交易系统与后台库存系统以及认证中心、物流、网络银行系统连接	商品介绍、在线交易、电子支付
	信息服务型	提供信息服务	信息中介、交易中介
服务领域	垂直型	为特定行业供应链用户提供专业化服务	信息咨询、交易平台
	水平型	综合性网站，跨不同行业、领域	多样化
服务对象	B2B	面向上游企业或下游企业进行商品采购、销售	交易管理
	B2C	面向最终消费者	网络促销

（3）网站功能定位。网站功能主要从产品介绍、信息发布、顾客服务、网上销售、网上调查、网络传播和业务管理等方面来进行定位。

设计营销型网站，不必追求视觉的冲击，摒弃唯"技术""美术"为中心的设计理念，坚持以"客户"为中心，根据消费者的需求、市场状况、企业自身的情况等进行综合分析，制订出投入产出合理的设计方案。

3. 设计网站风格

网站风格是指站点的整体效果给浏览者的综合印象。在设计网站风格时应注意以下几个方面的问题。

（1）特色的网站标志(logo)。网站的标志如同商标一样，logo 是站点特色和内涵的集中体现，看见 logo 就让客户联想起公司的站点，因此，应尽可能使网站的标志出现在每个页面。标志可以是中文、英文字母，可以是符号、图案，也可以是动物或者人物等。标志的设计创意来自网站的名称和内容。设计时一般是选择网站有代表性的人物、动物、花草作为设计的蓝本，加以卡通化和艺术化，如迪斯尼的米老鼠，搜狐的卡通狐狸等；也可以本企业有代表的物品作为标志，比如，奔驰汽车的方向盘标志。

（2）突出网站的标准色与标准字。标准色主要用于网站的标志、标题、主菜单和主色块等，是体现网站形象和延伸内涵的色彩。标准字主要用于网站标志、标题、主菜单的特有字体和字号。一般网页默认的字体是宋体，为了体现站点的与众不同和特有风格，可以根据网站所表达的内涵，选择更贴切的字体或特别字体，如为了体现专业可以使用粗仿宋体，体现设计精美可以用广告体，体现亲切随意可以用手写体等。不过，应注意的是使用非默认字体只能用图片的形式,因为很可能存在浏览者的个人计算机里没有安装特别字体的情况,那么当浏览者打开页面时字体就会变形。

(3) 保持统一性。网站使用统一的图片处理效果,统一的符号、线条与图标等,形成统一的网站形象。

4. 设计网站结构

网站结构的设计主要是网站的栏目和版块设计,需要考虑以下几方面。

(1) 为紧扣主题,主要内容专设栏目。一般做法是将主要内容信息按一定的方法分类,并为它们设立专门的栏目。主题栏目的个数在总栏目中占绝对优势,这样使得网站的专业主题突出,容易给人留下深刻印象。

(2) 为了结构合理,主要内容应相对集中。网页与图书的阅读方式不同,网页的内容一般分为几个层次,上下呈线性分布结构,所以处于线性末端的内容需要鼠标点击几次才能够找到。如果它与另一条线型末端的内容之间没有链接的话,浏览者只有沿原路退回去才能浏览到。由于这个原因,网站的主要内容一定要放在首页或二级栏目中,如果因信息内容结构问题不得不放在较深的位置上,一定设法将它在首页安排超级链接,同时在其他网页放置多个超级链接,以便使浏览者很容易地找到。一些辅助内容,如关于本站、版权信息等可以不放在主栏目里,以免冲淡主题。

(3) 为了方便查找,首页应设置超级链接和搜索引擎。网站的栏目分层设置是为了使网站的内容安排得有条理,结构关系清楚,但由于线性结构可能会出现重要内容放得太深,客户找不到的情况,而将网站内容设计成网型结构,是避免内容排列过深的好方法,但网型结构太复杂,浏览者易迷失方向。因而,解决问题的办法是在保持网站栏目结构的前提下,把最重要的内容链接到首页。如果网站的内容庞大,层次较多,最好设置搜索引擎,并且设置本站指南栏目,可以帮助初访者快速找到他们想要的内容。

(4) 进行人性化设计,设计更新栏目。首页有必要设立一个更新提示的栏目,或在有关栏目链接处放一个更新的标志(如"new"字或"新"字图标),这样做是为了照顾常来的访客,进入网站后先看一看最新内容,如果没有更新的东西,就不必到处寻找,浪费时间,网站这样做是让主页更人性化,因为网站为客户想得越多,客户就越愿意来访。

(5) 为了及时沟通,设计双向交流的栏目。交流栏目有很多,如论坛、留言本、邮件列表、QQ、MSN 等,可以让浏览者有机会发表他们的意见,参与网站的活动。网络的最大优势之一是为人们提供相互沟通的手段,设立双向交流栏目,并结合传统的电话、传真、E-mail 及即时通讯工具 QQ 等,更能发挥出网络技术的优势,也使网站显得更为正规、可信。

(6) 为了更好地服务客户,提供资料下载和业务咨询服务。一个营销型网站必定有大量的商品或服务的信息资料,但有些客户不愿一页一页地浏览后存盘,而在网页设置一个资料下载栏目,会大大方便用户使用信息。另外,如果站点经常收到客户关于某方面的问题来信,比如,在商品售出前,有些客户需要咨询有关信息;商品售出后,有些客户需要售后服务。对此,营销型网站最好设计一个回答问题的服务栏目,将有代表性的问题汇编起来,放在固定的栏目中。设立服务栏目既方便了网民,也可以及时得到有关商品信息的反馈意见。

(7) 为了访问方便,设计网站导航菜单和地图。大型网站内容丰富、栏目层次繁多、链接复杂,即便是网站工作人员,也不能完全记住它的结构关系。为了方便浏览,在首页可以设计一个网站导航菜单或网站地图。通过导航菜单或图标的链接能够指引访问者获得所需的更为详尽的信息。一般主页的导航条主要设置企业简介、产品介绍、客户服务、企业新闻、网络社区、在线购物、合作伙伴、留言板等栏目。设计的导航条栏目名称要求简单精练,通俗易懂。网站页面设计最好也应根据网站定位及网站功能规划设计出一个链接清晰的站点地图。站点地图是一个由主页和次一级页面按层次链接的树状结构图。先把大的功能结构设计好,然后再逐步完善小的功能结构设计,这样网站设计工作就容易开展了。

版块比栏目的概念要大一些,每个版块包含若干个栏目。例如,网易的站点分新闻、体育、财经、娱乐、教育等版块,每个版块下面又各有自己的主栏目。在设置版块时应该注意各版块在保持相对独立性的同时应有相互关联,并且版块的内容要围绕站点主题展开。

5. 设计网站的首页

确定网站的主要内容、表现风格和组织结构后,就可以开始设计网页了。网页是网站构成的基本元素,而首页是全站内容的目录,是一个索引,首页的设计是一个网站成功与否的关键。

(1) 确定网页要表现的主题和功能。从形式上,可以将网站分为三类,第一类是资讯类网站,像新浪、网易、搜狐等门户网站。这类站点将为访问者提供大量的信息,而且访问量较大。因此,需注意页面的分割、结构的合理、页面的优化、界面的亲和力等问题;第二类是资讯和形象相结合的网站,如一些较大的公司、国内的高校等的网站。这类网站在设计上要求较高,既要保证资讯类网站的上述要求,同时又要突出企业、单位的形象;第三类则是形象类网站,比如,一些中小型的公司或单位。这类网站一般较小,有的只有几页,需要实现的功能也较为简单,网页设计的主要任务是突出企业形象。

(2) 设计版面布局。设计网站首页的第一步是设计版面布局,即规划站点并绘制布局草图,这一部分可以在纸上完成,可将网页看作传统的报纸杂志来编辑。这里面有文字、图像乃至动画,设计人员要做的是以最适合的方式将图片和文字排放在页面的不同位置上。

版面是浏览器看到的完整的一个页面。因为每个显示器分辨率不同,所以同一个页面的大小可能出现 640 像素×480 像素、800 像素×600 像素、1 024 像素×768 像素等不同尺寸。

布局是以最适合浏览的方式将图片和文字排放在页面的不同位置。网页版面布局大致可分为 T 型、口字型、国字型、标题正文型、三字型、对称对比型、左右框架型、上下框架型、综合框架型、flash 型、变化型等多种布局。

一般来说,创建之初的新建页面就像一张白纸,可以尽可能地发挥想象力,将想到的“景象”画上去。这属于创作阶段,不讲究细腻工整,不必考虑细节功能,只需用粗线条勾画出创意的轮廓即可。尽可能多画几张轮廓图,最后选定一个满意的进行继续创作。然后,在草案的基础上,将确定需要放置的功能模块(如网站标志、主菜单、新闻、搜索、友情链接、广告条、邮件列表、计数器、版权信息等)安排到页面上。在此过程中,应遵循突出重点、平衡协调的原则,将网站标志、主菜单等最重要的模块放在最显眼、最突出的位置,然后再考虑次要模块的排放。最后,将粗略布局精细化、具体化,做出具有创意的布局。

(3) 制作网页。通过使用 Dreamweaver、Fireworks 等网页设计软件,将设计和规划出来的蓝图变为现实。

任务总结

　　互联网络对于网络营销活动来说,仅仅是一个平台。而要在这个平台上进行营销活动就离不开网络营销工具。网络营销工具有很多,但因用户的兴趣不同和技术实现的差异,导致用户经常使用的网络营销工具并不多,常见的有电子邮件、搜索引擎、社区营销、网络口碑营销等。除了常用网络营销工具外,还有病毒性营销、博客营销、即时通信工具、新闻组、在线表单等其他营销工具。这些网络营销工具都各有优缺点,有其适用的网络环境,因此,网络营销人员应熟练掌握这些网络营销工具,根据营销目标、营销对象等不同因素,相机选择,为企业所用,为企业网络营销活动助一臂之力,使这些网络营销工具成为企业与客户沟通的桥梁,成为营销的有力武器,从而为企业带来订单。

　　网站是进行网络营销活动的基础,是网络营销策略实施的平台。通过网站,可以让访问者了解企业及其产品和服务,帮助企业发布信息、提供产品和服务,促成交易的达成。所以,企业进行网络营销时,要遵循企业网站设计的原则,选择适合企业的网站类型及形式,按照网站建设的基本流程,做好网站建设工作,从而使得企业网站能够达到企业网络营销的目标,在网络市场上占有一席之地。

任务检测

一、选择题

1. 许可电子邮件与垃圾邮件的本质区别是(　　　)。

A. 邮件是否有用　　　　　　　　　　B. 是否获得用户许可

C. 邮件是否合法　　　　　　　　　　D. 邮件是否有病毒

2. 关键词广告是按(　　　)收费。

A. 关键词的多少　　　　　　　　　　B. 广告位置

C. 点击　　　　　　　　　　　　　　D. 流量

3. 一般认为,会员制营销由(　　　)公司首创。

A. 戴尔　　　　　　B. 当当网　　　　　　C. 亚马逊　　　　　　D. 新浪

4. 在域名注册时,如果想建一个商业网站,在域名分类中最佳的域名是(　　　)。

A. net　　　　　　B. gov　　　　　　C. com　　　　　　D. org

5. 戴尔公司中文网站属于(　　　)网站。

A. 信息型　　　　　　　　　　　　　B. 在线销售型

C. 订阅型　　　　　　　　　　　　　D. 广告型

二、判断题

1. 一般来说,邮件内容是核心,应放在中心位置,主要的信息和产品诉求重点应安排在第一屏就可以看到的范围内。　　　　　　　　　　　　　　　　　　　　　　　　(　　　)

2. 目录索引类搜索引擎是指通过从互联网上提取的各个网站的信息(以网页文字为主)而建立的数据库中,检索与用户查询条件匹配的相关记录,然后按一定的排列顺序将结果返回给用户。　　　　　　　　　　　　　　　　　　　　　　　　　　　　　　　(　　　)

3. 由于病毒性营销的最终效果实际上是无法控制的,所以可以忽视评价病毒性营销的效果。 （　　）

4. 会员制营销在应用范围上,仅仅局限于网上零售。 （　　）

5. 设计营销型网站,必须追求视觉的冲击,坚持以"技术""美术"为中心的设计理念。

（　　）

三、填空题

1. 网络营销是指以（　　）为基础,以（　　）为依托,利用（　　）和（　　）来辅助营销目标实现的一种（　　）的市场营销管理过程。

2. （　　）就是基于用户许可而开展的电子邮件营销,它可以减少广告对用户的滋扰,增加潜在用户定位的准确度,增强与客户的关系,提高品牌忠诚度等。

3. 搜索引擎的运行机理主要包括（　　）、（　　）、（　　）和（　　）等四个方面的内容。

4. 电子公告板是（　　）的主要形式,社区会员通过张贴信息或者回复信息来进行信息的交流。

5. 口碑的产生必须（　　）作保障,在此基础上借助网络社区平台,通过网上、网下结合的各种体验活动来促进购买行为的发生,从而产生积极的用户体验。

四、问答题

1. 简述搜索引擎的工作原理。

2. 简述网络口碑营销的机理。

3. 简述一个成功有效的病毒性营销应具备的条件。

4. 使用即时沟通工具应遵循哪些规则?

5. 建设营销型网站的目的有哪些?

参考答案

案例讨论

推广电子邮件营销

旅游服务业的境况总是与经济环境息息相关。经济发展良好的时候,旅游业往往会相应被带动起来,甚至高价格产品,如头等舱、五星级酒店也大受欢迎;但若经济环境突然下滑,无论是个人旅游还是商务出差,其机会均会有所减少,质量要求也会有所降低,而首当其冲便是酒店业。

当传统营销所需成本越来越高的时候,许多企业都纷纷转向电子邮件营销,而电子邮件营销除了使用方便、成本低廉之外,还能精准地搜集顾客反应,因此更受到他们的青睐。对普通的 B2C 公司来说,在开始时最困扰的就是缺少客户数据而不能全面地接触客户。可是,这个问题对酒店业来说恰恰最不成问题,只要客户订购过房间,就势必要留下数据。

经济良好时,传统营销的效果已能为酒店带来络绎不绝的顾客,这导致很多公司过于依赖传统手法而对电子邮件推广缺乏重视。因此,即使他们要马上加强电子邮件营销,也因为没有得到充分的客户资料而无法做准备。虽然,近年来,不少酒店的网站都丰富了内容,完善了订购系统,但却很少注重搜集数据。当 B2C 的公司要实施电子邮件营销时,必须要尽可能地获取客户数据,而一旦接触到感兴趣的访客,设法吸引他们在网站上留下电邮地址,便可在以后进行接触。例如,数码港艾美酒店非常重视对顾客信息的搜集,除了酒店网站有预订服务以外,更与其他第三方旅游网站合作网上预订,这种做法可以让他们进一步得知客人的地域、生日等数据,更重要的是可以通过确认预订中核实对方的电子邮件,如客人在餐饮时点了什么餐,在房间中订购了何种服务。这些数据一旦不能及时记录,酒店营销部门便很难了解客人的行为,从而不能更好地满足以后的推广之需。

酒店业每个月应有不同类别的电子邮件面向不同的客户群发送。然而目前仍有酒店是不定期发送,这样便很难达到与客人进行有效沟通的目的。因此,利用电子邮件开展营销,营销部门必须做好以下几点。

1. 核对电子邮件地址

某个五星级酒店拥有5万名会员的电子邮件,但其中有大量错误的地址存在。这些无效的电子邮件地址不仅影响电子邮件企划的效果,还将失去与客人的主要沟通途径。另外,有时候客人可能会不小心误写了电邮格式,如@yahoo.com写成了@yahoo.con,这些显而易见的错误可以在修正后再放入清单中,而避免邮件被无效退回。

2. 通过确认信来核实

网上预订服务可提示必须要提供正确可联系地址以收到之后的确认信,而对于非网上预订,则可发送额外的电子邮件来验证地址是否存在,更可表明正确的地址会对消费者有好处,如收到生日礼券、节假日优惠等。

3. 进行分类发送

能对清单进行分类的针对性发送,效果远远比一个笼统的邮件好得多。某酒店策划电子邮件发送时,就特别根据顾客性质分开几个类别,而每个类型的顾客中再分开几个小类别,然后,当酒店有符合某类别顾客的内容时,可实行个别发送。例如,顾客在酒店餐饮区消费后,就可以得知他喜欢的料理,而当酒店在这种料理中推出新款食物,便可发送电子邮件邀请客人尝试。这种做法容易吸引对方兴趣,使他们愿意开启点击。

4. 发送周期性电子邮件

酒店业除了不定期的宣传电子邮件以外,更重要的是通过电子邮件与客人保持联系,做好品牌形象。周期性电子邮件能按照客人消费周期来发送不同阶段的电子邮件,从而能与顾客关系从初次接触到个人化推荐再发展到朋友般交往,使客人在潜移默化中接受酒店品牌。

5. 配合网站优惠

以前酒店有优惠推出时,往往更依赖于线下广告。但数码港艾美酒店就发现网站上宣传优惠同样可以带来不少业绩,这得益于人们如今选择酒店前多会上网浏览。

6. 发送后跟进

当发送了各种电子邮件出去以后,接下来便要分析发送报告,以更好地利用所掌握的各种有价值信息。这需要检查以下三方面的工作。

(1)弹回邮件。若报告中显示收回大量弹回邮件,要检查是否清单有问题或是电子邮件被认为是垃圾邮件而弹回。

(2)开启点击情况。客人常在哪个时段开启邮件能帮助酒店策划下一次电子邮件时选择更好的发送时间,同时,也能通过客人的点击行为来发送更针对性的电子邮件。

(3) 退订申请。为了维护酒店的品牌形象与发送信誉,应及时移除申请退订的电子邮件名单。

问题

1. 请根据案例提供的信息,分析实施电子邮件营销的基础是什么?

2. 酒店业企业要成功地使用电子邮件开展营销,应注意哪些问题?

案例评析

任何网络营销工具都有其自身的规律。企业在选择网络营销工具过程中,一定要根据自己经营产品或服务的特点来选择合适的网络营销工具,并在应用过程中,注意该工具应用的原理及注意的问题,才能取得较好的成效。

实训操作

使用网络营销工具及构建网络工具适用平台

1. 实训目的

通过本次实训,使学生熟练掌握常用网络营销工具的特点及使用步骤,能根据营销的实际需要,选择和使用适合的网络营销工具,并依据域名的设计规则、技巧,组织网站的内容。

2. 实训资源

计算机、计算机网络、书目、纸张、笔、打印机、服务器等。

3. 实训要求

(1) 回顾常用网络营销工具及其特点和使用范围;

(2) 分析小王创建的网络人才招聘平台的适用对象;

(3) 将各种网络营销工具一一进行套用,分析是否合适;

(4) 如果合适,请分析其具体的操作过程;

(5) 按照域名的设计规则,设计一个营销型网站的域名;

(6) 组织网站所需的内容;

(7) 形成实训报告。

4. 成果与检验

每位学生的成绩由两部分组成:学生实际操作情况(40%)和分析报告(60%)。

实际操作主要考查学生实际执行实训步骤以及撰写报告的能力;分析报告主要考查学生根据网络营销工具,分析其特点、使用范围和操作过程的正确性和合理性,遵循域名设计规则、组织网站内容的正确性和合理性。分析报告建议制作成 PPT。

任务十四　网络营销策略策划

**知识目标**

1. 理解网络市场策划。

2. 理解网络创业策划。

3. 掌握网络产品、网络价格、网络渠道和网络促销策划。

技能目标

1. 能根据企业具体的网络营销需要进行网络市场 STP 策略、网络产品策略、网络价格策略、网络渠道策略和网络促销策划。

2. 初步具有一定的网络创业的基础能力。

任务导入

小王通过对市场营销策划理论的学习，并在当前"互联网＋"的环境影响下，决定带领团队开创自己伟大的事业，创建"职白网"互联网络求职平台。通过拟定创业项目策划书、招聘相关技术和营销人员，获得了 10 万元的投资，正式创建网络平台及经营网站。对此，小王又是惊喜，又是担忧。喜的是有了一个相当好的锻炼和发展机会，忧的是这相当于自己在创业，是一个全新的事物，自己还没有胜算的把握。

任务分析

很多人都在网络创业，因为其进入门槛比较低，风险也比较低。从事网络创业，首先要弄清网络营销整套流程以及相关的网络营销策略；然后要弄明白网络创业的特点及其盈利模式；最后，应为网络创业做好准备，包括经营项目选择、供货渠道选择、经营模式选择、创业平台选择、角色转换的准备、经营素质的准备和经营网店注册等。做好了这些基础工作，就可以正式经营网站了。

知识精讲

一、了解网络市场

网络市场是以现代通讯信息技术为支撑，以互联网为载体，以分散的、无中心的、多元网状的布局结构和运作模式为特征，信息即时形成、实时传播和互动，高度共享的人机系统构成的交易组织形式。参与网络市场的主体包括企业、政府组织、中介机构和网络消费者。

基于网络交易主体的不同，网络市场可以分为组织网络市场和消费者网络市场，其中，组织网络市场是指 B2B、G2B 网络交易市场，即企业或政府使用互联网向供应商订货、签约、接受订单和付款，以及处理其他问题如索赔、商品配送管理和跟踪等。消费者网络市场是指 B2C、C2C 网络交易市场，即通常所说的网络购物市场。

☞ **小贴士**

网络团购

网络团购是指一定数量的消费者通过互联网渠道组团,以较低折扣购买同一种商品的商业活动。与 B2C、C2C 电子商务不同,网络团购属于 C2B 模式,需要将消费者聚合才能形成交易。常见的团购网有淘宝聚划算、优享团、美团网等。中国网络团购客户具有以下特征。

1. 客户属性特征

团购网站访问客户以年轻网民为主,女性客户比重略高。与其他购物网站客户相比,团购网站客户更集中于办公室白领和学生,个人月收入出现"两极化"现象。吸引该客户人群团购的主要原因在于团购的低折扣及"每日一团"的新奇感。

2. 客户访问行为特征

(1)查看团购信息的方式。近七成用户首选直接访问团购网站,其次是电子邮件,约占两成,通过团购导航网站访问的仅占一成。

(2)查看团购信息的时间。不固定的用户比重最高,达到 27.2%,其次是上午 8:00—10:00 和晚上 21:00—24:00 这两个时间段查看团购信息的用户比重较高。从长期来看,用户查看团购信息的时间分布将与互联网整体的访问时间态势趋同。

(3)客户对团购信息的关注程度。一周关注 1—2 次的比重最高,达到 45.6%,其次是几乎每天都关注的,占比为 32.8%。

(4)客户注册的团购账户数量。近五成用户注册 1—2 个账户,近四成用户注册 3—5 个账户,八成以上用户注册账户不到 5 个。

二、网络产品策划

(一)网络营销产品的种类

由于网络的限制,不是所有的产品都适合在网上进行销售。一般而言,在网上销售的产品,按照产品性质的不同,可以分为实体产品和虚体产品两大类。

1. 实体产品

实体产品是指具体物理形状的物质产品。在网络上销售实体产品的过程与传统的购物方式有所不同。在网络上已没有传统的面对面的买卖方式,而网络上的交互式交流成为买卖双方买卖的主要形式。用户通过卖方的主页观察所需的产品,根据自己对品种、质量、价格、数量等方面的需求进行购买。而卖方则通过邮寄产品或送货上门的方式将产品交给客户。因此,网络销售是直销方式的一种。

2. 虚体产品

虚体产品一般是无形的,即使表现出一定形态,也是通过其载体展现出来的,但产品本身的性质、性能等必须通过其他方式才能表现出来。适合在网上销的虚体产品可以分为两大类:软件和服务。

软件包括计算机系统软件和应用软件等。网上软件销售商常常可以提供一段时间的试用期,允许客户尝试使用并提出意见。好的软件很快能够吸引顾客,使顾客爱不释手并为此慷慨解囊。

服务可以分为普通服务和信息咨询服务两大类。普通服务主要包括远程医疗、航空火车订票、入场券预订、饭店旅游服务预约、医院预约挂号、网络交友、计算机游戏等。对普通服务来说,顾客不仅注重所能够得到的利益,还关心自身付出的成本。通过网络媒体,顾客能够尽快地得到所需要的服务,免除了时间成本。同时,用户利用浏览软件,能够得到更多更快的信息,提高信息传递过程中的效率,增强促销的效果。而信息咨询服务主要包括法律咨询、医药咨询、股市行情分析、金融咨询、资料库检索、电子新闻、电子报刊等。对信息咨询服务来说,网络是一种最好的媒体选择。用户上网的最大诉求就是寻求自己所需的信息,信息服务正好提供了满足用户需求的机会。

☞ **小贴士**

适合网上销售的产品

　　一般来说,目前适合在互联网上销售的产品主要有具有高技术性能或与计算机有关的产品;需要较大地理范围的产品;不太容易设立店面的产品;网络营销费用远远低于其他销售渠道的产品;消费者可从网上了解信息,并立即做出购买决策的产品;网络群体目标市场容量较大的产品;便于配送的产品等。

(二)网络服务的手段

从网络服务的表现形式和所采用的手段来看,在线服务包括自助服务和人工服务两种基本形式。自助服务是用户通过网站上的说明信息寻找相应的解答,或者自己通过加入网络社区等方式获取自己感兴趣的信息。自助服务常见的方式有 FAQ、会员通信等。人工服务则是需要根据顾客提出的问题,通过人工回复的方式给予回答,如通过电子邮件或者各种即时聊天工具等。归纳起来,网络服务的常用手段有 FAQ、电子邮件、在线表单、即时信息、在线论坛、电子书等。下面仅就 FAQ 进行介绍。

FAQ(frequently asked questions)即常见问题解答,FAQ 页面主要为顾客提供有关产品、

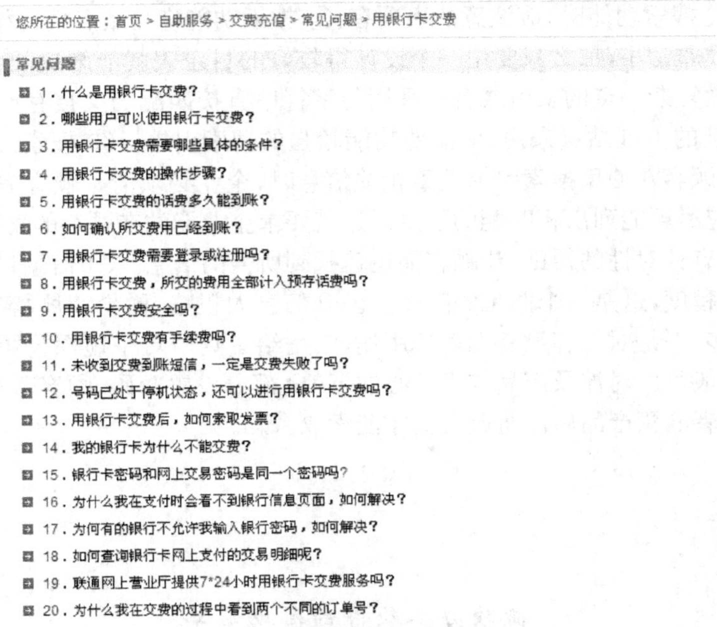

您所在的位置:首页 > 自助服务 > 交费充值 > 常见问题 > 用银行卡交费

常见问题

- 1.什么是用银行卡交费?
- 2.哪些用户可以使用银行卡交费?
- 3.用银行卡交费需要哪些具体的条件?
- 4.用银行卡交费的操作步骤?
- 5.用银行卡交费的话费多久能到账?
- 6.如何确认所交费用已经到账?
- 7.用银行卡交费需要登录或注册吗?
- 8.用银行卡交费,所交的费用全部计入预存话费吗?
- 9.用银行卡交费安全吗?
- 10.用银行卡交费有手续费吗?
- 11.未收到交费到账短信,一定是交费失败了吗?
- 12.号码已处于停机状态,还可以进行用银行卡交费吗?
- 13.用银行卡交费后,如何索要发票?
- 14.我的银行卡为什么不能交费?
- 15.银行卡密码和网上交易密码是同一个密码吗?
- 16.为什么我在支付时会看不到银行信息页面,如何解决?
- 17.为何有的银行不允许我输入银行密码,如何解决?
- 18.如何查询银行卡网上支付的交易明细呢?
- 19.联通网上营业厅提供7*24小时用银行卡交费服务吗?
- 20.为什么我在交费的过程中看到两个不同的订单号?

图 14-1 中国联通网站常见问题解答

公司问题等常见问题的现成答案,如图 14-1 所示为中国联通网站常见问题解答。FAQ 最初产生在新闻组中,讨论者在对某个议题经过一段时间的争论与研究后,对一些基本问题都达成了共识,于是把这些问题和答案列在一起就形成 FAQ。新闻组中大多数议题都有 FAQ,并定期更新。所以,每个新进入新闻组参加讨论的人都应首先阅读 FAQ,弄清基本问题后,再参加讨论、提出问题。FAQ 之外的问题是受欢迎的,因为可以拓展议题的深度。企业把这种方法借鉴到营销管理中,就形成企业的 FAQ。

网站上的 FAQ 一般包括两个部分:一部分是在网站正式发布前就准备好的内容,它是通过模拟用户提出的问题,或者说,是站在用户的角度,对不同的场合中可能遇到的问题给出的解答;另一部分是在网站运营过程中根据用户不断提出的问题而作出的解答,这才是真正意义上的用户问题解答。不过,通常并不需要对这两部分的内容作严格的区分,都统称为 FAQ。如果网站发布前的 FAQ 设计比较完善,那么在运营过程中遇到的问题就会大大减少。

一般来说,FAQ 的设计应注意以下几点。

(1) 列出常见问题。一般来说,常见问题分为两种:一种是面向新顾客和潜在顾客的,主要提供的是关于公司及产品的最基本的问题;另一种是面向老顾客的,一般来讲,老顾客对公司及产品已有了一定程度的了解,因此可提供一些更深层次的、详细的技术说明等方面的信息。

(2) 问题的组织。优秀的问题页面设计不仅可以为顾客提供方便的服务,还能为公司降低答疑的时间成本。创建的问题页面应有一定的深度和广度,尽可能提供足够详细的信息。提供信息的详细程度应以顾客的需要为标准,还要注意不被竞争对手所利用。

(3) FAQ 的导航。FAQ 的布局和组织要尽量清晰、简单、明确,易于导航,方便客户快速找到答案。如果企业 FAQ 的内容繁多,那么就算 FAQ 的布局设计再合理,顾客可能还是难以迅速找到所需答案。所以,站点还应为顾客提供搜索功能,以方便顾客快速找到所需答案。

在设计 FAQ 搜索功能时,应注意的事项有:① 搜索功能应与站点规模相适应。对小站点来说,如果其规模非常小,那么只要用一个设计得较好的目录表就能解决问题;对稍大一点的站点,用一个稍微复杂一点的索引或者可采用与字符串直接匹配的文档存回和取出系统帮助搜索;对内容复杂的大型站点来说,就需要功能较强的搜索引擎。② 搜索工具的设计应从顾客的角度出发。顾客在使用搜索引擎搜索相关信息时,企业必须清楚顾客需要了解的是什么信息,搜索引擎应尽可能列出相匹配的信息。这就要求企业能站在顾客的角度考虑问题,顺着顾客的思路提供有针对性的帮助,让顾客能迅速找到所需的信息。③ 信息量的适度问题。如何把握信息公开程度,这是一个两难的问题。公开信息太粗略、稀少,对顾客不能产生真正价值;公开信息太多,一是对顾客没有太多的用途,二是给了竞争对手窥探公司核心技术及产品缺点的机会。一般可以对涉及产品技术核心的 FAQ 部分设置密码,顾客若需要这些信息,必须先购买密码或者购买产品后注册成会员才能索取密码。

 小案例

微软办公软件的帮助菜单

在使用计算机处理文件时,用户只需稍微留意就会发现,微软各版本 Windows 操作系统

以及应用软件都少不了一个"帮助"菜单,其中详细列举了一些常见问题及解答,为用户使用软件提供了很大的方便,这种服务特色在其他应用软件中也有类似的表现形式。这种形式的用户帮助就是一种顾客服务手段。

(4) FAQ 的帮助。一些顾客往往通过 FAQ 不能自己解决问题,因为他们并不确切地知道自己的问题究竟属于哪一类,结果导致寻找方向错误。此时,应该有人帮助他们发现自己遇到的问题是什么,并为他们指出正确的寻找方向。鉴于此,企业可以考虑设计一种能够自动监视顾客搜寻情况的软件。当某一顾客的搜寻次数大大超过正常水平时,就可以通过电子邮件或电话告诉客户可能没有掌握正确的搜寻方法和路径,告诉他如何通过最短的路径进行搜寻。

(三)理解网络品牌

1. 建设企业网站品牌

企业网站的域名与网络品牌之间存在密切的关系,但由于英文(或汉语拼音)域名与中文品牌之间的关系并非一一对应,使得域名并不一定能完全反映网络品牌,这是中文网络品牌的特点。一个中文品牌可能并非只对应一个域名,如联想集团中文商标为"联想",其英文商标为"Lenovo",但汉语拼音"lianxiang"所对应的中文并不是唯一的,除了"联想"之外,还会表示"恋乡"等也有一定意义的词汇,这也为网络品牌推广带来一定的麻烦。同时,也会出现域名保护问题。尽管从用户网站访问的角度来看,一个域名就够了。但实际上,由于域名有不同的后缀(如.com、.net 等)以及品牌谐音的问题,容易造成混乱,因而对于一些相关的域名采取保护性注册是必要的,尤其是知名企业。但过多的保护性注册会增加企业的支出,这些网络品牌资产虽然也有其存在的价值,但却无法转化为收益。

2. 通过搜索引擎提升网络品牌

据调查,在搜索引擎营销应用中,61%的企业认为采用搜索引擎营销的首要目标是品牌认知,尤其是大型企业更加注重搜索引擎对品牌推广的价值。因此,企业应将网络品牌建设、网站建设和搜索引擎联系起来,对网站在搜索引擎中的表现给予充分关注。客户通过某个关键词检索看到的信息,是一个企业/网站网络品牌的第一印象,这一印象的好坏决定了这一品牌是否有机会进一步被认知。

3. 通过多种手段传播网络品牌

(1) 电子邮件传播网络品牌。从事网络营销的人员,每天都可能会发送大量的电子邮件,其中有一对一的顾客服务邮件,也有一对多的产品推广或顾客关系信息。通过电子邮件向客户传递信息,也就成为传播网络品牌的一种重要手段。许可邮件信息的长期接收者经常会点击邮件中的信息,并且实现在线购买,这说明电子邮件对企业的品牌认知产生了积极的影响。除了产品服务促销邮件之外,顾客服务邮件、确认信息以及顾客定制邮件都很重要,在一定的程度上对企业品牌产生着影响。

(2) 通过网络广告推广网络品牌。网络广告的作用主要表现为品牌推广和产品促销。相对于其他网络品牌推广的方法,网络广告在网络品牌推广方面具有针对性和灵活性,可以根据营销策略的需要设计和投放相应的网络广告,如根据不同节日设计相关的形象广告,并采用多种表现形式投放于不同的网络媒体。

(3) 使用病毒性营销推广网络品牌。病毒性营销对于网络品牌推广同样有效,例如,

Flash 幽默小品是很多上网用户喜欢的内容之一。优秀的作品常常会在很多同事和网友中互相传播,在这种传播过程中,浏览者在欣赏画面内容的同时,也会注意到该作品所在网站的信息和创作者的个人信息,这样就实现了品牌传播的目的。

（4）建立网络社区传播网络品牌。由于大多数企业网站的访问量比较小,参与网络社区并且重复访问者就更少,这使得网络社区的价值体现不出来。但对于大型企业来说,尤其是有较高品牌知名度并且客户具有相似爱好特征的企业来说有所不同,如大型化妆品公司、房地产公司和汽车公司等,由于有大量的用户需要在企业网站获取产品知识,并且与同一品牌的消费者相互交流经验,这时网络社区对网络品牌的价值就表现出来了。这里需要指出的是,建立网络社区是为了建立网络品牌、提供顾客服务以及增进顾客关系。同时,更重要的是要有合理的网络社区经营管理方式,一个能够吸引客户关注和参与的网络社区才具有网络营销价值。

除上述几种建立和传播网络品牌的方法之外,还有多种对网络品牌传播有效的方法,如发布企业新闻,以企业为背景的成功案例、博客等,这些方法可在有效的网络营销活动中兼顾网络品牌的推广。

三、网络定价策划

（一）网络定价的含义及特点

网络定价是指在网络营销过程中买卖双方成交的价格。它具有如下特点。

1. 全球性

网络营销面对的是开放性的和全球化的市场,用户可以在世界各地直接通过网站进行购买,这使得网络产品定价时必须考虑目标市场范围的变化给定价带来的影响。如果产品的来源地和销售目的地与传统市场渠道类似,则可以采用原来的定价方法。如果产品的来源地和销售目的地与原来传统市场渠道差距非常大,定价时就必须考虑地理位置差异带来的影响。如亚马逊的网上商店的产品来自美国,购买者也是美国人,那产品定价可以按照原定价方法进行折扣定价,定价方法比较简单。如果购买者是中国人或者其他国家购买者,则继续采用针对美国本土的定价方法就很难适应全球化的市场,影响了网络市场全球性作用的发挥。为解决这些问题,可采用本地化方法,在不同市场的国家建立地区性网站,以适应地区市场消费者需求的变化。

2. 低价位定价

在早期,互联网开展商业应用时,许多网站采取收费方式,想直接从互联网盈利,结果被证明是失败的。而雅虎公司通过为网上用户提供免费的检索站点起步,逐步拓展为门户站点,到现在拓展到电子商务领域,一步一步获得成功,其成功的主要原因是遵循了互联网的免费与间接收益原则。网上定价比传统定价有着成本费用降低的基础,从而使企业有更大的降价空间来满足顾客的需求。

3. 顾客主导定价

顾客主导定价是指顾客通过充分市场信息来选择购买或者定制生产自己满意的产品或服务,同时,以最小代价获得产品或服务。顾客主导定价的策略主要有顾客定制生产定价和拍卖市场定价。根据调查分析,由顾客主导定价的产品并不比企业主导定价获得的利润低,根据国外拍卖网站 eBay.com 的分析统计,在网上拍卖定价产品,只有 20％产品拍卖价格低于卖者的预期价格,50％产品拍卖价格略高于卖者的预期价格,剩下 30％产品拍卖价格与卖者预期价格相吻合,在所有拍卖成交产品中有 95％的产品成交价格卖主比较满意。

（二）选择网络定价策略

1. 免费价格策略

（1）免费价格的含义及形式。免费价格策略就是将企业的产品和服务以零价格形式提供给顾客使用,满足顾客的需求。一般而言,企业实施免费价格策略的目的有两点,一是让用户免费使用形成习惯后再开始收费;二是从战略发展的需要出发,着眼于发掘产品的后续商业价值,先占领市场再在市场上获取收益。

免费价格策略的形式主要有四种。一是完全免费,即免费提供产品或服务购买、使用以及售后所有环节。二是有限免费,即产品或服务可以被有限次或者在有限时间内免费使用,超过一定次数或时限就不再享受免费。比如,现在许多网络游戏都提供试玩,服务器免费开放一定天数,当玩家超过免费试玩期想要继续玩游戏就要缴费。三是部分免费,即将产品整体进行划分或将服务全过程分成若干个环节,只对其中某些部分或某些环节免费。如研究网站上只对论文或其他成果进行部分公布,如果要获取全部信息就要付款。四是捆绑式免费,即在购买某种产品或服务时可以免费享受赠送其他产品和服务的待遇。

☞ **小贴士**

免费产品的特性

（1）易于数字化。免费产品易于数字化,用户能通过互联网自由下载使用,从而实现其零成本的配送。

（2）无纸化。采用免费策略的大多是无形产品,如软件、信息服务、音乐制品、图书等。这些无形产品可通过数字化技术实现网上传输。

（3）零制造成本。这一特性是指产品开发成功后,只需要通过简单复制就可以无限制的生产。

（4）成长性。采用免费策略一般都是利用免费产品占领市场,为未来市场发展打下坚实基础。如微软公司免费发放 IE 浏览器,为其销售 Windows95、Windows98、Windows2000 打下坚实的基础。

（5）间接收益特点。免费产品可以帮助企业通过其他渠道获取收益。

（2）免费价格策略的制定。实施免费价格策略的步骤主要有以下几个。

① 考虑所选的免费价格策略是否符合商业运作模式。互联网是一个成长性的市场,想在这一市场获取成功,关键是要有一个可能获得成功的商业运作模式,因此,考虑免费价格策略时必须考虑能否与商业运作模式匹配。

② 分析采用免费策略的产品能否获得市场认可。互联网上通过免费策略已经获得成功的公司有一个共同特点,就是提供的产品受到市场的极大欢迎。

③ 分析免费产品推出的时机。在互联网上推出免费产品是为抢占市场,如果市场已经被占领或者已经比较成熟,则要审视推出的产品的竞争能力。

④ 考虑免费产品是否适合采用免费价格策略。目前,国内外很多提供免费网络产品的信

息服务提供商，对用户也不是毫无要求，有的要求用户接受广告，有的要求用户每月在其站点上购买一定金额的商品，还有要求提供接入费用等。

⑤ 策划推广免费产品。对于免费的产品，网络用户已经习惯使用。因此，要吸引用户关注免费产品，应当与推广其他产品一样有严密营销策划。在推广免费价格产品时，主要考虑通过互联网渠道进行宣传。例如，3721 网站为推广其免费中文域名系统软件，首先通过新闻形式介绍中文域名概念，宣传中文域名的作用和便捷性；然后与一些著名互联网服务提供商（ISP）和网络内容服务商（ICP）合作，建立免费软件下载链接，同时还与个人计算机（PC）制造商合作，提供捆绑预装中文域名软件。

2. 动态定价策略

动态定价就是根据顾客认可的产品、服务的价值或者根据供给和需求的状况动态调整价格，是买卖双方在交易时进行价格确定的一种定价机制，包括拍卖、逆向拍卖、谈判和讨价还价等。动态定价允许同样的货品或服务因顾客、时间、空间或供应需求的不同而确定不同的价格。动态定价机制有助于在不确定的环境下找到价格，通过价格和当前市场条件的匹配，买者和卖者之间能产生出一个最优的结果，从而达到更高的市场效率。

3. 低价定价策略

借助互联网进行销售，比传统销售渠道的费用低廉。同时，由于网上的信息是公开和易于搜索比较的，所以，一般来说，网上销售价格比传统的市场价格要低。低价定价策略主要有直接低价定价策略和折扣策略。直接低价定价策略是指定价时采用成本加一定利润，有的甚至是零利润。它一般是制造企业在网上进行直销时采用的定价方式，如戴尔公司计算机定价比同性能的其他公司产品低 10%—15%。折扣策略是指在原价基础上进行折扣来定价，可以让顾客直接了解产品的降价幅度以促进顾客的购买。折扣策略主要用在一些网上商店，一般按照市面上的流行价格进行一定的折扣，如亚马逊的图书价格一般都要进行折扣。

在采用低价定价策略时要注意几点，一是由于互联网是从免费共享资源发展而来的，用户一般认为网上商品比从一般渠道购买商品要便宜，因而在网上不宜销售那些顾客对价格敏感而企业又难以降价的产品；二是在网上公布价格时要注意区分消费对象，一般要根据一般消费者、零售商、批发商、合作伙伴分别提供不同的价格信息发布渠道，否则可能因低价策略导致营销渠道混乱；三是网上发布价格时要注意比较同类站点公布的价格。

 **小案例**

当当网搜索比价

当当网专为网上销售而开发了一个智能比价系统，通过此系统，当当网将每天实时对各电子商务网站的同类商品与当当网的同类商品的零售价格进行对比。一旦发现有其他网站的商品价格比当当网价格低，当当网将自动调低当当网同类商品的价格，保持与竞争对手至少10%的价格优势，也确保用户从当当网得到的是市场最低价。

当当网认为一本书的价值不在于它的标价，而在于有多少读者阅读了它，有多少读者从中获益。新书、畅销书的价格过高，让很多顾客望而却步，而当当网已将此类图书的折扣降到了

5—7折,通过比价系统,当当网将折扣再次降低1折,近乎成本价的畅销书一定会吸引更多的购买者,让他们从这些书中获益。

4. 定制定价策略

定制定价策略是指在企业能实行定制生产的基础上,利用网络技术和辅助设计软件,帮助客户选择配置或者自行设计能满足自己需求的个性化产品,同时,客户承担自己愿意付出的价格成本的策略。为顾客定制计算机的戴尔公司就是这方面的典范。客户可以登录专门针对中国市场设计的可进行定制定购的主页,了解本型号产品的基本配置和基本功能。如果用户对配置还不满意,想增加功能或者提高产品性能,比如,顾客想将硬盘从40GB扩充到160GB的容量时,只需要选中图中右下角的方框,然后在页面上方的框内会显示出当前配置的计算机价格。通过这些对计算机配件的选择,消费者可以根据自己的实际需要和能承担的价格,配置出自己最满意的产品,实现定制化产品。在配置计算机的同时,消费者也相应地选择了自己认为合适的价格产品,因此,对产品价格有比较透明的认识,增强了企业的信用。目前这种允许消费者定制定价订货还只是初级阶段,消费者只能在有限的范围内进行挑选,还不能要求企业完全满足消费者所有的个性化需求。

5. 使用定价策略

使用定价策略就是顾客通过互联网注册后可以直接使用某公司的产品,顾客只需要根据使用次数进行付费,而不需要将产品完全购买。因此,一方面减少了企业为完全出售产品而进行的不必要的大量生产和包装的浪费,同时还可以吸引有顾虑的顾客使用产品,扩大市场份额。另一方面,顾客每次只是根据使用次数付款,节省了购买产品、安装产品、处置产品的麻烦,还可以节省不必要的开销。

采用按使用次数定价,一般要考虑产品是否适合通过互联网传输,能否实现远程调用。目前,比较适合的产品有软件、音乐、电影等产品。对于软件,如我国的用友软件公司推出的网络财务软件,用户在网上注册后在网上直接处理账务,而无须购买软件和担心软件的升级、维护等非常麻烦的维护事务。对于音乐产品,也可以通过网上下载使用专用软件点播。对于电影产品,则可以通过现在的视频点播系统来实现远程点播,无须购买影带。另外,还需考虑现有带宽是否适用。采用按次数定价对互联网的带宽提出了很高要求,因为许多信息都要通过互联网进行传输,如互联网带宽不够将影响数据传输,势必会影响顾客租赁使用和观看。

6. 捆绑定价策略

捆绑定价策略是指用户在购买某产品或者服务时,也必须购买其他产品和服务的方法。由于捆绑容易操作,因而捆绑定价策略在厂商定价策略中处于十分重要的位置。例如,微软Office软件是由Word、Excel、Access和Powerpoint等软件捆绑而成,成功的捆绑销售使其取得了全球办公软件市场90%的份额。

7. 交叉补贴定价策略

交叉补贴定价策略是一种基于产品互补性产生需求上的相互依赖性,通过低价向消费者出售基础产品,使消费者对与之互补的辅助产品产生极大的需求,然后再以高价售出对应辅助产品的定价方式。例如,购买数码相机时,随机配备的存储卡容量一般是64兆,如果用户要使购买的数码相机产生最大效用,就必须附加购买128兆甚至更大容量的存储卡。

四、网络分销策划

网络分销是指企业基于网络开展的分销行为,通过利用互联网的渠道特性,在网上建立产品分销体系,来完成网络渠道建设、分销商管理等,把商品分销到消费者手中。

(一)网络分销的类型

1. 网络直销渠道的类型

(1)在线商店。在线商店是企业分销自己商品的平台,它不同于作为间接分销渠道的网上商城。网上商城是由中介机构设立的用于向商家出租或免费提供网络空间的一种形式。而在线商店类似于传统分销渠道的专卖店,是企业挖掘潜在客户、增加老客户对产品的订购次数、为客户提供购物便利的重要平台。网站通常为网络访问者提供一份详细的产品目录和相关的商品介绍,并借助相关的电子商务软件实现消费者的购物流程,并允许消费者选用合适的支付手段在线订购商品的购买行为。

(2)信息服务。许多企业建立的网站并不仅仅是为了在网上分销产品或服务,而是为了宣传企业的品牌形象,改进顾客服务以及加强与消费者的联系。该类网站一般提供企业新闻、市场动态、消费者反馈、论坛以及符合目标顾客特征的消费、娱乐与生活指导,以及各种有用的信息资源服务。

(3)顾客服务。毫不夸张地讲,服务是企业网络分销的灵魂。企业可以借助网站全天候24小时不间断地为客户提供所需要的服务,这种措施能有效地提升企业整体的顾客服务水平。除了一般的 FAQ、E-mail 答疑以及一些企业与消费者共同交流问题的 BBS 论坛等互动的沟通方式以外,成熟的网络直销行为应该充分利用网络聚集的顾客群体资源,进行专业的在线客户关系管理,以此来提高顾客的满意度和忠诚度。

(4)电子杂志。电子杂志是一种只能在网上存在的出版物。顾客可通过网站定制自己所需要的电子杂志,也可根据需要取消订阅。企业可以通过 E-mail 来发送电子杂志,让顾客通过它直接了解产品信息及其相关服务。

(5)在线目录。对于新产品开发频率较高、价格经常变化,或对消费者来说需要更多产品信息才能作出购买决策的企业,可以用完善的网络在线目录来直接展示产品的名称、价格、功能、适用对象、相关的测评和促销信息等,使消费者通过浏览和点击网络在线目录的产品,获取详细的产品信息。

(6)超链接。超链接是企业网站十分常见而重要的组成部分,通过创建超链接,可以把企业网站与其他相关网站,如行业信息网站、新闻网站、供应商网站、中间商网站、与公司产品相关联的信息网站、对企业有相关评价的论坛等进行链接,可以大大提高网站的信息容量,满足消费者对相关信息的需求。

2. 网络中介渠道的类型

(1)信息服务提供商。信息服务提供商主要有如下几种类型。

① 目录服务提供商。目录服务提供商对互联网中存在的大量信息进行搜集、筛选和整理,以目录的形式体现在自己的网站上,使得顾客能够方便地找到所需要的网站、网页或者文件等。一般而言,目录服务有三种形式:一种是通用目录,即把各种不同的站点按层次进行分

类组合,使得用户能按自己的需求对站点进行搜索,如新浪等门户网站,为用户提供了大量站点、信息的索引;第二种是商业目录,即提供各种商业网络站点的索引,类似于印刷出版的指南或手册,如互联网商店目录;第三种是专业目录,即网络中间商针对某个行业或主题建立网络站点,站点里面可以包括某类产品、企业、市场等信息。生产制造商可通过支付网络中间商费用,利用其站点进行网络广告宣传,如中国化工网站的专用目录。

② 搜索服务提供商。与目录服务提供商不同,搜索服务提供商的站点搜集了大量的数字化信息,建立了大型数据库并分门别类存储各种站点介绍和页面内容,为用户提供基于关键词的检索服务,如谷歌、百度等站点。

③ 比较购物代理。比较购物代理就是以万维网站的形式存在于互联网上,使用专门设计的比较购物代理程序(软件),为消费者提供网络导购、商品价格比较、销售商信誉评估等服务的网络虚拟中介组织。比较购物代理的作用就是辅助消费者作出购买决策,按其在消费者购买决策过程中的作用不同,比较购物代理可以分为价格比较购物代理和议价代理两种类型。

价格比较购物代理又有两种形式,一是智能代理提供商。智能代理提供商利用自己专门设计的智能软件,根据消费者的需求和偏好预先为消费者进行搜索和过滤所需要的销售商、产品信息或相关评价等,最终将结果依照预先设定的程序反馈给消费者。消费者可以自由选择通过这类网络中间商购物或者直接联系供应商购物,而网络中间商通过收取相关供应商的费用而获得收益;二是卖方代理提供商。在模式上,与智能代理提供商恰好相反,卖方代理提供商通过自己的网站为销售商搜集和整理老顾客、潜在顾客的信息,然后将这些顾客的信息出售给销售商,从而获得收益。

议价代理是指网络消费者指定网络中间商,由其代表与销售商进行交易磋商。例如,互联网上的拍卖网站使人们摆脱了地理空间的限制直接在网上参与拍卖,但是由于拍卖的过程一般都比较长,竞标者不得不花费大量时间和精力了解拍卖的进展直至拍卖结束。议价代理使竞标者的竞标过程自动化,可根据客户设定的限制条件,比如,可接受的价格范围、技术规格、期限等,在网络商店中与交易对象进行智能化的实时议价,从而节省竞标者的时间和精力,降低了交易的谈判成本。很多拍卖网站已经推出了类似的代理服务,如易趣网等。

(2) 平台提供商。平台提供商主要有如下几种。

① 网络交易市场。这类网络中间商通过搭建电子商务平台,运用先进的网络技术及设备为企业或用户提供权威的网络交易平台及数据库管理。网络交易平台提供商主要通过向企业或者用户收取的店铺租金来获得收入。典型的网络交易市场就是 B2B 模式的阿里巴巴,阿里巴巴通过自己的网站为中小企业提供技术、服务等。中小企业不仅可以通过阿里巴巴网站扩大市场区域,寻找客户及减少交易费用,同时还可以搜索符合其要求的供应商,降低其采购费用。销售商和采购商可以通过阿里巴巴网站进行谈判,达成交易,并通过阿里巴巴网站的信誉进行网上在线交易等。

② 网络拍卖市场。网络拍卖市场提供网络交易场所,并组织拍卖活动而获得销售佣金和广告收入。销售商在网站上提供商品信息,但不确定商品的价格。商品价格是通过拍卖的形式由注册的会员在网络上互相竞价确定,在规定时间内出价最高者就可以购买该商品,如eBay 就是全球最成功的网络拍卖市场。

(3) 虚拟零售店。虚拟零售店主要有如下几种。

① 电子零售商。电子零售商首先购进各种各样的商品,然后通过自己建立的网站再把商

品直接出售给最终消费者,从中赚取利润。一般来说,电子零售商采取的是 B2C 的运营模式。电子零售商通常会借鉴传统零售商的促销经验,以打折、优惠券等方式来吸引消费者购物。

②电子购物中心。电子购物中心是由众多的商家加入到中介机构建设的网站中来,通过中介机构建设的网站面向消费者。它与目录服务的根本区别在于电子购物中心不仅为商家提供链接、信息咨询和广告服务,还会为需要加入网站的商家提供网络建设和开发的服务,并收取一定的费用,如服务器的租用费用、广告宣传费用、销售收入提成等。

(4)辅助服务提供商。辅助服务提供商主要有如下几种。

①网络评估机构。网络评估机构直接针对网络上良莠不齐的销售商而成立,它们根据预先制定的评估标准体系对网上商家进行评估,为消费者提供网上商家的资信等级信息和消费评测报告,降低消费者网上交易的风险,尽量避免消费者的权益受到侵害,对网络市场商家的经营行为起到了间接的监管作用。

②网络统计机构。网络分销渠道发展也需要其他辅助性的服务。例如,网络广告提供商需要了解有关网站访问量、访问者特征、不同的网络广告手段的使用效果等信息;企业需要了解消费者的购买偏好、网络用户增长的趋势等。网络统计机构就是为用户提供互联网统计数据,确保交易过程中的一些必要数据的透明性而建立的,如中国 CNNIC 等。

③网络金融机构。网络交易的不安全性,使得交易双方不能够相互信任,为交易的达成带来一定的困难,因而一些企业开始利用自身信用逐渐介入到网络分销渠道中来,提供专门的金融服务,如支付、转账、结算等服务。网络金融机构是为网络交易的支付与安全提供专业性金融服务的机构,主要有两种类型,一种是一些传统的金融服务商逐渐开通网上银行,买卖双方只要有银行账号,就可以通过网络进行转账结算;二是新兴的虚拟金融服务机构,它们以第三者的身份为网络交易提供安全保证。

(二)完善网络分销策略

1. 延伸网络分销渠道策略

(1)主动分销策略。企业一方面可以采取联合促销的方式,将关联的不同商家的产品捆绑促销,达到信息广泛传递的目的,尽可能地接触到目标客户;另一方面可以主动定期推荐商品,组织个性化的商品,提供个性化的服务,如幸运客户、节日大送礼、在线商品知识的有奖问答活动等,这些主动分销活动有利于实现信息传播的延伸,促进商品的销售。

(2)在线交易策略。在线交易是地面交易的延伸,其关键的意义在于开创了素未谋面却可以成功的交易模式。企业一旦建立了网上商城,就可以通过网上银行共享各种银行卡的在线支付功能,使得全国乃至全球各地的消费者都可以通过网络平台购买,而且是款到发货,加上网络中间商和企业自身的信誉和服务保证,完整地实现分销过程的延伸。

(3)中间商介入策略。除了企业自身的网络销售平台以外,企业可以通过门户网站的搜索引擎,B2B 网站的商家信息发布、商品目录、虚拟市场、虚拟商业街或虚拟商店等网络中间商实现分销范围的延伸。这种延伸在理论上来讲是没有地理边界的,只要互联网能接入到的地方,都可以成为企业网络分销渠道的终端。

2. 整合网络分销策略

(1)企业内、外联网与国际互联网的整合。企业内联网是连通企业内部各个环节的网络,通过整合企业生产、研发、营销、财务、物流等信息资源，强化业务流程管理，使企业内部实现信息共享，提高企业运转效率。企业外联网是连接企业及相关协作厂商之间的网络，促进企业间的电子数据信息交换、电子转账、信息交流等，以提高沟通效率，缩短生产周期，降低采购成本。国际互联网是更为广阔的网络，它连接了企业与外界环境，实现了企业与供应商、客户以及其他利益相关者的信息沟通，充分实现了商流、物流、信息流、资金流等"四位一体"的功能。

由此可见，内联网让企业与员工之间的沟通交流无限制，外联网让企业与供应商、客户之间的沟通交流零距离，最后再由国际互联网将内联网与外联网融合，形成一个强大的线上整合的网络。

（2）互联网与传统分销渠道的整合。一是网上客户，网下服务。通过网站的浏览和点击，可以统计出对产品有兴趣的客户群所在地，让企业明确网下的分销渠道应该怎么做，而且如果能在网上进一步获取客户的个人信息资料，企业可以利用传统分销渠道打入目标客户群，实现真正意义上的"一对一"的关系营销。同时，网络信息反馈的实时性又让企业随时改变分销渠道策略，适应客户口味，推出不断令客户惊喜的产品或服务。二是网下产品，网上展现。这主要是利用先进的网络多媒体手段，将企业产品功能和附加的信息进行剥离，甚至再组合。顾客可以全方位、多角度地了解产品功能和相关的资讯，弥补传统分销渠道的不足。例如，企业推广运动鞋，传统分销渠道不可能把一双鞋分解，把鞋子的内部构造、结构性能展现给顾客看，而现在利用网络优势，就可以实现顾客点击鞋的任何一个部位，便可以清楚地看见该部位的分解图形和详细构造，这无疑彰显了产品的性能优势，强化了卖点的吸引力，让客户对产品更加充满信心。

 **小案例**

中小陶瓷企业的网络分销

中小陶瓷企业的网路分销渠道应以方便消费者为主，在网站首页设计上采取虚拟实境的手法，设立虚拟商店橱窗，使消费者如同进入实际的商店一般，同时商店的橱窗可顺应时间、季节、促销活动、经营策略等需要，轻易快速地改变设计。结合相关产业的公司，共同在网络上组织网络商展。消费者一经上网，即可浏览各类相关商品，从而增强上网意愿与消费动机。例如，生产建筑陶瓷、卫生陶瓷的中小陶瓷企业可与房地厂商联手举办网络商展活动。消费者在决定采购后，可采用电子邮件方式进行网上订购。

企业还可在网络上以首页方式设立虚拟经销商或虚拟公司，提供各类的商品目录及必要的售后服务。此外，网络营销中一个最重要的渠道就是会员网络，即在中小陶瓷企业建立虚拟组织的基础上形成的网络团体。通过会员制，可以促进消费者相互间的联系和交流，以及消费者与陶瓷企业的联系和交流，培养消费者对陶瓷企业的忠诚，并把消费者融入陶瓷企业的整个营销过程中，使会员网络的每一个成员都能互惠互利、共同发展。

（3）直销渠道与间接渠道相结合。直销渠道与间接渠道相结合的策略还包括企业同时使用网络直销渠道和网络中介渠道，以实现销售利益最大化的网络市场渗透策略。具体来说，企业在网络分销活动中，一方面应尽早规划和建立自己的企业网站，采取有效的措施提高网站的吸引力和访问量;另一方面要积极利用网络权威中介机构的信息服务、广告服务和撮合服务,扩大企业的影响力,拓展企业产品的销售区域。

五、网络促销策划

网络促销是指利用现代化的网络技术向虚拟市场传递有关产品或服务的信息,以引发顾客需求,引起顾客的购买欲望和购买行为的各种活动。

（一）常见网络促销形式

1. 拉式

拉式促销就是企业通过网站推广、网络广告等手段吸引消费者访问自己的网站,让消费者浏览公司及产品网页,作出购买决策,进而实现产品销售。企业实施拉式促销策略,其主要功能是紧紧地吸引住客户,保持稳定的市场份额。对大型机械产品、计算机、专用机电产品等采用拉式促销的方式是比较有效的。

2. 推式

推式促销就是企业主动向消费者提供产品信息,让消费者了解、认识企业的产品,促使消费者购买产品。网络推式促销有两种:一种是利用互联网服务商或广告商提供的经过选择的互联网用户名单,向用户发送电子邮件,在邮件中介绍产品信息;另一种是应用推送技术,直接将企业的网页推送到互联网用户的终端,让互联网用户了解企业的网站或产品信息。企业实施推式促销策略,其主要功能是将企业的产品推向市场,获得广大消费者的认可。通常,日用消费品等采用网络推式促销的效果比较好。

3. 链式

通过互联网进行互动的信息交流强化了企业与顾客的关系,提高了顾客的满意度,这是企业开展网络链式促销的前提。企业使顾客充分满意,满意的顾客成为企业的种子顾客,会以自己的消费经历为企业做宣传,向其他顾客推荐企业的产品,使潜在顾客成为企业的现实顾客,从而形成口碑效益,最终形成顾客链,实现链式促销。

（二）实施网络销售促进

网络销售促进又称网络SP,是指企业在互联网络上利用短期性的以让利为特征的刺激性措施(如价格折扣、有奖销售等)引起消费者广泛注意,拉动顾客和商家迅速或较多地购买某一特定的产品或服务的活动,如图 14-2 所示为创维网络 SP。销售促进的形式主要有:网上折扣式促销、网上赠品式促销、网上抽奖式促销、积分式促销、网上联合式促销、包邮、赠送红包、好评返现等。

图 14-2　创维网络 SP

（三）实施网络公共关系

网络公共关系又叫线上公关或 e 公关，是指企业利用互联网络为表达手段，通过网络上的各种存在形式，以及通过采取各种方式与网络公众增进了解，进而维持与网络公众的良好关系与互动，以此来增强品牌的影响力，促进品牌的推广。网络公共关系的形式主要有：

1. 网上新闻发布

进行网络新闻发布的主要平台是网络门户或网络媒体。一般有以下几种类型。

（1）综合性门户网站，如搜狐等。这类媒体平台的特征是知名度高、网站各类信息比较全面、访问量大、覆盖面广等，缺点是专业性不够突出。比较适合目标客群比较广泛的企业和产品，如手机、数码产品等。

（2）行业性门户网站或媒体，如太平洋电脑网等。这类媒体平台通常锁定某一行业，具备较强的专业性，在同行业中具有较大的影响力，访问人群比较集中，比较适合专业性要求比较高的企业或产品，如仪器仪表等。

（3）新闻媒体的网络版，如新华网等。这类媒体平台是依托传统媒体的资源优势，吸引了一定的访问人群，具有权威性高、受众群比较稳定等特点。

（4）网络出版物，如数码杂志、电子书籍、网络音、视频节目等。这类出版物带有明显的网络特征，如娱乐性、互动性比较强，传播快速，受众面宽等。

2. BBS 论坛或社区公关

其主要平台是门户网站专业 BBS 论坛及专业社区网站等，主要有下列几种情形，一是门户网站或行业门户的专业 BBS 论坛，如新浪等综合门户网站均开设有不同专业角度的论坛，具有较集中的人气；二是专业社区网站，如西陆社区等，专门从事社区服务，受众群相对稳定，专业性比较强；三是网络媒体开设的论坛，如人民网的强国社区等，具有较高的知名度。

3. 网上公关活动

与线下的公关活动相对应，网上的公关活动主要是指企业在网络上开展或组织的企业公关活动。其主要平台仍然是重要媒体网站、门户网站等，这些重要媒体或门户网站担当着重要的网络信息传播途径，人气比较集中，在其平台上组织的各种活动比较容易引起网友的参与和互动。网上公共关系活动的形式主要有以下几种。

（1）主题访谈。即在网上进行的访谈节目，如针对网友普遍关心的某企业的大事件对该企业的管理层进行访谈，或者就某一时段的社会热点，对相关人士的访问等。网上访谈适合于政府或公益事业。网上访谈也可与新闻发布会结合进行，一般应用于企业对外界披露某个事情，或者发布企业的重要新闻等。

（2）参与或赞助。一些主流网上媒体通常会在某个时段，推出一些吸引网民参与或关注的主题活动，吸引广大网民积极参与。企业可选择性地参与或者赞助这类活动，有利于增进网民对企业的了解，展示企业热心社会公益事业的形象，或推广企业品牌，如伊利在搜狐网站推出"2012 伊利和你一起奥林匹克"全民参与体育事业的主题活动，如图 14 - 3 所示。

图 14-3　伊利网络公关

（3）网络路演。网络路演是融网上互动交流、新闻发布、音视频演示、专题报道等多手段于一体的组合，适合于新产品上市、企业形象推广、招商引资等。网络路演能够使企业与公众之间达成更深层次的交流与互动，使每一个参与公众都能得到更全面的关于企业或产品的信息。

（四）实施网站推广策略

顾名思义，网站推广就是通过网络手段把网站的信息推广到目标受众，具体包括通过传统的广告、企业形象系统去宣传；通过网络技术的方式，链接网络广告等方式去宣传等。推广网站的方法主要有：

1. 利用搜索引擎推广网站

搜索引擎推广是指利用搜索引擎、分类目录等具有在线检索信息功能的网络工具进行网站推广的方法。由于搜索引擎的基本形式可以分为网络蜘蛛形搜索引擎（简称搜索引擎）和基于人工分类目录的搜索引擎（简称分类目录），因此搜索引擎推广的形式也相应地有基于搜索引擎的方法和基于分类目录的方法。前者包括搜索引擎优化、关键词广告、关键词竞价排名、固定排名、基于内容定位的广告等多种形式，而后者则主要是在分类目录合适的类别中进行网站登录。

搜索引擎注册与排名是最经典也是最常用的网站推广方法之一。调查表明，搜索引擎是人们发现新网站的基本方法，84％的用户通过搜索引擎了解新的网站。因此，在主要的搜索引擎上注册并获得最理想的排名，是网站推广过程中考虑的主要问题之一。网站正式发布后，应尽快将其提交到主要的搜索引擎，是网络营销的基本任务。

2. 利用电子邮件推广网站

以电子邮件作为主要的网站推广手段，常用的方法包括电子刊物、会员通讯、专业服务商的电子邮件广告等。

3. 利用资源合作推广网站

利用网站之间的资源合作来推广网站不失为一种好方法，主要的合作方式有交换链接、内容共享、资源互换、互为推荐等。

4. 利用病毒性营销推广网站

病毒性营销方法实质上是在为用户提供有价值的免费服务的同时，附加上一定的推广信息，常用的工具包括免费电子书、免费软件、免费 Flash 作品、免费贺卡、免费邮箱、免费即时聊天工具等可以为用户获取信息、使用网络服务、娱乐等带来方便的工具和内容。如果应用得当，这种病毒性营销手段往往可以以极低的代价取得非常显著的效果。

5. 利用网络实名与通用网址推广网站

合理利用网络实名、通用网址以及其他类似的关键词网站快捷访问方式也可以实现网站推广。例如，选择企业名称或者商标、主要产品名称等作为中文网址，当用户利用某个关键词检索时，增加被用户发现的机会。

6. 利用网络广告推广网站

将网络广告用于网站推广，具有可选择网络媒体范围广、形式多样、适用性强、投放及时等优点，适合于网站发布初期及运营期的任何阶段。现在的广告客户已经不再单纯追求点击率，而是更加重视品牌形象展示和广告效果的转化率。

7. 利用信息发布推广网站

将有关的网站推广信息发布在其他潜在用户可能访问的网站上，利用用户在这些网站获取信息的机会实现网站推广的目的，适用于这些信息发布的网站包括在线黄页、分类广告、论坛、博客网站、供求信息平台、行业网站等。

8. 在 B2B 网站上发布信息或进行企业注册推广网站

B2B 网站是借助网络的便利条件，在买方和卖方之间搭起的一座沟通的桥梁，买卖双方可以同时在上面发布和查找供求信息。国内 B2B 网站中具有代表性的有阿里巴巴、敦煌网。阿里巴巴基本上是商务中介，允许企业免费发布供求信息，并提供企业登记注册服务。所以，在 B2B 网站上面发布商品服务信息或进行企业登记效果也很好。

9. 在新闻组和论坛上发布网址推广网站

互联网上有大量的新闻组和论坛，人们经常就某个特定的话题在上面展开讨论和发布信息，其中当然也包括商业信息。实际上专门的商业新闻组和论坛数量有很多，不少人利用它们来宣传自己的产品。但是，由于多数新闻组和论坛是开放性的，几乎所有人都能在上面随意发布消息，所以其信息质量比搜索引擎的质量要逊色一些。并且在将信息提交到这些网站时，一般都被要求提供电子邮件地址，这往往会给垃圾邮件提供可乘之机。当然，在确定能够有效控制垃圾邮件的前提下，企业不妨也可以考虑利用新闻组和论坛来扩大宣传面。

10. 利用网站评比与排名推广网站

依据一定的规则建立起来的比较权威的网站排名对于网站推广和品牌宣传也很有价值。网站评比的价值主要表现在扩大知名度、吸引新用户、增强保持力和提高忠诚度、了解行业竞争状况等方面。常见的网站评比形式有网站流量指标排名模式、比较购物模式、专家评比模式、问卷调查模式、综合评价模式等。

11. 利用传统媒体推广网站

一般来说，新兴的媒体发展总是建立在传统媒体的宣传和发展的基础上，网站的推广也不例外。因此,企业可以通过传统媒体,如广播、电视、报纸、杂志、户外广告、公司印刷品等来宣传自己的网站。

12. 其他网站推广方法

除了前面介绍的常用网站推广方法之外,还有许多专用性、临时性的网站推广方法,如制造时间、有奖竞猜、在线优惠券、有奖调查、针对在线购物网站推广的比较购物和购物搜索引擎等,有些甚至采用建立一个辅助网站进行推广,有些网站的推广方法可能别出心裁,有些网站则可能采用有一定强迫性的方式来达到推广的目的,例如,修改用户浏览器默认首页设置、自动加入收藏夹,甚至在用户计算机上安装病毒程序等,真正值得推广的是合理的、文明的网站推广方法,应拒绝和反对带有强制性、破坏性的网站推广手段。

(五) 实施网络广告策略

1. 网络广告的形式

网络广告是指运用专业的广告横幅、文本链接、多媒体等方法,在互联网刊登或发布广告,通过网络传递给互联网用户的一种高科技广告运作方式。网络广告的形式主要有:

(1) 横幅式广告。横幅式广告是指网络媒体者在自己网站的页面中分割出一定大小的一个画面(视各媒体的版面规划而定)发布广告,因其像一面旗帜,又称为旗帜广告。

旗帜广告允许客户用极简练的语言、图片介绍企业的产品或宣传企业形象。它又分为非链接型和链接型两种。非链接型旗帜广告不与广告主的主页或网站相链接,浏览者可以选择点击,进而看到广告主想要传递的更详细信息。为了吸引更多的浏览者注意并选择点击,旗帜广告通常利用多种多样的艺术形式进行处理,如以 Flash、GIF、JPG 等格式定位在网页中,同时还可使用 Java 等语言使其产生交互性,用 Shockwave 等插件工具增强表现力,做成动画形式,具有跳动效果和霓虹灯的闪烁效果等。此种广告重在树立企业的形象,提高企业的知名度。

(2) 按钮式广告。按钮式广告是以按钮形式定位在网页中,较横幅式广告尺寸偏小,表现手法也较简单。通常是一个链接着公司的主页或站点的公司标志,希望网络浏览者主动来点选。它是网络广告最早的和常见的形式,不足在于其被动性和有限性,它要求浏览者主动点选,才能了解到有关企业或产品的更为详尽的信息。

(3) 邮件列表广告。邮件列表广告又称直邮广告,是利用网站电子刊物服务中的电子邮件列表,将广告加在每天读者所订阅的刊物中发放给相应的邮箱所属人。

(4) 电子邮件式广告。电子邮件式广告是以电子邮件的方式免费发送给用户的广告形式,一般在拥有免费电子邮件服务的网站上常用。

(5) 竞赛和推广式广告。竞赛和推广式广告是指广告主与网站一起合办用户感兴趣的网上竞赛或网上推广活动。

(6) 插页式广告。插页式广告又称弹跳广告,是指广告主选择自己喜欢的网站或栏目,在该网站或栏目出现之前插入一个新窗口显示广告。

(7) 互动游戏式广告。互动游戏式广告是指在一段页面游戏开始、中间、结束的时候,广告都可随时出现,并且可以根据广告主的产品要求为其量身定做一个属于自己产品的互动游戏广告。

（8）图标广告。图标广告是用于显示公司或产品的图标，点击后可直接链接到广告企业的站点，该方式价格低廉，效果非常好。

（9）主页型广告。将企业所要发布的信息内容分门别类制作成主页，置于网络服务商的站点或企业自己建立的站点上。主页型广告可以详细地介绍企业的相关信息，如发展规划、主要产品与技术、产品订单、售后服务、战略联盟、年度经营报告、主要经营业绩、联系方法等，从而让用户全面地了解企业及企业的产品和服务。

（10）分类广告。网络分类广告类似于报纸杂志中的分类广告，是一种专门提供广告信息服务的站点，在站点中提供按照产品分类或者企业分类等方法可以检索到的深度广告信息。这种形式广告对于那些想了解广告信息的访问者提供了一种快捷的、有效的途径。

（11）新闻式广告。新闻式广告主要利用网上虚拟社区或者公告栏 BBS 发布有关产品、企业的广告信息，但发布时不是以直接广告形式，而是以新闻形式，以免引起反感。

（12）文字链接广告。文字链接广告采用文字标识的方式，单击后可链接到相关网页，也称链接广告。该方式点中率高，价格低，效果好，通常用于分类栏目中。链接广告往往在热门站点的网页上放置，可以通过热门站点的访问，吸引一部分流量到链接的站点。图 5-5 就是搜狐网上的文字链接广告。

（13）移动广告。移动广告是一种新形式广告，目的是克服旗帜广告比较呆板的缺点。该广告是一种可以在屏幕上移动的小型图片广告，用鼠标单击该小型图片时，该移动广告会自动扩大展示广告版面。移动广告目前在许多网站的主页上比较流行，但是广告随着页面的移动飘忽，影响上网者视觉而让人厌烦，有一定的负面效应。

（14）巨型广告。巨型广告针对旗帜广告过小，难以吸引网站访问者注意力的问题而产生。巨型广告的版面一般要占屏幕显示的三分之一空间，版面增大后，可以增加广告显示的信息，而且展现的内容主要采用的是 Flash 动画格式，因此，显示的信息比原来旗帜广告要丰富，形式也要多样化，可以吸引访问者更多的注意力，应用时也应该注意与移动广告一样的负面效应。

（15）网上视频广告。网上视频广告是直接将广告客户提供的电视广告转成网络格式，实现在线播放的网络广告形式。

2. 发布网络广告

（1）发布网络广告的要点。① 版位。旗帜广告的最佳位置在首页的上方，该位置叫第一视点，网页一打开即可被看到。相对而言，网页最下面也是较好的广告位置，因为浏览过程在此暂停较长的时间，用户拖动滚动条往往一拖到底，最下面的广告必定会被看见。更为理想的情况是在页面最上面和最下面设置相同的广告。此外，靠近网页主要内容的位置也比较好，因为用户注意力的焦点就在这上面。② 选择合适的网站。最适合于发布网络广告的网页当然是被访问次数最高的网页。网页的广告价值具体要通过统计数字说明。统计的主要内容是访问网页的用户数量、人次、频度等，同时也包括其他内容，如访问人员的类型、年龄、文化程度和消费习惯等。

（2）发布网络广告的形式。① 建立主页。对于大公司来说，建立自己的主页是一种必然的趋势。无论是黄页、企业名录、免费的互联网服务广告，还是网上报纸、新闻组，都是提供一种快速链接至公司主页的形式，所以，在互联网上做广告，建立公司的主页是最根本的。按照今后的发展趋势，一个公司的主页地址也会像公司的地址、名称、标志、电话、传真等一样，是独有的公司的标识,将成为公司的无形资产。② 通过网络内容服务商。网络内容服务商由于提供了大量的互联网用户需要的、感兴趣的免费信息服务,如新浪、搜狐等都提供了大量的新闻、评论、生活、财经等方面的信息,因此,网站的访问量非常大。目前,这些网站是网络广告发布的主要阵地,但在这些网站上发布的网络广告的主要形式是旗帜广告。③ 利用专类销售网。利用专类销售网是一种专类产品直接在互联网上进行销售的方式。以 Automobile Buyer's Network 为例,汽车购买者只要在一张电子表中填上自己所需汽车的类型、价值、型号等信息,然后单击一下 Search(搜索)键,计算机屏幕上就可以马上出现完全满足需求的汽车细节,当然还包括何处可以购买到此种汽车的信息。所以,对于汽车代理商和经销商来说,这是一种很有效的互联网广告发布场所,只需在网上注册,所销售的汽车细节就进入了网络的数据库中,也就有可能被消费者查询到。④ 应用免费的互联网服务。在互联网上有许多免费的服务,如网易等提供的免费电子邮件服务,受到很多用户的欢迎。由于网络广告内容繁多,即使公司建有自己的页面,也需要用户主动通过大量的搜索查询,才能看到广告的内容。而这些免费的网络服务就不同,它能帮助公司将广告主动送至使用该免费服务又想查询此方面内容的用户手中。⑤ 采用黄页形式。在互联网上有一些专门用以查询检索服务的网络服务商的站点,如雅虎等。这些站点如同黄页一样,将查询的内容按类别划分,便于用户进行站点的检索。比如,在雅虎网站上的搜索文本框中输入关键词"汽车",在页面上就会出现某汽车公司的广告图标。在这些页面上做广告的好处是:一是查询的过程中都是以关键词区分的,所以广告的针对性较好;二是醒目,处于页面的明显处,较易为正在查询相关问题的用户所注意,容易成为用户浏览的首选。⑥ 列入企业名录。一些网络服务提供者或政府机构会将一些企业信息输入他们的主页中,只要用户感兴趣,就可以直接通过链接,进入相应行业企业的主页上。⑦ 借助网上报纸或杂志。在互联网络日益发展的今天,一些知名的报纸和杂志,如《人民日报》《光明汇报》《中国日报》等,纷纷将触角伸向了互联网,在网络上建立了自己的主页。更有一些新兴的报纸与杂志,干脆脱离了传统的纸质媒体,完全成为一种网上报纸或杂志,反响非常好,每天访问的人数不断上升。对于注重广告宣传的公司,在这些网上杂志或报纸上做广告也是一个较好的传播渠道。⑧ 建立虚拟社区和公告栏。虚拟社区和公告栏是网上比较流行的交流沟通渠道,任何用户只要遵循一定礼仪都可以成为其成员。任何成员都可以在上面发表自己的观点和看法,因此,发表与公司产品相关的评论和建议,可以起到非常好的口碑宣传作用。⑨ 使用新闻组。新闻组也是一种常见的互联网服务,它与公告牌相似。人人都可以订阅它,成为新闻组的一员。成员可以在其上阅读大量的公告,也可以发表自己的公告,或者回复他人的公告。对于一个公司来说,选择在与本公司产品相关的新闻组上发布自己的广告将是一种非常有效的传播信息的渠道。

六、网络创业策划

(一)认识网络创业

网络创业就是依托互联网这个平台进行的创业活动。可以说,网络创业几乎不存在政策法律制度壁垒,并且互联网上存在许多免费资源,还有许多可以复制的资源,开设和经营一个网络的成本也不大,这对于当代大学生来说,网络创业是千载难逢的好时机。

从当前网络创业的环境来看,网络创业呈平民化的趋势,任何人只要懂点互联网络和商务知识，就可以创业。只要你经营有特色，利润就会呈级数上升，因为全球化的电子商务使得网络的经济价值等于用户数量的平方。

（二）认识网络创业的盈利模式

总的来说，网络创业的盈利模式无非是免费和收费两种，最常见的有：提供免费产品，依靠流量变现；提供免费产品，集成第三方服务进行收费或者分成；提供免费产品，通过广告创收；提供免费产品，商业性合作项目收费；产品增值服务收费等。如果按照经营的内容来划分，网络创业盈利模式主要分为 O2O 电子商务模式、内容分享模式、工具软件模式、游戏应用模式及手机物联网模式等。

1. O2O 电子商务模式

O2O(on line to off line)电子商务模式就是把线上的消费者带到现实的商店中去，即在线支付购买线下的商品和服务，再到线下去享受服务。例如，2011 年 7 月，奇虎 360 团队便成立了"邻居到邻居"的私家车汽车租赁服务。该服务实行会员制，会员可以通过下载的程序随时搜索附近的车辆，并通过手机完成鸣笛寻车、开锁等操作，按小时结算，包油包保险，完全实现了自助式汽车租赁。

2. 内容分享模式

内容分享模式是指网络产品提供者拥有一定特色的资源，然后通过寻找合适的网络途径，把这些特色资源分享给需要的人，以此盈利的模式。例如，大众点评网首创并领导了消费者点评模式，以餐饮为切入点，全面覆盖购物、休闲娱乐、生活服务、活动优惠等城市消费领域。大众点评网目前主要的盈利手段依然是商家的广告投放。其积分卡业务凭借其渠道平台的优势，向餐馆收取佣金，以积分形式返还给会员一部分后，剩下部分就是网站收入。

 小案例

人人网，基于社交的购物

人人爱购是人人网推出的长期促销平台，消费者在社交网络交流购物经验，影响他人的购物行为，目前主要提供产品导购功能。首页提供 B2C 企业展示广告及各类单品促销信息，用户点击后直接进入合作电商页面进行购买、支付。消费者在完成购物后可以交流购物体验，其他人可以在社区里进行反馈，目前合作商家包括京东商城、凡客、麦考林、淘宝商城、红孩子、银泰网、好乐买等。

3. 网络工具软件模式

网络工具软件主要包括安全软件、搜索软件、支付软件等。网络工具软件模式是主要通过网络工具软件提供的免费基础服务得到用户，建立起销售渠道，然后在网络市场上占据有利位置，从而成为其他盈利业务的推广商，最终获得收入。例如，谷歌、百度等采用搜索免费形式得到了众多用户，进而通过向广大中小企业或品牌企业在其网站上进行的各种形式的营销与推广活动收费，以此盈利。

4. 游戏应用模式

游戏应用模式主要通过游戏下载收费或购买游戏点卡以及游戏衍生产品来获取收入。如自从 2009 年 12 月《愤怒的小鸟》(Angry Birds)登录苹果 ios 平台后,仅用了 1 年多的时间,就成为风靡全球的一款软件。据统计,到 2010 年底,《愤怒的小鸟》在苹果 Appstore 就已累计付费下载 1 300 万次,产生超过 800 万美元的收入;在 android 平台上虽然是免费下载,但是广告收入每月超过 100 万美元。现在,人们每天花在这款游戏上的时间共计两亿分钟,而开发《愤怒的小鸟》的 Rovio 公司付出的研发费用仅仅为 10 万美元。

5. 手机物联网模式

手机物联网模式是指拥有智能手机并安装相关客户端的用户,只需要在杂志、报纸、直接邮寄广告单或商品上看到商品的真知码,通过手机摄像头扫描该码即可实时下单,通过成熟的第三方物流,快速送达指定地点。其主要的合作伙伴有宝洁、国窖 1573 等。其盈利特点是争夺购物入口,赚取商家代售佣金、广告、加盟、分成费用。对个人用户可以签订合作协议,用户免费接受服务,运营商则将用户数据分析后卖给商家,商家再根据用户的行为和喜好提供更精准的营销推广。

(三)构建网络交易平台

网络交易平台既可通过自身创建独立网站来进行经营管理,也可通过选择第三方网络交易平台经营管理,第三方交易平台比较多,如淘宝网、拍拍网、易趣网、百度网等。这些网站具有商家入驻门槛低、流量大、产品种类多等特点,受到了中小型企业的青睐。

(四)网络创业的心理准备

1. 角色转换的心理准备

(1)收入不稳定。创业者的收入主要来自网上事业的经营,经营的风险性决定了创业者的收入不稳定性。这与在企业做职员,每月获得固定收入就不一样。而且,自己成为灵活就业人员,还得给自己缴纳各种社会保险费用。

(2)构建组织资源比较艰辛。创业者创办事业,与在企业做职员相比,会很艰辛。因为所有的一切都得一步一步地积累,包括人脉关系、组织结构、组织文化、品牌、信誉等。

(3)个人时间受到更大的约束。与在企业做职员相比,网络创业者没有明确的上下班时间、办公时间和私人时间,除了必要的睡眠和休息外,可能个人时间中的大部分都得花在工作上,工作时间比企业职员更长、更没有规律。

2. 经营思想的心理准备

(1)强烈的事业欲望。创业者舍弃在企业担当职员的角色,而独闯江湖进行创业,冒着巨大的风险,如果没有强烈的事业欲望,是很难成功的。因此,强烈的事业欲望是成功者必须具备的一个素质,只有拥有了强烈的事业欲望,才可能迈出创业的第一步。

(2)不打无准备之仗。创业者在实现梦想之前还需要踏踏实实地做好各项准备工作。创业并不是凭创业者的主观愿望或兴趣所能决定的,并非自己想干什么就一定能干得了。创业凭的是本身的经验学识与财力,以及社会需求和各种资源占有等条件。因此,创业不是赶时髦,不能凭一时的冲动。只有做好创业前的准备,才可以轻松上阵,赢得创业的成功。

（3）注重行业经验。对于创业者来说，有一句不得不记住的老话，即"不熟不做"。创业最简单的方法就是从自己熟悉或有专长的事情做起，一般可以起到事半功倍的效果，大大减少了创业过程中的波折。

（4）坚持实干。不要认为自己当老板创业，就可将一切事情都指挥、依赖他人去做。要知道，古人将创业形容为"筚路蓝缕"。因此，在网络创业中，创业者就应该老实做人、踏实做事、辛苦创业。

（5）坚持持久战。可以说，创业是一场激烈竞争的长跑比赛，在于坚持，而不在一朝一夕、一城一地之得失。阿里巴巴的马云说过一句比较经典的话"今天很残酷，明天更残酷，后天会很美好，但绝大多数人都死在明天晚上。"的确，不管是什么行业什么环境什么时候，若企业坚持不到最后都会面临倒闭的可能，因为胜者往往是坚持到最后的。

（6）信息就是生命。现代经济社会，市场就是战场。谁占据信息优势，提前占领了市场，谁就得以生存。谁失去了市场，谁就意味着灭亡。对创业者来说商业信息的作用是举足轻重的，甚至是决定性的。

（7）善于反省。创业既然是一个不断摸索的过程，创业者就难免在此过程中不断地犯错误，这就要求创业者要善于反省。反省其实是一种学习能力，是认识错误、改正错误的前提。

（8）小胜在谋，大胜在德。道德是衡量商人素质高低的首要因素，正如人们所说"有多大人格，办多大事情"。任何行业都有商德的要求，作为创业者的商德是指其德行水平或道德人格品质，具体内容包括体贴、尊重、容忍、宽恕、诚实、负责、平和、忠心、礼貌等各种美德。一个有商德的商人，一定会受到信任和尊敬，自然会有更多成功的机会。

任务总结

在互联网络渗透到人们日常生活当中的每一个角落的时候，由传统的充满实体的市场发展到虚拟化的网络市场是一种质的飞跃。在网络市场中，存在着适合网络市场的营销策略。在推广企业的网络产品和服务过程中，应不断地建立企业的网络品牌，并选择合适的网络营销策略来推广企业的网络营销品牌。网络定价具有跨越时空性、信息平等性等特点，导致网络定价策略主要表现为免费策略、低价策略和定制定价策略等。有了合适的网络产品和价格，还离不开合适的网络分销渠道，网络分销渠道主要有在线商店、信息服务、顾客服务、电子杂志、在线目录、超链接等。网络促销已经成为了网络营销必不可少的营销策略，在网络促销组合中，相对容易实施的就是网络销售促进和网络公共关系，并且这两种促销策略又有自身不同的促销形式。为了吸引更多的商家和网络购物者登录网站开展各种交易活动，还需要进行网站推广和网络广告。随着人们的电子商务意识和创新创业意识逐渐增强，使得许多人都想在互联网络上进行创业。进行网络创业，首先应对网络创业的盈利模式有一定的了解，然后，根据创业的需要，做好创业的准备工作，如选择创业项目和经营模式等。

任务检测

一、选择题

1. 基于（　　）的不同，网络市场可以分为组织网络市场和消费者网络市场。
A. 网络交易主体　　　　　　　　B. 网络交易商品
C. 网络交易对象　　　　　　　　D. 网络交易手段

2. 一般而言，在网上销售的产品，按照产品性质的不同，可以分为实体产品和（　　）。
A. 网上产品　　　　　　　　　　B. 虚体产品
C. 网下产品　　　　　　　　　　D. 信息产品

3. （　　）和站点推广是网络营销促销的主要形式。
A. 网络广告　　　　　　　　　　B. 网络销售促进
C. 网络公关　　　　　　　　　　D. 网络客服

4. 下列产品中，采用网络推式促销的效果比较好的是（　　）。
A. 计算机　　　　　　　　　　　B. 日用消费品
C. 大型机械　　　　　　　　　　D. 专用机电产品

5. 企业在自建的网站上做广告，属于利用（　　）。
A. 内部广告资源　　　　　　　　B. 外部广告资源
C. 合作广告资源　　　　　　　　D. 购置广告资源

二、判断题

1. 目前，在起步阶段的网络定价一般都是低价甚至是免费，以求在迅猛发展的网络市场中寻求立足机会。（　　）

2. 链式促销就是企业主动向消费者提供产品信息，让消费者了解、认识企业的产品，促使消费者购买产品。（　　）

3. 当产品在市场上已有了一定的影响力，即进入成长期阶段，此时消费者已逐步认识和了解该产品，促销活动的内容则应偏重于引起消费者的注意。（　　）

4. 网络公共关系的目标就是直接促进产品销售。（　　）

5. 在互联网络环境下，进行创业几乎不存在政策法律制度壁垒。（　　）

三、填空题

1. 参与网络市场的主体包括（　　）、（　　）、（　　）和网络消费者。

2. 适合在网上销售的虚体产品可以分为（　　）和（　　）。

3. （　　）是指顾客通过充分市场信息来选择购买或者定制生产自己满意的产品或服务，同时，以最小代价获得产品或服务。

4. 免费价格策略的形式主要有（　　）、（　　）、（　　）和（　　）。

5. 价格比较购物代理有（　　）和（　　）两种形式。

四、问答题

1. 简述免费价格策略的形式。

2. 如何对网络分销进行完善？

3. 简述网络销售促进的方式。

4. 网站推广的方式有哪些?

5. 简述网络广告的类型。

案例分析

中粮产品:互动营销战役

无论对中粮集团还是对竞争激烈的饮品市场来讲,悦活品牌果蔬汁都是一个全新的面孔,如何在很短的时间内、很少的预算下为品牌开拓出一片健康成长的市场空间,并获得消费者认同,是悦活品牌面临的最大挑战。

1. 悦活品牌植入

作为中粮集团首个果蔬汁品牌,悦活早已在 2010 年年底上市,但是受客观经济环境影响,悦活没有像传统快消品那样选择在电视媒体密集轰炸,而是独辟蹊径,将矛头指向互联网。在网络平台的选择上,悦活在寻找三个交集:目标消费群体和网络用户群体的交集;品牌主张和网络生活形态的交集;产品概念和网络技术概念的交集。

很自然地,开心网进入了中粮的视线。早在 2008 年 6 月,中粮就与开心网洽谈过合作事宜,终因开心网初期没有广告模式而未果。直到 2009 年 2 月,开心网花园组件的问世让中粮找到了营销悦活品牌的出口。开心网的用户大多是在城市上班的白领,他们在开心网追寻的那种虚拟世界中的简单、快乐的生活主张和悦活倡导的生活主张不谋而合。而开心网花园插件中"自然种植收获"的游戏又给悦活果蔬汁自然健康的产品提供了现有的平台。

但此时中粮却选择继续等待。开心网花园组件问世之初,人气一路飙升,用户在上面享受种地、收获、偷菜的乐趣。但两个月后,大部分用户已经升到最高级别,没有兴趣继续种植。一些社区论坛上出现了"你最可能因为什么厌倦开心网花园游戏"的投票,多数用户都选择"没有新作物"和"钱多了就变成数字,没有意义",用户对花园插件的黏性正在减弱。悦活品牌终于等到了植入开心花园的最佳时机。

2. 从零提高到 50%

"悦活种植大赛"正式上线,用户直接在果园界面的道具商店内领取悦活产地场景卡,安装后再到种子商店中购买悦活种子,播种后即开始参赛。在开心网花园的悦活种子代表了悦活品牌的 5 个产品品种:红色 5+5、橙色 5+5、悦活石榴、悦活番茄、悦活橙子。通过果实饱满的形象表现以及开心网花园场景卡,悦活新鲜自然无添加的产品概念被巧妙植入。

游戏中网友不但可以选购和种植悦活种子,还可以将成熟的悦活果榨成悦活果汁,并将虚拟果汁赠送给好友。游戏中还设置了这样一个环节:每周从赠送过虚拟果汁的用户中随机抽取若干名,获得真实果汁赠送权。把虚拟变成现实,开心网又玩出了新花样。

活动刚上线便受到追捧,截至 5 月底,加入悦活粉丝群的用户已经超过 40 万,线下赠送悦活礼盒达 5 000 多套。同时,线上的活动也带动了线下的销售。很多消费者在购买果汁时就能说出产地,这是因为游戏中设置了 4 个产地场景卡,代表了悦活果蔬汁的原料产地。不同的场景卡能让游戏中的果实提前成熟,用户因此对悦活产品的产地印象深刻。同时,悦活把其倡导的简单、健康而自然的生活方式赋予了一个虚拟的"悦活女孩",并在开心网建立了悦活粉丝群,用户可以和"悦活女孩"共同分享、探讨生活中的种种。

　　2个月后,参与悦活种植大赛的人数达到2 280万,悦活粉丝群的数量达到58万,游戏中送出虚拟果汁达1.2亿次。根据斯戴咨询公司调研报告,悦活的品牌提及率两个月来从零提到了50%多。而消费者对悦活的购买兴趣则已经仅次于汇源的果汁产品。

　　从不知名的果蔬汁品牌到被消费者的乐意接受,悦活借助开心网打了一场漂亮的互动营销战役,为产品后续的市场培育奠定了良好的基础。

问题

1. 根据案例,中粮是如何通过网络为其悦活植入品牌的?
2. 根据案例,分析通过互联网络推广网络产品及品牌的策略。

案例评析

　　在网络市场中,网络营销策略比较多,各有自己不同的特点。因此,企业在对相关的网络营销策略进行策划时,一定要明确企业的网络营销目标及其影响因素,然后再做合适的选择。

实训操作

进入网络市场并实施网络营销策略

1. 实训目的

通过本次实训,使学生掌握网络市场营销策略及其影响因素,能根据企业的实际需要,制定合适的网络营销策略。

2. 实训资源

前期实训分析报告、计算机、计算机网络、书目、纸张、笔等。

3. 实训要求

(1) 分析和寻找自己网络人才招聘市场的商机。

(2) 选择合适的进入模式和营销策略。

(3) 根据自身的需要和目标客户特征,进行合理的市场定位。

(4) 在网络目标市场的定位下,按网络产品组合策略设计应提供的产品。

(5) 伴随产品销售,按网络服务的类型设计应该提供的服务。

(6) 按品牌构成内容设计网络品牌,以与竞争对手相区别。

(7) 选择合适的网络营销工具,整合设计出网络服务及品牌推广策略。

(8) 根据网络产品及服务要求,制定定价策略。

(9) 根据目标顾客的购买行为等特征,开设网上分销渠道。

(10) 根据目标顾客的购买行为等特征,制定网络促销策略。

4. 成果与检验

每位学生的成绩由两部分组成:学生实际操作情况(40%)和分析报告(60%)。

实际操作主要考查学生实际执行实训步骤以及撰写实训报告的能力。分析报告主要考查学生分析网络市场,设计网络策略的正确性和合理性,分析报告建议制作成PPT。

参考文献

[1] 杨明刚.市场营销策划[M].北京:高等教育出版社,2012.

[2] 孟韬,毕克贵.营销策划理论与实务[M].北京:机械工业出版社,2012.

[3] 王丽丽.市场营销策划:理论、实务、案例、实训(第二版)[M].大连:东北财经大学版社,2014.

[4] 庄贵军.营销渠道管理[M].北京:北京大学出版社,2010.

[5] 任锡源.营销策划理论与实务[M].北京:首都经济贸易大学出版社,2007.

[6] 王方.市场营销策划(第二版)[M].北京:中国人民大学出版社,2012.

[7] 杨明刚.国际知名品牌成功营销中国[M].北京:华东理工大学出版社,2002.

[8] 杨楠.营销策划[M].北京:北京大学出版社,2014.

[9] 黄聚河.营销策划:理论与实务[M].北京:清华大学出版社,2013.

[10] 冯志强.市场营销策划[M].北京:北京大学出版社,2013.

[11] 张卫东.营销策划:理论与技艺(第二版)[M].北京:电子工业出版社,2010.

[12] 车慈慧,彭庆环.市场营销策划实务(第三版)[M].大连:大连理工大学出版社,2014.

[13] 王玉敏.企业营销策划实务[M].北京:对外经济贸易大学出版社,2009.

[14] 苏兰君.营销思维训练[M].北京:电子工业出版社,2013.

[15] 覃常员.市场调查与预测(第三版)[M].大连:大连理工大学出版社,2012.

[16] 苏兰君.现代市场营销(第二版)[M].北京:高等教育出版社,2013.

[17] 王水清.市场营销基础与实务(修订版)[M].北京:北京邮电大学出版社,2015.

[18] 王水清.网络营销实务(第二版)[M].北京:北京邮电大学出版社,2014.